Sabine Weck
Quartiersökonomie im Spiegel unterschiedlicher Diskurse

D1724247

Herausgeber
Institut für Raumplanung (IRPUD),
Fakultät Raumplanung
- vertreten durch die Schriftenkommission -
Universität Dortmund

Schriftleitung
Micha Fedrowitz
Yasemin Utku

Diese Arbeit wurde im Jahr 2005 unter dem Titel „Die Quartiersökonomie im Spiegel unterschiedlicher Diskurse – Standpunkte und theoretische Grundlagen zur Revitalisierung erneuerungsbedürftiger Stadtteile" als Dissertation an der Fakultät Raumplanung der Universität Dortmund angenommen. Die Arbeit wurde betreut durch Prof. Dr. rer. nat. Volker Kreibich.

Geographisches Institut
der Universität Kiel
ausgesonderte Dublette

Inv.-Nr. 06/A.40288

Cover und Layout
Violetta Kappelmann

Druck
Kolander & Poggel GbR, Dortmund

Vertrieb
Dortmunder Vertrieb für Bau- und Planungsliteratur
(im Auftrag vom Informationskreis für Raumplanung e.V.)

Nachdruck, auch auszugsweise,
nur mit Genehmigung des Herausgebers

Dortmund 2005
ISBN 3-88211-156-9

ISBN 978-3-88211-156-9 (ab 01.01.2007)

PC-II-770

Blaue Reihe

Dortmunder Beiträge zur Raumplanung
124

Sabine Weck

Quartiersökonomie im Spiegel unterschiedlicher Diskurse

Standpunkte und theoretische Grundlagen zur
Revitalisierung erneuerungsbedürftiger Stadtteile

Geographisches Institut
der Universität Kiel
ausgesonderte Dublette

Geographisches Institut
der Universität Kiel

IRPUD

Institut für Raumplanung   Universität Dortmund   Fakultät Raumplanung

Inhalt

Abbildungsverzeichnis

Tabellenverzeichnis

Textboxverzeichnis

1 Einführung

Ein Einkommen und gesellschaftlich anerkannte Arbeit sind für jeden Menschen von zentraler Bedeutung. In der westlichen Industriegesellschaft festigen berufliche Position und die Anerkennung der Arbeit den persönlichen Status und bestimmen die persönliche Identität. Sie beeinflussen individuelle Hoffnungen, Zukunftsträume, Engagement, Vertrauen und soziale Empathie und darüber auch die sozialen Grundlagen einer städtischen Gesellschaft. Der massive Verlust von Arbeitsplätzen und die räumliche Konzentration von Personen ohne gesellschaftlich anerkannte Beschäftigung kann somit zu Recht als „kollektives Trauma"[1] bezeichnet werden.

In vielen europäischen Großstädten finden sich Quartiere, die durch hohe Arbeitslosigkeit in der Bevölkerung, eine Vielzahl von Haushalten mit Transfereinkommen, eine geringe Kaufkraft, eine schwindende ökonomische Basis und ein unattraktives Wohnumfeld charakterisiert sind. Der Umgang mit kleinräumigen Polarisierungen, mit Quartieren, die in ihrer Entwicklung von der allgemeinen städtischen Entwicklung abgekoppelt scheinen, gehört zu den neueren und bedeutenden Anforderungen an kommunale und staatliche Politik, wenn sie sich auch weiterhin prinzipiell der Herstellung „gleichwertiger Lebensverhältnisse" verpflichtet fühlt. Eine befriedigende Lebensqualität in allen Stadtteilen, vielfältige Nutzungen, soziale Dichte und eine gute Infrastruktur und Versorgungslage sind Qualitäten einer europäischen Stadt, die auch und gerade in strukturschwachen Stadtteilen angestrebt werden müssen.

Im Einführungskapitel wird das Anliegen der Arbeit in den Diskussionskontext um die ökonomische Revitalisierung von Stadtteilen eingeordnet und Terminologie und Methodik der Arbeit vorgestellt. Abschließend wird der Aufbau der Arbeit dargelegt.

1.1 Diskussionskontext und Anliegen

Die Frage, wie es gelingen kann, gerade in strukturschwachen Stadtteilen die Teilhabe am Arbeitsmarkt zu stärken, Einkommen und ökonomisches Wachstum zu fördern, wird in Deutschland im Rahmen der Stadtteilerneuerungsdiskurse und -programme seit Mitte der 90er Jahre verstärkt thematisiert. Als Politikfeld finden sich Strategien der ökonomischen Stadtteilrevitalisierung im Rahmen des bundesweiten Programms „Soziale Stadt – Stadtteile mit besonderem Entwicklungsbedarf"[2], entsprechender Länderprogramme wie dem nordrhein-westfälischen ressortübergreifenden Handlungsprogramm „Soziale Stadt

Textbox 1: Ökonomische Stadtteilerneuerung als Politikfeld in Nordrhein-Westflen

Handlungsfelder Soziale Stadt NRW

SOZIALE STADT NRW

Anfang der 90er Jahre wird die integrierte Stadtteilentwicklung als ein neuer Handlungsansatz in Nordrhein-Westfalen erstmalig im damaligen Ministerium für Stadtentwicklung und Verkehr diskutiert. Neu daran ist, dass Investitions- und Förderhilfen konzentrierter in sozialräumlich ausgegrenzte bzw. benachteiligte Gebiete fließen sollen. Ein anspruchsvolles Ziel ist vor allem die Integration von sozialen, ökonomischen, städtebaulichen und ökologischen Maßnahmen in den Stadtteilen und der damit verbundene Vorsatz zum ressortübergreifenden interministeriellen Arbeiten. Und neu ist zudem, dass Eigenkräfte und lokale Initiativen aus den betroffenen Stadtteilen stärker eingebunden und gefördert werden sollen.

Die Diskussion führt 1993/94 zu einer Reihe von Kabinettsbeschlüssen, die den neuen Förderschwerpunkt der Landesregierung regeln. In der offiziellen Sprachregelung wurde zunächst von einem „Integrierten Handlungsprogramm der Landesregierung für Stadtteile mit besonderem Erneuerungsbedarf" gesprochen. In Anlehnung an das Bund-Länder-Programm wird heute vom Programm „Soziale Stadt NRW" gesprochen.

Als Handlungsfelder integrierter Konzepte werden Arbeitsmarkt- und Strukturpolitik, Wirtschaftsförderung/Lokale Ökonomie, Wohnungspolitik, Stadterneuerung, Umwelt/Ökologie, soziale und kulturelle Infrastruktur, Zusammenleben im Stadtteil, Schule, Kinder und Jugendliche, Gesundheitsförderung und Sport, Kriminalitätsprävention sowie Stadtteilimage und -marketing benannt. Die entsprechenden Stadtteilkonzepte werden vom Rat der Kommune beschlossen und über die Bezirksregierungen beim federführenden Ministerium für Stadtentwicklung eingereicht und von einer Interministeriellen Arbeitsgruppe beraten und gebilligt wurden.

Als die Bundesregierung 1999 die Einrichtung eines bundesweiten Förderprogramms „Soziale Stadt" beschließt, erhöht sich die Bekanntheit des nordrheinwestfälischen Programms in der interessierten Fachöffentlichkeit.

Ende 1995/Anfang 1996 wird mit finanzieller Unterstützung der europäischen Initiative URBAN ein Büro für Wirtschaftsentwicklung in Duisburg-Marxloh eingerichtet. Es ist das erste Stadtteilbüro für Wirtschaftsentwicklung in Nordrhein-Westfalen. Andere Kommunen in Nordrhein-Westfalen folgen diesem Beispiel, so dass sich mittlerweile vielfältige Konzepte einer lokalisierten Wirtschafts- und Beschäftigungsförderung (z.B. Gelsenkirchen-Bismarck/Schalke-Nord und Gelsenkirchen Südost, Dortmund-Nordstadt (URBAN II-Förderung), Duisburg-Marxloh und Duisburg-Hochfeld, Düsseldorf Oberbilk/Flingern-Süd, Oberhausen-Knappenviertel) finden. Teilweise wurden Büros für Wirtschaftsentwicklung im Stadtteil etabliert, die gezielt nach lokalen Ansatzpunkten für ökonomische Impulse suchen. Teils entwickeln sich die Projekte und Ansätze aus informelleren Strukturen. Viele dieser lokalen Ansätze befinden sich noch in einer experimentellen, orientierenden Aufbauphase, aus der sich erst langsam ein stärker strategisches Handeln bei Ressourceneinsatz und inhaltlicher Schwerpunktsetzung der Wirtschaftsentwicklung entwickelt.

Lokalökonomische Konzepte im Rahmen der Stadtteilentwicklung in Nordrhein-Westfalen werden als eine additive Strategie – additiv aber unverzichtbar zu baulichen und sozialen Strategien – gesehen, um in Stadtteilen mit komplexen Problemlagen der Wirtschafts- und Beschäftigungsentwicklung neue Impulse zu geben. Eine bedeutsame Tradition, aus der sich die lokalen Beschäftigungsansätze in Nordrhein-Westfalen speisen können, sind die so genannten Integrierten Projekte, über die seit 1988 Stadterneuerungsmaßnahmen und Arbeitsmarktpolitik gezielt verbunden wurden. Innovative Impulse setzte aber auch die Arbeit der IBA Emscher Park. Einen gewichtigen Impuls erhielt die stadtteilbezogene Wirtschafts- und Beschäftigungsentwicklung über europäische Programme und Initiativen wie URBAN oder URBAN II, oder Landesprogramme im Rahmen der ehemaligen europäischen Ziel 2-Förderung.

Quelle: Eigene Darstellung nach MSKS 1996; Austermann/Zimmer-Hegmann 2000; Soziale Stadt 2005

NRW" (Textbox 1) wie auch europäischer Förderpolitiken, wie etwa URBAN II. Zusätzlich gibt es – von Stadtteil zu Stadtteil in unterschiedlicher Ausprägung – bewohnergetragene oder privatwirtschaftliche Initiativen, Kooperativen und Vereine, die die Quartiersökonomie zu stärken und fördern versuchen.

Politiken, die auf Stadtteilebene aktive Beschäftigungsstrategien und Wirtschaftsförderung betreiben, haben mit einer Reihe von Herausforderungen zu kämpfen. Die kommunale Wirtschaftsförderung ist überwiegend themenbezogen und nicht räumlich orientiert. Strukturschwache Stadtgebiete werden in kommunalen Stadtentwicklungs- oder Wirtschaftsförderungsstrategien oft unter einem negativen Vorzeichen diskutiert: als Orte hoher Arbeitslosigkeit, als Konfliktgebiete, als Bedrohung für das Image der Stadt. Die Unternehmen in diesen Stadtteilen entsprechen häufig nicht der traditionellen Klientel – es sind (teils stagnierende) kleinere und mittlere Betriebe, Unternehmen mit nicht-deutschen Eigentümern, Nischenbetriebe. Und es sind selten die als „modern" oder „high-tech" geltenden Unternehmen, die sich in den letzten Jahren der Aufmerksamkeit der kommunalen und regionalen Wirtschaftsförderung gewiss sein konnten. Damit geraten aber auch spezifische Wachstums- und Entwicklungspotentiale in diesen Stadtteilen aus dem Blickfeld. Und schließlich ist das Ziel von Beschäftigungs- und Wirtschaftsförderung auf der Stadtteilebene, nämlich dass solche Strategien – wenn auch nicht ausschließlich – Personen zugute kommen, die auf dem Arbeitsmarkt benachteiligt sind, ein anspruchsvolles Politikziel, dem mit tradierten und sektoralen Strategien nicht beizukommen ist.

Die Sinnhaftigkeit von Beschäftigungs- und Wirtschaftsentwicklung auf der Stadtteilebene steht im Kreuzfeuer unterschiedlicher Argumentationen. Rein rational betrachtet kann man die Förderung einer Stadtteilökonomie als nicht effizient abtun. Die wenigen Betriebe, die es im Stadtteil noch gibt: Wenn sie nicht wettbewerbsfähig sind, ist jede Förderung unsinnig, weil sie über kurz oder lang schließen müssen und Fördermaßnahmen nur kurzfristig ihre reale Marktposition verschleiern. Die hohe Zahl der Erwerbslosen im Stadtteil: Die Arbeitslosen müssen ihre Mobilität und Motivation beweisen und sollten die zentralen, bereits existierenden Beratungsstellen aufsuchen. Die Förderung von Existenzgründungen im Stadtteil: Existenzgründer haben es schon schwer genug, sich auf dem Markt zu beweisen, man sollte ihnen mit einer Standortentscheidung für einen strukturschwachen Stadtteil nicht auch noch einen zusätzlichen Klotz ans Bein hängen. Die Verschlechterung der Versorgungssituation in den Stadtteilen: Der Schwund von inhabergeführten Einzelhandelsgeschäften ist ein genereller Trend, dem man sich nicht entgegenstellen kann. Die Produktion und den Vertrieb von Gütern oder Dienstleistungen, die nur in Nischen ihren Absatz finden, die nicht mehr konkurrenzfähig sind oder mit veralteten Produktionsverfahren hergestellt werden, nicht auch noch politisch zu unterstützen, scheint aus der Perspektive eines effizienten Einsatzes des Produktionspotentials eines Gebietes nur richtig. Wer sich mit Stadtteilökonomie beschäftigt, dem werden diese Argumente begegnet sein. In einer Gesellschaft, die die Effizienz des Marktes über alle anderen Ziele stellt und in der die neoliberale Argumentation dominiert, sind diese Argumente folgerichtig. In einer Gesellschaft, die den Entwicklungsbegriff weit reichender definiert und nicht nur technologisch-ökonomisch begrenzt, zählen die Argumente in ihrer Pauschalität nur begrenzt.

Der Blickwinkel, unter dem das sozioökonomische „Stadtteilsystem" eine Rolle spielt, ist also ein politischer und wertebeladener. Im Hintergrund steht die Frage, unter welchen Bedingungen sich in Zeiten des globalen Kapitalismus eine höhere Eigenständigkeit, gesellschaftliche Partizipation, Arbeit und wirtschaftliche Entwicklung vereinen lassen – auf allen räumlichen Ebenen, wie auch auf der Stadtteilebene. Die Beschäftigung mit Stadtteilökonomien ist nicht mehr als ein kleines Puzzleteilchen in diesem Bild. Doch werden wir hier mit Fragen konfrontiert, die sich auch im Großen stellen. In den Stadtteilen mit besonderem Erneuerungsbedarf zeigt sich in exemplarisch konkreter Weise der Umgang einer Gesellschaft mit hoher Arbeitslosigkeit, mit sozialer Ungleichheit, mit gesellschaftlichen Spannungen und Konflikten.

Eine lokale Ökonomie stellt kein autarkes System dar, sondern ist auf vielerlei Art in regionale, überregionale und auch globale Ströme und Vernetzungen eingebunden. Investitionsentscheidungen, die die Lebensqualität und das Arbeitsplatzangebot im Stadtteil entscheidend prägen, werden beispielsweise von Akteuren getroffen, die dort nicht wohnen. Eine Minderheit von Bewohnern und Bewohnerinnen arbeitet im Stadtteil oder kauft dort mehr als für den alltäglichen Bedarf. Einige mögen sagen, dass man nicht von einem sozioökonomischen System auf Stadtteilebene sprechen kann, weil die Binnenkräfte und -ströme angesichts der Außenbeziehungen des Stadtteiles mit der Stadt oder Region bedeutungslos sind. Dass der Stadtteil für die Mehrzahl der ökonomischen Akteure heute keine relevante Größe darstellt. Dass für Bewohnerinnen der Stadtteil eine immer bedeutungslosere Quelle der Identität ist.

All das ist richtig und wiederum in dieser Pauschalität nicht von Bedeutung für die hier aufgeworfene Fragestellung. Denn in dieser Arbeit geht es um die Menschen, die aufgrund ihrer geringeren Mobilität und ihrer Ausgegrenztheit in stärkerem Ausmaße als andere auf die Infrastruktur und die sozialen, ökonomischen und kulturellen Leistungen des Stadtteiles angewiesen sind, um ihr tägliches Leben zu bewältigen. Es geht um Betriebe, die oftmals am Rande der Verlustzone arbeiten, aber deren Inhabern sich aus Mangel an Alternativen keine andere Erwerbsmöglichkeit bietet. Und es geht um Stadtteile, in denen das Verschwinden von Arbeitsplätzen und Einkaufsangeboten weitaus schwerwiegender für die Entwicklungsperspektive des Ortes und die Lebensqualität der Menschen ist, als in anderen, „gutsituierten" Stadtteilen.

Zudem findet sich zu den angeführten Thesen auch immer eine Gegenthese. Dass Stadtteil- und Quartiersbetriebe in besonderer Weise den Lebensalltag und die urbane Qualität im Stadtteil prägen und zudem bedeutendes Beschäftigungssegment der städtischen Ökonomie sind (Läpple/Deecke/Krüger 1994). Dass sich lokale Identität zwar verändert, aber nicht auflöst in Zeiten der Globalisierung (Giddens 1996c). Dass die Förderung einer Ökonomie auf Stadtteilebene gerade deshalb wichtig ist, weil dort Ausgrenzungs- und Integrationsmechanismen in ihrem Kontext erkannt werden können.

Die Argumente für oder gegen lokal orientierte Wirtschafts- und Beschäftigungsentwicklung, wie sie in den vorangegangenen Absätzen angesprochen wurden, werden vielfach ohne Bezug zu theoretischen Grundlagen oder (ideologischen) Positionierungen im Diskurs ausgetauscht.

Das zentrale Anliegen der Arbeit ist es, in diese Lücke vorzustoßen, unterschiedliche Standpunkte und Theorieansätze zur Revitalisierung erneuerungsbedürftiger Stadtteile zu diskutieren und dadurch auch einen Rahmen zu schaffen, auf den Praxisprojekte, empirische Forschungen und wissenschaftliche Diskussionen Bezug nehmen können. Dazu wird eine Reihe von Erklärungsansätzen, die teils sektoralen, teils übergreifenden Deutungsanspruch erheben, auf ihre Aussagekraft für die Stadtteilebene überprüft. Im Hintergrund steht die Fragestellung, *auf welche theoretischen Erkenntnisse Politikansätze zur ökonomischen Revitalisierung von Stadtteilen zurückgreifen können.* Dabei wird die Frage, welche Reichweite stadtteilbezogene Ansätze haben und in welchem institutionellen Rahmen sie erfolgreich sein können, immer wieder aufgegriffen.

Am Ende der Arbeit steht keine neue übergreifende Theorie der ökonomischen Stadtteilerneuerung. Es wäre unrealistisch eine solche einzufordern, da es auch keine übergreifende Theorie der Stadtstruktur oder Stadtentwicklung gibt. Die Arbeit will jedoch den Stand auch neuerer theoretischer Diskussionen für Handlungsansätze auf der Stadtteilebene zugänglicher machen und unterschiedliche Positionierungen von Entwicklungsansätzen aufzeigen.

1.2 Terminologie und Methodik

Eine Reihe von Definitionen muss am Anfang einer solchen Arbeit stehen. Denn Begriffe wie lokale Ökonomie, Quartiersökonomie oder sozio-ökonomische Entwicklung werden in vielen Publikationen und Diskussionen benannt und in ganz unterschiedlichem Sinne gemeint. In gewisser Weise fördert die Unschärfe der Begriffe, dass sich vielerlei Ideen damit verbinden. Weder gibt es ein einzelnes konsistentes Gedankengebäude noch ein präzises Modell für den Ansatz der Förderung einer lokalen Ökonomie. Mit dieser Verwendungsvielfalt muss man leben. Umso wichtiger erscheint es, das eigene Verständnis von Begriffen an dieser Stelle zu erläutern. Wesentliche Aspekte, die im Folgenden ausgeführt werden, kennzeichnen den Begriff der Lokalen Ökonomie in dieser Arbeit:
 - der Stadtteilbezug;
 - die strategische Nutzung von Eigenkräften;
 - die Notwendigkeit von externen Impulsen für eine substantielle Entwicklung;
 - das Verständnis von lokaler Ökonomie als einem offenen sozioökonomischen System;
 - die Zielsetzung einer Entwicklung zum Nutzen der ansässigen Bewohner/innen und Unternehmen.

In dieser Arbeit wird lokale Ökonomie *auf einen Stadtteil* bezogen und deshalb auch gebietsbezogen von Quartiersökonomie oder Stadtteilökonomie gesprochen. Dem Begriff der lokalen Ökonomie begegnet man in der wissenschaftlichen Diskussion aber auch als Bezeichnung für eine eigenständige(re) kommunale Wirtschaftspolitik (gegenüber der regionalen oder nationalen Ebene) oder auch auf eine Region bezogen (gegenüber der nationalen oder globalen Ebene).

Im engeren Sinne könnte man unter lokaler Ökonomie nur die lokalen bzw. lokal kontrollierten Unternehmen und wirtschaftlichen Tätigkeiten im Stadtteil fassen. Diese bilden eine Teilsumme aller sozioökonomischen Aktivitäten an einem Ort, da extern kontrollierte

Unternehmen, externe Investoren oder Hauseigentümer nicht mitbetrachtet würden. In einem weiteren Sinne bezeichnet lokale Ökonomie das *sozio-ökonomische System*, mit dem die *für den Stadtteil relevanten sozialen und wirtschaftlichen Aktivitäten* von Privaten, Haushalten, Unternehmen und staatlichen Akteuren erfasst werden. Mit wirtschaftlichen Aktivitäten sind dabei nicht nur die über den Markt erfassten Transaktionen gemeint.

Wenn von lokaler Ökonomie als Interventionsstrategie im Sinne einer lokal orientierten und verankerten Wirtschafts- und Beschäftigungsentwicklung gesprochen wird, dann soll damit zum Ausdruck gebracht werden, dass zur Lösung lokaler Probleme durch dezentralere Verfahrens- und Organisationsformen die vor Ort vorhandenen, endogenen Potentiale intelligent, nachhaltig und sektorübergreifend genutzt werden. Somit trifft sich ein funktionaler Dezentralisierungsansatz mit einem Verständnis von eigenständiger Entwicklung (Kap. 3.3.3; 2.2.1). Entwicklung wird nicht in erster Linie aus externen Impulsen erwartet (Ansiedlungspolitik, Mobilität von Arbeit und Kapital) und wird auch nicht als Wirtschaftswachstum verstanden, sondern vielmehr als eine qualitative Verbesserung der Lebensqualität und der Wirtschaftsstruktur vor Ort, gerade auch im Hinblick auf die Situation ausgegrenzter Bevölkerungsgruppen. Die Akteure vor Ort sollen durch die Politikintervention dazu ermutigt werden, in lokalisierten Entscheidungsprozessen aus eigener Kraft Ziele zu entwickeln, sich innovativer an veränderte Rahmenbedingungen anzupassen und den Entwicklungsprozess stärker zu gestalten. Bei der Förderung der lokalen Ökonomie rücken spezifische Akteure und Träger in den Vordergrund: beispielsweise Existenzgründer/innen, junge und innovative Betriebe, kleine und mittlere Unternehmen, soziale Unternehmen, innovationsfördernde Einrichtungen und Netzwerke. Die Ausrichtung auf die Eigenkräfte ist sinnvoll, um Ausgrenzungen, Benachteiligungen und sich negativ verstärkende sozio-ökonomische Prozesse in ihrem Kontext zu erkennen und Gegenstrategien mit Blick auf die spezifischen Charakteristika des Ortes zu entwickeln. Die geographische Nähe der lokalen Akteure und ein gemeinsames Interesse an der Entwicklung des Ortes können helfen, Ressourcen zu erschließen, Probleme ganzheitlicher zu sehen, kollektive Lernprozesse zu fördern und innovative Strategien zu entwickeln.

Obwohl die Gebietsentwicklung sich in erster Linie am endogenen Potential orientiert, ist gerade in den strukturell benachteiligten Gebieten dieses Potential alleine für eine nennenswerte Entwicklung – eine Entwicklung, die in der Tat Strukturen verändert – oftmals zu begrenzt. Die kreativen sozialen Unternehmer/innen, ausreichende Fördermittel, innovative Unternehmen, Akteure und Institutionen finden sich eher außerhalb der Gebiete, weshalb lokalökonomische Strategien immer auch externer Impulse und Inputs bedürfen, um neue institutionelle, ökonomische und soziale Entwicklungsspielräume zu eröffnen. Die gebietsspezifische Umorientierung wichtiger Förderinstrumente und -politiken und neue stadtteilübergreifende Netzwerke und Verbindungen sichern neue Entwicklungsimpulse und den Zugang zu weit reichenden externen Ressourcen (in Form von Akteuren, Netzwerken, Finanzen).

Eine lokale Ökonomie auf Stadtteilebene als ein eigenes System mit Zuflüssen und Abflüssen zu betrachten, das in spezifischer Umgebung produziert, importiert und exportiert, ist gewöhnungsbedürftig. Schließlich gilt in der Ökonomie meist die Region, oder unter bestimmten Umständen die Kommune, als kleinste sinnvolle Betrachtungsebene. Aber dieser analytische Kunstgriff schärft den Blick für die Stadtteilentwicklung prägende Strukturen, Engpässe und Potentiale. Was wird an Arbeitskräften, Kapital, Konsumausgaben, Integrationskraft, etc. in andere Stadtteile, in die Region „exportiert", was wird aus anderen Gebieten „importiert" und wie kann dies zugunsten der Ortsentwicklung beeinflusst werden? Welche lokalen Wertschöpfungsketten und Verknüpfungen – lokale Netzwerke, Ausgaben der Bewohner/innen in Geschäften im Stadtteil, lokale Jobs für lokale Bewohner – gibt es und wie lassen sie sich steigern?

Das Ziel lokalökonomischer Strategien besteht darin, *zum Nutzen der lokalen Bewohnerschaft und Kleinunternehmen* eine stabile und zukunftsfähige soziale und wirtschaftliche Entwicklung in Stadtteilen zu stimulieren. Es geht um die Unterstützung von wirtschaftlichen Entwicklungsprozessen, durch die vorhandene Ungleichheiten verringert und sich für Bewohner wie Unternehmen in den betroffenen Gebieten neue Entwicklungsperspektiven eröffnen können. Das Ziel ist Entwicklung im weiteren Sinne (als gesellschaftliche Innovation), und nicht ein kapitalintensives Wachstum. Nicht die einzelbetriebliche Rentabilität, sondern der Beitrag des Betriebes zur Vielfalt der Versorgungsstruktur, der Arbeitsplatzschaffung vor Ort und der Stärkung des lokalen Gemeinwesens steht im Vordergrund; seine Verbindung zum Quartier und sein Beitrag zur Schaffung einer entwicklungsfreundlichen und innovativen lokalen Umgebung. Nicht die Existenzgründung selbst ist der Erfolg, sondern die Möglichkeit, mit ihr das Leben der Existenzgründerin und ihrer Familie zu verbessern und die quartiersbezogene Bedeutung des Betriebes. Damit sind Balanceakte und Dilemmata politischer Intervention verbunden. Ohne ausreichende Rentabilität hat ein Betrieb langfristig keine Überlebenschance. Rentabilität geht in Hochlohnländern aber oft mit Arbeitsplatzabbau einher. Und nicht jede Existenzgründungsidee ist zu fördern. Fehlen die notwendigen Qualifikationen oder der Markt, ist es als Erfolg zu werten, wenn der Existenzgründerin von der Verwirklichung ihrer Idee abgeraten wird.

Was ist sozio-ökonomische Entwicklung? Entwicklung und Wachstum sind unterschiedliche und zu differenzierende Konzepte (Kap. 6.1.2). Wachstum ist ein eher lineares Konzept. Entwicklung ist dagegen mit strukturellen Veränderungen verbunden (vgl. Schätzl 2001). Mit dem Begriff der ökonomischen Entwicklung werden auch Werte wie Lebensqualität oder Chancengleichheit erfasst; mit ökonomischem Wachstum dagegen eng ökonomisch begrenzte Ziele wie Produktivitätssteigerung. Sozio-ökonomische Entwicklung stellt die Menschen in den Mittelpunkt. Die Logik der *sozioökonomischen* Entwicklung ist der Nutzen wirtschaftlicher Entwicklung für die Menschen.

„If social and economic development means anything at all, it must mean a clear improvement in the conditions of life and livelihood of ordinary people. There is no intrinsic reason, moral or otherwise, why large numbers of people should be systematically excluded from development in this sense or, even worse, should become the unwitting victims of other people's progress. People have an equal and fundamental right to better conditions of life and livelihood." (Friedmann 1992: 9)

Eine lokale Wirtschaftsentwicklung, die sich den Zielen einer nachhaltigen und inklusiven Stadtteilentwicklung verpflichtet fühlt, bedingt immer Vielfachstrategien. Ohne niedrigschwellige Projekte und soziale Stabilisierungskonzepte entwickeln auch Leuchtturmprojekte keine nachhaltige Wirkung. Ohne Verbesserung des Images eines Ortes wird der neue Handwerkerhof oder das innovative Dienstleistungszentrum keine Abnehmer finden. Ohne passgenaue Qualifizierungs- und Vermittlungsmaßnahmen können die über Neuansiedlungen geschaffenen Arbeitsplätze nicht den Bewohnern und Bewohnerinnen des Ortsteils zu Gute kommen. Ohne eine Kooperation mit Schulen und gemeinwesenorientierten Trägern können die komplexen Ursachen für eine niedrige Erwerbstätigkeitsquote nicht erkannt und wirksam angegangen werden. Wenn von ökonomischer Erneuerung in dieser Arbeit die Rede ist, dann wird diese immer als sozialer Prozess verstanden. Ökonomische Prozesse sind soziale Prozesse – Strategien, die den sozialen Kontext ökonomischer Revitalisierung ausklammern wollten, können nicht erfolgreich sein, wie die Arbeit im Folgenden immer wieder verdeutlichen wird.

1.3 Zur Methodik der Arbeit

Wer sich mit lokaler Ökonomie als Politikfeld der Stadterneuerung beschäftigt, der ist auf analytischer wie konzeptioneller Ebene immer wieder mit konkurrierenden Ansprüchen auf Gültigkeit konfrontiert. Das methodische Verständnis der Arbeit beruht auf der Überzeugung, dass für das Verstehen und Erklären in diesem Politikfeld kontextspezifisches Wissen, Erfahrung, methodischer Pluralismus und die Reflexion von Interessen und Werten unabdingbar sind.

Das methodische Grundgerüst der Arbeit basiert auf drei Elementen:

- der Erarbeitung der theoretischen Bezugspunkte stadtteilbezogener ökonomischer Revitalisierung: Dazu werden konventionelle und neue Theorieansätze aus den Wirtschafts-, Sozial- und Regionalwissenschaften auf ihre Relevanz und Aussagekraft in Bezug auf die Stadtteilebene überprüft (Kap. 4; Kap. 5; Kap. 6);
- dem Offenlegen von Werten, die mit Strategieansätzen verbunden sind, d.h. der Einordnung von Erklärungsansätzen und Diskussionsbeiträgen in ein breiteres Argumentationsspektrum (Kap. 3.3); und der Darstellung des Spannungsfeldes, in dem über die wirtschaftliche Stadtteilentwicklung diskutiert wird; sowie
- der theoretisch und empirisch fundierten Bewertung, inwieweit ökonomische Revitalisierungsansätze als zukunftsweisende Politiken bezeichnet werden können oder rein kompensatorischen oder aktionistischen Charakter haben (Kap. 7; Kap. 8).

1.3.1 Die Quartiersökonomie im Spiegel unterschiedlicher Diskurse und Theorieansätze

Es gibt kein übergreifendes Konzept, kein singuläres Modell oder eine einzige Theorie, mit der sich die Entwicklungen in Stadtteilen mit besonderem Erneuerungsbedarf erklären und Schlussfolgerungen für effektive Strategien ziehen lassen. Die Erklärungsansätze, Annahmen und Modelle, die in den Kapiteln 4 bis 6 analysiert werden, beleuchten unterschiedliche Aspekte bezüglich der Frage, wie die Stadtteilentwicklung beeinflusst wird und beeinflusst werden kann. Die in diesen Kapiteln vorgestellten Zugänge zur Stadtteilökonomie haben ihre spezifischen Stärken und Schwächen. Sie bilden Teilperspektiven, deren Zusammenschau die Annäherung an eine komplexe Realität ermöglichen soll.

Da jeder der ausgewählten Ansätze zum Verständnis der Entwicklungen in den Stadtteilen beitragen kann, werden sie zunächst mit ihrer eigenen Terminologie dargestellt und danach auf ihre Anwendbarkeit für die Stadtteilebene diskutiert. Auf diese Weise will die Arbeit dem Leser oder der Leserin ermöglichen, sich in der Vielfalt der unterschiedlichen Ansätze zurechtzufinden und Diskussionsbeiträge im Bereich der lokalen Ökonomie besser einordnen zu können. Es geht in diesem Überblick nicht um eine vollständige Darstellung der jeweiligen Ansätze. Vielmehr sollen ihre charakteristischen Argumentationen herausgearbeitet und Aussagen für die Stadtteilebene abgeleitet werden.

Die Erklärungsansätze werden um drei Perspektiven herum gruppiert.

1. Die Input-Output-Ökonomie. In Kapitel 4 stehen zunächst die klassischen Erklärungsansätze zu wirtschaftlichem Wachstum und Standortverhalten im Vordergrund. Dazu zählen die Aussagen von Standort- und Bodentheorien ebenso wie die Konzepte von Wachstumspolen und die Exportbasistheorie. Bis in die 60er Jahre des letzten Jahrhunderts lag vielen dieser Ansätze eine neoklassische Argumentation zugrunde. Wirtschaftsakteure sind in diesen Ansätzen vorwiegend rational handelnde Subjekte (und in ihren Beziehungen atomisiert), deren Verhalten sich quasi regelhaft vorhersagen lässt. Der Markt tendiert zu Gleichgewichtslösungen, wodurch sich keine Notwendigkeit zu staatlicher Intervention ergibt. Seit den 70er Jahren rückten die wichtigsten raumökonomischen Arbeiten zunehmend von deduktiven Modellen ab. Behaviouristische Ansätze in den Standorttheorien ergänzten die Sichtweise vom stets rational handelnden homo oeconomicus bei der Standortwahl. Neoklassische Wachstumstheorien wurden durch realitätsnähere „endogene" Wachstumstheorien erweitert. Das Spezifische des Raumes und außerökonomische Faktoren wurden stärker in die Erklärungsansätze integriert.

2. Cluster, Netzwerke, Kompetenzen und Sozialkapital sind Schlüsselbegriffe, um die sich die neueren raumwirtschaftlichen Erklärungsansätze in Kapitel 5 gruppieren. Als neu werden sie bezeichnet, weil sie ökonomische Prozesse als pfadabhängig und als Ergebnis einer räumlich spezifischen, evolutionären Entwicklung begreifen und sie in den Kontext soziokultureller und institutioneller Strukturen setzen. Die Ansätze überwinden die Produzenten-Konsumentensicht. Sie führen Begriffe wie Vertrauen oder das Vorhandensein eines kollektiven oder gar gemeinsamen Interesses (ob reflektiert oder unreflektiert) in ökonomische Theorieansätze ein. Der Markt wird als Institution mit sozialen Regeln verstanden. Wirtschaftliche Akteure sind in diesen Ansätzen keine atomisierten Individualisten, die streng rational handeln. Sie verharren länger an einem Ort, als es vernunftbasiertes Standortdenken vermuten lassen würde, auch bauen sie Vertrauensbeziehungen mit anderen Wirtschaftsakteuren auf. An Orten, in denen sich gemeinsame Bedeutungen und Praktiken, Sitten und ein charakteristischer Habitus herausgebildet haben, sind die sozialen Akteure zugleich Produzenten und Konsumenten eines kulturellen Produkts.

3. Wertebezogene Ansätze eines „anderen Wirtschaftens". Die Ansätze, die in Kapitel 6 diskutiert werden, argumentieren explizit oder implizit normativ. Ökonomische Effizienz gilt als Teilziel, das mit anderen gesellschaftlichen Zielvorstellungen und Werten – z. B. was Lebensqualität und soziale Gerechtigkeit bedeuten – abgewogen werden muss. Wertebezogene Ansätze einer Wirtschaftsentwicklung stellen den Nutzen wirtschaftlicher Entwicklung für die individuelle Lebensqualität und das gesellschaftliche Wohl in den Vordergrund. Der Raum spielt in den wertebezogenen Ansätzen immer eine wesentliche Rolle: für kulturelle Identität, größere Autonomie, Selbstentwicklung, demokratische Verfahren und die Reintegration der dialektischen Beziehung Lebenswelt – Ökonomie. Der Begriff der Sorge ist im Sinne der Fürsorge für andere Menschen gemeint, aber auch als die Sorge um das Selbst und die Umwelt. Teilweise liegt den Ansätzen eine standpunktorientierte Ethik, teilweise eine moralische Sicht zugrunde.

Die Stadtteilebene spielt in nahezu allen stadträumlichen, stadtentwicklungstheoretischen und ökonomischen Erklärungstheorien keine explizite Rolle.[3] Viele der vorgestellten Ansätze beziehen sich auf die regionale Ebene. Interpretationen sind somit notwendig, um aus ihnen Erklärungskraft für die Stadtteilebene zu ziehen.

1.3.2 Empirische Grundlagen der Arbeit

Eine Reihe von Forschungsarbeiten gaben den Anstoß für die vorliegende Arbeit und bilden ihre empirischen Hauptquellen.

Zahlreiche Studien, Gespräche und Kontakte mit Experten und Akteuren der lokalen Ökonomie in Nordrhein-Westfalen – größtenteils im Rahmen meiner Tätigkeit im Institut für Landes- und Stadtentwicklungsforschung und Bauwesen des Landes Nordrhein-Westfalen (ILS NRW) – bilden eine Grundlage dieser Arbeit. Die Empirie zur Arbeit speist sich aus einer langjährigen Beschäftigung mit dem Thema, insbesondere im Rahmen des Programms „Soziale Stadt NRW" (vormals „Integriertes Handlungsprogramm der Landesregierung Nordrhein-Westfalen für Stadtteile mit besonderem Erneuerungsbedarf", s.a. Textbox 1). Die im Laufe dieser Gespräche und Analysen gewonnenen Einsichten dienen als Referenzen für die Arbeit. Gleichwohl die Motivation zu dieser Arbeit aus der langjährigen eigenen Beschäftigung mit der Praxis stadtteilbezogener ökonomischer Revitalisierung entstand, werden entsprechende empirische Fallbeispiele in dieser Arbeit nicht ausführlich dokumentiert. Es hätte den Rahmen der Arbeit gesprengt und wäre den Beispielen auch nicht gerecht geworden, die an anderer Stelle ausführlicher dokumentiert sind.[4]

Des Öfteren wird in dieser Arbeit auf Fallstudienberichte aus Schottland, den Niederlanden und Schweden hingewiesen. Im Rahmen des ELSES-Projektes (Evaluation of Local Socio-Economic Development Strategies in Disadvantaged Urban Areas) wurden, unter Leitung des ILS NRW, Maßnahmen und Strategien der sozioökonomischen Entwicklung in sechs europäischen Stadtentwicklungsgebieten untersucht: in Glasgow-Govan (UK), Duisburg-Marxloh (D), Pomigliano d'Arco (I), Leiden-Noord (NL), Malmö-Rosengård (S) und Nancy-Provinces (F). Auf einige der im Rahmen dieser Studie evaluierten Maßnahmen wird im Folgenden Bezug genommen. Im Detail nachzulesen sind die Ergebnisse in einem Abschlußbericht und einem 'Good Practice Guide' (ILS 2000a, b).[5] Detaillierte Fallstudien, wie die im Rahmen dieses Projektes erarbeiteten, sind besonders geeignet, Erkenntnisse in soziale und politische Praxis einzuspeisen (Yin 1994; Mayring 1990). Diesen Forschungsarbeiten lag die Dialogorientierung, d.h. die Einbeziehung der vor Ort arbeitenden Experten in die Erarbeitung von Forschungsergebnissen, zugrunde. Um den Erfolg der durchgeführten Strategien und Maßnahmen zu beurteilen, wurden verschiedene Perspektiven berücksichtigt: Die Interpretationen und Meinungen von Forschern, lokalen Experten und der durch die Maßnahmen Begünstigten. Sowohl die Akteurs- wie auch die Strukturebene spielten in den Analysen eine Rolle, Machtfragen wurden nicht ausgeklammert. Der Analyse der Fallstudien lag eine Kombination von quantitativen wie qualitativen Methoden zugrunde.

1.3.3 Konkurrierende Ansprüche auf Gültigkeit

Bereits auf der Analyseebene stellt sich die Frage nach dem was als Ökonomie gilt. Im alltäglichen Gebrauch werden mit dem Begriff der Ökonomie meist die Produktionsökonomie und die Unternehmenstätigkeiten verbunden. Daneben existiert aber auch eine Ökonomie der Haushalte, eine informelle Ökonomie, eine Sphäre der Eigenarbeit. Letztere sind für die Entwicklung einer Lokalität von Bedeutung, werden aus unterschiedlichen Gründen aber oft politisch wie wissenschaftlich wenig wahrgenommen.

Modelle und Erklärungsansätze in den Sozial- wie in den Wirtschaftswissenschaften sind nicht wertefrei oder kontextunabhängig. Die Ökonomie als Wissenschaft basiert letztendlich auf einer Reihe von Annahmen, die als quasi normativ gelten. Zu den absoluten (absolut gemachten) Postulaten der Ökonomie gehört z.B. das Streben nach Profit. Die neoklassische Ökonomie geht von der Ökonomie als einem in sich abgeschlossenen System aus, von Unternehmen als rationalen und atomistischen Akteuren und der Nutzen- bzw. Gewinnmaximierung als einziger unternehmerischer Antriebskraft. Eine Reihe von theoretischen Ansätzen stellen dieses Paradigma in Frage: Die Ansätze um Cluster und Milieus verstehen und erklären ökonomische Prozesse als eingebettet in die soziale und institutionelle Umgebung. Die werteorientierten Ansätze stellen zumindest gleichberechtigt neben das Prinzip der Gewinnmaximierung moralische Werte und sehen Ökonomie als ein gesellschaftliches Teilsystem bzw. ein Subsystem, soll heißen, ein Derivat von Gesellschaft, Politik und Kultur.

Auf der Ebene der Konzeption und Steuerung lokalökonomischer Ansätze stellt sich die Frage nach den Inhalten und der Herangehensweise. Wer definiert die Bedürfnisse, wer definiert die Standards, wer definiert die Ziele und wer evaluiert nach welchen Maßstäben den Erfolg? Es geht dabei nicht um die Frage was „besser" ist – dies lässt sich auf einer abstrakten Ebene für viele der oben aufgeworfenen Fragen auch nicht allgemeingültig beantworten. Mit der (politisch) entschiedenen Option werden immer auch bestimmte Interessen – bewusst oder unbewusst – gefördert und bestimmte Werte transportiert.

Und was gilt – mit Blick auf die (normative) Zielvorstellung - als wirtschaftliche Entwicklung? Auch dieser Begriff ist wissenschaftlich nicht objektiv bestimmbar oder wertneutral. Entwicklung kann sich auf höheres Wachstum, auf mehr Arbeitsplätze, auf höhere soziale

Gleichheit oder Gerechtigkeit, auf Partizipationschancen oder höhere Eigenständigkeit beziehen (vgl. Maier/Tödtling 2001b: 22). Regionale oder nationale Entwicklungstheorien beschränken sich zumeist auf das Wachstumselement in ihren Modellannahmen und sind auf die entsprechenden Kennzahlen der volkswirtschaftlichen Gesamtrechnung limitiert. Ein solcher Entwicklungsbegriff – der Verteilungs- oder Nachhaltigkeitsaspekte nicht berücksichtigt – kann nicht für die ökonomische Stadtteilentwicklung gelten (Kap. 1.1).

Aus diesen wenigen und kursorischen Aufzählungen wird deutlich, in welchem Spannungsfeld über die wirtschaftliche Erneuerung von Stadtteilen diskutiert wird. Konkurrierende Ansprüche auf Rationalität und Gültigkeit – innerhalb der wissenschaftlichen Debatte, zwischen Wissenschaft, sozialen Bewegungen und Politik – sind in einer modernen Demokratie normal; der öffentliche Diskurs bestimmt die „Interpretation" von Sachverhalten (Giddens 1996a; Beck 1996). Die jeweils „bessere" Interpretation der Praktiken und Ergebnisse löst – auf wissenschaftlicher Ebene – andere ab und gewinnt in diesem Dialog.[6] In diesem Sinne versteht sich die Arbeit als ein Diskussionsbeitrag zum Dialog im Forschungsfeld der ökonomischen Stadtteilentwicklung.

1.4 Überblick über die folgenden Kapitel

In Kapitel 2 werden zunächst die Ausgangspunkte für die Diskussion von stadtteilbezogenen Ansätzen zur Förderung von Wirtschaft und Beschäftigung benannt. Im Anschluss wird auf die Frage eingegangen, was das „Lokale" an der Ökonomie ist und wie sich die Verbindungen zwischen Stadtteil und Ökonomie strukturieren lassen. Praxiserfahrungen bilden die Basis, um das Spektrum lokalökonomischer Strategien aufzuzeigen: binnen- und außenorientierte Ansätze, personen- und unternehmensbezogene Ansätze, privatwirtschaftliche, staatliche oder stärker bürgerschaftliche Ansätze.

In Kapitel 3 werden einige der strukturellen gesellschaftlichen Entwicklungen skizziert, die für das Verständnis des Themas ökonomische Stadtteilentwicklung von grundlegender Bedeutung sind. Dazu gehören wirtschaftliche Strukturumbrüche der letzten Jahrzehnte, die unter dem Begriff der Globalisierung diskutiert werden, aber auch ein neues Verständnis von der Steuerungsfähigkeit des Staates und die Auflösung traditioneller sozialer Schutzräume. Es wird die Frage gestellt, welchen Einfluss der Staat auf die wirtschaftliche Entwicklung hat und ob die Förderung einer Stadtteilökonomie in Zeiten der Globalisierung nicht paradox ist. In einem Unterkapitel wird auf die Frage eingegangen, welche grundsätzlichen Argumentationen zur Förderung von Beschäftigung und Wirtschaft existieren. Die liberale und die keynesianische Argumentation werden vorgestellt und mit einer dritten Sichtweise ergänzt, die den lokalen bzw. regionalen Raum als Analyse- und Handlungsebene in den Mittelpunkt stellt. Mit dem Übergang zu einer wissensbasierten und flexibel regulierten Ökonomie in den Industrieländern verändert sich im Kontext eines „aktivierenden" Staates auch das Grundverständnis von sozialer Sicherung. Dies wird abschließend diskutiert.

Die Kapitel 4, 5 und 6 bilden das Kernstück der Arbeit. Es wird diskutiert, welche theoretischen Annahmen und Modelle über Raumstruktur und Wirtschaftsentwicklung für den kleinräumigen Kontext der Stadtteile aussagekräftig sind. Drei Perspektiven raumwirtschaftlicher Theorien und Hypothesen werden – wie in Kapitel 1.3.1 bereits vorgestellt – analysiert: klassische raumwirtschaftliche Erklärungsansätze (Kap. 4), neue Erklärungsansätze um die Bedeutung von Netzwerken, Clustern und Sozialkapital (Kap. 5) und wertebezogene Ansätze (Kap. 6).

Im Kapitel 7 stehen die Schlussfolgerungen aus den vorangegangenen Kapiteln für Theorie und Praxis der stadtteilbezogenen Wirtschafts- und Beschäftigungsförderung im Vordergrund. Neben der grundsätzlichen Frage nach der Rationalität von kleinräumiger Wirtschafts- und Beschäftigungsentwicklung wird bilanzierend darauf eingegangen, wie Interventionen in die Stadtteilökonomie effektiv sein können. Auf der Basis der in den Kapiteln 3 bis 6 erarbeiteten theoretischen Grundlagen werden die Herangehensweisen, die Strategieentwicklung und konkrete Maßnahmen zur Förderung der lokalen Ökonomie in Stadtteilen mit besonderem Erneuerungsbedarf erörtert. Ein Unterkapitel beschäftigt sich mit der Rolle des Staates in der ökonomischen Stadtteilentwicklung.

Kapitel 8 zieht ein Resümee bezüglich der Fragen nach der Effektivität und der Reichweite lokalökonomischer Ansätze. Davon ausgehend, dass die Verminderung sozialräumlicher Disparitäten als politisches Ziel gesellschaftlich anerkannt ist, sind langfristige Investitionen in die Qualität von Diensten und Angeboten auf Stadtteilebene (insbesondere in den Bereichen Bildung, Ausbildung, soziale Infrastruktur) und in die Netzwerkbildung, in Kooperations- und Kommunikationsprozesse und in die Unternehmens- und Innovationskulturen vor Ort notwendig. Quantifizierbare Erfolge einer stadtteilorientierten Wirtschafts- und Beschäftigungspolitik werden sich nicht ohne prozessuale Innovationen einstellen.

2 Ökonomische Revitalisierung in der Praxis

Der Diskurs zur Stadtteilökonomie, zur Quartiersökonomie, zu lokaler Beschäftigung, Wirtschaft und Arbeit oder zur lokalen Ökonomie ist heterogen, wie im Einführungskapitel bereits deutlich wurde. Es gibt weder ein theoretisch geschlossenes Gedankengebäude noch allgemein anerkannte Modelle zur Entwicklung einer lokalen Ökonomie. Allerdings kann auf eine Reihe von Praxiserfahrungen zurückgegriffen werden, die erste Kategorisierungen und Einschätzungen ermöglichen.

In den meisten europäischen Ländern wurden in den letzten Jahren Maßnahmen entwickelt, die der Ausgrenzung von Bevölkerungsgruppen und der negativen sozioökonomischen Entwicklungsdynamik auf der Stadtteilebene entgegen zu wirken suchen. In Kapitel 2.1 wird zunächst diskutiert, woraus sich seit den frühen 90er Jahren in Deutschland ein Interesse an dem Thema „Wirtschaften im Stadtteil – Quartiersbezogene Ökonomie" ergibt.

In Kapitel 2.2 steht im Vordergrund, wie sich ein Stadtteil als ökonomisch-funktionales System abgrenzen lässt. Anders gefragt: Was ist das „Lokale" an der Ökonomie?

Aufbauend auf Praxiserfahrungen werden danach in Kapitel 2.3 unterschiedliche Differenzierungen von lokalökonomischen Ansätzen diskutiert. Damit wird keine Typologie von Strategieansätzen im engeren Sinne angestrebt, doch wird durch die Diskussion von Gegensatzpaaren (wie z.B. Binnenorientierung – Außenorientierung; Strategische Ausrichtung – Praktische Maßnahmen) die Spannbreite möglicher Ansätze verdeutlicht.

2.1 Die Diskussion um ein neues Politikfeld

Das Interesse an quartiersbezogenen ökonomischen Revitalisierungsmaßnahmen geht auf zumindest vier Ausgangspunkte zurück, die im folgenden Text näher erläutert werden (vgl. Weck 2002):

- Die Einsicht, dass im Rahmen einer integrierten Stadtteilentwicklung die Förderung von Arbeit und Beschäftigung zentral ist;
- die Bedeutung von sozialer Dichte und Nutzungsmischung als städtische Qualitäten;
- die stärkere Beachtung von lokalen Milieus und den Beschäftigungswirkungen lokal eingebetteter Betriebe in Wissenschaft und – ansatzweise – auch in der Politik; und
- die Tatsache, dass Konzepte einer „Neuen Arbeit" oftmals am lokalen Gemeinwesen ansetzen.

Integrierte und nachhaltige Stadtteilentwicklung

Ökonomische Entwicklungsstrategien sind – neben den sozialen und den städtebaulichen Strategien – ein unverzichtbarer Bestandteil, wenn es um integrierte Stadtteilentwicklung und die Stärkung eines lokalen lebendigen Gemeinwesens geht. Lange Zeit wurde (in Westdeutschland) bei staatlichen oder kommunalen Erneuerungsmaßnahmen in Steine investiert, also in die baulich-städtebauliche Erneuerung eines Quartiers, aber nicht in die Menschen, die in einem Quartier leben und arbeiten. Soziale und ökologische Aspekte fanden in den 80er Jahren stärkere Verankerung im Handeln vor Ort, angestoßen z. B. auch durch die IBA in Berlin mit ihrer Philosophie der behutsamen Stadterneuerung.

Die Problemlagen in den betroffenen Stadtteilen gleichen sich oftmals: eine hohe Zahl von erwerbslosen Menschen, eine niedrige Quote von Schul- und Ausbildungsabschlüssen unter den Jugendlichen, Kaufkraftschwund in der ansässigen Bevölkerung und die daraus folgende Reduzierung bzw. Banalisierung des Kaufangebotes im Stadtteil, der Wegzug alteingesessener Händler und eine niedrige Quote ‚innovativer' Firmen. Die Ökonomie im Quartier – die Betriebe im Stadtteil, die Flächennutzung, die Versorgungslage der Bewoh- ner, die Erwerbslosigkeit im Quartier – wurde in Deutschland erst in den 90er Jahren zum Thema (Textbox 1). Somit können staatlich unterstützte stadtteil- bzw. stadtgebietsbezo- gene ökonomische Revitalisierungsstrategien in Deutschland in Praxis wie in Forschung auf eine erst relativ kurze Tradition zurückblicken, anders als etwa in den USA oder im angelsächsischen Raum (Textbox 2). Im Rahmen des Bund-Länder-Programms „Soziale Stadt" wird dem Handlungsfeld „Lokale Wirtschaft, Arbeit und Beschäftigung" in den vertretenen Programmgebieten hohe Bedeutung zugemessen. Gleichzeitig gibt es in die- sem Handlungsfeld aber eine Unsicherheit über effektive Maßnahmen und Instrumente.[7]

Wenn Menschen an der sozialen und ökonomischen Entwicklung in der Region nicht teilhaben, dann liegen die Gründe überwiegend nicht im Quartier, sondern in überlokalen Entwicklungen. Gleichwohl spricht vieles dafür, dass Angebote und Strategien, die das Le- ben und Arbeiten in den Stadtteilen verbessern wollen, vor Ort ansetzen müssen (Herlyn/ Lakemann/Lettko 1991: 234ff).

Zu den gängigen Maßnahmen einer stadtteilbezogenen Wirtschafts- und Beschäfti- gungsförderung im Rahmen der integrierten Stadtteilentwicklung zählen Büros für Wirt- schaftsentwicklung, die bei Existenzgründungsvorhaben beraten und die in dem Stadtteil ansässigen Unternehmen unterstützen. Qualifizierungs- und Beschäftigungsmaßnahmen werden an den Bedarfen vor Ort ausgerichtet und es wird gezielt versucht, den Arbeits- marktzugang der erwerbslosen Stadtteilbevölkerung zu fördern. Kleine und mittlere Unternehmen, Arbeitskräfte und Existenzgründer, wie auch Institutione n und Bürger vor Ort werden als die Träger einer Entwicklung angesehen, die dem Stadtteil neue Im- pulse geben und die Lebensqualität und Wirtschaftsstruktur vor Ort verbessern sollen. Die stadtteilbezogene Wirtschafts- und Beschäftigungsförderung im Rahmen der integrierten Stadtteilentwicklung hat in ihrem Vorgehen wie in ihrer inhaltlichen Ausrichtung auf eine soziale, ökologische und ökonomische Nachhaltigkeit (Hermanns 2000, Kreibich 1999) auch Schnittstellen mit Prozessen der Lokalen Agenda 21.

Textbox 2: Die lokalökonomischen Entwicklungsgesellschaften in Glasgow

In Schottland haben wirtschaftliche Erneuerungsstrategien eine lange Tradition. Govan Initiative, eine in einem innerstädtischen Gebiet Glasgows in der wirtschaftlichen Entwicklung arbeitende Stadtteilgesellschaft, definiert ihr Arbeitsziel im aktuellen Strategieplan folgendermaßen:

„The principle goal of Govan Initiative Ltd is to make a real and lasting difference to the people who work, learn and live in the Greater Govan area. (...) Govan Initiative Ltd. will continue to work to deliver the benefits of economic growth for those who work, learn und live in the Greater Govan area." (Govan Initiative o.J. (2003): 3)

Acht lokalökonomische Entwicklungsgesellschaften arbeiten in den ausgewiesenen Stadterneuerungsgebieten in Glasgow. Die Kernbereiche dieser Gesellschaften liegen in der Förderung von Existenzgründungen (auch im Bereich der Sozialen Ökonomie), der Bestandspflege ansässiger Unternehmen, der Qualifizierung der lokalen Bewohnerschaft für den ersten Arbeitsmarkt sowie begleitender Infrastrukturmaßnahmen. Die Stadtteilgesellschaften kanalisieren die städtischen und regionalen Förderprogramme und schneiden sie auf die spezifischen Bedürfnisse des Stadtteils zu. Mit ihrem kleinräumigen Wissen und der Nähe zum privaten Sektor und der lokalen Bevölkerung gelingt ihnen eine auf die gebietstypischen Bedürfnisse zugeschnittene Umsetzung der städtischen Wirtschaftsförderung. Die lokalökonomischen Entwicklungsgesellschaften entwickelten sich zu unterschiedlichen Zeitpunkten, mit unterschiedlicher Finanzierung und Schwerpunktsetzung (vgl. Weck 1996). Govan Initiative ist die älteste der lokalökonomischen Entwicklungsgesellschaften und arbeitet seit 1986 an der wirtschaftlichen Erneuerung des Stadtteils. Im Laufe dieser Zeit fiel die Arbeitslosenrate von fast 30% auf unter 10% (Raco/Turok/Kintrea 2000). Bei Govan Initiative arbeiten rund 100 Beschäftigte; zudem qualifiziert und beschäftigt Govan Initiative rund 40 Personen im Rahmen von Glasgow Works Projekten (Govan Initiative 2005).

Während der Hauptteil der Dienstleistungen von Scottish Enterprise, als der führenden schottischen Wirtschaftsförderungsgesellschaft, traditionelle Wirtschaftsförderung umfasst (Existenzgründerhilfe, Investorenberatung, etc.), ist eine ihrer Teilstrategien auf die Erneuerung benachteiligter Gebiete gerichtet. Soziale Gerechtigkeit zu erreichen, so das Argument, bedeutet, dass jeder Mensch von der wirtschaftlichen Entwicklung profitieren und zu ihr beitragen kann und die Lücke zwischen der wirtschaftlichen Entwicklung benachteiligter Gebiete zum übrigen Schottland geschlossen wird (Scottish Enterprise 2005).

Quelle: Govan Initiative 2005; Glasgow Alliance 2005; Scottish Enterprise 2005

Soziale Dichte und Nutzungsmischung als städtische Qualitäten

Nutzungsmischung und Dichte, die Gestaltung von öffentlichem Raum, Vielfalt, Kompaktheit der Erschließungsstrukturen und eine gute Nahversorgungslage werden in Planung und Politik wieder stärker als städtische Qualitäten erkannt, die es zu erhalten und zu fördern gilt. Städte in Europa zeichnen sich – trotz Abwanderungs- und Dezentralisierungstendenzen – noch immer durch ein oft historisches, Identifikation verleihendes Stadtzentrum; durch Nebenzentren, in denen sich Infrastruktur, Geschäfte und Arbeitsplätze konzentrieren und durch lebendige und vielfältige (in der Nutzung gemischte) Quartiere aus. Unverwechselbare Identität, attraktive öffentliche Räume, Nutzungsvielfalt und städtische Lebendigkeit in allen Stadtquartieren werden – auch im Sinne eines Standortfaktors – in der Politik zunehmend als erhaltens- und förderwert angesehen. Innenverdichtung und Nutzungsanreicherung im Bestand sind die planerischen Gegenkonzepte angesichts der Abwanderung von Haushalten und Betrieben in das Umland mit den bekannten ökologischen und verkehrlichen Folgen.

Bei der Neubeplanung von innerstädtisch brach gefallenen Flächen werden städtische Strukturen angestrebt (siehe z.B. für die Tübinger Südstadt: Soehlke 2001), monofunktionale Großwohnsiedlungen mit neuen Nutzungen angereichert (siehe z.B. Bremerhaven-Grünhöfe: Friedrich 2001). Mit der Rückgewinnung urbaner Strukturen in der Stadt verbinden sich über die städtebaulichen und räumlichen Aspekte hinaus die Hoffnungen nach einer kulturellen Kraft, die soziale Integration und die Aushandlung von Interessen in der Stadt im Sinne eines „Gemeinwohls" fördert, Identität und Identifikation ihrer Bewohner und Bewohnerinnen begünstigt und die eine Art „Puffer" gegenüber der radikalen Marktdurchdringung in Zeiten der Globalisierung bilden kann (Häußermann 2001: 253f.).

Die Bedeutung der lokal eingebetteten Wirtschaft für die städtische Entwicklung

Ökonomische Entwicklung wird in den neueren raumwirtschaftlichen Ansätzen (Kap. 5) als von kulturellen, institutionellen, räumlichen und sozialen Faktoren beeinflusst begriffen. Die Erklärungsansätze für das Wachstum oder den Niedergang einer Region oder eines Ortes werden damit komplexer. Die städtische und regionale Entwicklung wird zudem als Prozess begriffen, der im Kontext eines globalen gesellschaftlichen Strukturwandels abläuft (Kap. 3.1). Verschiedene Analysen legen eine enge wechselseitige Verknüpfung der global eingebundenen mit den lokal oder regional eingebundenen Wirtschaftsprozessen nahe (Porter 1999: 63). Regionale und lokale Zusammenhänge müssen in ihrer Bedeutung aus diesem Blickwinkel neu bewertet werden.

Auch in der Wirtschaftsförderung wächst das Bewusstsein, dass für das städtische Wachstum und die wirtschaftliche Entwicklung einer Stadt oder Region unterschiedliche Teilökonomien von Bedeutung sind: Die global eingebundenen Teile der städtischen Wirtschaft, aber auch die auf spezifischen regionalen oder lokalen Traditionen beruhenden Teile der Wirtschaft und schließlich die Stadtteil- und Quartiersökonomie mit ihrem kleinräumigen Absatz- und Einzugsbereich (zu den Teilökonomien der städtischen Wirtschaft am Beispiel Hamburgs vgl. Läpple/Deecke/Krüger 1994). Eine alleinige Konzentration auf die als „modern" und „high-tech" geltenden oder globalisierten Teile der städtischen Ökonomie macht somit immer weniger Sinn – hochproduktiv, innovativ und Arbeitsplätze schaffend können auch „low-tech" Unternehmen sein (Porter 1999).

Die lokal oder regional eingebettete Wirtschaft hat nicht nur einen hohen Anteil an der gesamtstädtischen Beschäftigung (vgl. Läpple/Deecke/Krüger 1994), sie bildet auch ein stabiles Beschäftigungssegment. Und: Erst die Einbettung in förderliche lokale und regionale Milieus ermöglicht Unternehmen eine Anpassung an die globalen Herausforderungen (Läpple 1999). Dies stellt an die kommunale und regionale Wirtschaftsförderungspolitik komplexe Anforderungen.

Lokales Gemeinwesen und „Neue Arbeit"

In den Städten, insbesondere in den sozialräumlich ausgegrenzten Quartieren, stellt sich die Frage nach der Integration von Menschen, die über lange Zeit oder dauerhaft aus der Erwerbsarbeit ausgeschlossen sind. Niedrigqualifizierte und unqualifizierte Arbeiter, und aus diesem Grunde auch Migrantinnen und Migranten, aber auch nicht-flexible oder ältere Arbeitnehmer sowie in ihrer Leistungsfähigkeit eingeschränkte Personen sind diejenigen, die in der deutschen Gesellschaft besonders häufig vom Ausschluss aus der Erwerbsgesellschaft betroffen sind (BAS 2001, Bericht I: 144ff bzw. Bericht II: 169f.; BMGS 2005, Bericht I: 108ff). Wenn die Teilhabe an der Gesellschaft für bestimmte Personengruppen nicht mehr zwangsläufig über den Arbeitsmarkt funktioniert, die Wiederherstellung normaler Vollbeschäftigung zunehmend in die Ferne rückt oder auch die Lebensstile nicht mehr kompatibel sind mit der klassischen Erwerbsbiographie, dann werden so unterschiedliche Konzepte wie die „Bürgerarbeit" (Kommission für Zukunftsfragen der Freistaaten Bayern und Sachsen 1997; Beck 1999b) oder „New Work" (Frithjof Bergmann) diskutiert. In diesen Konzepten geht es um sinnstiftende Arbeit, teils parallel zur und in neuer Verzahnung mit der Erwerbsarbeit diskutiert, teils als Alternative dazu. Viele der Konzepte setzen am lokalen Gemeinwesen an. Bürgerengagement, Ehrenamt und freiwillige Mitarbeit in Organisationen, Verbänden und Stiftungen geraten von zwei Seiten ins Blickfeld. Zum einen als Möglichkeiten der gesellschaftlichen Teilhabe von Menschen, die zeitweise oder dauerhaft aus der Erwerbsarbeit ausgeschlossen sind (was gerade angesichts eines wachsenden Anteils von langzeitarbeitslosen Personen Bedeutung erhält). Zum anderen bildet die ehrenamtliche und freiwillige Arbeit eine solidaritätsstiftende und demokratiefördernde Ressource, die das „soziale Kapital" eines lebendigen Gemeinwesens herstellen und fördern kann. Arbeit im Quartier bietet Ansatzmöglichkeiten für Sinn stiftende Beschäftigung und in begrenztem Maße – bei förderlichen regionalen Arbeitsmarktbedingungen und entsprechend marktgerechter Ausformung der Maßnahmen – für die Reintegration in den Arbeitsmarkt. Die „lokale Dimension" in der Beschäftigungs- und Arbeitsmarktpolitik wird auch von Richtlinien und Programmen der Europäischen Union hervorgehoben und findet darüber Eingang in bundesdeutsche Politik und Praxis. Inwieweit eine gemeinwesenorientierte Ausrichtung der Beschäftigungs- und Arbeitsmarktpolitik in Folge der Hartz-Reformen noch möglich erscheint, ist allerdings momentan eher skeptisch zu beurteilen (Hanesch/Jung-Kroh 2004).

2.2 Stadtteil und Ökonomie

Mit dem Begriff der Lokalen Ökonomie verbindet sich eine Spannbreite von unterschiedlichen Konnotationen und Motiven. In Kapitel 1.2 wurden die Aspekte benannt, die den in dieser Arbeit verwendeten Begriff kennzeichnen. In der wissenschaftlichen Literatur finden sich sehr unterschiedliche Definitionen, auf die im Folgenden kurz eingegangen werden soll. Im Anschluss daran stehen die Verbindungslinien zwischen Stadtteil und Ökonomie im Vordergrund.

2.2.1 Definitionen der „Lokalen Ökonomie"

Lokale Ökonomie wird oftmals als eine gemeinwesenbezogene oder solidarische Ökonomie aufgefasst, in der die ökonomische Selbsthilfe gefördert und bedarfsnahe, unmittelbar für die Bewohner und Bewohnerinnen nützliche Dienstleistungen und Produkte entwickelt werden („local work for local people using local resources"). Diese Ansätze stehen z.B. in der Tradition der Politik des Greater London Council in den 1980er Jahren oder auch britischer Community Enterprises (vgl. dazu IFP Lokale Ökonomie 1994 oder auch das Beispiel des Greater Ruchill Community Business Ltd. in Weck 1996). Zum Teil wird mit der Förderung ökonomischer Selbsthilfe auch die angestrebte Entwicklung eines gemeinnützigen, eigenständigen „Dritten Wirtschaftssystems", das sich in besonderer Weise aus zivilgesellschaftlichen Ressourcen speist, verbunden (vgl. Birkhölzer 1994: 13). Eine solche Perspektive, die Elemente alternativer, solidarischer oder auch utopischer Ökonomieformen enthalten kann, steht in inhaltlicher Nähe zu Konzepten einer eigenständigen Entwicklung, wie sie insbesondere seit den 1980er Jahren im Rahmen regionalistischer Bewegungen diskutiert wurden. Mit diesem Begriff der lokalen Ökonomie schwingen immer Zielvorstellungen mit, die gesellschaftliche Solidarität angesichts der Ausgrenzung von Bevölkerungsgruppen wie Stadträumen einfordern (Kap. 6). Aus der Debatte um Nachhaltigkeit verbinden sich mit dem Begriff der Lokalen Ökonomie auch die Erwartungen nach einer stärkeren Unabhängigkeit von übergelagerten Märkten und einer höheren lokalen bzw. regionalen Wertschöpfung: von einer angebotsorientierten zu einer nachfrageorientierten Wirtschaftsproduktion, von einem quantitativen zu einem qualitativen Wachstum.

Auf der anderen Seite steht ein stärker funktionaler Ansatz (Kap. 3.3.3), der die Notwendigkeiten lokaler Initiativen aus der Unzulänglichkeit bisheriger Politik bzw. der Erfolglosigkeit von auf übergeordneten Ebenen entwickelten Politiken ableitet. In dieser Argumentation sind die Dezentralisierung von Kompetenzen auf die lokale Ebene und neue politisch-planerische Verfahrensweisen und Organisationsformen notwendig, um einen Wandel in der Entwicklung des Gebietes zu bewirken. Initiativen in dieser Perspektive setzen auf die gebietsspezifische Koordination der wichtigsten Förderpolitiken, die stärkere Berücksichtigung von endogenen Potentialen, die Überwindung von Kommunikationsdefiziten und neue Elemente des Projektmanagements, um einen Wandel in der Gebietsentwicklung herbeizuführen. Das Bund-Länder-Programm „Soziale Stadt" bzw. seine Vorläufer in verschiedenen Bundesländern sind diesem Ansatz zuzuordnen.

Auf der Ebene konkreter Projekte können sich diese beiden unterschiedlichen Ausgangspunkte allerdings oftmals verwischen. Offensiver formuliert muss auch aus beiden Richtungen gedacht und nach Ressourcen gesucht werden. Neben der Förderung der lokalen Selbsthilfe und der Stärkung interner Wirtschaftskreisläufe können die Re-Orientierung öffentlicher Politiken und die Einbeziehung der Initiative des privaten und bürgerschaftlichen Sektors als notwendige, sich ergänzende Pole zur Förderung der Ökonomie in einem Stadtteil gesehen werden.

Das Problem der „Präzisierung dieses vielfach normativ besetzten Begriffes" (Läpple 2005: 112) der lokalen Ökonomie wird von vielen Autoren festgestellt und überwiegend deskriptiv gelöst, indem die hauptsächlichen Segmente oder Bereiche benannt werden (IfS 2004; Läpple 2004: 113; Hanesch/Krüger-Conrad 2004: 12). Gemeinsam ist den unterschiedlichen Definitionen, die gefunden werden, dass sie Segmente über die formelle Marktökonomie hinaus miteinbeziehen (z.B. Selbstversorgungswirtschaft, gemeinwesenorientierte „soziale Ökonomie").

2.2.2 Was ist das „Lokale" an der Ökonomie?

Die Frage nach den Verbindungen zwischen Stadtteil und Ökonomie lässt sich über verschiedene Charakteristika beantworten (Tabelle 1). Mit Bezug auf die Unternehmensstruktur im Stadtteil kann man analysieren, welche Unternehmen und Betriebe in einem bestimmten Stadtteil existieren und dann die Unternehmen in Branchen einteilen, wie Gastronomie/Erlebnis, Dienstleistung und dienstleistendes Handwerk, Einzelhandel, produzierendes Handwerk und leichte Industrie/Gewerbe. Oder man analysiert spezifische lokale Cluster oder lokale Wertschöpfungsketten, weil Branchenzugehörigkeiten heutzutage angesichts der funktionalen Differenzierung von Unternehmenstätigkeiten nur noch bedingt aussagekräftig sind. Wird dies noch visualisiert und mit stadtweiten Durchschnitten verglichen, ergibt sich ein erstes aussagekräftiges Bild, aus dem Versorgungslagen, potentiell ungedeckte Nachfragen, Spezialisierungen und Ballungen ökonomischer Aktivitäten ersichtlich werden.[8] Damit ist jedoch noch nicht erfasst, welche Betriebe und Unternehmen vorwiegend lokale Bindungen aufweisen und welche überlokal agieren, d.h. Betriebe und Unternehmen, für die der Stadtteil eine geringe Rolle in der unternehmerischen Aktivität spielt.

Läpple et. al. (1994: 11) beantworten die Frage so, dass sie zur Teilökonomie von Stadtteil- und Quartiersbetrieben „Dienstleistungen und Handwerksbetriebe, die stark lokal eingebunden sind z.B. durch örtlichen Absatz, den Wohnsitz der Erwerbstätigen oder den bestehenden preisgünstigen Gewerberaum" und darüber hinaus „Teile des Einzelhandels, des Gesundheitswesens, der Gastronomie und des Produzierenden bzw. Reparaturgewerbes zählen. Diese Betriebe bieten zum überwiegenden Teil Leistungen für den Endverbrauch privater Haushalte an." Wie Läpple et. al. (1994) zeigen, kann anhand von relativen Größenproportionen und Entwicklungstendenzen solcher lokal eingebundener Unternehmen am Gesamtbestand ein aussagekräftiges Bild von der Bedeutung der stadtteil- und quartiersbezogenen Betriebe für die städtische Wirtschaft entstehen.[9]

Damit sind bestimmte Verbindungslinien zwischen Stadtteil und Ökonomie benannt: der lokale Absatz und die Marktnähe, wie auch spezifische ortsgebundene Potentiale und Leistungen.

Es lässt sich gedanklich – wie oben beschrieben – ein Aggregat von Unternehmen identifizieren, die einen bedeutenden Anteil ihres Umsatzes im unmittelbaren lokalen Umfeld erzielen. Supermarktfilialen, Einzelhandelsgeschäfte, Bankfilialen, Gemüseläden, Kioske, Blumenläden etc. sind in ihrem Absatz stärker ortsgebunden als etwa Metall verarbeitende Betriebe. Die standortabhängige Erlössituation spielt für diese Betriebe und Unternehmen mit einem eher punktuellen Absatzgebiet eine bedeutende Rolle. Diese Unternehmen sind unmittelbarer von strukturellen Veränderungen der örtlichen Nachfrage betroffen. Aber auch für eine Reihe von Dienstleistungsunternehmen ist die Marktnähe wichtig. Bestimmte Dienstleistungen verlangen den persönlichen Kontakt zwischen Käufer und Anbieter oder werden aus Zeitgründen oder aufgrund kultureller Nähe oder Bekanntheit eher im lokalen Bereich gesucht. Dazu zählen Dienstleistungen im Bereich Pflege und Kinderbetreuung, Gesundheit, Bildung und Weiterbildung, Beratung und Information.

Tab. 1: Verbindungen zwischen Stadtteil und Ökonomie

	Verbindung zum Stadtteil über...	Politisch-planerische Bedeutung
A. Unternehmen		
Betriebe und Unternehmen mit punktuellem Absatzgebiet, z.B. Einzelhandel, Gemüseläden, Kioske	Lokaler Absatzmarkt	Versorgungssituation der Bevölkerung, Betriebe von Nachfrageschwankungen vor Ort besonders betroffen, wichtige Ansprechpartner für politische Interventionsstrategien
Persönliche und soziale Dienste, z.B. Pflege, Gesundheit, Bildung	Persönlicher Kontakt und kulturelle Nähe	Versorgungssituation der Bevölkerung
Betriebe die am Ort spezifische Standortvorteile realisieren können, z.B. Lage, Flächen, spezifische Nachfrage	Ortsgebundene Potentiale	Hinweise auf spezifische Stärken des Ortsteils, Anknüpfungspunkte für Spezialisierungsstrategien
Unternehmen in lokaler Eigentümerschaft bzw. Kontrolle	Lokale Eingebundenheit / Lokale Verantwortung	Lokales Sponsoring, wichtige Ansprechpartner für politische Interventionsstrategien
B. Haushaltsökonomie und Sozialstruktur		
Lebensbedingungen und Ökonomie der Haushalte	Spezifische Vorteile bzw. Nachteile des Stadtteils bei der Bewältigung des alltäglichen Lebens	Verbesserung der Lebensbedingungen von Haushalten, Hinweise auf mögliche Ansatzpunkte für neue Dienste vor Ort, lokale Bedarfsdeckung
Soziokulturelle Charakteristika der Bevölkerung	Ausprägung von Beschäftigungschancen, Einkommen und wirtschaftlicher Dynamik	Beschäftigungsstrategien, Potentiale für Existenzgründungen, Re-Orientierung kommunaler Dienstleistungen
C. Milieu		
Soziales Kapital	Ausprägung von Solidarität und Engagement	Potentiale zur Selbsthilfe, Ausbau von Netzwerken, Stärkung lokaler Verflechtungen und Wertschöpfungsketten, Potentiale zur Stärkung des lokalen Gemeinwesens
Kulturen und Mentalitäten	Ausprägung von Arbeits- und Wirtschaftskulturen, politische Kultur, Machtbeziehungen	Potentiale der Netzwerkbildung, Innovationspotentiale, Potentiale einer entwicklungsfreundlichen lokalen Umgebung

Eigene Darstellung

Die Lage eines Stadtteils, Art und Qualität verfügbarer Flächen und Gebäude, die Arbeitskräfte an einem Ort, besondere Qualifikationen oder sozio-ökonomische Charakteristika der Bewohnerschaft, eine spezifische Nachfrage oder besondere institutionelle Charakteristika eines Ortes bilden ortsgebundene Potentiale. Dabei zählen nicht nur die offensichtlich positiven Qualitäten als Standortvorteil. Porter (1995; 1996) argumentiert in seinen Arbeiten zu den spezifischen Vorteilen der amerikanischen Innenstädte, dass sich selektive Faktorbenachteiligungen – z.B. geringe Kaufkraft, eine spezifische Nachfrage – langfristig positiv auf die Wettbewerbsfähigkeit von ansässigen Unternehmen auswirken können. Sie fordern ein innovatives Handeln, woraus langfristig ein Wettbewerbsvorteil erwachsen kann, weil neue oder innovative Produkte entwickelt und später über die Stadtteilgrenzen „exportiert" werden können (Kap. 5.3.2).

Eine weitere Annäherung an die Stadtteilökonomie besteht in der Frage nach der lokalen Verankerung oder Eingebundenheit anhand des Kriteriums der lokalen Eigentümerschaft oder der lokalen Kontrolle von Unternehmen. Je mehr Unternehmen und wirtschaftliche Aktivitäten in lokaler Hand und lokal kontrolliert sind, so die These, umso stabiler und beeinflussbarer erscheint die lokale Entwicklung. Hier kann eine erste Einschätzung anhand des Kriteriums getroffen werden, ob es sich um Einbetriebsunternehmen oder um Mehrbetriebsunternehmen bzw. um Filialgeschäfte handelt. Bei den Einbetriebsunternehmen kann aus dem entsprechenden Wirtschaftszweig dann auf überwiegend lokale bzw. überlokale Orientierung geschlossen werden. Doch werden für eine solche Annäherung bereits eine Reihe von Besichtigungen und qualitativen Gesprächen notwendig sein.

Mit all den bisherigen Antworten ist allerdings erst ein Teil der wirtschaftlichen Aktivitäten im Stadtteil – begrenzt auf die Unternehmen vor Ort – beschrieben. Damit ist noch nicht erfasst, welche Qualifikationen die Bewohner und Bewohnerinnen vorweisen, welchen Aktivitäten sie nachgehen und welche Potentiale für die Stadtteilentwicklung damit verbunden sind, seien sie formeller oder informeller Art.

Teil der lokalen Ökonomie ist der Bereich der Haushaltsökonomie (Tabelle 1, Überschrift B). In einem weiteren Sinne verstanden sind es die Potentiale, die den Haushalten im Gebiet zur Lebensbewältigung zur Verfügung stehen. Dazu zählen (im Friedmann'schen Sinne, s. Kap. 6.2) deren finanzielle Ressourcen, ihr Zugang zu Informationen, Arbeitsmitteln und sozialen Netzwerken, Zeit und Lebensraum der Haushalte, formale und informale Fertigkeiten und Fähigkeiten der Haushaltsmitglieder. Diese Ressourcen prägen die Lebensqualität von Haushalten und werden in unterschiedlichem Maße auch durch den lokalen Raum geprägt. Gleichwohl Menschen heute in ihrer Biographie globale, regionale und lokale Einflüsse reflexiv integrieren, kommt dem unmittelbaren Lebensraum als Ort zur Bewältigung des alltäglichen Lebens, als Ort der kulturellen Identifikation und als Basis für politisches Handeln Bedeutung zu (Kap. 6.1.5; Kap. 3.5). Insbesondere alternative (Kap. 6) und endogene Entwicklungsansätze rücken die Potentiale und Ressourcen der Haushalte und die Verbesserung der Lebensbedingungen der Bevölkerung (gemeinwesenbezogene Dienstleistungen, lokaler Nutzen, lokale Bedarfsdeckung, etc.) in den Mittelpunkt von Strategien. Damit spielt die Haushaltsökonomie auch im Rahmen einer Förderung der lokalen Ökonomie eine Rolle. In diesem Bereich kann allerdings bislang nur mit Hilfe von qualitativen Erhebungsmethoden und durch lokales Wissen, etwa um bestehende Netzwerke, Potentiale und die formelle Beschäftigung hindernde Faktoren, vorgedrungen werden. Mit Ausnahme der Erwerbslosenzahlen und der Empfänger kommunaler Hilfeleistungen (Sozialhilfe, Wohngeld) stehen oftmals keine kleinräumigen Daten zur Verfügung.

Die Haushaltsökonomie im Sinne der Ressourcen zur Bewältigung des alltäglichen Lebens wird von den Leistungen und Angeboten der öffentlichen Hand beeinflusst. Dazu zählen vor allem die nationalstaatlichen Leistungen im Rahmen des Systems der sozialen Sicherung in der BRD, aber auch lokal manifeste Ausprägungen der Wohn- und Lebensverhältnisse, der Qualität von Infrastrukturen sowie Angeboten und Dienstleistungen der öffentlichen Hand. Dies umfasst beispielsweise kommunale Dienstleistungen, kommunale Ver- und Entsorgung, öffentliche Beratungs- und Betreuungsdienstleistungen, lokale Beschäftigungs- und Qualifizierungsinitiativen und die Qualität der sozialen und kulturellen Infrastruktur vor Ort. Die Förderung stadtteilbezogener Wirtschaft, Beschäftigung und Arbeit kann davon profitieren, dass diese staatlichen oder kommunalen Dienstleistungen in ihren Wirkungen für den Stadtteil evaluiert und bedarfsorientiert und nutzerfreundlich weiterentwickelt werden.

Man kann sich der Ökonomie in einem Stadtteil schließlich auch über das „Milieu", also den soziokulturellen bzw. institutionellen Kontext, in dem sich ökonomische Aktivitäten entwickeln, annähern (Tabelle 1, Überschrift C). Neuere wirtschaftswissenschaftliche Ansätze betonen, dass ökonomische Entwicklung aus ihrer Einbettung in soziale Beziehungen verstanden werden muss (Kap. 5). Zum institutionellen und kulturellen Umfeld, das die ökonomischen Aktivitäten an einem Ort prägt, gehört das ehrenamtliche Engagement und die Ausprägung von Solidarität. Zu den ehrenamtlichen und freiwilligen Tätigkeiten zählt die Betätigung in Selbsthilfevereinigungen, Bürgerinitiativen, Werberingen, politischen oder religiösen Vereinigungen oder im Ehrenamt. Im konkreten Fall können Selbsthilfevereinigungen, gemischtwirtschaftliche Projekte und Non-Profit-Organisationen die Lebensqualität im Stadtteil über am lokalen Bedarf orientierte Projekte verbessern. Die Wertschöpfung, die in freiwilliger Selbsthilfe erbracht wird, fördert Solidarität, Gemeinwesensinn und sozialen Zusammenhalt an einem Ort, was auch als soziales Kapital bezeichnet wird. Gleichwohl der Zusammenhang zwischen sozialem Kapital und Wirtschaftsdynamik bzw. Innovation an einem Ort bislang nicht ausreichend untersucht ist, spricht Einiges dafür, bei der Analyse von wirtschaftlichem Niedergang oder Prosperität die Ebene einzelbetrieblichen Handelns zu verlassen und ökonomische Prozesse in ihrer wechselseitigen Beeinflussung mit dem soziokulturellen und institutionellen Umfeld zu verstehen (Kap. 5). Dieses Verständnis ist etwa dann von Bedeutung, wenn es politisches Ziel ist, lokale Verflechtungen und interne Wirtschaftskreisläufe zu stärken und die ökonomische Selbsthilfe Teil der Interventionsstrategie ist.

2.2.3 Raumstruktur und Lokale Ökonomie

Im Rahmen der „Soziale Stadt" Programme werden im Allgemeinen zwei unterschiedliche Raumtypen unterschieden: Innerstädtische, oft innenstadtnahe Gebiete (teils mit gründerzeitlicher Bebauung) und große Wohnsiedlungen aus der Nachkriegszeit (Leitfaden „Soziale Stadt" 2000). Häufig wird argumentiert, dass ökonomische Stadtteilentwicklung vor allem in innerstädtischen oder gemischt genutzten Stadtteilen sinnvoll ist, also in Quartieren, die über eine reichhaltige ökonomische Basis verfügen, aber nicht in Großwohnsiedlungen. In innerstädtischen, gemischtgenutzten Gebieten sind die ortsgebundenen Potentiale offensichtlicher und leichter zugänglich als in Großwohnsiedlungen. Ansatzpunkte für eine lokalisierte Beschäftigungs- und Wirtschaftsförderung finden sich allerdings in beiden raumstrukturellen Typen. Zwar gibt es spezifische Herausforderungen in Großwohnsiedlungen, wie die geringe Zahl und Dichte von Betrieben im Gebiet sowie eine städtebauliche Struktur, die nicht unmittelbar und kurzfristig für viele wirtschaftliche Nutzungen umgewidmet werden kann. Dennoch zeigen Praxisbeispiele, dass eine lokalökonomische Entwicklung auch in Großwohnsiedlungen angestoßen werden kann.

Wenn es gilt, das Binnenpotential in monostrukturierten Gebieten zu fördern, ist eine kleinteilige, an den Bedürfnissen und Qualifikationen der Bewohnerinnen und Bewohner ansetzende Strategie notwendig, die für die traditionelle Wirtschaftsförderung gewöhnungsbedürftig ist. Doch gibt es auch besondere Potentiale. So ist in Großwohnsiedlungen ein großer Teil des Wohnungsbestandes oftmals in Hand einiger weniger Wohnungsgesellschaften und die tragenden Akteure einer Stadtteilentwicklung sind klar benennbar.

Im Mittelpunkt einer Strategie für Großwohnsiedlungen oder Gebiete mit überwiegender Wohnnutzung wird stärker als in innerstädtischen Quartieren die Frage nach der Balance zwischen aktivierbarem Binnenpotential und der Anknüpfung an externe Ressourcen stehen. Es wird weniger die Strategie im Vordergrund stehen „Arbeit ins Quartier"

Tabelle 2: Suburbanes Quartier – Innerstädtisches Quartier

Großwohnsiedlungen/Suburbanes Quartier: Trennung von Funktionen, klar gegliederter Straßenraum, starke Vorstrukturierung der Nutzung bzw. keine Flächen ohne klar vorgeschriebene Nutzung, meist keine/wenige lokale Arbeitsplätze
Als Beispiele für Handlungsansätze siehe die Förderung der wirtschaftlichen Entwicklung von Großsiedlungen in Bremerhaven-Grünhöfe (Friedrich 2001), die Umwandlung von leer stehenden Wohnungen in Büroräume in Wolfsburg-Westhagen (Soziale Stadt 2005, Projektdatenbank) oder in Malmö-Rosengaard/SE (Hagetoft/Cars 2000), oder auch die Aufwertung eines Einkaufszentrums in Stuttgart-Freiberg/Mönchfeld (Soziale Stadt 2005, Projektdatenbank)
Innerstädtisches Quartier: Vielfältige Nutzungen, schwache Vorstrukturierung der Nutzung bzw. Räume ohne klar vorgeschriebene Nutzung, Nebeneinander von Arbeit, Wohnen, Einkauf, Verkehr, Überlappen und Mischung von Nutzungen, routinemäßige Kontakte
Als Beispiele für Handlungsansätze siehe die Dokumentationen über Duisburg-Hochfeld oder Duisburg-Marxloh (Weck/Zimmer-Hegmann 1999, EG DU 2005), Gelsenkirchen-Bismarck (Austermann/Ruiz/Sauter 2002) oder, als ausländische Beispiele, Glasgow-Govan/UK (Raco/Turok/Kintrea 2000; Govan Initiative 2005) oder Graz-West/AT (Graz-West 2005)

Eigene Darstellung

(Jobs to People) zu bringen, als vielmehr der Ansatz „Das Quartier zur Arbeit"(People to Jobs) zu bringen (Wilson 1993: 63f.; Tolner 2001: 97). Die folgenden Fragen spielen bei der Entwicklung von Strategien eine Rolle:

- Gibt es benachbarte Gewerbegebiete, die bei der Strategieentwicklung berücksichtigt werden können?
- Wie lassen sich Kontakte zwischen externen Betrieben und Qualifizierungsträgern bzw. Arbeit suchender Bevölkerung im Quartier verstärken?
- Wie kann die Mobilität der Bevölkerung auf der Suche nach Arbeitsplätzen gefördert werden?

Zur Entwicklung des Binnenpotentials stellen sich die Fragen:

- Wie können aus den Wohnungen heraus Existenzgründungen ermöglicht werden?
- Wie können langfristig stärker gemischtwirtschaftliche Strukturen im Gebiet entwickelt werden?

Die Initiative und Kooperationsbereitschaft der Wohnungswirtschaft spielt dabei eine bedeutende Rolle (Weck 2002).

2.3 Das Spektrum lokalökonomischer Strategien

In der lokalökonomischen Praxis zeigt sich ein breites Spektrum von unterschiedlichen Ansätzen. Diese Ausprägungen von Praxisansätzen werden im Folgenden zu Gegensatzpaaren geordnet – eine konzeptionelle Brücke, um die Bandbreite und Unterschiedlichkeit der Ansätze aufzuzeigen.

Die Kategorisierungen entstanden auf der Grundlage des EU-Projektes ELSES (ILS 2000a, b) und der in Kapitel 1.3.2 benannten empirischen Hauptquellen der Arbeit. Die Ausdifferenzierungen führen zu übergreifenden Diskussionen, auf die in späteren Kapiteln noch eingegangen wird: das geänderte Selbstverständnis von der Rolle des Staates (Kap. 3.4.1), die Notwendigkeit einer Dezentralisierung von Politikansätzen (Kap. 3.3.3), und die Leitbilder gesellschaftlicher Entwicklung zwischen sozialer Gerechtigkeit und wirtschaftlicher Effizienz (Kap. 3.3).

Binnenorientierung – Außenorientierung

Binnenorientierte Ansätze bauen hauptsächlich auf den endogenen Potentialen eines Stadtteils auf. Beispiele dafür sind etwa „Local work for local people"-Projekte (Kap. 2.2.1), die den ansässigen Bewohnerinnen Qualifizierung und Beschäftigung vor Ort anbieten. Oder die konsequente Förderung der Initiativen und des Ideenreichtums von Bevölkerung und Initiativen im Stadtteil. Oder auch Kampagnen zum lokalen Einkaufen oder der stärkeren gebietsinternen Verflechtung von Unternehmen, um interne Geld- und Wirtschaftskreisläufe zu fördern. Außenorientierte Ansätze erhoffen sich Entwicklungsimpulse verstärkt über externe Impulse, Ressourcen und know-how. So kann die Ansiedlung von neuen Unternehmen im Stadtteil gezielt gefördert werden. Oder die ansässigen Unternehmen werden mit Innovationsakteuren außerhalb des Gebietes in Kontakt gebracht. Oder Arbeitsmarktprojekte konzentrieren sich verstärkt darauf, die Bewohnerinnen in regionale Unternehmen zu vermitteln (nächster Abschnitt über personen- bzw. unter-

Textbox 3: Ausdifferenzierungen lokalökonomischer Strategien

Nach der Ausrichtung auf stadtteilinterne oder -externe Ressourcen:
Binnenorientierung – Außenorientierung

Nach den Hauptbegünstigten der Strategie:
Personenzentrierte Strategien – unternehmenszentrierte Strategien

Nach den Hauptakteuren und -ressourcen:
Staatliche Initiativen – privatwirtschaftliche Initiativen
Staatliche Initiativen – bürgerschaftliche Initiativen

Nach der Selektivität der Angebote an Personen bzw. Unternehmen:
Fokussierende Ansätze – breit streuende Ansätze

Nach dem Zielbezug:
Mehrdimensionale – eindimensionale Strategien
Strategische Ausrichtung – unmittelbar wirksame Verbesserungen

nehmenszentrierte Strategien). Als Extrem bergen beide Ausrichtungen Gefahren in sich: Die lokalisierbaren zentralen Binnenpotentiale in einem Gebiet können zu gering sein, um eine Entwicklungsdynamik zu entfachen, die tatsächliche Verbesserungen der Lebensumstände im Quartier herbeiführt. So findet sich gerade in erneuerungsbedürftigen Gebieten ein oftmals nur begrenztes Potential an Ressourcen vor Ort, das für eine rein auf Selbsthilfekräften aufbauende Entwicklung nicht ausreichend ist. Rein binnenorientierte Ansätze können dazu führen einen Raum noch stärker zu peripherisieren oder zu marginalisieren und ihn von bedeutenden Kapital- oder Wirtschaftsströmen zu isolieren. Ansätze, die rein auf neue Austauschbeziehungen zwischen dem Stadtteil und der Gesamtstadt setzen, verpuffen wiederum in ihren Effekten, wenn sie nicht mit binnenorientierten Strategien kombiniert werden. Als Beispiel dafür können die frühen Erfahrungen der GEAR-Initiative in Glasgow/UK gelten (Textbox 4).

Insbesondere in Großwohnsiedlungen oder Stadtteilen mit schwach ausgeprägten wirtschaftlichen und sozialen Strukturen stellt sich die Frage nach Impulsen von außen um Wirtschaftsentwicklungen anzustoßen, die Versorgungssituation oder das Image des Stadtteiles zu verbessern. In Malmö-Rosengaard/SE gelang es einem großen Wohnungsunternehmen, in einer reinen Wohnsiedlung rund 20 Kleinunternehmen und Existenzgründer in einem für diese Zwecke umgewidmeten Wohngebäude anzusiedeln.

Gleichwohl diese Unternehmen geringe Vernetzungen mit der umliegenden Struktur zeigen wird das Projekt als Erfolg gewertet. Es habe sich dadurch die Berichterstattung über Rosengaard positiv verändert und positive Identifikationsmöglichkeiten und neue Ansatzpunkte für berufliche Aspirationen der Bewohner/innen der Wohnsiedlung seien geschaffen worden (Hagetoft/Cars 2000). Letztendlich kann die Frage nach der Balance zwischen Impulsen von außen und der Stärkung der endogenen Potentiale und Ressourcen eines Stadtteiles nur im spezifischen Fall, das heißt in Abhängigkeit von Problemen und Aufgabenstellungen vor Ort, entschieden werden. Die Lösung findet sich im „sowohl"–„als auch". Lösungsstrategien müssen sich am endogenen Potential orientieren, kleinräumige Entscheidungsnetze fördern und Selbsthilfekräfte mobilisieren. Oftmals erfordert die Aktivierung der lokalen Akteure aber die Initialzündung

Textbox 4: Die GEAR-Initiative in Glasgow/UK

Als GEAR-Initiative wird ein zehnjähriges Erneuerungsprogramm für das Glasgower East End bezeichnet, das sieben öffentliche Körperschaften in einen umfassenden Planungsansatz einbezog. Die GEAR Initiative war insbesondere im Bereich der Entwicklung von Industriebrachen und der baulichen Erneuerung erfolgreich.

Die Erkenntnis, dass die im Rahmen der Stadterneuerung geschaffenen Arbeitsplätze der lokalen Bevölkerung aufgrund ihres Qualifikationsprofils nicht zugänglich waren und somit wenig zu einer nachhaltigen Revitalisierung des Stadtteils beitrugen, führte zu einer Weiterentwicklung der Politik für strukturschwache Stadtteile im Sinne eines integrativeren Ansatzes, in dem der Qualifizierung und der Förderung wirtschaftlicher Aktivität der Bewohner/innen ein ebenso hoher Stellenwert wie der Wirtschaftsförderung und baulichen Maßnahmen zukommt (Textbox 2).

Textbox 3 und 4: Eigene Darstellung

Textbox 5: Die STEG in Hamburg

Die STEG – Stadterneuerungs- und Stadtentwicklungsgesellschaft Hamburg mbH – wurde 1990 als städtische Gesellschaft zur behutsamen Stadterneuerung in benachteiligten Quartieren gegründet. Die STEG verfügt über Fachwissen im Bereich Projektentwicklung, Quartiersentwicklung, Wohnungswirtschaft und Architektur/Planung. Zu ihren Aufgaben gehört die Sanierung und Bewirtschaftung von Immobilien, die ihr als Treuhandeigentum von der Stadt Hamburg übertragen wurden; die Projektentwicklung und die Erarbeitung von integrierten Quartiersentwicklungskonzepten.

Im Laufe der Zeit trat die Stärkung der lokalen Wirtschaft und Beschäftigung in den Arbeitsgebieten der STEG immer stärker in den Vordergrund.

So konzipierte die STEG zwei Existenzgründerhäuser in benachteiligten Stadtteilen: die ETAGE 21 (eröffnet 1998) und SPRUNGSCHANZE-Gründerhaus St. Pauli (eröffnet 2001). Beides sind erfolgreiche Projekte einer lokalen Wirtschaftsentwicklung. So stammen die Mieter der Etage 21 zur Hälfte aus dem Stadtteil St. Pauli; aus der Etage 21 ausgegründete Unternehmen haben im Stadtteil und im direkten Umfeld neue Arbeitsplätze geschaffen. Die Etage 21 bietet 21 Unternehmen Platz, die Sprungschanze 30 Unternehmen. Das Konzept sieht jeweils Kleinstbüroflächen vor, flexible Vermietungsbedingungen und reduzierte Sekretariatsdienstleistungen bzw. Gemeinschaftsinfrastruktur. Zu diesen Bedingungen gibt es oftmals keine vergleichbaren privatwirtschaftlichen Angebote – und gerade nicht in benachteiligten Stadtteilen.

Die Konstruktion der STEG erlaubt es der Gesellschaft, auch Großprojekte zu schultern, für die sich kein privater Investor findet, die aber im Sinne der integrierten Stadtteilentwicklung von Nutzen für den Stadtteil sind. So konnte in St. Pauli ein Sozial- und Gesundheitszentrum mit einem Gesamtinvestitionsvolumen von rund 10 Mio Euro entstehen.

Quelle: Reinken 2001; STEG 2000; Gründer-Info 2005; Sprungschanze 2005

und die Erschließung von weiter reichenden Ressourcen von außen (Textbox 5). Forschungen scheinen die bedeutsame Rolle von „Außenseitern" im Entwicklungsprozess eines Stadtteils zu bestätigen: als politische Mobilisatoren, als Ideengeber, als sozial engagierte Experten, als politisch Einfordernde (Friedmann 1992; Kreibich 1998: 197). Binnenorientierte Ansätze, die die endogenen Potentiale in einem Quartier fördern, ergänzen somit solche Ansätze, die die Austauschprozesse zwischen dem Quartier und der Gesamtstadt bzw. der Region stärken.

Tabelle 3 verdeutlicht, dass erfolgreiche Strategien zur sozioökonomischen Entwicklung immer beides im Auge haben: Die Binnenprozesse analysieren und mögliche interne Vernetzungen und Kreisläufe stärken ebenso wie die Austauschbeziehungen zwischen Stadtteil und Gesamtstadt bzw. Region zu analysieren und zum Wohle der Stadt(teil)entwicklung zu fördern. Die Frage nach der Binnen- bzw. Außenorientierung von Ansätzen verweist auf die übergreifende Diskussion über die Dezentralisierung von Politik und die notwendige Förderung von endogenen Potentialen bzw. über Konzepte einer stärker eigenständigen Regionalentwicklung (Kap. 3.3.3).

Personenzentrierte Strategien – unternehmenszentrierte Strategien

Der Unterschied zwischen stärker personenzentrierten und stärker unternehmenszentrierten Strategien lässt sich am Beispiel von Projekten zur Vermittlung in den Arbeitsmarkt illustrieren. Ziel der Stadtteilstrategien kann sein, Personen aus dem Stadtteil dabei

Tabelle 3: Ansatzpunkte für lokale Entwicklungsstrategien innerhalb des Quartiers und Austauschprozesse zwischen Quartier und Stadt/Region

	Endogene Potentiale innerhalb des Quartiers	Austauschprozesse zwischen Quartier und Stadt/Region
Kapital	Lokale Fördertöpfe für Bestandspflege und Förderung von Klein- und Mittelbetrieben, Strukturentwicklungshilfen für gefährdete Betriebe etablieren Kredit- bzw. Spargenossenschaften nach dem Vorbild der Credit Unions (UK)*	Kapital für lokale Entwicklungen regional organisieren: Risikofonds, Bürgschaften Überörtliche Fördertöpfe (kommunal, regional, landesweit) für die Entwicklungsbedarfe des Quartiers nutzen
Arbeitnehmerschaft	Qualifizierung und Weiterbildung der Bewohner „Lebenslanges Lernen" vor Ort Gegenseitige Weiterqualifizierung von Beschäftigten in den ansässigen Unternehmen Schaffung zusätzlicher Einkommens- und Beschäftigungsmöglichkeiten vor Ort	Mobilitätsförderung von Arbeitnehmern und Erwerbslosen Neue Berufsbilder für Jugendliche (Praktikavermittlung, Unternehmensbesuche) Arbeitsplatzvermittlung in nahe gelegene wettbewerbsfähige Cluster
Technologie	Kooperationsförderung zwischen den ansässigen Unternehmen Gegenseitige Hilfe bei der Einführung neuer Technologien in ansässigen Unternehmen	Kooperationsförderung zwischen ansässigen Unternehmen und „externen" Betrieben in zukunftsfähigen Branchen Einbindung der ansässigen Unternehmen in Kompetenzfelder der regionalen Wirtschaft Technologiezentren
Innovation	Konzepte zur Verbesserung der Innovations- und Wettbewerbsfähigkeit der ansässigen Betriebe, die auf Austausch und Kooperation zwischen Unternehmen vor Ort beruhen Förderung von Existenzgründungen ansässiger Bewohner/innen im Gebiet	Stärkung der Austauschbeziehungen zwischen externen Innovationsträgern (z.B. Universitäten) und ansässigen Betrieben Ansiedlungspolitiken, z.B. Gründerzentren im Stadtteil
Vernetzung	Entwicklung, Stärkung und Festigung der innerörtlichen Austauschbeziehungen und Verflechtungen (Existenzgründerstammtische; Business-Branches, Entwicklung örtlicher Werbegemeinschaften, Kooperationsförderung etc.)	Entwicklung, Stärkung und Festigung der überörtlichen Austauschbeziehungen und Verflechtungen, Einbindung in Netzwerke aus Wissenschaft, Wirtschaft und Finanzen.
Milieu	Stärkung der örtlichen Identität durch lokale Projekte Einbindung der örtlichen Akteure in entwicklungsoffene lokale Netzwerke Stärkung sozialen Kapitals durch lokale Projekte	Einbindung der örtlichen Akteure in entwicklungsoffene regionale Netzwerke (Vermeidung von lock-in-Effekten)

* *Credit Unions sind Spargemeinschaften. Die Mitglieder zahlen regelmäßig eine festgelegte Summe in einen Gemeinschaftstopf. Das Geld wird für alle Mitglieder auf einem Bankkonto angelegt. Die Mitglieder können – je nach Übereinkunft – das Doppelte ihrer Einzahlung dem Gemeinschaftskonto zu günstigen Raten entleihen. Dieses Modell gibt es für Privatpersonen wie auch für Existenzgründer bzw. kleine Unternehmen in den USA und in Großbritannien; ähnliche Finanzierungsmodelle sind in Deutschland allerdings bislang nicht erlaubt.*

Quelle: Eigene Darstellung in Anlehnung an Krätke 1995: 257

zu unterstützen, berufliche Ziele zu definieren und ihren individuellen Karriereweg zu finden. Strategien können sich aber auch stärker darauf konzentrieren, Unternehmen im Stadtteil mit adäquat qualifizierten (soweit möglich lokalen) Personen zu versorgen.

Für den Bereich der personenzentrierten Maßnahmen sollen zwei Projekte aus Leiden/NL exemplarisch angeführt werden: Das Projekt „WAVES" richtet sich an alle Personen, die in der Gesellschaft aktiv sein wollen und unterstützt sie dabei, eine sinnvolle Tätigkeit zu finden (ILS 2000b)[10]. Die Beratungstätigkeit kann in einem regulären Arbeitsverhältnis der Klienten, einer Qualifizierungs- oder Weiterbildungsmaßnahme oder in ehrenamtlicher und gemeinwesenbezogener Arbeit münden. Das Projekt WAVES unterhält Büros in den Leidener Stadtentwicklungsquartieren. Das Entscheidende des Projektes ist die Beratung auf freiwilliger Basis und die Unterstützung der Klienten in der Formulierung und Verfolgung sinnvoller beruflicher und persönlicher Ziele. Die Initiative „SWO" (Textbox 6) richtet sich explizit an Personen, die einen speziellen Beratungsbedarf haben, um sich erfolgreich selbstständig zu machen.

Ein weiteres Beispiel für eine personenbezogene Maßnahme liefert ein Beispiel aus Nancy/Provinces/FR (ILS 2000b). Frauen aus dem Stadtteil arbeiteten bereits im Bereich der haushaltsbezogenen Dienstleistungen – allerdings informell. Das von den Bewohnerinnen selbst initiierte Projekt hatte zum Ziel, einen formellen Abschluss in ihrem Tätigkeitsbereich und dadurch eine bessere Position auf dem Arbeitsmarkt zu erreichen. Der Erfolg des Projektes – in Form von hohen Vermittlungsquoten und hoher Zufriedenheit unter den Teilnehmerinnen – erklärt sich daraus, dass die Projektgestaltung an den unmittelbaren Bedürfnissen der Bewohnerinnen nach Weiterqualifizierung und Sicherung ihrer Arbeitsplätze und Einkünfte anknüpfte.

Bei unternehmensbezogenen Maßnahmen steht dagegen der erhobene Bedarf der ansässigen Unternehmen im Vordergrund. Maßnahmen werden so ausgerichtet, dass lokale Arbeitssuchende gezielt daraufhin qualifiziert werden die neu zu besetzenden Stellen in Anspruch nehmen zu können. Ein Beispiel dafür ist das „Braehead Development" in Glasgow-Govan/UK, bei dem die lokale Entwicklungsgesellschaft Govan-Initiative zusammen mit der lokalen Arbeitsverwaltung bei der Ansiedlung eines größeren Einkaufszentrums frühzeitig mit dem Investor verhandelte (Raco/Turok/Kintrea 2000). In Zusammenarbeit mit dem Investor wurde eine Reihe von Qualifizierungsmaßnahmen entwickelt, um lokalen Bewohner/innen die Chance zu bieten, von dieser größeren Investition im Gebiet zu profitieren (zur Einordnung dieses Beispiels Textbox 2).

Die Vermittlung von lokalen Arbeitssuchenden in lokale Unternehmen ist kein einfacher Prozess – die entsprechenden beruflichen Milieus und Zugangswege zu den Betrieben müssen Berücksichtigung in entsprechenden Politiken finden (vgl. auch Walter/Läpple 1998; Walter 1998). Insbesondere kleine Unternehmen verlassen sich bei der Personalsuche auf Empfehlungen und persönliche Kontakte (Rosenfeld 2003: 363). Die Analyse der Interessen und Handlungsweisen der ansässigen Unternehmen, intensive Unterstützung und Nachsorge der Arbeitssuchenden, nicht nur in den unmittelbar berufsbezogenen Bereichen, und auch begleitende Maßnahmen, um das manchmal stigmatisierte Image von lokalen Arbeitssuchenden unter den Unternehmen abzubauen, sind erforderlich. Sonst

Textbox 6: SWO – Stichting Werk en Ondeneming

SWO (früher: WenO) ist eine Organisation für Existenzgründer/innen mit besonderem Beratungsbedarf. Dazu zählen Gründungen aus der Arbeitslosigkeit oder auch Gründungen von Migranten. SWO arbeitet hauptsächlich in Leiden, unterhält aber auch Büros in Utrecht, Rotterdam und Vlaardingen. Die Angestellten von SWO wurden teils bewusst aus ethnischen Minderheiten rekrutiert, um Gründungen von Migranten zu unterstützen. Durch eine enge Kooperation mit dem Sozialamt werden Existenzgründungen aus der Arbeitslosigkeit gefördert und tragfähig gemacht. Dazu gehört auch während der Startphase des Unternehmens eine flexible Finanzierung neben dem Sozialhilfeeinkommen. In der Tat verfügen zum Zeitpunkt der Beratung die meisten Klienten von SWO über ein Einkommen auf Sozialhilfeniveau.

Das Angebot von SWO umfasst eine individuelle, auf die besonderen Bedürfnisse des Klienten/der Klientin zugeschnittene Beratung; Gruppenberatungen und Finanzierungsangebote (Bürgschaften für Kredite in Höhe von bis zu 23.000 Euro). So hat SWO mit der Leidener Stadsbank ein spezielles Abkommen für die Kreditaufnahme ihrer Klienten geschlossen. SWO bietet ExistenzgründerInnen auch günstige Räumlichkeiten an, was als zusätzlicher Erfolgsfaktor gewertet wird.

Nach einer Evaluation in den 1990er Jahren behaupteten sich 60% der Existenzgründer/innen nach vier Jahren in den gemieteten Räumlichkeiten weiterhin erfolgreich am Markt, 16% waren umgezogen, 14% hatten die Geschäftstätigkeit eingestellt und 4% waren bankrott gegangen. Im Vergleich zu nationalen Quoten war dies ein – auch angesichts der Ausgangsvoraussetzungen der Gründer/innen – sehr gutes Ergebnis.

Quelle: Exkursionsprotokoll Leiden 7./8. September 2000, ILS, unveröffentlichtes Dokument;
B&A Groep 2000

können sich solche Projekte, wie die Erfahrungen der Govan-Initiative/UK zeigen, auch gegenteilig auswirken: Diejenigen unter den Unternehmen in Glasgow-Govan, die lokalen Arbeitssuchenden Praktika oder zeitlich begrenzte Arbeitsmöglichkeiten geboten hatten, zeigten sich in ihrer Mehrzahl kritisch und weniger geneigt, in Zukunft lokal ansässige Arbeitssuchende einzustellen (Raco/Turok/Kintrea 2000). Im positiven Fall allerdings speisen lokale Firmen, die teils auch lokale Arbeitskräfte rekrutieren, in das lokale Umfeld ein, woraus sich langfristig ein Sicherheitsvorteil und höhere soziale Kontrolle für den ganzen Stadtteil entwickeln können (Porter 1990).

Schlussfolgernd lässt sich feststellen, dass das Potential von Strategien, die lokale Personen in lokale Unternehmen einspeisen, eher gering einzuschätzen ist. Das ist auch weiter nicht verwunderlich, weil – mit Ausnahme von Neuansiedlungen – der Arbeitskräftebedarf von Unternehmen oftmals generell gering und die Schnittmenge von Arbeitskräftebedarf und entsprechenden passgenau qualifizierten Arbeitskräften im Stadtteil minimal ist. Nichtsdestotrotz sollten die Beschäftigungsmöglichkeiten für lokale Bewohner/innen in ortsansässigen Unternehmen sorgfältig eruiert werden, weil sie die oben erwähnten positiven sozialen Effekte aufweisen und insbesondere für Menschen, die aus zeitlichen Gründen nur gering mobil sind (z.B. Alleinerziehende und generell Elternteile), die Vereinbarkeit von unterschiedlichen Pflichten erleichtern (vgl. dazu auch Walter 2002).

Schaffung von staatlichen Arbeitsplätzen versus rein privatwirtschaftliche Projekte

Die direkte Subventionierung von Arbeitsplätzen ist politisch umstritten. Die Frage, ob der Staat im Bereich der Qualifizierung und Arbeitsplatzschaffung eine direkte Rolle übernehmen sollte oder ob dies nicht besser der unternehmerischen Initiative überlassen bleibt, wird unterschiedlich beantwortet (Kap. 3.3).

In Deutschland entzündet sich die Diskussion daran, dass der Einsatz von staatlichen oder kommunalen Fördergeldern für die Schaffung von Arbeitsplätzen von vorneherein als falscher Ansatz – weil nur die Wirtschaft dauerhaft Arbeitsplätze schaffen kann – kritisiert wird. Oder es werden die unzureichenden Vermittlungsquoten und Qualifizierungsleistungen der Maßnahmen kritisiert (Knuth 1996) bzw. das uneffiziente Arbeiten der Träger (Rabe/Schmid 1999). Andere Studien weisen wiederum darauf hin, dass sich staatlich subventionierte Arbeitsplätze vollständig oder zum großen Teil refinanzieren – wenn die erwirtschafteten Erträge und Produkte und die eingesparten Leistungen von staatlicher Seite mit eingerechnet werden (vgl. Trube 1997; Finn 1996). Porter steht den staatlichen Strategien zur Wirtschafts- und Beschäftigungsförderung skeptisch gegenüber und will bei der Revitalisierung von amerikanischen Innenstädten ausschließlich auf Sachverstand und Initiative des privaten Sektors vertrauen (Porter/Habiby 1999).

Es ist eine Tatsache, dass bei einigen Beschäftigung Suchenden rein fachbezogene Qualifizierungen oder Vermittlungsleistungen für die Integration in den Arbeitsmarkt nicht ausreichen. In vielen europäischen Ländern werden deshalb solche Ansätze als notwendig erachtet, die über einen längeren Zeitraum und mit Hilfe eines subventionierten Arbeitsplatzes stabilisierende Hilfe und Unterstützung geben. Die komplexeren unter diesen Maßnahmen bieten neben der fachbezogenen Qualifizierung und Arbeitserfahrung eine Reihe von Angeboten, die der persönlichen Entwicklung und dem Erlernen sozialer Kernkompetenzen dienen (Textbox 7).

Die Ausprägungen von subventionierten Arbeitsplätzen unterscheiden sich von Land zu Land: Unterschiedlich ist, wie marktfern solche Maßnahmen konzipiert sind (oder inwieweit sie in die örtliche Wirtschaft eingebunden werden), wie hoch der Abstand der Bezahlung zu Sozialleistungen ist und welche sonstigen Alternativen sich den Arbeitsuchenden eröffnen. Unterschiedlich ist auch, wie damit umgegangen wird, dass subven-

Textbox 7: Glasgow Works

Glasgow Works kann als Best-Practice-Modell auf britischer und europäischer Ebene gelten. Das Projekt wurde 1994 durch die städtische Wirtschafts- und Beschäftigungsgesellschaft Glasgow Development Agency gegründet und bietet Langzeitarbeitslosen halbjährige bzw. einjährige Arbeitserfahrung und Weiterbildung. Praxisorientiertes Lernen und Arbeitserfahrung stehen im Mittelpunkt. Organisationen, Initiativen und Entwicklungsgesellschaften in Stadterneuerungsgebieten können Projektvorschläge bei Glasgow Works einreichen, um Projekte zu verwirklichen, die dem Stadtteil zu Gute kommen und dort spezifische Bedürfnisse abdecken. Es wird darauf geachtet, dass die Projekte eine tragfähige ökonomische Komponente aufweisen. Die Beschäftigungsbereiche umfassen gesundheits- und freizeitbezogene Dienstleistungen, Kinderbetreuung, wie auch Dienstleistungen im Informations- und Kommunikationsbereich.

Glasgow Works, als die übergeordnete Organisation, sichert die Grundfinanzierung und die Rahmenbedingungen zur Verwirklichung der Projekte und evaluiert sie. Die Konzeption und Durchführung der Projekte liegt dezentral bei den Stadtteilorganisationen. Mit diesem Modell werden bedürfnisnahe, experimentelle Projekte auf lokaler Ebene gefördert und z.B. die Nachfrage nach neuen Dienstleistungen und Beschäftigungsfeldern gestärkt. Im Jahre 2003 gab es 23 Glasgow Works-Projekte in Stadtteilen, die von 13 Stadtteilorganisationen durchgeführt wurden. Im Jahre 2005 wurden von 10 Stadtteilorganisationen 13 Projekte durchgeführt (z.B. auch durch Govan Initiative/UK). Im Schnitt erhaltern über 60% der Teilnehmer/innen über diese Projekte einen regulären Arbeitsplatz; und davon sind durchschnittlich 72% auch nach einem Jahr noch beschäftigt.

Quelle und weitere Information: Weck 1996; Glasgow Works 2005

tionierte Arbeitsplätze – entgegen ihrer ursprünglichen Konzeption als transitorische Maßnahmen – oft zur letzten Beschäftigungsmöglichkeit für Geringqualifizierte und für Menschen mit mehreren Vermittlungshemmnissen werden.

Tatsache ist weiterhin, dass rein staatliche Initiativen zur Schaffung von Arbeitsplätzen oftmals ohne Blick auf einen realen Abnehmermarkt konzipiert werden bzw. zu wenig an aktuelle Bedarfe der Unternehmen angepasst werden (vgl. für Duisburg-Marxloh Weck/Zimmer-Hegmann 1999). Ausgaben zur staatlichen Förderung von Qualifizierung und Arbeit stehen in Zeiten akuter staatlicher Finanznöte besonders in der Kritik. Ein öffentlich geförderter Beschäftigungssektor wird aber darüber hinaus – wie generell ein Mehr an staatlicher Lenkung – als ineffektiv zur Lösung der Arbeitslosigkeitsproblematik wahrgenommen (siehe dazu die breitere Diskussion um ein neues Staatsverständnis in Kap. 3.4.1). Einige Autoren sehen deshalb in der Dynamik eines „Dritten Wirtschaftssektors" bzw. in gemischtwirtschaftlichen Projekten einen Ausweg (Evers 1996b; Evers et. al. 2000; Bode/Evers/Schulz 2004).

Für den Stadtteilkontext von Bedeutung sind zwei unterschiedliche Typen von Projekten, die mit staatlicher Förderung zusätzliche Arbeitsplätze schaffen: Projekte, die meist eine unmittelbar gemeinwesenbezogene Funktion aufweisen und gemischtwirtschaftliche Projekte, die sich zumindest teilweise über ihre eigenen Einkünfte refinanzieren. Die Erfahrungen des ELSES-Projektes (ILS 2000a, b) zeigen, dass Klarheit über die strategischen Ziele und eindeutige Prioritätensetzungen im Projekt von Beginn an notwendig sind. Sollen damit vor allem notwendige Arbeiten im Stadtteil übernommen werden oder lokal ansässigen Personengruppen eine sinnvolle Arbeit ermöglicht werden (gemeinwesenorientierte Zielsetzung)? Steht die arbeitsmarktpolitische Zielsetzung, also eine hohe Übergangsquote der Beschäftigten in den ersten Arbeitsmarkt, im Vordergrund? Oder wird einer ökonomischen Zielsetzung Priorität eingeräumt, das heißt, einer möglichst hohen Refinanzierungsquote oder der Entwicklung von Beschäftigungspotentialen vor Ort? Die Prioritätensetzungen haben Einfluss auf die Art und die Reichweite von Effekten für den Stadtteil, den in Frage kommenden Personenkreis von Arbeitssuchenden und die notwendige personelle und finanzielle Ausstattung solcher Projekte. Steht die arbeitsmarktpolitische Zielsetzung oder die ökonomische Zielsetzung im Vordergrund, müssen solche Projekte in Zusammenarbeit mit der Wirtschaft und mit entsprechendem privatwirtschaftlichem Sachverstand konzipiert werden. Auch Projekte mit gemeinwesenorientierter Zielsetzung sollten im Wissen um zukunftsträchtige Berufsbilder und Branchen und in Anbindung an städtische und regionale Arbeitsmärkte konzipiert sein. Der Typus des sozialen Unternehmers bzw. der sozialen Unternehmerin ist gefragt, der die Balance zwischen sozialen und unternehmerischen Zielsetzungen halten kann.

Staatliche Strategien – bürgerschaftliche Strategien

In Deutschland ist die Stadtteilentwicklungspraxis stark von staatlicher (Lokal-)Politik geprägt. Ganz anders etwa als in den USA, wo bürgerschaftliche Gruppen und Entwicklungsgesellschaften, Stiftungen und ehrenamtliches Engagement eine bedeutende Rolle spielen (vgl. dazu ILS 1999). *Partnerships* zwischen öffentlichem Sektor, privaten Akteuren und bewohnergetragenen Organisationen haben in Ländern wie Großbritannien (vgl. Geddes 1998) oder den USA bereits eine lange Tradition. In Deutschland finden sich – ähnlich formalisiert – dazu (noch) keine Äquivalente. Eine zu starke Dominanz des staatlichen Sektors kann dazu führen, dass Wissen und Ressourcen des bürgerschaftlichen und privaten Sektors nur unzureichend in Politikformulierung und Umsetzung eingebunden werden und die Effektivität der Strategie somit von vorneherein gemindert wird. Andererseits stoßen auch bürgerschaftliche Initiativen, die es nicht schaffen, sich im staatlichen wie im privatwirtschaftlichen Sektor eine breitere Unterstützung für ihre Ziele zu sichern, schnell an die Grenzen und können oftmals nicht mehr als Hilfe in akuten Problemsituationen bieten oder marginale Verbesserungen erreichen. Isolierte Projekte einer lokalen Ökonomie, so gut sie auch gemeint sind, können die Marginalisierung ihrer Beschäftigten bzw. des Standortes sogar noch verstärken.

Stadtteilentwicklung ist ein Politikfeld, in dem nachhaltige Lösungen nur in Partnerschaft mit den bürgerschaftlichen Akteuren und dem privaten Sektor vor Ort erreicht werden können. Der wichtigste Schritt besteht darin, die vorhandenen Schlüsselpersonen und Institutionen zusammenzuführen und erst in zweiter Linie darin, Instrumente und Strategien zu diskutieren. In pluralen institutionellen Arrangements bringt jeder Bündnispartner spezifisches Wissen, Ressourcen und Verantwortung in den Entwicklungsprozess ein. Dadurch können Probleme im Stadtteil zielgenauer definiert werden und die ergriffenen Strategien holistischer auf die spezifischen Bedarfe und Potentiale abgestimmt werden.

Der Erfolg von Stadtteilentwicklung ist in hohem Maße davon abhängig, inwieweit es den professionellen Akteuren vor Ort gelingt, kollektive Interessen zu identifizieren und Vertrauen in Bevölkerung und Schlüsselpersonen vor Ort zu erwerben. Es ist notwendig, die Verantwortung über Entscheidungen und Ressourcenmacht in ausreichendem Maße an intermediäre Stadtteilorganisationen, lokale Partnerschaften, an bürgerschaftliche Gremien oder Stadtteilkonferenzen abzugeben und Mechanismen zu etablieren, mit denen die wichtigsten Bündnispartner zu einem abgestimmten, koordinierten Vorgehen verpflichtet werden können. Die Hindernisse für partnerschaftliches Zusammenarbeiten liegen u.a. in der aufgesplitterten administrativen Zuständigkeit für Quartiere, in ungleicher Machtposition und/oder Verpflichtung gegenüber dem Quartier der jeweiligen Partner, in konfligierenden Arbeitsweisen und Organisationslogiken und in fehlendem gegenseitigen Vertrauen (Geddes 1998). Die Frage nach der notwendigen Dezentralisierung bzw. Lokalisierung von Entscheidungsnetzwerken wird in späteren Kapiteln noch thematisiert (Kap. 3.4.1, 3.3.3).

Selektive Ansätze – Breit streuende Ansätze

Lokalökonomische Ansätze können sich zum Ziel setzen, die Bevölkerung und die Unternehmen vor Ort mit ihren Angeboten breitmöglichst anzusprechen. Oder sie können ihre Angebote sehr selektiv auf bestimmte lokale Zielgruppen richten.

Beispiele für den ersteren Ansatz sind niedrigschwellige Angebote, etwa in Form eines Ladenlokales in einer Haupteinkaufsstraße, das zur ersten Anlaufstelle für alle Belange von potentiellen Existenzgründer/innen wird – wie zum Beispiel in den ersten Jahren in Duisburg-Marxloh (ILS 2000a). Oder – um einen aufsuchenden Ansatz zu zitieren – einen Bus mit Computerterminals und Informationsmaterial auszustatten und ihn an verschiedenen Wochentagen durch den Stadtteil zu schicken, damit sich Personen auch in ihrer unmittelbaren Wohnumgebung über verschiedene berufliche Angebote informieren können, wie zum Beispiel in Glasgow-Govan/UK (ILS 2000a).

Von solchen Ansätzen, die Informationen und das Beratungsangebot eher breit streuen, lassen sich Ansätze unterscheiden, die ihre Zielgruppe selektiv auswählen. Ein interessantes Beispiel dafür bildet die Förderung von so genannten „Target 90-Unternehmen" in Glasgow-Govan/UK. Unter den insgesamt 700 ansässigen Firmen wurden von der lokalen Entwicklungsgesellschaft 90 Unternehmen ausgewählt, die potentiell als wachstumsstark angesehen und von drei Unternehmensberatern gezielt und intensiv über einen längeren Zeitraum betreut werden (Raco/Turok/Kintrea 2000). Ein anderes, bereits weiter vorne zitiertes, Beispiel ist die Ansiedlung von Existenzgründern in der Großwohnsiedlung Malmö-Rosengaard/SE (Hagetoft/Cars 2000). Ein leer stehendes Wohngebäude wurde zu einem Existenzgründungszentrum umgewidmet: Den Existenzgründer/innen stehen nicht nur preisgünstige Räumlichkeiten und Gemeinschaftsräume (zu subventionierten Preisen) zur Verfügung. Die lokale Wohnungsbaugesellschaft MKB schloss auch eine Partnerschaft mit dem Malmö Centre for New Businesses (CNB), einem Netzwerk aus 50 Unternehmen und der Stadt Malmö, und ist dadurch in der Lage, den Existenzgründer/innen gezielte Beratungsdienstleistungen anzubieten.

Niedrigschwellige und breit streuende Angebote sind zeit- und personalintensiv und werden meist nach einigen Jahren – wenn der größte Bedarf vor Ort „abgeschöpft" ist – durch stärker selektive Ansätze ersetzt. In anderen Fällen wird die Beratungsfunktion auf bestehende gesamtstädtische Institutionen verlagert, die dann etwa Sprechstunden vor Ort anbieten.

Zielbezug: Mehrdimensionale oder eindimensionale Strategien

Wenn als Oberziel der Entwicklungsstrategie die Verbesserung der Lebensqualität benannt wird, wird dies ohne Zweifel vielschichtigere Maßnahmen und Strategien erfordern, als wenn das Oberziel eine Verbesserung der Unternehmensproduktivität oder der Beschäftigungsquoten ist. Der Blick über die Landesgrenzen verdeutlicht, dass Stadtteilstrategien sehr „reichhaltige" und vielfältige Konzepte umfassen können; mit vielschichtigen Integrationsstrategien, die sich an breite Gruppen der Bevölkerung und der Unternehmen richten. Die Strategien können aber auch stärker eindimensional auf Unternehmenswachstum, Arbeitsmarktintegration und indirekte Effekte für die Bewohner/innen ausgerichtet sein. Unterschiedliche Leitbilder der gesellschaftlichen Entwicklung prägen die Ansätze und Ergebnisse solcher Strategien ebenso wie regional oder lokal spezifische Rahmenbedingungen (wie z.B. die Aufnahmefähigkeit des regionalen Arbeitsmarktes oder politische Förderprogramme). Dies macht ein Vergleich der deutschen mit niederländischen oder schottischen Stadtteilerneuerungsstrategien deutlich (ILS 2000a).

So sind etwa in den Niederlanden ökonomische Maßnahmen im Rahmen der integrierten Stadtteilentwicklung insoweit von Bedeutung wie sie zur Steigerung der individuellen

Lebensqualität oder der Lebensqualität im Quartier beitragen, aber nicht als Wert an sich (vgl. Kunst/van der Pennen 1999). In diesem Verständnis ist dann auch die Subventionierung von Arbeitsplätzen für bestimmte Zielgruppen des Arbeitsmarktes zu sehen, wenn damit Aufgaben für ein lokales Gemeinwesen übernommen werden, die nicht über den Markt finanziert werden.

Demgegenüber waren Ansätze wie sie im Rahmen der Glasgower Quartierserneuerung zu finden sind (Textbox 2), lange Zeit stärker ökonomisch und baulich geprägt. Allerdings messen diese Erneuerungsansätze den „weichen" Faktoren der Stadtteilentwicklung, wie Lebensqualität, Arbeits- und Wohnumfeld oder auch der Etablierung einer Kultur des lebenslangen Lernens mittlerweile immer höhere Bedeutung zu und sind zudem eingebettet in thematisch umfangreiche gebietsbezogene Partnerschaften.

Nachhaltige Effekte für den Stadtteil (im Sinne spürbarer Verbesserung der Lebensumwelt oder der Versorgungssituation) lassen sich nur erreichen, wenn relativ eng begrenzte Leuchtturmprojekte (Existenzgründerzentren, die Ansiedlung eines Technologieunternehmens, oder auch die oben erwähnte „Target 90"-Initiative) in vielschichtige und vielstufige Aufwertungs- und Integrationsstrategien für den Stadtteil eingebunden werden.

Strategische Ausrichtung – Praktische Maßnahmen

Projekte und Maßnahmen können strategischer oder operativer Natur sein. Erstere richten sich an die den gesellschaftlichen Systemen und Institutionen innewohnenden Logiken und Regeln. Letztere erwachsen aus den unmittelbaren Lebensumständen und bedürfen einer sofortigen Aufmerksamkeit und Behandlung (siehe Friedmann 1992: 112). Beide können sich in gewisser Weise ergänzen. „Indeed, making advances toward practical aims may also further the longer-term structural objectives" (a.a.O.). Somit empfiehlt sich eine zweigleisige Herangehensweise:

1. Was kann kurzfristig sofort an Potentialen mobilisiert werden? Wo finden sich Stärken in Form von Akteuren, Nischen, Investoreninteressen etc.? Wo muss sofort agiert werden?
2. Was ist das Spezifische und Einzigartige des Stadtteils, das langfristig weiterentwickelt werden kann? Welche Bevölkerungsgruppen, Akteure, Investoren, Ressourcen müssen langfristig für den Stadtteil gewonnen werden? Welche Strukturen müssen verändert werden um die Entwicklungsdynamik des Stadtteils zu stärken?

Zur strategischen Ausrichtung gehören die Analyse von Interessens- und Machtstrukturen und das Ausloten, inwieweit strukturelle Änderungen im politisch-institutionellen System möglich sind und zum Nutzen der Stadtteilentwicklung herbeigeführt werden können. Dazu gehört aber auch die Beschäftigung mit stärker fachlichen, strategischen Fragen wie beispielsweise der Ausrichtung von lokalen Maßnahmen entsprechend der regionalen Rahmenbedingungen. In einem regionalen Kontext, der von hoher Arbeitslosigkeit und geringen Beschäftigungszuwächsen charakterisiert ist, mag es sinnvoller sein, Mittel stärker auf die Entwicklung von einigen (wenigen) Arbeitsplätzen in der Marktökonomie oder der Sozialen Ökonomie zu konzentrieren. Wenn der regionale Arbeitsmarkt boomt, werden Maßnahmen sinnvoller sein, die über gezielte Vermittlungs- und Qualifizierungsmaßnahmen die Integration von Stadtteilbewohner/innen in den ersten Arbeitsmarkt fördern.

3   Stadtteilökonomie und staatliches Handeln im Umbruch

Für altindustriell geprägte Stadtteile im Niedergang wird häufig ein ähnlicher Entwicklungspfad gezeichnet. In den 1960er Jahren waren gewerbliche Großunternehmen, eine Fabrik oder ein Bergwerk vor Ort, größter Arbeitgeber für die Bevölkerung des Stadtteils. Zulieferer und Dienstleister sowie Einzelhandelsgeschäfte siedelten sich im Gefolge an. Weil sich der Produktionsort nicht mehr rechnet – die Preise auf dem Weltmarkt sind gefallen und der Standort kann nicht mehr konkurrenzfähig produzieren oder die Nachfrage nach dem produzierten Gut hat sich drastisch reduziert – schließt das Werk. Die einseitig auf das große Unternehmen ausgerichteten Zulieferbetriebe kämpfen um das Überleben. Die mobileren Haushalte verlassen den Stadtteil auf der Suche nach neuen Arbeitsplätzen. Einkommensstärkere Haushalte sind zum Teil bereits früher ins grüne, suburbane Umland abgewandert. Dienstleistungsbetriebe und Einzelhandel vor Ort verspüren einen drastischen Einbruch in der Nachfrage, teils weil Kunden entfallen, teils weil die Verbliebenen über weniger Kaufkraft verfügen. Hauseigentümer sind unsicher ob sich die Investition in ihre Immobilie noch lohnt und stellen Modernisierungsmaßnahmen zurück. Ein Kreislauf der aufgeschobenen Investitionen, der zunehmenden Unattraktivität des Stadtteils, des Wegzugs von besserverdienenden Haushalten, der abnehmenden Rentabilität von Einzelhandelsgeschäften beginnt. Man kann diesen Prozess als Entwicklungspfad bezeichnen, weil sich die Dynamik ab einem gewissen Zeitpunkt zu verselbstständigen scheint und Spiraldrehung um Spiraldrehung nach unten führt.[11]

Der Auslöser eines solchen negativen Entwicklungsprozesses kann der Wegzug großer gewerblicher Unternehmen sein oder schleichende Veränderungen der kleingewerblichen Struktur insbesondere in innenstadtnahen Vierteln. Jede Veränderung von Einkommen und Nachfrage, Investitionen und Produktion an einem Ort über einen längeren Zeitraum zeigt Effekte und Koppelungswirkungen auf die anderen ökonomischen Faktoren (Schätzl 2001: 161).

In Großwohnsiedlungen der 1960er/1970er Jahre stellt sich die Problematik anders dar (Kap. 2.2.3). Großwohnsiedlungen wurden oftmals als Entlastungsstandorte mit reiner Wohnfunktion geplant und werden heutigen Anforderungen an Urbanität und Lebendigkeit, Nutzungsvielfalt und Lebensqualität nicht mehr gerecht. Die (frühere) Belegungspolitik der Kommune hat aber auch oft überdurchschnittlich viele sozial isolierte oder einkommensschwache Haushalte in das Gebiet gebracht. Hier stellt sich die Frage, wie stärker gemischtwirtschaftliche Strukturen entwickelt, Aufenthaltsqualitäten und soziale Beziehungen zwischen den Bewohner/innen gestärkt und das häufig schlechte Image der Stadtteile verbessert werden kann.

Im vorangegangenen Kapitel wurden Praxisansätze zur ökonomischen Revitalisierung von Stadtteilen vorgestellt. Die städtischen Ökonomien verändern sich in Folge massiver Strukturumbrüche. Es stellt sich die Frage, inwieweit die Entwicklung in strukturschwachen Stadtteilen grundsätzlich beeinflussbar ist. Sind die Ressourcen für ökonomische Stadtteilerneuerung effektiv eingesetzt, oder liegen die Stellschrauben der wirtschaftlichen Entwicklung (inklusive der Beschäftigungsentwicklung) nicht auf Stadtteilebene, nicht auf städtischer oder regionaler Ebene, sondern heutzutage auf transnationaler Ebene?

In diesem Kapitel werden vier zentrale Fragen diskutiert:
- Was verändert Wirtschaft und Beschäftigung in den Stadtteilen? (Kap. 3.1)
- Lässt sich die Ökonomie in den Stadtteilen beeinflussen? (Kap. 3.2)
- Welche unterschiedlichen Argumentationen existieren, um Wirtschafts- und Beschäftigungswachstum zu fördern? (Kap. 3.3)
- Wie kann ökonomische Teilhabe und Integration in Zeiten einer flexibilisierten Ökonomie gesichert werden und wie verändern sich Handlungsspielraum und Funktionsfähigkeit des Sozialstaates? (Kap. 3.4)

3.1 Was verändert Wirtschaft und Beschäftigung in den Stadtteilen?

In diesem Unterkapitel werden die wichtigsten ökonomischen Strukturumbrüche der letzten Jahrzehnte skizziert: Es wird auf den Globalisierungsdiskurs und den oft zitierten Übergang zu einer wissensbasierten und flexibleren Ökonomie eingegangen.

Aus der Summe beobachtbarer Tendenzen im Zeitalter einer sich flexibilisierenden und globalisierenden Ökonomie werden dann drei Entwicklungsmuster ausführlicher betrachtet, weil sie direkte Auswirkungen auf Wirtschaft und Beschäftigung in erneuerungsbedürftigen Stadtteilen haben: Die Zunahme von Einkommensungleichheiten, das Auftreten neuer sozialräumlicher Spaltungen sowie der Verlust von niedrigproduktiven Arbeitsplätzen und eine insgesamt negative Beschäftigungsentwicklung in Deutschland.

3.1.1 Die Globalisierung der Wirtschaft

Dem Begriff der Globalisierung begegnet man mittlerweile genauso länder- und disziplinübergreifend wie dem Phänomen, das er beschreibt.[12] Es gibt unterschiedliche Auffassungen darüber, ob damit ein kontinuierlicher Prozess der letzten Jahrzehnte einen neuen Namen erhalten hat oder ob die darunter gefassten Veränderungen einen radikalen Bruch mit allem Vergangenen beschreiben.[13] Die durch neue Informations- und Kommunikationstechnologien ermöglichte Intensivierung der globalen Kommunikation, Umfang und Tempo der wirtschaftlichen Transaktionen allgemein und insbesondere auf den Finanzmärkten, der Siegeszug des Kapitalismus weltweit als fast alternativloses Modell und kulturelle Veränderungen, die in Arbeitswelt und Alltag jedes Einzelnen erfahrbar sind – wie die Auswirkungen des globalen Tourismus, einer globalen Kulturindustrie oder die Möglichkeiten der Internetnutzung – beschreiben die wichtigsten Prozesse im Rahmen der Globalisierung.

Viele Autoren stimmen darin überein, dass wir einen neuen „Quantensprung" in der Restrukturierung der gesamten kapitalistischen Ökonomie erleben. Dieser Quantensprung basiert auf den Fortschritten in Technologie und wissenschaftlicher Innovation, insbesondere in der Informations- und Biotechnologie, genauso wie auf der „Verbreitung, dem Charakter und dem Ehrgeiz des Kapitalismus" (Will Hutton in Hutton/Giddens 2001: 34). Information und Wissen sind zu „Produktionsmitteln" geworden. Im globalen Finanzsystem existiert „Geld nur noch als Ziffern im Computer" (a.a.O.: 36), und wird in rasender Geschwindigkeit um den Erdball geschickt. Diese Veränderungen „haben einige der schon länger bestehenden Merkmale der kapitalistischen Wirtschaft nicht beseitigt" (a.a.O.), aber sie haben neue Merkmale zum Vorschein gebracht. Einige Autoren sprechen von der globalen Ökonomie unserer Zeit als einer „Welt des Image", einer „Ökonomie der Zeichen" (Lash 1997), einer „Wissensökonomie", einer Informationsgesellschaft (Beck/Giddens/Lash 1996), einer „Erlebnisökonomie" (Rifkin 2000) (Kap. 4.3.2).

Auf der einen Seite bietet eine globale Ökonomie neue Chancen und Wohlstand in den Regionen, die in den letzten drei Jahrzehnten in signifikant neuer Form in die Weltwirtschaft eingebunden wurden und einen Investitionsboom durch den Zufluss von internationalem Kapital erlebten. Porter (1990: 30) argumentiert, dass im Zuge der Restrukturierung der Wirtschaft hin zur Globalisierung und dem internationalen Wettbewerb von Unternehmen den einzelnen Nationen sich neue Vorteile eröffnen. Der Staat kann durch geeignete Politiken Innovation und Wettbewerbsfähigkeit fördern.

> „At this time when much of the world is reexamining its economic structures, the need for proper choices has never been greater. National economic prosperity need not come at the expense of other nations and many nations can enjoy it in a world of innovation and open competition."

Auf der anderen Seite stehen die Kosten dieses Wirtschaftsmodelles einer globalen Ökonomie. Einige Tendenzen lassen sich hier festhalten, auf die im Folgenden näher eingegangen wird.

Mit der zunehmenden Deregulierung der Märkte geht tendenziell eine wachsende Einkommensungleichheit einher, sowohl innerhalb der Länder als auch zwischen entwickelten und weniger entwickelten Regionen. Die hoch entwickelten Industrieländer profitieren mehr von der Globalisierung als die industriell weniger entwickelten Länder. Weltweit konzentrieren sich in einigen wenigen Metropolräumen als Global Cities strategische Unternehmensfunktionen, es bildet sich eine Hierarchisierung im internationalen Städtesystem heraus. In Nationalstaaten zeigt sich ein bewegtes Muster von boomenden Wirtschaftsräumen und stagnierenden Räumen; auf der Ebene von Regionen, Städten wie auch Stadtteilen.[14]

Zum anderen begünstigt die Globalisierung die Verlagerung bzw. den Wegfall von niedrigproduktiven (industriellen) Arbeitsplätzen, in denen hoch entwickelte Industrieländer im internationalen Vergleich nicht wettbewerbsfähig sein können. Zu den tatsächlichen transnationalen Verlagerungen kommen die einheimischen Rationalisierungen von Unternehmen im Produktionsprozess zugunsten höherer Produktivität pro Arbeitsplatz hinzu.

Zum dritten befinden sich mit der Verbreitung des globalen Kapitalismus (verstanden als Durchsetzung eines offenen und freien weltweiten Marktes für den Austausch von Waren, Dienstleistungen und Kapital) diejenigen in der Defensive, die dem Wirken des Marktes Werte wie soziale Gerechtigkeit, Gemeinwohl oder Nachhaltigkeit entgegensetzen. Zwar gibt es Beispiele, wie über internationale Kampagnen lokal gültige Standards der Arbeitsbedingungen (z.B. Kinderarbeit, Arbeitszeiten) verbessert werden, doch steht dem gegenüber, dass die klassischen Druckmittel der Arbeitnehmer, wie Streiks auf nationaler Ebene, gegenüber multinational agierenden Unternehmen nicht mehr wirken. Auch die Verhandlungsposition des Staates scheint geschwächt. Die Möglichkeit zur Androhung, den Betriebsstandort ins Ausland zu verlagern, stärkt die Verhandlungsposition von Unternehmen.

3.1.2 Eine wissensbasierte und flexiblere Ökonomie

Aus einer anderen Perspektive – die den Globalisierungsdiskurs rezipiert, ihn aber nicht in den Vordergrund stellt – werden die strukturellen Veränderungen im ökonomischen und gesellschaftlichen Bereich oftmals zwei weiteren übergreifenden Paradigmen zugeordnet: Dem Übergang von einer Industriegesellschaft zu einer Wissensgesellschaft und von einer fordistischen (Massen-)Produktionsgesellschaft zu einem nach-fordistischen Entwicklungsmodell, das durch verstärkte Flexibilisierung gekennzeichnet ist.

Der Übergang zu einer flexibleren Produktionsweise wird von einigen Beobachtern als Bestandteil eines neuen gesellschaftlichen Regulationsmodelles gesehen (Lipietz 1985; Harvey 1990; Danielzyk 1998; Bathelt/Glückler 2002: 251ff; Maier/Tödtling 2001b: 157ff). Eine flexiblere Akkumulation, so der Regulationsansatz, löst das seit dem zweiten Weltkrieg dominierende Modell des Fordismus ab (Harvey 1990). Als Charakteristika dieses neuen Modells gelten neben einem flexibleren Produktionsmodell (flexiblere Produktions- und Prozessstrukturen, flexiblere Arbeitsorganisation) auch neue Konsummuster und ein neues spezifisches System der sozialen und institutionellen Regulation. Kernthese des Regulationsansatzes ist die gegenseitige Bedingtheit von Produktionsmodell, Akkumulationsregime und sozialer Regulation, die eine stabile gesellschaftliche Entwicklung gewährleistet.

Kennzeichnend für den Fordismus, dem Regulationsregime, das in den frühen 1970er Jahren an Dynamik verlor, waren u.a. eine tayloristische, hierarchische Arbeitsorganisation, standardisierte Massenproduktion und Massenkonsum, keynesianische Nachfragesteuerung und wohlfahrtsstaatliche Maßnahmen, die in ihrem Zusammenwirken den Industrieländern nach dem zweiten Weltkrieg eine Zeit des stetigen Wirtschaftswachstums und des steigenden Wohlstandes der Bevölkerung brachten. Seit den 70er Jahren dagegen sind in einigen Industriezweigen flexiblere Produktionsweisen und eine höhere Bedeutung von unternehmensexternen Kooperations- und Netzwerkbeziehungen beobachtbar. Standardisierte Massengüter weichen in den Industrieländern spezialisierteren und auf individuelle Bedürfnisse zugeschnittenen Produkten und Dienstleistungen, sowohl auf den Konsumentenmärkten wie auch in den industriellen Wertschöpfungsketten. Unterneh-

Tabelle 4: Charakteristika von Fordismus und flexibler Akkumulation

Fordismus	Flexible Akkumulation
Produktionsprozess	
• standardisierte Güter	• Produktvielfalt
• Massenfertigung	• Kleinserienfertigung
• Spezialmaschinen	• flexible Technologie
• „Economies of Scale"	• „Economies of Scope"
• hohe Produktionsausfälle durch Umrüstung, Maschinenversagen, fehlende Inputs	• weniger Produktionsausfälle durch Flexibilität
• große Lager von Vormaterialien und Produkten	• geringe Lagerhaltung
• Qualitätskontrolle „ex post"	• Qualitätskontrolle in der Produktion
• vertikale Integration von Unternehmen	
Arbeit	
• Aufgabenspezialisierung	• multiple Aufgaben
• geringer Verantwortungsbereich der Arbeitskräfte	• größerer Verantwortungsbereich der Arbeitskräfte
• hierarchische Arbeitsorganisation	• mehr horizontale Organisation
• geringes Ausmaß von Lernen	• viel Lernen am Arbeitsplatz
• wenig Arbeitsplatzsicherheit	• hohe Arbeitsplatzsicherheit für Kernbelegschaft, geringe für Randbelegschaft
Raum	
• funktionale räumliche Arbeitsteilung	• Agglomeration von Unternehmen
• Homogenisierung von regionalen Arbeitsmärkten	• Diversifizierung
• Segmentierung zwischen Regionen	• Segmentierung innerhalb v. Regionen
• globale Lieferbeziehungen	• Zulieferer z.T. in der Region, regionale Produktionscluster
Staat	
• keynesianische Nachfragesteuerung	• angebotsseitige Politik
• höheres Ausmaß an Regulation	• Deregulierung
• kollektive Lohnverhandlungen	• Individualisierung, betriebsbezogene Verhandlungen
• Wohlfahrtsstaat	• individuelle Vorsorge
• nationale Regionalpolitik	• dezentrale Regionalpolitik
• hoheitlicher Staat	• unternehmerischer Staat, Konkurrenz von Städten und Regionen

Quelle: Maier/Tödtling 2001b: 164

men müssen schnell und innovativ auf wechselnde Märkte und wechselnde Anforderungen reagieren können. Die Ressource Wissen entscheidet zunehmend über den Erfolg von Unternehmen (vgl. Willke 1997) und deren Fähigkeiten innovativ und wettbewerbsfähig auf Herausforderungen zu reagieren. Damit steigt die Bedeutung von Forschungs- und Entwicklungstätigkeiten zur Förderung des Innovationsprozesses und generell die Bedeutung von Wissenskulturen und Wissensmilieus in Städten und städtischen Räume. Für die Stadtentwicklungspolitik ergibt sich die Herausforderung, von unterschiedlichen Wissensformen (wie lokales Wissen, Alltagswissen, Milieuwissen, Expertenwissen) ausgehend, die Rahmenbedingungen für die (Re-)Generierung von Wissensmilieus zu schaffen (Landtag NRW 2004: 186ff), z. B. auch für die erfolgreiche Bewältigung des Strukturwandels. Eine Gesellschaft, in der die Ressource Wissen zunehmend wichtiger wird, stellt aber auch höhere Anforderungen an die Qualifikation und Flexibilität von Arbeitnehmer/innen.

Geographisches Institut
der Universität Kiel

Im Prozess der flexibleren Produktion und Spezialisierung nimmt die Bedeutung räumlicher Nähe (parallel zur Globalisierung der Märkte) zu. Für hochtechnologisierte flexible Produktionsprozesse ist der schnelle und häufige Kontakt mit Zulieferbetrieben, externen Wissens- und Innovationsakteuren, externen Dienstleistern etc. wichtig. Frühe Arbeiten schrieben einem postfordistischen Regime auch ein spezifisches räumliches Entwicklungsmuster zu. Als prototypisch galten Industriedistrikte nach der Art des „Dritten Italien" (Kap. 5). Mittlerweile ist in der Diskussion anerkannt, dass sich neben dieser spezifischen räumlichen Konfiguration von Firmennetzwerken und förderlichen Institutionen in einer Region auch andere (z.B. hierarchischere) räumliche Organisationsmuster herausbilden und die fordistischen Strukturen zudem weiterhin in bestimmten Industriezweigen Bestand haben. Es überlagern sich damit verschiedene Entwicklungspfade (Bathelt/Glückler 2002: 256; Danielzyk 1998: 136ff). Staatliche Politik rückt von der keynesianischen Nachfragesteuerung ab und betreibt eine stärker angebotsseitige und teils unternehmerische Politik. Die individuelle Vorsorge und die höhere eigene Verantwortlichkeit für soziale Vorsorge und berufliche Existenz kennzeichnen das Leben im „postfordistischen" Zeitalter gegenüber einem stärker regulierten, aber auch stärker über wohlfahrtsstaatliche Leistungen abgesicherten Leben.

Das Paradigma vom Übergang zu einem nachfordistischen Entwicklungsmodell liefert – trotz einiger Schwächen – ein umfassendes Denkgebäude und ist in den Sozial- und Raumwissenschaften in den 1990er Jahren vielfach rezipiert worden. Vielleicht auch deshalb, weil Paradigmen, die die unübersichtliche und sich ausdifferenzierende Realität so übergreifend zu erklären versuchen, immer Faszination ausüben. In der Tat lassen sich viele der in diesem Kapitel diskutierten Entwicklungstendenzen, die für die Stadtteilebene von Bedeutung sind, in dieses Denkmodell einordnen: Die gestiegene Bedeutung der lokalen und regionalen Einbettung für kleine und mittlere Unternehmen, die gestiegene Bedeutung von Wissen und Qualifikationen, die stärkere Segmentierung innerhalb von Regionen, die stärkere Konkurrenz zwischen Städten, Deregulierungen der Politik, eine veränderte Nachfragestruktur und höhere Eigenverantwortung des Individuums. Allerdings ist umstritten, inwieweit ein neues Regime in der Tat die fordistischen Strukturen und Prinzipien ablöst bzw. aushöhlt. Und ebenso wird die fehlende Differenzierung des Regulationsansatzes in Bezug auf die Rolle von sozialen Institutionen, kulturellen Milieus und räumlichen Ebenen kritisiert (vgl. Maier/Tödtling 2001b: 157ff; Bathelt/Glückler 2002: 259f.; Danielzyk 1998: 123ff).

Von direkter Relevanz für diese Arbeit ist die übereinstimmende Analyse, dass sich in einem nach-fordistischen Entwicklungsmodell räumliche Heterogenisierungen verstärken (vgl. z.B. Krätke 1991). Nicht nur zwischen Regionen – wie im Fordismus – sondern innerregional zeigt sich ein kleinräumiges Muster der In- und Außerwertsetzung von Räumen. So sprechen Ronneberger/Keil (1991: 62f.) von „verknoteten, fragmentierten Beziehungsmustern innerhalb eines disparaten Stadtgewebes (..), das unterschiedlich dimensionierte Zentren und Peripherien aufweist." Auch innerhalb des Stadtgefüges bilden sich – um in der Terminologie zu bleiben – neue Peripherien heraus. Es ist das Nebeneinander von höchst unterschiedlichen Entwicklungsdynamiken, kleinräumigen Prozessen der

Unterentwicklung und der Überentwicklung (Giddens 1996b: 323), das eine nach-fordistische Raumentwicklungstendenz beschreibt.

3.1.3 Wachsende Einkommensungleichheiten

In den meisten entwickelten Ländern hat die Einkommensungleichheit in den letzten beiden Jahrzehnten zugenommen. Die Einkommenspolarisierung wurde in vielen Ländern durch Änderungen im Steuer- und Transfersystem abgefedert und schlug sich somit in einer geringeren prozentualen Zuwachsquote bei der Steigerung der Armut nieder.[15] Globale Daten zur Einkommensverteilung zeigen, dass sich das Einkommenswachstum im Zeitraum seit 1980 gegenüber der Zeitperiode 1965 bis 1980 abgeschwächt hat – in den Ländern mit hohem Entwicklungsstand, aber auch solchen mit mittlerem und niedrigem Entwicklungsstand (Faux/Mishel 2001). In den am wenigsten entwickelten Ländern war der Einkommenszuwachs zwischen 1980 und 1995 sogar negativ.

Faux und Mishel (2001) führen die wachsende Einkommensungleichheit sowohl zwischen den Ländern als auch innerhalb der Staaten auf die zunehmende Deregulierung von Waren- und Finanzmärkten der globalen Wirtschaft in den letzten beiden Jahrzehnten zurück, die von den Verfechtern einer (neo-)liberalen Strategie der Deregulierung von Waren- und Finanzmärkten befürwortet und vorangetrieben wird. Die Frage nach dem ursächlichen Zusammenhang zwischen Globalisierung einerseits und wachsenden Einkommensungleichheiten andererseits lässt sich nicht systematisch beantworten. Es ist vielmehr das Zusammenwirken einer Reihe von Faktoren, die ein Klima schaffen, in dem Druck auf Arbeitslöhne entsteht, die Verhandlungsposition von staatlichen Akteuren und den klassischen Verbänden und Lobbyisten geschwächt scheint und die neoklassische Weltsicht an Einfluss gewinnt. Die Autoren Faux und Mishel (2001) beantworten die Frage nach diesem Zusammenwirken am Beispiel der USA folgendermaßen:

> *„Die Auswirkung der Globalisierung auf die Einkommen ist nicht einfach in den Marktmechanismen niedrigerer Importpreise begründet. Ein schwer zu messendes, aber höchst reales Phänomen besteht darin, dass Arbeiter, ob gewerkschaftlich organisiert oder nicht, aus Furcht, ihr Arbeitsplatz werde ins Ausland verlegt, keine höheren Löhne fordern und/oder niedrigere Löhne akzeptieren. Die Verlegung von Direktinvestitionen ins Ausland wirkt sich auch insofern aus, als in entsprechend anfälligen Sektoren der Bedarf an Arbeitskräften sinkt. Gleiches gilt für die anhaltend großen Handelsdefizite in den USA, auch sie spielen eine Rolle bei der Verringerung der Zahl der Arbeitsplätze, in diesem Fall von gut bezahlten Fabrikjobs für Personen ohne College-Abschluss. Die Globalisierung erklärt den Anstieg der Ungleichheit in den USA zwar nicht zur Gänze, in ihrer vollen Dimension kommt ihr aber ein sehr viel größerer Part zu, als die konventionelle Weisheit ihn ihr bislang zuerkennt. Und schließlich gibt es wenig Belege dafür, dass der neoliberale Strategiemix, der diese Ungleichheit bewirkt hat, auch eine effizientere Wirtschaft hervorgebracht hätte."* (Faux/Mishel 2001: 125)

Die eine Argumentation sieht Druck auf die einheimischen Lohnkosten und die dadurch entstehenden Lohnsenkungen bzw. Einkommensspreizungen durch die tatsächliche oder angedrohte Verlagerung von niedrigproduktiven bzw. unter Kostengesichtspunkten nicht wettbewerbsfähigen Arbeitsplätzen. Eine andere Argumentation sieht einen Zusammenhang zwischen Globalisierung und Druck auf die Arbeitslöhne vor allem dadurch entstehen, dass Unternehmen sich zunehmend neue Absatzmärkte im Ausland erschließen und dadurch die Löhne am Standort nur noch als Kostenfaktor, aber nicht mehr als Nachfragefaktor sehen. Eine dritte Argumentation stellt weniger den Druck auf die Arbeitskosten in den Vordergrund und sieht durch die wachsende Bedeutung der globalen Finanzmärkte, die beschleunigte Mobilität des Geldkapitals und die Explosion der Einkommen an der Spitze der Einkommensskala bei gleichzeitiger Stagnation der Nettorealeinkommen unterer Einkommensschichten, die Ungleichheit ansteigen (Bergmann 2004).

Was hat dies mit der Entwicklung einzelner bundesdeutscher Stadtteile zu tun? Nach einer kurzen fordistischen Phase, in der Kaufkraft und Wohlstand von unteren Bevölkerungsschichten zunahmen, erreichte die Einkommensarmut, in neuer Form, auch hoch entwickelte Industrieländer. Mit wachsenden Einkommensungleichheiten geht unweigerlich eine stärkere soziale Polarisierung einher (Oßenbrügge 1992), wenn nicht gleichzeitig (staatliche) Mechanismen zur Umverteilung greifen. Anders als in den USA oder in Großbritannien sind wachsende Einkommensungleichheiten in Deutschland allerdings aufgrund der tarifrechtlichen Festsetzungen (bislang) nicht hauptsächlich auf wachsende Lohnspreizungen, sondern auf die Arbeitsmarkt- und Beschäftigungsentwicklung zurückzuführen (Kap. 3.1.5), die zum Ausschluss einer wachsenden Zahl von Menschen aus dem Erwerbsarbeitsmarkt und zunehmend prekären Erwerbsbiographien führt.

Die Zunahme sozialer Ungleichheiten ist kein Prozess, der räumlich neutral abläuft. Sehr kleinräumig konzentrieren sich in bestimmten städtischen Teilräumen Personen und Bevölkerungsgruppen, die von Einkommensarmut oder Arbeitslosigkeit betroffen sind[16] – wenngleich dies in wohlfahrtsstaatlichen Ländern nicht immer auf den ersten Blick offen zu Tage tritt. In den benachteiligten Stadtteilen findet sich eine hohe Konzentration von Personen, die im verschärften Wettbewerb um Arbeitsplätze zu Verlierern wurden: Dazu zählen gering qualifizierte Menschen ebenso wie Personen, die aufgrund ihrer sprachlichen Kenntnisse oder rechtlichen Aufenthaltssituation (z.B. neu ankommende Migranten), ihrer persönlichen Lebenssituation (z.B. allein erziehend und ohne adäquate Kinderbetreuung) oder aufgrund physischer oder psychischer Beeinträchtigungen erschwert den Zugang zum Arbeitsmarkt finden.

Dabei muss eine bedeutende Einschränkung festgehalten werden: Soziale und räumliche Ungleichheit lässt sich nicht auf Einkommensungleichheiten oder Arbeitsmarktzugänge reduzieren; sowenig wie Einkommensarmut heute soziale Ausgrenzung erklären kann, wenngleich diese ein wichtiges Merkmal ist (Kronauer 1997, Siebel 1997). Um sozialräumliche Differenzierungen innerhalb der Städte zu verstehen, müssen neben ökonomischen auch soziale, institutionelle und kulturelle Zugänge zur Stadtgesellschaft betrachtet werden.

3.1.4 Neue sozialräumliche Spaltungen

Sozialräumliche Unterschiede bildeten sich im städtischen Gefüge schon immer ab – allerdings nicht in der Kleinräumigkeit und Differenziertheit wie sie sich heute beobachten lassen (Krätke 1995: 158ff).[17] Veränderungen auf den Arbeitsmärkten, nationale wie lokale Regulationsformen, z.B. im Bereich des Wohnungsmarktes oder der sozialen Sicherung, beeinflussen sozialräumliche Polarisierungen, aber auch lokal spezifische Besonderheiten wie Belegungs- und Planungspolitiken (Krätke 1995; Siebel 1996; Huster et. al. 1994; Alisch/ Dangschat 1998; Dangschat 1997b; Keim 1999; Häußermann/Kronauer/Siebel 2004). Und schließlich wird dem Raum selbst eine regulierende Funktion zugeschrieben, indem eine „markante infrastrukturelle und informationelle Verarmung bestimmter Gebiete als mitwirkende Ursache zur Verfestigung der Exklusion beiträgt" (Kuhm 2000: 68; siehe auch Wilson 1993: 54ff) und räumliche Differenzierungen langfristig mit Strukturveränderungen einhergehen. Die traditionellen Filter der Bekämpfung sozialer Ungleichheit – Einkommensumverteilungen, sozialer Wohnungsbau, Lohnregulierungen und korporatistische Übereinkünfte – erodieren (als Relikte einer fordistischen, auf Massengüter ausgerichteten Entwicklungsphase: sozialer Wohnungsbau) oder scheinen nicht mehr in eine Zeit zu passen, die vom Diskurs um eine stärkere Eigenverantwortung, die Grenzen des Sozialstaates und den Anpassungsdruck aus der Globalisierung geprägt ist. Traditionelle soziale Milieus (siehe dazu z.B. die Funktion von Arbeiterstadtteilen im Ruhrgebiet) verlieren in diesem Kontext an Bedeutung, sind als Wohnstandorte aber weiterhin gefragt (z. B. Margarethenhöhe in Essen). Dabei schlagen Globalisierungstendenzen nicht unmittelbar und direkt auf die Stadtteilebene durch, vielmehr werden

> „Globalisierungstendenzen (...) in vielfältiger Weise gebrochen, gedämpft – teilweise allerdings auch verstärkt – durch ein komplexes Wirkungsgefüge unterschiedlicher Märkte, politischer und sozialer Regulationsformen und gesellschaftlicher Arrangements. In diesem Wirkungsgefüge nehmen die Vermittlungsprozesse zwischen Arbeitsmärkten, Wohnungsmärkten, Sozialpolitik und städtischen Lebensmilieus einen zentralen Stellenwert ein. Die zunehmenden Formen sozialer Polarisierung und Desintegration in unseren Städten weisen darauf hin, dass durch das Zusammenwirken einer verstärkten Globalisierung, einer zunehmenden Infragestellung des Sozialstaatskonsenses sowie einer in fast allen Großstädten vorfindbaren ‚Weltmarktorientierung' städtischer Entwicklungspolitik diese Filterwirkung des städtischen Wirkungsgefüges erodiert." (Läpple 1999: 31f.)

Feststellbar ist, dass sich in den letzten beiden Jahrzehnten eine neue Hierarchisierung des internationalen Städtesystems herausbildete und sich Städte verstärkt im Konkurrenzkampf um Investitionen sehen (Friedmann 1995, Sassen 1997). Dieser von außen entstehende Anpassungsdruck scheint zu fördern, dass die kommunale Aufmerksamkeit sich stärker auf wettbewerbsfähige Segmente der städtischen Ökonomie konzentriert und konsumptive Programme wie Wohnungsbauförderung oder soziale Programme demgegenüber in den Hintergrund geraten.

Sozialräumliche Spaltungen rücken dann wieder in den Vordergrund des politischen Interesses, wenn sie Wirtschaftsförderungsstrategien oder Imagekampagnen durchkreuzen, etwa weil einige Stadtteile für negative Schlagzeilen sorgen und die Attraktivität der Stadt für Investoren und hoch qualifizierte Arbeitnehmer/innen sinkt. Wenn der ökonomische

Erfolg von Städten immer weniger als das Produkt natürlicher Bedingungen, sondern als abhängig vom Erfolg ökonomisch-politischer Strategien gesehen wird (vgl. Esser/ Hirsch 1987: 41), dann steht der (lokale) Staat unter Handlungszwang. Die Notwendigkeit zu einem planerisch-politischen Impuls, um eine weitere Degradierung von Infrastruktur, Entwicklungschancen und brachliegenden Ressourcen in bestimmten städtischen Räumen zu stoppen, trifft allerdings auf einen lokalen Staat, dessen finanzieller Handlungsspielraum schwindet oder der seinen Handlungsspielraum nicht nutzt (Dangschat 2004: 331).

Festzuhalten bleibt aus der bisherigen Argumentation, dass die strukturellen Entwicklungen der letzten Jahrzehnte die Polarisierung zwischen boomenden und stagnierenden Räumen zu verstärken scheinen, und – was neu ist – mit dieser Polarisierung Strukturveränderungen einhergehen, durch die bestimmte städtische Räume (die manchmal auch nur einige Straßenzüge umfassen können) langfristig regelrecht von ihrer Umgebung abgekoppelt werden. Es ist dieses Ineinandergreifen von systematisch sich verstärkenden institutionellen, sozialen und kulturellen wie auch räumlichen Mechanismen, das gesellschaftliche Ausgrenzungsprozesse in ihren Auswirkungen auf bestimmte Bevölkerungsgruppen heute als so bedrohlich erscheinen lässt.

3.1.5 Tendenzen der Arbeitsmarkt- und Beschäftigungsentwicklung

Während der letzten drei Jahrzehnte ist die Arbeitsproduktivität in vielen Wirtschaftszweigen in den Industrieländern erheblich angestiegen. Grundlage dafür waren Prozessinnovationen in der Produktherstellung und der Ersatz von Arbeit durch kapitalintensive Ausstattung. Dieser Prozess ließ in den Industrieländern allerdings nicht neue Arbeitsplätze entstehen, sondern reduzierte im Gegenteil den Beschäftigungsstand in vielen Wirtschaftszweigen erheblich, was einige Beobachter von einem *jobless growth* sprechen lässt.

Es sind vor allem die niedrig qualifizierten (und somit niedrigproduktiven) Arbeitsplätze im industriellen Bereich, die in den Industrieländern überwiegend aufgrund von Rationalisierungen, aber auch durch Verlagerungen in Niedriglohnländer verloren gehen. Zudem gehen auch im Dienstleistungsbereich Arbeitsplätze aufgrund von Rationalisierungen im Arbeitsprozess zunehmend verloren. Der technische Fortschritt in Form von Prozessinnovationen führt dazu, dass die nachgefragten Güter und Dienstleistungen durch immer weniger Beschäftigte produziert werden können. Rifkin (1997) geht davon aus, dass zwei von drei Arbeitsplätzen bis 2020 ersatzlos wegrationalisiert werden. Wenn zukünftig nur noch geschätzte 20 % der Erwerbsfähigen zur Herstellung der erforderlichen Güter benötigt werden, stellt sich die Frage nach der Zukunft der Arbeit: Geht dem Kapitalismus die Arbeit aus? (Beck 1996, 1999a/b).

Hinter diesen Globalaussagen verbergen sich sehr unterschiedliche nationale Entwicklungstrends. Deutschland nimmt insofern eine Sonderstellung gegenüber anderen Ländern ein, als die Zahl der traditionellen Industriearbeitsplätze im Zeitraum von 1995 bis 1999 überdurchschnittlich schrumpfte und der Dienstleistungssektor parallel dazu ebenfalls eine vergleichsweise geringe Beschäftigungsdynamik zeigte.[18] Buestrich/Wohlfahrt (2004: 187f.) konstatieren das Fehlen von Erwerbsarbeitsplätzen in mehrfacher Millionenhöhe in Deutschland; das Beschäftigungsvolumen in der Bundesrepublik nahm ging in den letzten Jahren kontinuierlich zurück. Im Vergleich dazu entstanden in den USA durch den Ausbau eines Niedriglohnsektors insbesondere im Dienstleistungsbereich massiv neue Arbeitsplätze. Damit haben gleichzeitig die Einkommensungleichheit und die Armut zugenommen (Kap. 3.1.3). In den Niederlanden hat ein gegensätzlicher Weg zu hohen Beschäftigungsständen geführt. Das niederländische Beschäftigungsmodell beruht auf einem weit reichenden Ausbau von Teilzeitarbeitsplätzen, wird aber auch, so die Kritik, mit sinkender Produktivität erkauft.[19]

Woraus kann sich Wachstum – insbesondere Beschäftigungswachstum – unter den Rahmenbedingungen der Globalisierung in den hoch entwickelten Industrieländern entwickeln? Die einen sehen ein künftiges Beschäftigungswachstum vor allem aus weiterer Produktinnovationen entstehen. Die anderen hauptsächlich aus dem Ausbau des Dienstleistungssektors. Doch zum einen werden die ökologischen und sozialen Folgen eines stetigen Wachstums immer deutlicher. Und auch die Möglichkeiten, dass sich in Deutschland aus dem Dienstleistungsbereich eine tatsächlich marktfähige Nachfrage entwickeln kann, werden eher langfristig positiv beurteilt.[20] Andere Autoren denken radikaler über die Zukunft der Erwerbsarbeit nach und prognostizieren das Ende der Vollerwerbsgesellschaft (Beck 1999b). Zivilgesellschaftliches Engagement oder „Bürgerarbeit" mit Grundfinanzierung wird – so die These – einen Teil der Erwerbsarbeit ablösen.

Die hohe Durchdringung der Ökonomie mit technologieintensiven und wissensbasierten Prozessen verändert bzw. segmentiert den Arbeitsmarkt, da sich die Zugangsbedingungen zu gut bezahlten Arbeitsplätzen und persönlich befriedigenden Tätigkeiten verschärfen. Für einen kleinen Teil der Bevölkerung entstehen hoch qualifizierte und gut bezahlte Arbeitsplätze, auch wenn diese nicht mehr wie früher eine lebenslang sichere Perspektive bieten. Für gering qualifizierte Arbeitskräfte verschlechtern sich jedoch die beruflichen Perspektiven.[21] Denn die ihnen zugänglichen Arbeitsplätze sind räumlich leichter verlagerbar und einfacher durch technologische Innovationen zu ersetzen. Auch bieten sie oftmals geringere Aufstiegsmöglichkeiten und sind durch monotonere oder stark kontrollierte Tätigkeiten bestimmt.

Der Wegfall niedrig qualifizierter industrieller Arbeitsplätze schlägt sich räumlich ungleich nieder. In altindustriellen Räumen boten die Arbeitsplätze in der Metall und Stahl erarbeitenden Industrie, in Bergbau und Zulieferbetrieben Einkommensmöglichkeiten für niedrig qualifizierte männliche Arbeitnehmer. Auch neu ankommende Migranten fanden rasche Aufnahme in den Arbeitsmarkt. Die Konsequenzen aus dem wirtschaftlichen Strukturwandel sind offensichtlich. Mit dem Rückgang der Arbeitsplätze im niedrigproduktiven industriellen Bereich gingen der Bewohnerschaft Arbeits- und Qualifikationsmöglichkeiten vor Ort verloren. Mit dem Niedergang der industriellen Betriebe verloren auch Betriebe, Geschäfte und Dienstleistungen, die sich im Umfeld der Industrien niedergelassen hatten, ihre Geschäftsgrundlage.

Weil die gering produktiven Arbeitsplätze im industriellen Bereich zunehmend wegfallen, richten sich die Hoffnungen für gering qualifizierte Personen auf den Dienstleistungssektor. Und dabei insbesondere auf einen Ausbau der personenbezogenen Dienstleistungen, auf die so genannte Erlebnisökonomie (Dienstleistungen im Bereich Kultur und

Freizeit, siehe Rifkin)[22] und auf gemeinnützige Dienstleistungen zur Verbesserung der Lebensbedingungen und der Umwelt (Europäische Kommission 1998). Diese Bereiche gelten zudem als der technologischen Weiterentwicklung (und somit Rationalisierungsprozessen) nicht ohne weiteres zugänglich. Ob sich eine marktfähige Nachfrage nach Dienstleistungen entwickelt hängt allerdings auch von nationalen Rahmensetzungen ab – was die unterschiedlichen Entwicklungsdynamiken in den Industrieländern nahe legen. Dem Staat oder der Kommune wird bei der Entwicklung neuer Märkte, der Stimulierung von Nachfrage bzw. bei der Angebotsneugestaltung eine bedeutsame Rolle zugesprochen (Europäische Kommission 1998: 15). Als Alternative zu einem Niedriglohnsektor für Dienstleistungstätigkeiten fordert Evers (1996b: 9) die „staatliche Förderung und Moderation einer gesellschaftlichen Angebots-Nachfrage-Dynamik" insbesondere bei sozialen Dienstleistungen wie Kinderbetreuung oder Altenpflege, damit beschäftigungswirksame und qualitativ hochwertige Angebote gerade im Dritten Sektor ausgebaut werden können.

Zusammenfassend kann somit festgehalten werden, dass die im Laufe des wirtschaftlichen Strukturwandels der letzten Jahrzehnte neu entstehenden Arbeitsplätze – im Dienstleistungsbereich und in neuen Produktionsbereichen – gering qualifizierten Personen nicht oder nicht ohne weiteres zugänglich sind, so dass sich diesen Personengruppen nur bedingt neue berufliche Perspektiven eröffnen (siehe auch Wilson 1993: 52). Sie sind räumlich nicht zugänglich, weil die neuen Arbeitsplätze überwiegend nicht dort entstehen, wo die alten industriellen Arbeitsplätze verloren gingen.[23] Die neuen Tätigkeiten haben zum anderen ein Anspruchsprofil, dem gering qualifizierte Arbeitnehmer nicht ohne weiteres gerecht werden können. Und mit ihnen sind geschlechtsspezifisch unterschiedliche Chancen zur Teilhabe am Arbeitsmarkt verbunden.

3.1.6 Schlussfolgerungen für die Stadtteilebene

Globalisierung, Wissengesellschaft und nach-fordistische Entwicklung sind Schlüsselbegriffe unterschiedlicher Denkgebäude, unter denen die strukturellen gesellschaftlichen Veränderungen der letzten Jahrzehnte subsumiert werden. Einige damit verbundenen Aspekte wurden in den vorangegangenen Kapiteln vertieft: Die Frage inwieweit mit der Globalisierung neue Ausprägungen sozialräumlicher Ungleichheit und sozialer Ausgrenzung in den industrialisierten Ländern einhergehen wie auch die Frage nach den strukturellen Veränderungen auf dem Arbeitsmarkt.

Die Veränderungen von Leben und Arbeiten in benachteiligten Stadtteilen lassen sich aus diesen unterschiedlichen Blickwinkeln bruchstückhaft erfassen. Die Auswirkungen einer sich globalisierenden Ökonomie sind teils direkt spürbar, wenn Filialen multinationaler Konzerne geschlossen werden oder traditionsreiche Kleinbetriebe und inhabergeführte Geschäfte im Stadtteil aufgrund verstärkter Konkurrenz an den Rand der Rentabilität geraten. Die zunehmende Globalisierung setzt Unternehmen einem verschärften Wettbewerb aus; sie versuchen ihre Marktposition durch schiere Größe oder aufgrund von innovativen Marktstrategien zu sichern. Für Unternehmen in strukturschwachen Stadtteilen stellt sich die Frage nach dem Überleben in anderer Weise – feststellbar sind jedoch stetige Flexibilität und Innovation in Zeiten eines verstärkten Wettbewerbes notwendig, um die eigene Position am Markt zu behaupten. Ohne ständige Innovation werden Unternehmen aktiv oder passiv in die Verlustzone gedrängt.

Beschäftigungsmöglichkeiten gehen in Stadtteilen aber nicht nur durch den Verlust großer industrieller Arbeitgeber oder die schleichenden Veränderungen der kleingewerblichen Struktur aufgrund veränderter Wettbewerbsbedingungen verloren. Viele der traditionell in Gemengelagen angesiedelten Betriebe sind ins Umland abgewandert (a) weil Änderungen in der Produktionsweise z.B. zu höherem Flächenbedarf führten, (b) weil die Betriebe den Kunden oder Abnehmern ins Umland folgten und (c) um den (Planungs-)Regulationen am bestehenden Standort zu entgehen. Und in manchen Stadtteilen haben sehr lokale Entscheidungen, wie etwa die Straßenbahn durch eine U-Bahn zu ersetzen, Einzelhändlerexistenzen vernichtet. Deutlich wird daraus, dass die kleinräumige wirtschaftliche Entwicklung nur aus dem Ineinandergreifen von globalen, regionalen und lokalen Entwicklungsdynamiken zu begreifen ist. Weder sind die erneuerungsbedürftigen Stadtteile von der globalen Ökonomie „abgekoppelt", noch ist ihre Entwicklungsdynamik nur aus globalen strukturellen Entwicklungen zu verstehen.

Teils durch politisch beeinflussbare Weichenstellungen (z.B. staatliche Wohnungsbaupolitik und sozialer Wohnungsbau), teils durch Automatismen (z.B. Nachzug von Migranten in bestimmte soziale Nachbarschaften) nehmen einige städtische Räume einen Großteil der Menschen auf, die von sozialer Ausgrenzung potentiell bedroht sind, da sie beispielsweise über nur geringe formelle Qualifikationen verfügen. Niedrigqualifizierte, inflexible oder ältere Arbeitnehmer/innen wurden von den strukturellen Arbeitsmarktentwicklungen der letzten Jahre in besonderer Weise getroffen. Aufgrund von Rationalisierungen und Verlagerungen entfallen immer mehr niedrigproduktive Arbeitsplätze in den Industrieländern; zudem übersetzt sich wirtschaftliches Wachstum zunehmend weniger in einen Beschäftigungszuwachs. Auf nationaler Ebene, d.h. über makrostaatliche Instrumente, konnte in Deutschland in den letzten Jahren keine nennenswerte Beschäftigungsdynamik entfacht werden. Doch zeigt sich im internationalen Vergleich, dass auch in Staaten mit einer hohen Beschäftigungsdynamik in den letzten Jahren (wie etwa in den Niederlanden) die Bevölkerung in benachteiligten Stadtteilen nicht automatisch von einer prosperierenden Beschäftigungsentwicklung profitiert. Die Zugangsvoraussetzungen zum Arbeitsmarkt verschärfen sich, wenn Wissen, Qualifikationen und Flexibilität immer stärker über Beschäftigungszugänge entscheiden. Wer die „falschen" Qualifikationen hat oder sich räumlich inflexibel zeigt, gerät in Gefahr dauerhaft vom Arbeitsmarkt ausgeschlossen zu werden. Besonders hart betroffen sind die ehemaligen Industrieregionen, in denen die Wirtschafts- und Beschäftigungsentwicklung stagniert und Qualifikationen von Arbeit Suchenden sich nicht mit den Anforderungen von neu entstehenden Arbeitsplätzen treffen.

Die strukturellen Veränderungen auf dem Arbeitsmarkt treffen sich mit Prozessen einer verstärkten räumlichen Segregation in den Großstädten. Um die wachsenden sozialräumlichen Differenzierungen innerhalb der Städte zu verstehen, müssen neben ökonomischen (wachsende Einkommensungleichheit, stärkere Segmentierung des Arbeitsmarktes) auch Veränderungen sozialer, institutioneller und kultureller Zugänge zur Stadtgesellschaft betrachtet werden. Die Konzentration von ausgegrenzten Menschen in bestimmten Quartieren führt in der Folge wiederum zu einer strukturellen Manifestation von Benachteiligungen (Verarmung sozialer Kontakte, Stigmatisierung, negative Eigenwahrnehmung, etc.), d.h. soziale Ausgrenzungsprozesse verstärken sich und die sozialen Bedingungen für alternative Entwicklungswege der Stadtteile verschlechtern sich. Dies kann zu einem Teufelskreis führen. Gutverdienende oder mittelschichtsorientierte Haushalte wandern ins Umland ab. Das verändert wiederum die Ertragslage von Betrieben, deren Kundschaft sich überwiegend aus dem Stadtteil rekrutierte. In bestimmten städtischen Räumen haben sich die Beschäftigungslage der Bevölkerung, informelle Netzwerke und lokale Solidarität, die Stabilität sozialer Beziehungen, die Qualität soziokultureller Infrastruktur, Investitionsvolumen und die wirtschaftliche Attraktivität für neue Investitionen über die letzten drei Jahrzehnte unaufhaltsam verschlechtert (was auch Anlass für das bundesweite Förderprogramm „Soziale Stadt" war).

Das direkte und kleinräumige Nebeneinander von stabil und prekär, boomend und stagnierend, integriert und ausgegrenzt ist nur aus dem Ineinandergreifen von globalen, regionalen und lokalen Entwicklungsdynamiken zu begreifen. Weltweit existieren wohl nur noch wenige Räume, in denen sich die sozialen, kulturellen und ökonomischen Auswirkungen einer sich globalisierenden Ökonomie nicht widerspiegeln.

3.2 Lässt sich Beschäftigung und Wirtschaft in den Stadtteilen beeinflussen?

Im ersten Unterkapitel wurden strukturelle Entwicklungen der letzten Jahrzehnte und deren Auswirkungen auf die Beschäftigungs- und Wirtschaftssituation in benachteiligten Stadtteilen diskutiert. Im Folgenden steht nun die Frage im Vordergrund, inwieweit sich die Ökonomie in einem Stadtteil durch staatliches Handeln beeinflussen lässt. Stimmt das Paradigma der „entankerten" und lokal losgelösten Ökonomie, wonach Staat und Kommunen ohnmächtig den globalen Logiken ausgesetzt sind (Kap. 3.2.1)? Eine Gegenargumentation, die im Anschluss erörtert wird, sieht regionale und lokale Handlungskonzepte gerade in Zeiten einer sich globalisierenden Ökonomie bedeutsamer werden (Kap. 3.2.2).

3.2.1 Das Standortparadox: Eine entankerte Ökonomie oder eine lokalisierte Ökonomie?

Eine Reihe von Anhaltspunkten deuten darauf hin, dass staatliche und lokale Regulation der wirtschaftlichen Entwicklung förderlich ist. Es gibt Unternehmen, die in einem eher stark regulierten Umfeld einen Vorteil sehen. Sozialer Frieden, eine kritische und heterogene Nachfrage nach Qualitätsprodukten und -dienstleistungen und eine ökologisch intakte Umgebung sind durchaus wirtschaftsfördernde Faktoren.

> „(...) den besten Unternehmen sind verantwortungsbewusste Strategien, eine stabile soziopolitische Umgebung und gut ausgebildete Arbeitskräfte wichtig. Daher gehen sie häufig in ein Umfeld mit streng regulativen Strategien und bleiben dort." (Anthony Giddens in: Hutton/Giddens 2001: 52)

Und auch die Ergebnisse von Porters Studie zur Wettbewerbsfähigkeit von Nationen (1990) widersprechen der Ansicht, dass im Zeitalter weltweiter Beziehungen und Verflechtungen für Unternehmen staatliches Handeln auf nationaler, regionaler oder lokaler Ebene unbedeutender werde.

> *„At one extreme, some view government as at best a passive participant in the process of international competition. Because the determinants of national advantage are so deeply rooted in a nation's buyers, its history, and other unique circumstances, it could be argued that government is powerless. Its proper role would then be to sit back and let market forces work. My theory, and the evidence from our research, does not support this view. Government policy does affect national advantage, both positively and negatively, as has been clear in much previous discussion."* (Porter 1990: 617)

Unternehmen sind in ihren Standortentscheidungen einerseits flexibler geworden, anderseits aber auch stärker an spezifische Faktorkombinationen gebunden – abhängig vom erstellten Produkt und den für den Produktionsprozess notwendigen Produktionsfaktoren. Niedrigproduktive Arbeitsplätze können von einem Tag auf den anderen von einem in ein anderes Land verlagert werden, solange sich dort bestimmte „Mindestanforderungen" an demokratische Verhältnisse und gesellschaftliche Stabilität erfüllt sehen. Hochproduktive Arbeitsplätze sind dagegen stärker auf eine spezifische „Umgebung" angewiesen, weil sie daraus Vorteile für ihre Wettbewerbsfähigkeit beziehen (siehe Porter 1990). Diese hoch spezialisierten Umgebungen sind branchenspezifisch und beruhen oft auf einer langen Entwicklungsgeschichte, in der branchengleiche und branchenfremde Unternehmen zusammen mit lokalen Institutionen die Faktoren entwickelt haben, die den Unternehmen helfen, ihre Innovationsfähigkeit und Wettbewerbsfähigkeit zu erhalten, etwa einen bestimmten Ausbildungsstandard, Kooperationen mit spezialisierten Universitäten und Forschungseinrichtungen oder eingespielte Händler- und Absatzbeziehungen (Kap. 5.1).

Der These der zunehmenden Standortungebundenheit von Unternehmen steht eine Gegenthese der zunehmenden Lokalisierung von Standortbedingungen für Unternehmen entgegen (Läpple 1999; Swyngedouw 1992; Beobachtungsnetz der europäischen KMU 2002). Paradoxerweise liegen die nachhaltigen Wettbewerbsvorteile in einer globalen Wirtschaft zunehmend im regionalen Bereich. Während somit einerseits Kommunikations- und Transportsysteme globale Märkte zugänglicher machen, sind die nachhaltigen Wettbewerbsvorteile zunehmend regional bzw. lokal konzentriert.

> *„ (...) It is the combination of national and intensely local conditions that fosters competitive advantage. (...) The process of creating skills and the important influences on the rate of improvement and innovation are intensely local. Paradoxically, then, more open global competition makes the home base more, not less, important."* (Porter 1990: 158; Hervorhebung im Original)

Für den Großteil der ökonomischen Aktivitäten gilt, dass Standorte nicht beliebig austauschbar sind, sondern vielmehr über die wechselseitigen Prägungen zwischen Standort und Unternehmen eine räumliche Bindung besteht. Tendenzen der Globalisierung („entankerte Ökonomie") und Tendenzen der Lokalisierung („lokalisierte Ökonomie") kennzeichnen das Spannungsfeld in dem sich die wirtschaftlichen Prozesse vollziehen.

Die Frage nach der politischen Handlungsfähigkeit wird in diesem Spannungsfeld unterschiedlich beantwortet. Läpple (2000) differenziert die unterschiedlichen Argumentationen. Diejenigen, die betonen, dass sich für Unternehmen die traditionellen Standortbindungen auflösen (vgl. dazu z.B. Altvater/Mahnkopf 1996), sehen staatliche Institutionen, Städte und Regionen ohnmächtig einer von außen aufgedrängten Logik ausgesetzt und damit ohne Verhandlungsmacht. In einer globalen Wirtschaft wird die Souveränität nationalstaatlicher und untergeordneter Institutionen ausgehöhlt, so die Argumentation. Und auch diejenigen, die im Globalisierungsdiskurs betonen, dass soziale Beziehungen und tradierte Lebens- und Arbeitsverhältnisse sich aus ihren regionalen und lokalen Bezügen „entankern" (vgl. dazu z.B. Werlen 1995), sehen lokale Ansätze als hilfloses Ansinnen angesichts einer dominanten Globalisierungslogik. Auf der anderen Seite findet sich die Argumentation, dass im Zeitalter der Globalisierung die Bedeutung der lokalen bzw. regionalen Einbettung für Unternehmen zunimmt und damit auch von einer „Revalidierung der Standortfrage, insbesondere der Frage der Einbettung eines Standortes in ein regionales oder städtisches Milieu" (Läpple 2000: 21) auszugehen ist. Damit kann zwar nicht per se eine stärkere politische Verhandlungsmacht verbunden werden, doch wird deutlich, dass das Bild vom ohnmächtigen, den globalen Logiken ausgesetzten (lokalen) Staat ebenso wenig stimmt. Staatliches und kommunales Handeln wird in Zeiten einer sich globalisierenden Ökonomie nicht bedeutungsloser.

Das Argument von einer entankerten Ökonomie bildet somit nur partiell die Realität ab, wird aber gerne ins Feld geführt, um in der politischen Diskussion Druck zu erzeugen. Die Arbeitsplatzverluste durch Verlagerung ins Ausland nehmen gegenüber den im Rationalisierungsprozess der letzten Jahrzehnte verloren gegangenen Arbeitsplätzen nur einen kleinen Anteil ein[24] – die Furcht vor Verlagerung bestimmt dennoch das Klima der Auseinandersetzung zwischen Arbeitgebern und Arbeitnehmern und prägt die öffentliche Meinung von einer „vernünftigen" Wirtschafts- und Sozialpolitik. In dieser Situation fordern die einen eine Senkung der ökologischen und sozialen Standards, weil sie, so die Begründung, Unternehmensinvestitionen behindern bzw. Unternehmen abwandern lassen. Dahinter steckt die Argumentation, dass die hoch entwickelten Industrieländer im Produktionsbereich in weiten Teilen nur dann mit Ländern konkurrieren können, die weitaus niedrigere Arbeitslöhne und niedrigere Sozial- und Umweltstandards haben und die Firmen über besondere steuerliche Freistellungen locken, wenn die Arbeitnehmer Lohnzurückhaltung üben und Mindestlöhne abgeschafft werden (zur Debatte um den Niedriglohnsektor siehe Klammer/Becker 1998; Simon 1999; Bosch 1999).

Die Frage stellt sich allerdings, ob hoch entwickelte Industrieländer sich überhaupt auf einen Wettbewerb um die günstigsten Produktionsfaktoren einlassen sollten. Auf Kostenvorteilen basierende Strategien sind austauschbar und verletzlich. Zudem können hohe soziale und ökologische Standards in einem Land die Innovationsfähigkeit von Unternehmen herausfordern und so langfristig ihre Wettbewerbsfähigkeit stärken (Porter 1990). Hohe Löhne sind in dieser Argumentation in hoch entwickelten Industrienationen in Kauf zu nehmen, wenn sie zugleich mit einer hohen Produktivität einhergehen. Es besteht die Gefahr, dass die Betonung des Anpassungsdrucks an eine sich globalisierende Ökonomie in der politischen Diskussion ungerechtfertigterweise dazu führt, die Rolle des lokalen und nationalen Staates in der Wirtschafts- und Beschäftigungsförderung zu unterschätzen (Kap. 3.1.5). So bekräftigt Läpple (2000: 23), die anhaltende Massenarbeitslosigkeit in Deutschland sei „das komplexe Resultat eines – durch die Globalisierung beschleunigten – ökonomisch-technologischen Strukturwandels, einer Krise des nationalen Regulationssystems, sowie eines tief greifenden gesellschaftlichen Wandels." Zur Krise des nationalen Regulationssystems lässt sich der von Läpple angeführte Kostendruck, der auf lokal orientierten Unternehmen lastet, ebenso anführen wie die fehlende aktive Rolle des Staates und der Kommunen bei der Entwicklung einer Beschäftigungsdynamik im Dienstleistungssektor oder im Dritten Sektor. Schließlich zeigt auch das Beispiel der europäischen Nachbarländer, wie angesichts zunehmender Globalisierung Beschäftigungswachstum – auch im industriellen Bereich – erreicht werden kann (siehe Steingart 2004).

3.2.2 Die Bedeutung regionaler und lokaler Handlungskontexte

Eine lokale Ökonomie in Zeiten der Globalisierung zu fördern, mag also zunächst widersprüchlich klingen. Aber zugleich spricht einiges für die These, dass lokale und regionale Handlungskontexte gerade in Zeiten einer sich globalisierenden Ökonomie bedeutend werden (vgl. Mayer 1990; 1991; Harvey 1989; 1990). Regionale und lokale Kulturen und Institutionen nehmen die globalen Einflüsse auf, filtern und brechen sie. Zu diesen lokalen Filtern zählen Wohnungsmärkte, Arbeitsmärkte und andere Institutionen, aber auch soziale Kulturen und Mentalitäten, wie auch Planung und Politik.

Natürlich sind Gesellschaften heute mehr denn je von globalen Tendenzen und globalem Wettbewerb geprägt. Aber: Eine global agierende Wirtschaft bedarf fest strukturierter, identitätsstiftender Subsysteme (vgl. Huster 2001: 25). Wohnungsunternehmen, lokale Initiativen, Stadtteilzentren und generell die Art und Weise der Regulierung durch soziale und politische Institutionen spielen bei der Festigung dieser Sozialräume eine wichtige Rolle (vgl. Mayer 1990). Das Lokale und Regionale verliert nicht an Bedeutung, sondern es ist im Gegenteil die räumliche Differenzierung und die spezifische Verschränkung regionaler/lokaler mit globalen Einflüssen, die wirtschafts- und beschäftigungspolitische Chancen in spezifischen Räumen beschreibt. Das globale Kapital, so Mayer (1990: 204) bindet sich „nur in ortsspezifischer Weise an eine Lokalität" an. Damit sind Funktionalisierungen wie auch Chancen verbunden.

Globalisierung und Lokalisierung sind somit parallele Prozesse. Es ist von einem „Paradigma der Synchronizität" (Ronneberger/Keil 1991: 132) zu sprechen, das heißt: „Grundsätzlich lässt sich formulieren: Die Modernisierung des städtischen Raumes erscheint zunächst als globaler Prozess, sie geht aber immer mit der Generierung lokaler Aktivitäten einher." (a.a.O.: 125).

Analytisch gesehen überlagern sich unterschiedliche Argumentationen, wenn der (lokale) Staat den Handlungskontext Stadtteil für die Förderung von Ökonomie und Beschäftigung ernst nimmt. Wenn regionaler und lokaler Kontext für die Wettbewerbs- und Innovationsfähigkeit von Unternehmen von steigender Bedeutung sind, so die eine Argumentation, dann muss sich staatliche Intervention auf die Einflussnahme und Gestaltung dieses Kontextes richten. Städtische Räume, mit ihren sich ausdifferenzierenden Spezifi-ka, sind Elemente dieses Milieus. Wenn ein innovations- und entwicklungsfreundliches, attraktives Umfeld ein das Standortverhalten beeinflussender Faktor ist, dann müssen auch sozialräumliche Friktionen und soziale Spannungen bewältigt werden. Dies legt eine Dezentralisierung der Politik nahe, sowohl im Sinne einer Politik, die auf die Koope-ration gesellschaftlicher Gruppen angewiesen ist, um Probleme zu bewältigen, als auch im Sinne einer Politik die, wenngleich von oben initiierend, nur durch die Abgabe von Steuerung und Verantwortung nach unten, auf die Stadtteilebene, erfolgreich sein kann. Aber schließlich lässt sich – um wirtschafts- und beschäftigungspolitische Intervention in erneuerungsbedürftigen Stadtteilen zu begründen – nicht nur ökonomisch, sondern auch sozial argumentieren: nämlich mit dem Recht von Menschen auf gesellschaftliche Integra-tion. Dass Arbeit und Beschäftigung zentrale, individuelle Integrationsfaktoren sind, muss nicht näher begründet werden. Wenn in bestimmten Stadtteilen überdurchschnittlich viele Menschen vom Arbeitsmarkt ausgeschlossen sind, liegt es dann nicht nahe, mit öffentli-chen Angeboten in diese Quartiere zu gehen?

Die Debatte, ob lokale Politiken adäquat sind, um negative Entwicklungsdynamiken in Stadtteilen aufzuhalten und die Ausgrenzung von Bevölkerungsgruppen zu bekämpfen, wird seit einigen Jahren geführt. So gibt es eine Reihe von europaweit vergleichenden Stu-dien, die lokale Problemkonstellationen und politische Gestaltungsräume in den Vorder-grund rücken (vgl. dazu etwa Geddes 1998; Madanipour/Cars/Allen 1998; Turok 1998). Alleine mit den Ressourcen und Potentialen des Stadtteils lassen sich keine wirksamen Strategien gegen die Verfestigung von Ausgrenzungsmustern oder den massenhaften Verlust von Arbeitsplätzen entwickeln. Das relativiert aber nicht die Bedeutung von Stadt-teilpolitiken.

Zwar kann die kleinräumige Stadtteilebene nicht mehr als relevante Ebene für die primären Beziehungen der Bewohner/innen gelten. Die gesellschaftliche Integration auf Stadtteilebene zu fördern, könnte demnach anachronistisch erscheinen. Allerdings stellt sich dies unterschiedlich für unterschiedliche Bevölkerungsgruppen dar. Die Aussage, dass der Stadtteil ein Ort der Kommunikation, des sozialen Austausches, der Partizipation und des Zugangs zu ökonomischer Aktivität ist, gilt für Kinder und Jugendliche, Erziehende mit kleinen Kindern, ältere Personen, nicht-deutsche Frauen stärker als für den mobilen, erwerbstätigen Menschen. Aber auch für erwerbstätige, mobile Menschen kann der Stadtteil eine wichtige Rolle als Ort sozialer Beziehungen und Kommunikation spielen (vgl. z.B. Yildiz 2003 für Köln-Ehrenfeld). Die Beziehungsnetze vieler Menschen gehen heute weit über das Lokale hinaus – das führt jedoch nicht dazu, dass die lokale Ebene keine Bedeutung mehr hätte. Im Gegenteil verstehen es die Menschen, das Leben in globalen Netzen und Strukturen mit lokalen und regionalen Kontexten, in denen sie sich bewegen, dynamisch zu integrieren. Der lokale Nahbereich bildet immer noch einen Bezugspunkt in der Gestaltung der Lebenswelt des Einzelnen (vgl. Hepp 2000: 203), und das gilt insbeson-dere für sozioökonomisch benachteiligte Gruppen (Herlyn/Lakemann/Lettko 1991: 238; Fox Gotham 2003).

3.2.3 Zwischenresümee

Einiges deutet darauf hin, dass staatliches und kommunales Handeln in Zeiten einer globalisierten Ökonomie nicht bedeutungsloser wird. Zwar sind lokale Wirtschafts- und Lebenskontexte von der Logik einer sich globalisierenden Ökonomie durchdrungen und werden transformiert, doch mindert dies nicht die Bedeutung konkreter regionaler und lokaler sozialer, politischer und ökonomischer Kontexte für ökonomisches Wachstum, Beschäftigungszuwachs und soziale Kohäsion. Die Initiative, das Eingreifen und Arbeiten von Initiativen, Bürgergruppen, staatlichen und kommunalen Akteuren wird „in globalen Zeiten" umso wichtiger.

Gleichwohl manche Globalisierungsdiskurse die Sichtweise nahe legen, Standortbindungen würden sich im Zeitalter einer sich globalisierenden Ökonomie auflösen und lokale Kontexte bedeutungslos werden, sind ökonomische Prozesse – auch unter den Bedingungen der Globalisierung – sozial, politisch und institutionell beeinflussbar. Paradoxerweise überwiegt in der politischen Diskussion jedoch der Eindruck, dass sich die Macht von Regierungen, Bürgergruppen und Initiativen abschwächt. Dies scheint nicht nur mit dem Globalisierungsdiskurs in Zusammenhang zu stehen, sondern auch mit dem Siegeszug einer neoliberalen Sichtweise.

3.3 Unterschiedliche Argumentationen zur Wirtschaftsentwicklung

Es wird sehr unterschiedlich diskutiert, wie Beschäftigung und Wirtschaft zu fördern sind. Auf nationalstaatlicher Ebene stehen sich vor allem zwei Argumentationen gegenüber: die keynesianische und die neoliberale Argumentation[25]. Beide werden in Exkursform dargestellt, da in der politischen Diskussion immer wieder Argumente ausgetauscht werden, die sich – explizit oder implizit – auf diese Grundargumentationen berufen. Auch für die Stadtteilebene spielen die Argumentationen eine Rolle, weil die Frage danach, ob überhaupt eingegriffen werden soll und welche Strategien sinnvoll und wie ihre Ergebnisse zu bewerten sind, je nach der ideologischen Hintergrundargumentation unterschiedlich beantwortet wird.

Feststellbar ist, dass die neoliberale Argumentation – mit der Betonung eines freien und offenen Marktes – in Politik und Medien gegenüber der keynesianischen Argumentation im Vormarsch ist. Den beiden Argumentationen ist gemein, dass sie sich auf Volkswirtschaften, d.h. überwiegend die nationalstaatliche Ebene beziehen. Seit den 80er Jahren werden sie indes ergänzt durch eine dritte Sichtweise, die sich in neueren regionalwirtschaftlichen Ansätzen (Kap. 5) widerspiegelt.

3.3.1 Eine (neo-)liberale Sicht auf die Wirtschafts- und Beschäftigungsentwicklung

Aus der Sichtweise der neoliberalen oder neoklassischen Argumentation hat sich der Staat der Eingriffe in den Markt weitestgehend zu enthalten. Nach der neoklassischen Argumentation, auf deren Grundideen sich die neoliberale Argumentation vorwiegend beruft, sorgen die freien Kräfte des Marktes für optimale Ergebnisse. Die Selbstregulierung des Marktes beruht danach auf der Transparenz von Marktdaten. Dadurch dass den Marktteilnehmern alle Informationen über das Marktgeschehen zur Verfügung stehen und sie anpassungsfähig und flexibel auf die Signale des Marktes – über den Preis – reagieren, können die Marktteilnehmer rationale Entscheidungen treffen, was wiederum zur Stabilität des Marktes beiträgt. Eingriffe in die Selbstregulation des Marktes, also etwa staatliche Regulierungen oder innere Stabilitätspolitiken, stören aus dieser Sicht das Gleichgewichtsbestreben des Marktes.

Ohne Zweifel stellt die neoklassische Theorie mit ihren konsistenten Modellannahmen und ihrer klaren Argumentationsstruktur ein reizvolles Gedankengebäude dar. Die Konsistenz wird jedoch mit einer Reihe von starken Vereinfachungen erkauft, etwa dem Ausschluss von Monopolbildungen, der Annahme von perfekter Information der Wirtschaftssubjekte und der völligen Flexibilität von Produktionsfaktoren wie Arbeit und Kapital. Die Realität widerlegte allerdings die These von den Selbstregulationskräften des Marktes (und etwa der langfristigen Angleichung von Wachstumsunterschieden bei freiem Kapitalmarkt). Seit Mitte der 1980er Jahre erwuchsen aus der Unzufriedenheit mit den Erklärungsdefiziten der „alten" neoklassischen Modelle neue Wachstumstheorien, auch als endogene Wachstumstheorien benannt. Im Gegensatz zu den „alten" Modellen integrieren die endogenen Wachstumstheorien den technischen Fortschritt in ihre Modelle und sehen auch die These von den Ausgleichsmechanismen, die den Marktkräften innewohnen, differenzierter. Endogene Wachstumstheorien gehen davon aus, dass sich Unterschiede zwischen Regionen langfristig verstärken können, dass von sich verstärkenden kumulierenden Prozessen („path dependence") auszugehen ist, und sie räumen der regionalen Ebene wie auch Agglomeration(svorteil)en eine höhere Bedeutung ein.

Aus neoliberaler Sicht kann Wirtschaftswachstum vor allem über Maßnahmen angekurbelt werden, die Haushalten und Unternehmen finanziellen Spielraum geben und über die die Investitions- bzw. Sparquote erhöht werden kann (z.B. durch die Senkung der Leitzinsen, steuerpolitische Maßnahmen). Zwischen der gesamtwirtschaftlichen Ersparnis und den realisierten Investitionen sehen neoliberale Wirtschaftswissenschaftler einen Ursache-Wirkungs-Zusammenhang. (Die Keynesianer – siehe nächster Abschnitt – drehen diesen Zusammenhang um und sehen die Investitionen als den wirksamsten Eingriffsmechanismus.) Arbeiten in den 1990er Jahren zeigten eine positive Relation zwischen Spar- und Investitionsquote und der Wachstumsrate des Bruttoinlandproduktes eines Landes (Barro 1991; Barro/Sala-i-Martin 1995). Auf diesem Zusammenhang basieren die Forderungen neoliberaler Befürworter nach politischen (z.B. steuerlichen) Maßnahmen, die potentiell zu einer Erhöhung der Spar- und Investitionsquote führen können. Neoliberale Argumentationen neigen zu einer Betonung der Angebotsseite, d.h. die Faktoren Arbeit, Kapital, technisches Wissen usw. können demnach unter der Bedingung der vollständigen Marktkonkurrenz die besten Ausgangsbedingungen für wirtschaftliches Wachstum liefern.

Beschäftigungswachstum kann aus neoliberaler Sicht vor allem über Lohnsenkungen erreicht werden, weil nur so sich auch niedrigproduktive Arbeitsplätze, insbesondere im Bereich der personenbezogenen Dienstleistungen, lohnen. Lohnsenkungen und Senkungen der Lohnnebenkosten, so wird argumentiert, bewirken eine Ausweitung von Beschäftigung und über das Beschäftigungswachstum partizipieren auch die einkommensärmeren

Schichten der Gesellschaft am gesellschaftlichen Wohlstand (Steigen der Verteilungsrelation).[26] Lohnspreizungen und eine höhere soziale Ungleichheit werden in Kauf genommen bzw. teilweise als notwendig erachtet, um Beschäftigungswachstum zu erreichen. Staatliche Unterstützungsleistungen müssen so bemessen sein, dass sie den Individuen genügend Anreize liefern eine Erwerbstätigkeit zu suchen. Dem Bild der Arbeitnehmergesellschaft nach keynesianischen Vorstellungen setzt die neoliberale Argumentation den selbstständig handelnden Unternehmer entgegen, der die Verantwortung für seine bzw. ihre eigene Arbeitskraft und Vorsorge übernimmt und überwiegend Nutzen optimierend agiert.

Es gibt eine hohe gesellschaftliche Akzeptanz dieser wirtschafts- und beschäftigungspolitischen Argumentation in den USA und in Großbritannien, aber auch – auf Drängen von WHO und Weltbank – in vielen industriell wenig entwickelten Ländern in Asien, Afrika und Lateinamerika.[27] Ausgehend von einer anderen Ausgangslage führt der Druck auf die Umstrukturierung des Wohlfahrtsstaates (vgl. Kap. 3.4.1) auch innerhalb Europas dazu, die neoliberale Position zu stärken. Gleichwohl hält die Europäische Union an Mindestlöhnen, zumindest weitgehender Gleichheit bei der Einkommensverteilung, sozialer Kohäsion und umweltpolitischen Standards fest.

Es gibt unterschiedliche Positionen innerhalb der liberalen Wirtschaftsrichtung, ob und in welchen Bereichen – besonders zur Bereitstellung „öffentlicher Güter", zur Verhinderung von Monopolen und zur Regulierung der „externen Effekte" der Wirtschaftsentwicklung (z.B. soziale und ökologische Folgen eines nicht optimal funktionierenden Marktes) – Interventionen des Staates notwendig sind. Teils scheint die staatliche Regulierung und Aktivität erwünscht, so etwa bei der Finanzierung von Grundlagenforschung, von Bildungs- und Ausbildungssystem und im Bereich der sozialen Sicherung. Nach der neoliberalen Argumentation müssen die Ausgaben für diese Bereiche jedoch in einem niedrigen Bereich bleiben und nicht zu Haushaltsdefiziten oder der Erhöhung von Steuern führen. Sie dürfen auch nicht zu Lasten der oder in Konkurrenz zu den Aktivitäten des Privatsektors durchgeführt werden.

In ihrer extremsten Form, als laissez-faire-Programm, lehnt die neoliberale Argumentation jegliche staatliche Aktivität und einen staatlichen Ordnungsrahmen für die Wirtschaft ab. Im Kern lässt sich diese Weltsicht dann so beschreiben:

„Es gibt nur einen einzigen wahrhaftigen Weg zur effizienten Allokation von Gütern und Dienstleistungen. Dazu gehören in erster Linie die Aufhebung der Freihandelsbeschränkungen und ein unbehinderter Fluss des Finanzkapitals. Wenn es überhaupt noch eine regulatorische Instanz gibt, dann soll sie materielles wie geistiges Eigentum schützen; einen offenen, nicht diskriminierenden Zugang gewährleisten; jedem Investor erlauben, überall auf der Welt Vermögenswerte zu kaufen oder zu verkaufen und Gewinne zu repatriieren; Subventionen und andere Eingriffe in das Preissystem des laissez-faire zu beseitigen und zu vermeiden; noch vorhandene Allianzen zwischen Regierung und Industrie aufzulösen. Den Regierungen bleibt somit vor allem die Aufgabe dieses laissez-faire-Programm zu unterstützen." (Kuttner 2001: 180; Hervorhebung im Original)

Wenn ein freier Welthandel als höchstes Recht gilt, können das Recht auf eine intakte Natur, soziale Rechte und die Rechte von Arbeitern, Verbrauchern oder der Bevölkerung in der Dritten Welt natürlich leicht als „Handelsbeschränkungen" deklassifiziert werden.

Aber zurück zum Politikbereich der Stadtteilentwicklung: Im nationalen wie lokalen Kontext stellt sich die Frage, wie viel Staat und wie viel Markt in welchen Politik- und Wirtschaftsbereichen notwendig und sinnvoll ist und wie die bestehenden (kommunalen, regionalen, nationalstaatlichen wie transnationalen) Institutionen diesen Anforderungen angepasst werden können, um den gesellschaftliche Problemstellungen gerecht zu werden. Die Beantwortung dieser Frage ist zweifellos davon abhängig, ob und welche gesellschaftlichen Oberziele neben oder über der freien Wirtschaftstätigkeit definiert werden. Welchen Stellenwert misst eine Gesellschaft der Chancengleichheit, den ökologischen und sozialen Standards, der sozialen Gerechtigkeit und der gerechten Einkommensverteilung zu? Dazu finden Nationen ganz unterschiedliche Antworten.

3.3.2 Die (post-)keynesianische Philosophie

Die Theorie von John M. Keynes (1936) gab den entscheidenden Anstoß für die Entwicklung einer Einkommens- und Beschäftigungstheorie. Seine Arbeiten legten den Grundstein für die Auseinandersetzung mit der Fragestellung, welchen Einfluss wirtschaftspolitische Maßnahmen auf Konjunktur, Beschäftigung und Volkseinkommen haben (können). Vor dem Hintergrund der Weltwirtschaftskrise der 1930er Jahre erhielt die Keynes'sche Theorie ihre Bedeutung. Ökonomen und Politiker suchten nach Erklärungsansätzen wie Massenarbeitslosigkeit in ihren Entstehungszusammenhängen verstanden und mit welchen Mitteln sie beeinflusst werden könnte. Keynes sah als wesentliche Determinante von Beschäftigung, Produktion und Volkseinkommen die Gesamtnachfrage nach Gütern (siehe Woll 1981: 335f.). Im Kern des Keynes'schen Systems steht die Gleichgewichtsbedingung, nach der sich die Gesamtnachfrage Y_t einer bestimmten Zeitperiode aus der privaten Konsumgüternachfrage C_t und der Nettoinvestitionsgüternachfrage I_t der Unternehmen ergibt, wobei die Konsumausgaben vom Volkseinkommen derselben Periode abhängen. Die staatliche Aktivität ist in dieser Gleichung zwar nicht enthalten, kann aber ohne große Schwierigkeiten mit einbezogen werden.

Aus dieser Gleichung lässt sich über entsprechende Erweiterungen ersehen, wie sich eine autonome, das heißt vom Volkseinkommen unabhängige, Erhöhung der Investitionsausgaben (sei es von Seiten der Unternehmen oder des Staates) auf Volkseinkommen und Konsumausgaben auswirkt. Dabei geht man von einer Mulitplikatorenwirkung aus, aus der wiederum positive Beschäftigungs- und Produktionseffekte resultieren. Das heißt, aus einer autonomen Erhöhung der Investitionsausgaben entsteht ein Einkommenszuwachs, aus dem zusätzliche Konsumausgaben getätigt werden, die wiederum das Einkommen vergrößern und so fort. Diese Argumentation liegt auch heute noch dem keynesianischen Denken zu Grunde.

Die von Keynes beschriebenen Einkommenseffekte hat die postkeynesianische Forschung durch Kapazitätseffekte (Wirkungen zusätzlicher Investitionen auf Kapitalstock und Produktionskapazität) und Komplementäreffekte (Wirkungen intra- und intersektoraler

Beziehungen) ergänzt (Schätzl 2001: 144f.). Dem Keynes'schen Einkommenseffekt, aber auch den Erweiterungen seiner Argumentation, liegen seine Aussagekraft einschränkende, vereinfachende Prämissen zugrunde (Woll 1981: 349; Schätzl 2001: 144). Der Wert des Modells liegt jedoch in der Analyse von Abhängigkeiten und Einflussfaktoren im Beschäftigungs- und Konjunktursystem, mit entsprechenden Implikationen für die staatliche Konjunkturpolitik. Insbesondere in den 60er Jahren setzte sich das keynesianische Denken in Staaten wie Großbritannien, den USA und Deutschland durch und prägt auch heute noch eine Reihe wirtschafts- und sozialwissenschaftlicher Erklärungsansätze.[28] Insbesondere die Gewerkschaften gehören heute zu den Verfechtern einer keynesianischen Argumentation.

Im Gegensatz zur neoliberalen Argumentation ist soziale Gerechtigkeit in der postkeynesianischen Argumentation ein ausdrückliches Ziel wirtschaftspolitischer staatlicher Intervention. Über Einkommensumverteilungen und über die Teilhabe breiter Bevölkerungsschichten am Wohlstand, so die Argumentation, wird wirtschaftliches Wachstum und hoher Beschäftigungsstand erreicht. Die keynesianische Argumentation hält die politische Steuerung des Marktes für unerlässlich. Auch kurzfristige Neuverschuldungen des Staates sind in Kauf zu nehmen, um über höhere Staatsausgaben die binnenwirtschaftliche Endnachfrage zu erhöhen und das Wirtschaftswachstum anzukurbeln. Alles was die private Nachfrage stärkt – Lohnerhöhungen, ein öffentlich geförderter Beschäftigungssektor, Sozialleistungen – fördert das wirtschaftliche Wachstum (Arbeitsgruppe Alternative Wirtschaftspolitik 2004: 3). Ein öffentlich finanzierter Beschäftigungssektor, so die keynesianische Argumentation, finanziert sich selbst, wenn nicht nur die Vermittlungserfolge sondern auch die sozio-psychische Stabilisierung, die Werte der erstellten Produkte und die Nachfrage aus höheren Einkommen einberechnet werden (Trube 1997). Angesichts des Vormarsches neoliberaler Positionen hielt John Kenneth Galbraith 1996 in einer Rede zum 50. Todestag von Keynes fest:

> *„Wir haben uns der Verantwortung, die aus gegenseitiger Abhängigkeit entsteht, seit dem Ende des frühen Keynesianismus und dem Zusammenbruch des Systems von Bretton Woods, vielleicht sogar seit der Veröffentlichung des Marshallplans, nicht mehr gestellt. Wir haben Regierungsverantwortung an die Kräfte des Marktes abgegeben, insbesondere an die globalen Kapitalmärkte und die Institutionen, die sich auf diesen als global players betätigen. Jedoch, Marktkräfte können Regierungen in deren Funktion zum Regieren nicht ersetzen, weder innerhalb nationaler Grenzen, noch in zwischenstaatlichen Beziehungen."*

Die Kritiker der (post-)keynesianischen Argumentation sehen eine Vernachlässigung der Angebotsseite, die der Theorie nur bedingte Gültigkeit verleihe (Schätzl 2001: 19, 143). Die zu beobachtende Loslösung von Wirtschaftswachstum und Arbeitskräftenachfrage (Kap. 3.1) höhlt zudem in gewisser Weise die keynesianische Argumentation aus. Neoliberale Anhänger sehen die Versuche der staatlichen Steuerung in Wirtschaftssystemen als notorisch ineffizient.

3.3.3 Der Bedeutungsgewinn regionaler und lokaler Faktoren

Seit den 1980er Jahren hat sich eine Argumentationsrichtung herausgebildet, die eine stärker von der Spezifität lokaler und regionaler Räume ausgehende Politik für Beschäftigungs-

und Wirtschaftswachstum fordert. Dieses dritte Argumentationsmuster unterscheidet sich von den beiden anderen Mustern durch einen Paradigmenwechsel, der sich in

- der Wende von ubiquitär und allgemein gültigen Politiken für wirtschaftliche Dynamik und Innovation zu lokal und regional spezifischen Politiken;
- der Integration von „außerökonomischen" sozialen und kulturellen Faktoren in die ökonomischen Erklärungsansätze und Politiken; und in
- dem Perspektivwechsel in Analyse wie Politik von exogenen Entwicklungsimpulsen zu endogenen Potentialen zeigt.

Dies bedeutet keine Abkehr von den zuvor genannten makroökonomischen mainstream-Politiken, aber einen Perspektivwechsel hin zum Lokalen und Besonderen, zum endogenen Potential, der stärker in der Wissenschaft, aber auch zunehmend in der Politik wahrnehmbar ist. So argumentiert auch Porter (1998: 11), dass die alten Unterscheidungen zwischen laissez-faire und interventionistischen Politiken als überholt gelten können; gehe es doch eher darum, das an einem Ort vorhandene regionale/lokale Potential entsprechend formulierter spezifischer Ziele weiterzuentwickeln.

Hinter diesem Perspektivwechsel verbergen sich unterschiedliche Argumentationen. Ökonomisch funktional argumentierende, wie bei Porter (a.a.O.), der das regionale Potential (Käufernachfrage, Unternehmensnetzwerke, Forschungs- und Entwicklungstätigkeit, etc.) als bedeutsamen Faktor der Produktivitätserhöhung von ansässigen Unternehmen sieht. Aber auch Argumentationen, die, als Gegenmodell zur (neo-)liberalen Wirtschaftsentwicklung, eine stärker autarke regionale und lokale Wirtschaftsentwicklung fordern; mit der Bildung von „Schutzräumen" gegen die Kräfte des globalen, offenen Marktes und seinen Auswirkungen auf Gesellschaft und Individuum. Danielzyk (1998: 54ff) unterscheidet, in Anlehnung an Weaver (1990), zwischen einem funktionalen Dezentralisierungsansatz und einem territorialen Dezentralisierungsansatz. Ersterer Ansatz lässt sich stärker als Modernisierung des vorhandenen Inventars begreifen und umfasst die Förderung endogener Potentiale (Bestandspflege mittlerer und kleiner Unternehmen, die Förderung unternehmerischer Initiative) wie auch Verfahrensinnovationen (Koordination bestehender Politiken, verstärkte Kommunikation zwischen beteiligten Akteuren). Die Notwendigkeit zu lokalen oder regionalen Initiativen wird stärker aus der Erfolglosigkeit staatlicher Politik abgeleitet. Ein territorialer Dezentralisierungsansatz dagegen stellt die Orientierung der wirtschaftlichen Entwicklung an regionalen Bedarfen und dem notwendigen strukturellen Wandel stärker in den Vordergrund (siehe dazu auch weiter unten). In der Praxis, auf der Ebene konkreter Projekte, verwischen sich allerdings oftmals die Unterschiede zwischen beiden Ansätzen (a.a.O.: 56).

Seit den 1980er Jahren zeigt sich in vielen wirtschafts- und sozialwissenschaftlichen Aufsätzen und Erklärungsansätzen verstärkt ein Perspektivwechsel hin zum lokal und regional Spezifischen (Kap. 5; Häußermann/Siebel 1987; Läpple 1999: 23ff; Rehfeld 1999). Neuere regionalwirtschaftliche Arbeiten erklären Entwicklungsstand und -dynamik einer Region aus regional unterschiedlich akkumuliertem Wissen und Lernprozessen, aus Innovationsfähigkeit, institutionellem Handeln und anderen eben nicht beliebig vorhandenen, sondern ortsgebundenen Spezifika. Raum wird somit zunehmend als „gesellschaftlicher

Raum" verstanden (Läpple 1991), dessen materiell-räumliche Ausprägung nur eine Dimension abbildet, die durch lokal spezifische Interaktions- und Handlungsstrukturen, Regulationssysteme und Wahrnehmungsmuster ergänzt werden muss. Raum ist damit nicht mehr Hintergrund oder Kontext für (exogene) soziale Prozesse, sondern „an independent set of productive forces" (Fox Gotham 2003: 733). Als Ursache für regionale Entwicklungsunterschiede wurden spezifische regionale kulturelle und soziale Faktoren analysiert, wie zivilgesellschaftliches Engagement und soziales Vertrauen, kulturelle Normen und Traditionen (vgl. Porter 1990; Putnam 1993; Barro/McCleary 2003). Diese bilden ein Gut oder „Kapital", das sich nicht einfach an jedem Ort „entwickeln" lässt. Zudem bildet das Lokale bzw. Regionale einen bedeutenden Bezugsrahmen zur Herausbildung von kultureller Identität und sozialen Beziehungsnetzen.

Politiken nach keynesianischem Muster auf nationaler Ebene, wie der Ausbau eines öffentlich geförderten Beschäftigungssektors, aber auch ein Mehr an staatlicher Steuerung, wurden als unzureichend bzw. ineffektiv in ihrer Lösungsfähigkeit wahrgenommen. Zugleich wurde als neue „Ressource" der zivilgesellschaftliche Sektor entdeckt, dessen Ausprägungen lokal bzw. regional spezifisch sind. Die Konturen und Inhalte eines „Dritten Sektors" neben Markt und Staat, dessen Spezifik sich im freiwilligen kollektiven Engagement und in sozialer Zielsetzung zeigt, rückten in das Interesse von Politik und Wissenschaft. Die Argumentationen zum zivilgesellschaftlichen Sektor oder zum ehrenamtlichen Engagement verlaufen quer zu keynesianischen oder liberalen Argumentationen und verbünden sich manchmal mit ihnen. So kann das freiwillige Engagement als Mittel für Einsparungen bei staatlichen Leistungen gesehen werden – hier überwiegt die neoliberale Argumentation – oder als Beleg für eine erstarkende Zivilgesellschaft, die das Verhältnis zwischen Staat und Gesellschaft neu bestimmt. Widerstreitende politische Entscheidungen begleiten die oben genannten Diskussionen. So wurden etwa die Rahmenbedingungen für Wohnungs(bau)genossenschaften in den 1980er Jahren verschlechtert, während in den 1990er Jahren das kollektive Engagement betont wird.

Als Gegenbewegung zur Politik einer fremdbestimmten Modernisierung entstanden ab den 1980er Jahren Konzepte einer eigenständigen Regionalentwicklung. Teils verbinden sich die auf lokalen bzw. regionalen Analysen basierenden Lösungsvorschläge mit einem gesellschaftlich „gelenkten" Kapitalismus, teils scheinen sie seine fundamentale Umgestaltung vorauszusetzen. Wirtschaftswachstum wird als förderlich, dann jedoch auch als schädlich für die regionale Entwicklung wahrgenommen. Die Argumentationen für eine stärkere Autarkie in der regionalen Entwicklung variieren zwischen Protektionismus, Schutz des Lebensraumes vor wirtschaftlichen Verwertungsinteressen oder Erhalt der regionalen Spezifika als Voraussetzung für weiteres nachhaltiges Wachstum. Wenngleich die Möglichkeiten einer rein auf endogenen Potentialen basierenden Entwicklung heute skeptisch eingeschätzt werden, hat der „Regionalismus-Diskurs (...) wesentlich dazu angeregt, ein ökonomistisch verengtes Entwicklungsverständnis durch die Einbeziehung sozialer, kultureller und ökologischer Aspekte und die Orientierung auf qualitative Fragen sowie längerfristige Zeithorizonte zu erweitern." (Läpple 1999: 23). Rehfeld (1999: 10) konstatiert ein seit Mitte der 80er Jahre anhaltendes „Hin- und Herpendeln" in Regionalwissenschaft und -politik zwischen regionalistischem Fokus, der Skepsis gegenüber endogenen Gestaltungsmöglichkeiten und der (Wieder-)Betonung globaler Strukturen und Zwänge. In der Tat wird es noch „ein weiter Weg sein, bis ein neues und umfassendes Raumkonzept entwickelt werden wird" (a.a.O.: 11) und ein angemessener Rahmen für die analytische Verbindung von regionalen und lokalen Potentialen und Strukturen mit gesamtgesellschaftlichen Prozessen unter den Bedingungen einer sich globalisierenden Welt entstehen wird.

3.3.4 Resümee

Die politischen Handlungsvorschläge für Wirtschafts- und Beschäftigungswachstum fallen sehr unterschiedlich aus. Neoliberale Argumentationen nehmen soziale Ungleichheiten und Lohnspreizungen in Kauf. Diese scheinen teils sogar Voraussetzung für Wirtschafts- und Beschäftigungswachstum zu sein, da ein Niedriglohnsektor in dieser Argumentation die Nachfrage nach Gütern und Dienstleistungen – etwa im Bereich der personenbezogenen Dienstleistungen – stärkt. Als Hauptursache für Arbeitslosigkeit gelten zu hohe Arbeitskosten oder Lohnnebenkosten, insbesondere der niedrigproduktiven Tätigkeiten. Staatliche Lenkung wird in der Argumentation abgelehnt, ist in der Realität aber notwendig. In Bezug auf die Stadtteilebene argumentieren Verfechter eines neoliberalen Wirtschaftsmodelles mit „trickling down"-Arbeitsmarkteffekten aus ökonomischem Wachstum und lehnen direkte staatliche Intervention zur Förderung von Stadtteilökonomien als ineffektiv ab (Abbildung 1).

Die keynesianische Argumentation sieht dagegen als Ursache der Arbeitslosigkeit eine Nachfrageschwäche und fordert Lohnangleichungen. Wirtschafts- und Beschäftigungswachstum sieht die keynesianische Argumentation in Abhängigkeit von der Gesamtnachfrage. Staatliche Lenkung wird als notwendig erachtet. Soziale Gerechtigkeit ist explizites Ziel der Politiken oder muss zumindest nicht als gesellschaftliches Ziel zugunsten eines höheren Wirtschafts- und Beschäftigungswachstums aufgegeben werden. In der keynesianischen Argumentation sind Direktinvestitionen des Staates in erneuerungsbedürftige Stadtteile sinnvoll und notwendig. In der Tradition dieser Argumentation stehen beispielsweise Beschäftigungsprojekte auf Stadtteilebene oder direkte staatliche Auftragsvergaben an Unternehmen in diesen Stadtteilen.

Die Argumentation zugunsten einer stärkeren lokalen und regionalen Steuerung verfolgt implizit oder explizit das Ziel der sozialen Gerechtigkeit und der Herstellung gleichwertiger Lebensverhältnisse. Beschäftigungs- und Wirtschaftswachstum wird stärker von endogenen – in einer spezifischen Zusammensetzung im Raum vorhandenen sozialen, kulturellen und ökonomischen – Faktoren abhängig verstanden. Die Bedeutung dieser Argumentation für die Stadtteilebene ist offensichtlich.

3.4 Staatliches Selbstverständnis im Wandel

Die Debatte um Auftrag und Funktionsfähigkeit des Staates steht in unmittelbarem Zusammenhang mit den in vorigen Kapiteln beschriebenen ökonomischen Strukturumbrüchen und mit den unterschiedlichen Philosophien bezüglich der Rolle des Staates in der

Abb. 1: Argumentationen der Beschäftigungs- und Wirtschaftsentwicklung

Neoliberales Argument	Endogenes Wachstumsmodell		Keynesianisches Argument
	Typ Eigenständige Regionalentwicklung	Typ Raumorientierung und Verfahrensinnovation	
	Beschäftigung		
Senkung der Löhne und Lohnnebenkosten	Entwicklung von Beschäftigung aus Bedarfen vor Ort, Suche nach Marktnischen	Neue institutionelle Verknüpfungen und Verflechtungen zwischen regionalen/lokalen Akteuren, gebietsspezifische Anpassung und Koordination vorhandener und Entwicklung neuer Politikinstrumente	Investitionen des Staates
↓			↓
Wirtschaft schafft neue Arbeitsplätze (allerdings weniger in strukturschwachen Stadtteilen)			Steigerung der Nachfrage bei Privaten und/oder Unternehmen; dadurch indirekt Schaffung von neuen Arbeitsplätzen in der Wirtschaft oder Direktinvestitionen des Staates zur Schaffung von Arbeitsplätzen (z.B. in stadtteilbezogenen Beschäftigungsprojekten)

Indirekte Stadtteilrelevanz	Auf den Raum bezogene Politik	Direkte Stadtteilrelevanz möglich, z.B. über Beschäftigungsprojekte
	Beschäftigungs- und Wirtschaftsentwicklung im Stadtteil	
Indirekte Stadtteilrelevanz, keine Politik gegen den wirtschaftlichen Niedergang von Stadtteilen	Auf den Raum bezogene Politik	Direkte Stadtteilrelevanz möglich, z.B. über Lenkung staatlicher Investitionen und Aufträge

Unternehmen mit Wettbewerbsvorteilen bleiben bestehen, andere verschwinden vom Markt	Suche nach Marktnischen (ungedeckte lokale Nachfrage, ungedeckter Bedarf) für Unternehmensgründungen	Neue institutionelle Verknüpfungen und Verflechtungen zwischen regionalen/lokalen Akteuren, gebietsspezifische Anpassung und Koordination vorhandener und Entwicklung neuer Politikinstrumente	Erhöhte Produktnachfrage in Unternehmen oder Direktaufträge an Unternehmen
Wettbewerb der Unternehmen bewirkt Streben nach Innovation und hoher Produktivität			↑
			Investitionen des Staates
	Wirtschaftsentwicklung		
	Typ Eigenständige Regionalentwicklung	Typ Raumorientierung und Verfahrensinnovation	
Neoliberales Argument	**Endogenes Wachstumsmodell**		**Keynesianisches Argument**

Eigene Darstellung

Wirtschafts- und Beschäftigungsentwicklung.

Die Industriegesellschaft war gekennzeichnet durch die „Grundinstitutionen" Marktwirtschaft, Wohlstandsgesellschaft, Wohlfahrtsstaat, Massenkonsum, Konkurrenzdemokratie (W. Zapf zitiert nach Beck 1996: 49). Diese Grundinstitutionen, alte Gewissheiten und Routinen wurden in den letzten Jahrzehnten zunehmend in Frage gestellt und verloren ihre institutionelle Verankerung in der Gesellschaft.

Damit stellt sich auch die Frage, inwieweit der Sozialstaat in seiner jetzigen Form noch an Lösungsfähigkeit und Gestaltungskraft verfügt. Im ersten Unterkapitel wird zunächst beschrieben, welche Veränderungen sich im Hinblick auf das Selbstverständnis, die Rolle und die Funktionen des Staates andeuten, soweit sie für unser Thema von Interesse sind. Im weiteren Verlauf des Kapitels steht im Vordergrund, welche gesellschaftlichen Antworten in Bezug auf die Kluft zwischen den tradierten Institutionen und der sozialen Realität diskutiert werden, um soziale Wohlfahrt und individuelle ökonomische Teilhabe in Zukunft zu sichern.

3.4.1 Ein neues Selbstverständnis staatlicher Intervention

Überall beginnt ein „Aushandeln und Ringen um neue, alte Grundlagen" (Beck/ Giddens/Lash 1996: 9) der späten Industriegesellschaft. In allen Institutionen brechen Konflikte auf, die sich einer linearen Weiterentwicklung entgegenstellen: Märkte zerbrechen, politisches Vertrauen geht verloren, Lebensgewohnheiten ändern sich radikal (siehe Beck 1996a: 45).

Zu den grundlegenden gesellschaftlichen Veränderungen zählt ein neues Verhältnis von Staat zu Gesellschaft. Bürokratische Hierarchien werden durch flexiblere und dezentralisierte Steuerungsformen ersetzt, und schließlich widersetzen sich der formalen Politik soziale Selbsthilfegruppen und soziale Bewegungen. Neue Foren entwickeln sich, in denen öffentlicher als bisher diskutiert wird, was als „vernünftige Politik" gilt. Neben dem Expertenwissen kämpft – um das Beispiel der Stadtteilentwicklung zu nennen – auch das Alltagswissen, das Wissen der Schlüsselpersonen und Bewohnerinnen im Stadtteil um Anerkennung.

Waren die Kommunen seit den 1960er Jahren ein wesentlicher Produzent von Bildungs- und Gesundheitsleistungen sowie sozialer Leistungen, so wird dies seit den 1980er Jahren in Frage gestellt. Aus dem „überforderten" Staat (Ellwein/Hesse 1994) wird der „aktivierende" Staat, der „kooperative" Staat oder der „unternehmerische" Staat.[29]

Nur noch in eng begrenzten Bereichen, wie beispielsweise der inneren Sicherheit, ordnet der Staat; in anderen Bereichen aber steuert er als Partner unter anderen und versucht, die Selbstregulationskräfte zu fördern und zu aktivieren. Der „aktivierende" und „kooperative" Staat sieht sich als Moderator und als Initiator. Er setzt auf die Rückgabe der Verantwortung an den Einzelnen oder an kollektive Gemeinschaften und erhebt keinen Anspruch darauf, alles regulieren und alle Leistungen selbst erbringen zu wollen. Bislang staatliche Leistungen werden Bürgerinnen und Bürgern übergeben, das heißt, bürgerschaftliche Selbstorganisation übernimmt was vormals als kommunale Aufgabe definiert wurde. Als zweite Tendenz zeichnet sich die Erzeugung von Synergien in Politikfeldern durch eine Kooperation mit bürgerschaftlichen, anderen staatlichen und Marktakteuren ab, wodurch staatliche Ressourcen eingespart bzw. deren Verwendung optimiert werden sollen (vgl. Wohlfahrt 2000).

In sämtlichen westlichen Ländern, so Evers/Olk (1996: 10), zeichne sich eine „Pluralisierung von Institutionen und Akteuren der Wohlfahrtsproduktion jenseits von Markt und Staat sowie (...) eine Stärkung von Gemeinsinn, bürgerschaftlicher Mitwirkung und Selbsthilfe" ab. Soziale Wohlfahrt, so scheint es, wird immer stärker aus einer rein staatlichen Verantwortung entlassen und an den bürgerschaftlichen Sektor verwiesen, in die individuelle Eigenverantwortung übergeben oder als kooperativere Leistung begriffen. Diese Entwicklungen finden – wie auch Evers/Olk (a.a.O.) betonen – bei gleichzeitiger Deregulierung, Privatisierung und dem Abbau wohlfahrtsstaatlicher Leistungen statt und führen damit automatisch zur Debatte um die „Funktionalisierung" von Bürgerengagement (siehe dazu z.B. Braun 2001b; Kap. 5.2). Der „unternehmerische" Staat privatisiert ehemals staatliche Leistungen, das heißt, sie werden in die Verantwortung privater Anbieter überführt oder sie bleiben in staatlicher Verantwortung, werden aber nach marktwirtschaftlichen Kriterien umstrukturiert (vgl. Wohlfahrt 2000).

Für die Planungspolitik lässt sich festhalten, dass globale Steuerungsansprüche (wenn sie jemals realistisch waren) an Bedeutung verlieren. Der Staat beschränkt sich immer stärker auf Rahmensetzungen und überlässt die Realisierung der Ziele Anderen, durch die Abgabe von Entscheidungsgewalt an untergeordnete räumliche Ebenen und an neue Entscheidungsstrukturen. Nationale Steuerungsinstrumente werden durch regionale/lokale Steuerungsinstrumente ergänzt oder ersetzt (Kap. 3.3.3). Der Staat agiert, wie oben angesprochen, nur noch als ein Verhandlungspartner unter anderen. Formellen Planungssystemen werden informelle Informations- und Entscheidungsstrukturen vorgelagert (vgl. Selle 1996; Weck 1995). Globale Steuerungsansprüche werden aber auch, u.a. in der Wirtschafts- und Beschäftigungspolitik, durch stärker selektiv, z.B. auf Innovation und Qualifizierung, fokussierende Politiken ersetzt (Jessop 1992: 247ff; zitiert nach Danielzyk 1998: 116f.). Gerade im Bereich der Stadterneuerungspolitik scheinen die Dezentralisierung von Steuerung und Kooperation allgemein als Schlüsselfaktoren für eine effektive Politikintervention anerkannt zu sein (vgl. Geddes 1998; Porter 1996).[30]

Wie lässt sich das Staatsverständnis in Bezug auf die Sicherung sozialen Ausgleichs und sozialer Wohlfahrt in Zeiten eines „kooperativen", „aktivierenden" und „unternehmerischen" Staates heutzutage charakterisieren?

Dem liberalen Wohlfahrtsregime entsprach traditionell die Philosophie der individuellen Eigenverantwortung und minimaler staatlicher Umverteilung („Typ Großbritannien"). Dem sozialdemokratischen Regime, als entgegengesetztem Pol, lagen explizit gesellschaftliche Werte wie Gleichheit und Solidarität zugrunde, wobei dem Staat über Umverteilungsmaßnahmen hohe Bedeutung zukam („Typ Schweden"). Das deutsche Modell nahm traditionell, mit seinem auf der Erwerbsarbeit basierenden Versicherungsprinzip, eine Mittelposition ein (vgl. Esping-Andersen 1990). Diese Ausgangsphilosophien befinden sich im Fluss. Werte und Überzeugungen in Bezug auf das kollektiv getragene System der sozialen Sicherheit verändern sich im Laufe der Zeit. Wenngleich man davon ausgehen kann, dass die Ziele des Wohlfahrtsstaates – insbesondere in den Bereichen Gesundheitsversorgung, Alters- und Erwerbslosigkeitssicherung – in Deutschland breite Akzeptanz finden, steht dennoch die Intensität wohlfahrtsstaatlicher Leistungen in der Kritik.[31] Wirkungsweise und Leistungsfähigkeit von Politiken des sozialen Ausgleichs werden zunehmend als ineffizient oder zu kostspielig empfunden.

Der Reformdruck wird von außen über die Ideologie des sich stärker ausbreitenden liberalen Kapitalismus oder Shareholder-Kapitalismus herangetragen, gegenüber dem das

Modell der sozialen Marktwirtschaft, etatistische Ideologien und egalisierende staatliche Intervention in die Defensive zu geraten scheinen. Er entsteht aber auch aus der notwendigen Anpassung an neue gesellschaftliche Realitäten: Ökologische Zerstörungen, weltweite Wanderungsbewegungen, eine verstärkte Globalisierung von Kapitalströmen, der Zerfall von quasi automatischen Loyalitäten und tradierten gesellschaftlichen Rollenbildern und die Erosion des Normalarbeitsverhältnissen höhlen die Leistungskraft tradierter Institutionen aus. So erfordern flexiblere Produktions- und Arbeitsmärkte Reorientierungen. Aber auch aus unterschiedlichen gesellschaftspolitisch motivierten Argumentationen erwächst Druck auf die Umstrukturierung: Ein Staat, in dem der finanzielle Spielraum der Politik auf ununterbrochenem Wirtschaftswachstum basiert, kann – so die eine Argumentation – angesichts der globalen sozialen und ökologischen Krisen kein zukunftsfähiges Modell sein. Zudem wird ein demokratischerer und den Stimmen der Basis zugänglicherer Staat gefordert.

Damit ist die Debatte um den Wandel vom „überforderten" Staat zum „aktivierenden" Staat nur kurz angerissen und soll an dieser Stelle auch nicht weiter vertieft werden. Vielmehr wird aus der Fülle von Konsequenzen, die sich aus einem sich wandelnden Staatsverständnis ergeben, der für unser Thema besonders wichtige Aspekt weiter diskutiert: Wie können ökonomische Teilhabe und soziale Sicherung in Zukunft gelingen?

3.4.2 Institutionelle Antworten zur Sicherung von ökonomischer Teilhabe und sozialer Wohlfahrt

Die Kluft zwischen sozialer Realität und den tradierten Institutionen zur Erzeugung von sozialer Wohlfahrt und gesellschaftlicher Integration scheint immer größer zu werden. Auf diese Situation finden sich unterschiedliche gesellschaftliche Antworten, von denen drei im Folgenden diskutiert werden.

Schicksalsschläge werden als individuelle Krisen stärker dem oder der Einzelnen angelastet. Der Einzelne oder einzelne Gemeinschaften übernehmen dadurch wieder was die Institutionen ihnen – zumindest in den sozialdemokratisch orientierten Wohlfahrtsstaaten – zuvor an Risikobewältigung abgenommen haben. So ist es ein Charakteristikum unserer Zeit, dass soziale Krisen nicht mehr als solche in Erscheinung treten, sie erscheinen als individuelle Krisen.

„Während Krankheit, Sucht, Arbeitslosigkeit und andere Normabweichungen früher als Schicksalsschläge galten, liegt die Betonung heute auf individueller Schuld und Verantwortung. Sein eigenes Leben zu leben heißt deshalb, die Verantwortung für persönliches Unglück und unvorhergesehene Ereignisse aufgehalst zu bekommen – auch dort, wo Milliarden Menschen weltweit das gleiche ‚Schicksal' erleiden. (...) Auf eine Formel gebracht: Eigenes Leben – eigenes Scheitern. *Die Folge ist, dass gesellschaftliche Krisenphänomene (wie etwa strukturelle Arbeitslosigkeit) als Risiko den einzelnen aufgebürdet werden können."* (Beck 2001: 202; Hervorhebung im Original)

Früher politische Fragen wie Arbeitslosigkeit oder Armut werden dadurch entpolitisiert, dass immer mehr Menschen die liberale Grundphilosophie verinnerlichen, dass sie ihr

Schicksal selbst in der Hand haben. Die Betonung der individuellen Freiheit ist – neben der Rolle des Marktes als effizientes Steuerungssystem – ein Schlüsselelement der (neo-)liberalen Philosophie (Fischer 2004: 220). Wer keinen Arbeitsplatz findet, wer am ökonomischen Boom nicht teilnimmt, hat sich das selbst zuzuschreiben. Dieser Grundtenor findet eine zunehmend stärkere Resonanz in der Gesellschaft und beim einzelnen Betroffenen.

Eine zweite Sichtweise ist die, dass sich die Institutionen den strukturellen Veränderungen der Gesellschaft anpassen müssen. Die vorgeschlagenen Reformschritte sind unterschiedlicher Natur, aber ihnen ist gemein, dass sie keine grundsätzliche Revision des Systems der Koppelung von Erwerbsarbeit mit sozialer Sicherung vorschlagen. Die diskutierten Anpassungsstrategien sehen vor allem Modelle der „Mindestsicherung" mit ergänzender privatwirtschaftlicher Vorsorge als zukunftsfähig. Zur Diskussion steht, welches Leistungsniveau der sozialen Sicherung in Zukunft von wem (Markt, Staat, Bürger/innen) erbracht werden kann und muss. Die staatlichen Umverteilungspolitiken, so der Tenor, sind an ihrer Belastungsgrenze angekommen. Korrekturen sind notwendig, um Ausgaben zu reduzieren und das Ausmaß der Umverteilung zurückzuschneiden. Marktwirtschaftliche Elemente sollen gestärkt, die Eigenverantwortung des Einzelnen wieder stärker betont werden.

Und drittens finden sich diejenigen, die für eine radikale Entkoppelung von Erwerbsarbeit und sozialer Sicherung plädieren. Dazu gehören auch Vorschläge und Modelle zur Bürgerarbeit.[32] Die zunehmende strukturelle Arbeitslosigkeit in den hoch entwickelten Industrieländern und die Zunahme prekärer Arbeitsverhältnisse lässt die Frage aufkommen, wie all jene Funktionen, die mit der Erwerbsarbeit verkoppelt sind – Einkommen, Identität, Status und soziale Sicherheit – von anderen Institutionen übernommen werden können (Beck 1996: 82).

Dass die „Institutionen des politischen Systems (...) in ihrer Substanz ausgehöhlt werden" (Beck 1986: 315), dass daneben Arbeitsmarkt und sozialstaatliche Sicherungssysteme als zentrale Integrationsmodi der Gesellschaft erodieren (Braun 2001b: 5), darin treffen sich die Zustandsbeschreibungen. Doch wie kann zukünftig ökonomische Teilhabe und soziale Integration gerade in den erneuerungsbedürftigen Stadtteilen gelingen?

Gewerkschaftsverbände und politische Parteien verlieren an Mitgliedern, traditionellen Institutionen wie Arbeitsämtern oder Wohlfahrtsverbänden wird immer weniger Vertrauen entgegengebracht. Diese – bildlich gesprochen – schweren Tanker sehen sich zunehmend von wendigen kleinen Gefährten umgeben. In der Arbeitsmarkt- und Beschäftigungspolitik sind es die „Bündnisse für Arbeit" oder die privaten Arbeitsvermittler, die im Vorfeld oder neben den traditionellen Großorganisationen arbeiten. Die alten Machtzentren lösen sich auf. Arbeit als Erwerbsarbeit gefasst nimmt ab, informelle Ökonomie und Formen eines selbstbestimmteren Arbeitens gewinnen eine neue Bedeutung. Bürgergruppen, private Initiative, spontane Nachbarschaftsaktionen, flexibel und informell organisierte Protestformen – oft in neuer global-lokaler Verknüpfung – gewinnen an Bedeutung. Die Aushöhlung traditioneller Institutionen aber auch damit zusammen, dass Lebensentwürfe sich ausdifferenzieren und eigenbestimmteres Leben möglich ist. Somit geht der Verfall alter Institutionen auch immer mit neuen Freiräumen einher (wenngleich diese Freiräume nicht von allen Menschen genutzt werden können).

Was Institutionen dem bzw. der Einzelnen in Zukunft an Risikobewältigung noch abnehmen sollen und können, darum wird heftig gerungen. In der Diskussion um die zukünftigen Leistungen des Staates verbünden sich neoliberale und emanzipatorische Argumentationen manchmal auf schon fast undurchschaubare Weise.

So formuliert etwa Beck, dass „mehr Schulen, mehr Wohlfahrt, mehr Sozialarbeit, mehr Wirtschaftswachstum, mehr Arbeitsplätze oder mehr Polizei, mehr Strafgesetze, mehr Gefängnisse, mehr Staat" das Problem nicht lösen, sondern die Problemlagen von Ausgeschlossenen nur „verlängern und erzeugen" (1996: 90) würden. Dahinter steckt die Argumentation, dass die Restaurierung der alten institutionellen Formen der Moderne keine Lösungsalternative darstellt. „Die Abhängigkeit vom Zugang zu Institutionen, um überhaupt existieren und eine Perspektive und Biographie aufbauen zu können", so Beck (a.a.O.: 95), charakterisiert die Moderne. In der modernen Gesellschaft hängt die Biographie des Einzelnen „an den Fäden von bürokratischen Regeln" (a.a.O.: 93) und das Leben kann, auch

> *„wenn den Menschen selbst das Bild individueller Autonomie im Kopf herumgaukelt, nur in der Teilhabe und der Abhängigkeit von vielfältigen Institutionen geführt werden. Dies liegt wesentlich darin begründet, dass im Zugang zur Moderne alle Möglichkeiten und Voraussetzungen der Selbstversorgung zerschnitten werden." (a.a.O.: 91)*

Gerade in den städtischen Räumen sind, um in Becks Terminologie zu bleiben, diese Zugänge zur Selbstversorgung zerschnitten worden – anders als beispielsweise im ländlichen Raum, wo sich die Moderne nicht so umfassend durchsetzen konnte und die informelle Ökonomie und die Subsistenzwirtschaft die Haushaltsökonomie noch immer präg(t)en.[33] Insofern ist Becks Argumentation, der die Abhängigkeit von Institutionen als einen die Ausgrenzung verschärfenden Mechanismus ansieht, für die benachteiligten Stadtteile nachzuvollziehen, weil in der Moderne Potentiale zur Selbstversorgung, die den Menschen in den Stadtteilen heute bei der Bewältigung ihres Lebens nutzen könnten, zerstört wurden. Wenn er formuliert, dass „(d)ie Lage der Ausgeschlossenen (...) die Kehrseite der hochgeschraubten Anforderungen von Institutionen" (a.a.O.) sei, so kann dies im Umkehrschluss allerdings auch so verstanden werden, als sei der Rückzug von Institutionen schon per se Teil der Lösung des Problems von Ausgegrenztheit, womit er dann neoliberalen Argumentationen zuarbeiten würde (zur Kritik siehe Klammer/Bäcker 1998). Dieselbe mehrdeutige Argumentation findet sich bei Giddens (1996b: 335), der zur Schlussfolgerung kommt, dass „die wirksamste Maßnahme zur Überwindung der Ungleichheit darin besteht, den Benachteiligten die Fähigkeiten zu vermitteln, selbst handeln zu können." (Giddens 1996b: 335). Auch dies kann nicht nur als Forderung nach Dezentralisierung von Steuerungsmechanismen, Mitteln und Kompetenzen auf sublokale Ebenen verstanden werden, sondern kann auch im Sinne einer Rechtfertigung für den Abbau staatlicher Leistungen verstanden werden.

Die Tatsache, dass Umverteilungspolitiken eine Grenze erreichen, in der von einigen Kommentatoren eine so genannte „Sozialstaatsabhängigkeit" (im Sinne fehlender indivi-

dueller Anreize zur Eigenaktivität) konstatiert wird und von anderen eine Zumutbarkeits-
grenze der Besteuerung des individuellen Einkommen, führt leicht zur Argumentation für
einen neoliberalen Minimalstaat.

Der Blick auf einen anderen Weg, den der stärkeren Betonung der individuellen Eigenverantwortlichkeit in einer Gesellschaft, die an sozialen Standards und Werten festhält
und in der sich der Staat als ein Akteur in einer „horizontaleren" Demokratie versteht, ist
ungleich verschwommener. Die neuen institutionellen Regulierungsformen zur Sicherung
von sozialer Wohlfahrt und ökonomischer Teilhabe in den erneuerungsbedürftigen Stadtteilen – soviel lassen die obigen Ausführungen erkennen – werden plurale Arrangements
umfassen und sich an den Alltagswelten von Gemeinschaften und Personen orientieren
müssen (vgl. dazu den Begriff der „Subpolitik" von U. Beck). Sie sollten aus diskursiver
Vermittlung entstehen, um effektiv zu sein und Spielräume für selbstbestimmtes Handeln
und individuelle Kompetenzen schaffen zu können.

Das „eigene Leben zu leben" wird wohl gerade in erneuerungsbedürftigen Stadtteilen
auch deshalb immer schwerer, weil der Rückzug von „fordistischen" oder „modernen"
Regulierungsformen und Institutionen Menschen trifft, die die neuen Spielräume post-
fordistischer oder post-moderner Regulierung für selbstbestimmteres Handeln nicht ohne
weiteres nutzen können. Einerseits geht mit einer zunehmenden Individualisierung eine
stärkere Eigenbestimmung der Lebensgeschichte einher, bei einem gleichzeitig schwindenden Einfluss von Klassenstrukturen (Lash 1996: 203). Die Individuen setzen sich
von den gesellschaftlichen Strukturen zunehmend frei. Insbesondere die „Unterklasse"
jedoch, so Lash, spürt

> *„das Zurückweichen der gesellschaftlichen Strukturen in der reflexiven Moderne. Im*
> *Getto findet eine allgemeine Aushöhlung der gesellschaftlichen Strukturen, der sozio-*
> *ökonomischen Institutionen und der kulturellen Regeln statt."* (Lash 1996: 227)

Neben Verbrauchermärkten und Arbeitsplätzen in Fabriken ziehen sich in einigen Räumen
auch „sozial regulative Strukturinstanzen" zurück, von den Gewerkschaften über die Kirchen
bis hin zu den Familien der Mittelschicht. Es gibt somit einen „verwirrende(n) Mangel an Herr-
schaft und sozioökonomischer Regulierung" (Lash 1996: 228). An Stelle der traditionellen
Strukturinstanzen füllen in den Stadtteilen, um Lash zu ergänzen, neue Instanzen, wie Mo-
scheevereine, Religionsgemeinschaften oder Teestuben das Vakuum, wobei gleichzeitig Fernsehen und neue Kommunikationstechnologien die räumlich konkreten Strukturinstanzen – für
jeden Menschen in unterschiedlichem Ausmaß – ersetzen und es in postfordistischen oder
postmodernen Zeiten auch keine mehrheitsfähigen Generalinstanzen mehr geben kann.

Man kann Beck nur bedingt zustimmen, wenn er formuliert (siehe oben), dass mehr
Schulen, mehr Wirtschaftswachstum, mehr Beschäftigung die Probleme nicht lösen, sondern
nur verlängern würden. Einige Räume brauchen durchaus ein „Mehr" an sozial regulativen
Strukturen, wenngleich diese sozial regulativen Strukturen nicht mehr – soweit kann Beck
zugestimmt werden – die „alten" Institutionen sein können und die neuen erst entwickelt
werden müssen. Es ist nicht mehr der lebenslange Arbeitsplatz, aber die Möglichkeit überhaupt eine sinnvolle Beschäftigung für sich zu finden; es ist nicht mehr die Schule, die sich auf

Wissensvermittlung beschränkt; aber ein Mehr an Schulen, die sich ihrem gesellschaftlichen Umfeld öffnen und die sich ihrer Verantwortung bewusst sind, Bildungs- und Zukunftschancen für Kinder zu gestalten. Es ist nicht mehr das Wirtschaftswachstum großer Unternehmen, das nach unten tröpfelnd automatisch für Beschäftigung sorgt, sondern die Beschäftigung mit jeder kleinen Unternehmensidee; eine entwicklungsfreundliche Umgebung und die Aufmerksamkeit für jeden kleinen Betrieb, die für stabile Beschäftigung sorgen.

3.4.3 Zwischenresümee

Wir erleben heute, dass viele der Institutionen und Errungenschaften der deutschen Gesellschaft zur Erzeugung von sozioökonomischer Sicherheit und Wohlfahrt, wie sie in der Nachkriegszeit entwickelt wurden, in Frage gestellt werden. Es ist nicht absehbar, in welche Richtung sich die sozialstaatlichen Sicherungssysteme und die Institutionen des politischen Systems – neben dem Arbeitsmarkt zentrale gesellschaftliche Integrationsmodi – weiterentwickeln. Hin zu mehr horizontaler Demokratie in einer konsensorientierten, zivilen Stadtgesellschaft (Schmals 2001) oder in Richtung eines neoliberalen Minimalstaates. Hin zu mehr Selbstbestimmung, mehr Bürgerrechten und Demokratisierung, oder hin zu einer stärkeren Unterhöhlung von sozialen Standards und echten Partizipationsmöglichkeiten. Hin zur pluralistischen Wohlfahrtsproduktion (Evers/Olk 1996) oder zur überwiegenden Risikobewältigung durch den Einzelnen.

Bleibt die Bedeutung der Erwerbsarbeit in Zukunft erhalten oder werden sich neue Formen der Arbeit substitutiv oder ergänzend zur bezahlten Erwerbsarbeit durchsetzen? Wie können die in Deutschland größtenteils über die Erwerbsarbeit finanzierten und daran gebundenen Beitragssysteme der sozialen Sicherung dann umgebaut werden?

Wie diese Fragen in Zukunft beantwortet werden und welche gesamtgesellschaftlichen Entwicklungsrichtungen sich herausbilden, davon hängen nicht nur, aber auch die Entwicklungsmöglichkeiten der erneuerungsbedürftigen Stadtteile ab.

Wir erleben heute, wie soziale Biographien zerbrechlicher werden. Der Nachweis eines Wohnsitzes, der höhere Bildungsabschluss, die „gute" Adresse, die Nutzung von neuen Informations- und Kommunikationstechnologien werden zu Gütern, die über den individuellen Ein- und Ausschluss entscheiden. Die Leistungs- und Zugangsvoraussetzungen zu einer Wissens- und Informationsgesellschaft verschärfen sich. In dieser Situation spüren bestimmte Bevölkerungsgruppen das Zurückweichen sozial regulativer Instanzen besonders. Nicht nur Arbeitsplätze gehen verloren und damit soziale Kontakte und gesellschaftliche Partizipation, auch die Systeme zur sozialen Sicherung ziehen sich – zumindest in der bisherigen Leistungsintensität – aus verschiedenen, oben angesprochenen Gründen zurück.

Die Situation hierzulande lässt sich nicht mit der Problemintensität in amerikanischen Innenstädten vergleichen, für die einige Autoren das Entstehen einer neuen *underclass* konstatieren und damit ausdrücken, dass bestimmte Bevölkerungsgruppen der systematischen Ausgrenzung ausgesetzt sind und ihnen der soziale Aufstieg in der Mehrheitsgesellschaft verschlossen bleibt (was auch zur Herausbildung von Lebenskulturen in bewusster Abgrenzung zur gesellschaftlichen Mehrheit führen kann) (zur Diskussion siehe Kuhm 2000 bzw. Siebel 1997). Gleichwohl verstärken sich auch in bestimmten städtischen

Teilräumen in Deutschland systematisch wirkende Ausgrenzungsmechanismen durch ökonomische Umstrukturierungen, die von den oben benannten Umbrüchen im Verhältnis von Staat und Gesellschaft flankiert werden.

3.5 Resümee

Die in diesem Kapitel beschriebenen Strukturumbrüche lassen sich in unterschiedlicher Weise interpretieren. Die Regulationstheorie ordnet sie dem Übergang vom Fordismus zum Postfordismus zu. In dieser Perspektive sind nationale Wirtschaftssteuerung, Massenproduktion, tayloristische Arbeitsbeziehungen und Lohnregulierungen sowie ein keynesianischer Wohlfahrtsstaat Kennzeichen des fordistischen Entwicklungsmodelles, das in dieser Form seit Mitte der 1970er Jahre an seine Grenzen stieß. Andere Erklärungsansätze haben einen nicht so umfassenden Erklärungsanspruch wie die Regulationstheorie. Der Globalisierungsdiskurs ist überwiegend ökonomisch determiniert. Die These vom Übergang einer Industriegesellschaft zur Wissensgesellschaft stellt die Bedeutung von Wissen in Produktionsprozessen, Arbeitsorganisation und Partizipationschancen in den Vordergrund. In einem treffen sich jedoch die Erklärungsansätze und lassen als vorherrschendes Kennzeichen des Strukturwandels die Flexibilisierung erscheinen (vgl. Danielzyk 1998: 116). Globalsteuerungsansprüche – wenn sie jemals realistisch waren – verlieren in Planungs- oder Wirtschaftspolitik an Bedeutung, soziale Polarisierungen und sozialräumliche Spaltungen verschärfen sich, flexiblere Produktions- und Arbeitsmuster bilden sich heraus (und ergänzen weiterhin bestehende hierarchische oder neotayloristische Produktions- und Arbeitsorganisation) und neue Konsummuster entstehen.

In den hoch entwickelten Industrieländern gehen aufgrund von Rationalisierungen zugunsten einer höheren Produktivität, und in geringerem Ausmaße auch aufgrund von Verlagerungen von Arbeitsplätzen, niedrigproduktive Arbeitsplätze verloren. Gleichzeitig gelang es in Deutschland bislang nicht, in nennenswertem Umfang neue Beschäftigungsmöglichkeiten zu erschließen. Wachsende Einkommensungleichheiten sind im Zeitalter der Globalisierung zu beobachten, sowohl zwischen Ländern als auch intranational und innerhalb einzelner Regionen, bis hin zur kleinräumigen Quartiersebene. Die Ausdifferenzierung von Einkommensverhältnissen kann neutral als unumgängliches Kennzeichen einer pluraleren Gesellschaft gesehen werden; doch ist unumstritten, dass sich damit soziale Polarisierung verschärft. Einkommensungleichheiten sind nur ein – wenngleich ein wichtiger Faktor – um heutige gesellschaftliche Ausgrenzungsprozesse in den Industrieländern zu verstehen. Ökonomische, kulturelle, institutionelle und soziale Mechanismen treffen sich, und auch dem Raum selbst wird eine verstärkende bzw. regulierende Funktion zugesprochen.

Einige städtische Räume sind von den erwähnten Strukturumbrüchen, beispielsweise dem Verlust niedrigproduktiver Arbeitsplätze, und der Zunahme einer gering verdienenden Bevölkerung überdurchschnittlich stark betroffen. Die Auswirkungen des Globalisierungsprozesses sind in Stadtteilen spürbar, wenngleich direkte Kausalketten nur schwer aufzustellen sind. Aber die Globalisierung erfasst heute das Leben eines jeden Menschen: über die globale Kulturindustrie, über neue Kommunikationsmöglichkeiten, über selbst gewählte oder erzwungene Nachbarschaft mit Menschen aus anderen Kulturen. Das traditionelle inhabergeführte Einzelhandelsgeschäft im Stadtteil steht heute in direktem Wettbewerb zu den Filialen multinationaler Konzerne und kann über den Preis nicht konkurrieren. Niedrigproduktive Arbeitsplätze hier finden sich in direkter Konkurrenz zu den Produktionsbedingungen in fernen Ländern und sind nicht mehr rentabel.

Gleichwohl die Auswirkungen einer sich globalisierenden, flexibilisierenden Ökonomie in den benachteiligten Stadtteilen spürbar sind, sind Entwicklungsgeschichte und -dynamik eines Stadtteiles doch nur aus der komplexen wechselseitigen Beeinflussung globaler, nationaler und lokaler Entwicklungen zu verstehen. Globalisierung geht nicht mit einer Vereinheitlichung von gesellschaftlichen Strukturen einher, sondern vielmehr reproduzieren sich lokale und nationale sozio-institutionelle Kontexte unter den Bedingungen der Globalisierung. Lokale und regionale Kontexte scheinen im Zeitalter der Globalisierung an Bedeutung zu gewinnen, nicht nur in sozialer, sondern auch in ökonomischer Sicht (wenngleich dies keine Ablösung von global organisierten Produktionsstrukturen bedeutet und auch keine bruchlose Übertragung der Argumentation vom Bedeutungsgewinn des regionalen Umfeldes auf den Stadtteilkontext möglich ist).

Globale Kräfte werden durch die spezifischen lokalen Bedingungen gefiltert, gebrochen, transformiert. Als Filter wirken gebaute Strukturen, Lebensweisen, Traditionen und Milieus vor Ort, natürlich aber auch die Politik, die Wohnungs- und Sozialsysteme. Das Bild einer grenzenlosen Ökonomie und der Globalisierung der wirtschaftlichen Austauschprozesse stimmt somit nur teilweise, es gibt durchaus lokale Handlungsspielräume (Danielzyk/ Ossenbrügge 1986). Manche Globalisierungsdiskurse neigen dazu, die Ohnmacht von Politiken auf regionaler und lokaler Ebene zu betonen. Doch scheinen regionale und lokale Handlungskontexte in Zeiten einer sich globalisierenden Ökonomie eher bedeutender zu werden (Kap. 7.1.1), was nicht mit höherer Einfluss- oder Gestaltungsmacht staatlicher Akteure zu verwechseln ist. Im Gegenteil wird die Wirkungslosigkeit traditioneller Regulierungsformen, um die gesellschaftliche Realität zu beeinflussen, immer offensichtlicher.

Die traditionellen Wohlfahrtsstaaten betonen weiterhin die gestaltende Rolle des Staates, nicht unbedingt als allein zuständiger und tragender, aber als Impuls gebender und moderierender Akteur. Die Betonung der Eigenverantwortlichkeit und der Verantwortung der Zivilgesellschaft findet sich traditionell stärker in den angelsächsischen Ländern, aber findet auch in Deutschland im Rahmen eines „aktivierenden Staates" immer größere Bedeutung. Andere Varianten eines geänderten Staatsverständnisses zeigen sich in einer Philosophie der Partnerschaft, um Lösungen in Politikfeldern zu diskutieren und zu initiieren („kooperativer Staat"). Oder auch in der stärkeren Orientierung an Marktprinzipien bei der staatlichen Intervention („unternehmerischer Staat").

Menschen in benachteiligten Stadtteilen, die von sozialer Ausgrenzung bedroht sind, sehen sich mit einer Politik konfrontiert, die höhere Eigenverantwortung einfordert, während gleichzeitig tradierte Regulierungsformen und Institutionen zur Bewältigung des täglichen Lebens an sozialer Kraft einbüssen. Hier zeigen sich die Auswirkungen eines Rückzugs der früher sozial regulativen und ausgleichenden Instanzen (wie dem Rückzug des Staates aus dem Wohnungsbau, einem neuen „unternehmerischem" Staatsverständnis oder dem Verlust von geteilten sozialen Normen und Traditionen) in besonderer Weise und verstärken Prozesse der Stigmatisierung und der Ausgrenzung. Neue institutionelle Regulierungsformen zur Sicherung von ökonomischer Teilhabe und sozialer Wohlfahrt sind gerade hier, in den benachteiligten Stadtteilen, notwendig, wenn eine Politik der „Sicherheit" langsam durch eine Politik der „Chancen" abgelöst wird.

Generell scheinen im öffentlichen Diskurs solche Politiken unter Druck zu geraten, die das Wirken des Marktes regulieren und ihm Werte wie Gemeinwohlinteresse oder soziale Gerechtigkeit gegenüberstellen. Es geht in der Auseinandersetzung um die angemessene politische Reaktion auf wirtschaftliche Strukturumbrüche gar nicht um das „vernünftigere" Argument für oder gegen ein (neo-)liberales oder ein wohlfahrtsstaatliches Wirtschaftsmodell. Die öffentliche Meinung von einer vernünftigen Wirtschafts- und Sozialpolitik wird von denen geprägt, die in Politik und Wirtschaft über die stärkere Lobby verfügen.[34]

4   Die klassischen raumwirtschaftlichen Erklärungsansätze

In diesem Kapitel steht im Vordergrund, inwieweit die Aussagen der klassischen raumwirtschaftlichen Erklärungsansätze für Analyse und Strategieentwicklung in strukturschwachen Stadtteilen Erkenntnisse bringen. Ausgewählte Erklärungsansätze wie die
Theorie der Wachstumspole und die Exportbasistheorie stehen im ersten Unterkapitel
im Mittelpunkt der Analyse. Als klassisch werden hier solche Ansätze bezeichnet, die
wirtschaftliche Beziehungen im Raum vorwiegend über rein ökonomische Bestimmungsfaktoren (Produktionsfaktoren, Angebot und Nachfrage, Absatzmärkte) erklären. Den
Ansätzen ist gemein, dass sie deduktiv argumentieren und ökonomische Entscheidungen
und die räumlichen Entwicklungen über quantifizierbare Faktorberechnungen abzubilden
versuchen. Soziale Beziehungen oder institutionelle Faktoren zur Erklärung ökonomischer
Prozesse werden überwiegend ausgeklammert. Die ökonomischen Akteure in den Modellen sind rational handelnde Subjekte, wenngleich eine Reihe von Ansätzen auch in der
Kritik an den (neo-)klassischen Annahmen und in Reaktion auf Forschungsergebnisse in
benachbarten Forschungsfeldern (Soziologie, Verhaltensforschung) in den letzten Jahrzehnten bedeutsame Weiterentwicklungen erfuhren. Insofern kann die Untergliederung
zwischen den klassischen und den neuen raumwirtschaftlichen Erklärungsansätzen (die in
Kapitel 5 vorgestellt werden) nur eine analytische Hilfskonstruktion sein.

Das zweite Unterkapitel stellt die Frage in den Mittelpunkt, inwieweit sich negative
Dynamiken in den Stadtteilen aus veränderten Anforderungen von Unternehmen an
Standortfaktoren erklären lassen. Dabei stehen die Standortentscheidungen von Kleinunternehmen – der Zielgruppe lokalökonomischer Intervention – im Vordergrund. Mit
den Produktionsfaktoren Arbeit, Boden und Kapital alleine lassen sich wirtschaftliche
Entscheidungen und räumliche Entwicklungen heute nicht mehr begründen. Zumindest
in den fortgeschrittenen Industrieländern sind zudem die Kosten der klassischen Produktionsfaktoren in den Hintergrund getreten. Die Qualität und die Zusammensetzung
spezifischer Produktionsfaktoren an einem Ort werden heute als wesentlich für Standortentscheidungen und räumliche Entwicklungen angesehen. Veränderte Anforderungen
an das „Produktionspotential" einer Lokalität und heutige Erkenntnisse zur Standortwahl
bilden somit den zweiten Schwerpunkt dieses Kapitels.

Die Entwicklung der Nachfrage in einem Stadtteil ist insbesondere für die Unternehmen mit punktuellem, kleinräumigem Absatzgebiet von Bedeutung. Wie die Nachfrage

vor Ort nach den traditionellen Erklärungsansätzen der Standortlehre in die unternehmerischen Entscheidungen einging und welche aktuellen Nachfrageentwicklungen sich in den
Stadtteilen abzeichnen, ist ein dritter Schwerpunkt des Kapitels.

4.1 Traditionelle Theorien zur Wirtschafts- und Stadtentwicklung

Die Auswahl der traditionellen Erklärungsansätze, die hier auf ihre Aussagekraft für die
Stadtteilebene überprüft werden, musste notwendigerweise sehr selektiv sein. Auswahlkri-
terium war – neben der Möglichkeit einer Interpretation der Ansätze für die Stadtteilebene
– der aktuelle Einfluss auf die Entwicklungsvorstellungen in Planung und Politik. Zudem
wurden nur raumwirtschaftliche Theorien, nicht aber Theorien sozialräumlicher Organisation (vgl. etwa die Chicago School der Sozial- oder Humanökologie), berücksichtigt.[35]

Wenngleich die „klassischen" Standort- und Bodennutzungstheorien in der Tradition
der Arbeiten von Christaller (1933), Lösch (1910) oder von Thünen (1875) als statische
Analysen nur noch eine partielle Erklärungskraft besitzen[36], haben einige ihrer Grund-
aussagen ihre konzeptionelle Gültigkeit bis auf den heutigen Tag behalten. So kann aus
Christallers' Systematik unterschiedlicher Zentralitätsstufen für die Stadtteilebene eine
normative Vorstellung abgeleitet werden: Im Sinne von Mindestanforderungen an Güter
und Dienstleistungen, die der Bevölkerung in einem Stadtteil in fußläufiger Entfernung
zur Verfügung stehen sollten. Und auch die Grundaussage von Thünen, nach der die
Lagerente unter der Annahme Gewinn maximierenden Verhaltens der Akteure und
unter Konkurrenzbedingungen zu einer räumlichen Differenzierung von Nutzungsar-
ten und Nutzungsintensitäten der Bodennutzung führt, besitzt bis in die heutige Zeit
konzeptionelle Gültigkeit. Der großzügige Umgang mit Flächen, brachgefallenes und
nicht wiedergenutztes Terrain deuten auf mangelnde Standortkonkurrenz hin. Solche
Flächen finden sich heute auch in innerstädtischer Lage. Das durch die Bodenrente er-
zeugte Gefälle ist beweglich und wird beeinflusst von den Perspektiven der Haus- und
Grundbesitzer über zukünftige positive oder negative Entwicklungsdynamiken und, im
Gefolge davon, ihren Investitions- und Kauf-/Verkaufsentscheidungen. Dies führt dazu,
dass Haus- und Grundbesitzer – um einen Wertverlust ihres Eigentums zu verhindern
– sich mit vehementen Mitteln gegen den Zuzug von bestimmten ethnischen Gruppen,
gegen Sozialwohnungsbau in der Nachbarschaft oder die Einrichtung sozialer Infrastrukturen wie Obdachlosenunterkünfte oder Drogenberatungsstellen wehren. Sei es – wie in
den USA – mit baulichen Maßnahmen und zoning-Regulierungen (vgl. Davis 2000: 61ff)
oder durch politische Lobbyarbeit. Im harten Standortwettbewerb konzentrieren sich die
so genannten negativen Infrastruktureinrichtungen oftmals an den Orten, an denen sich
keine mächtigen Interessen formieren und somit oftmals in Stadtteilen, die bereits von
einer Abwärtsdynamik erfasst sind.

Die *Polarisationstheorie* hingegen bezweifelt eine Reihe von grundlegenden Annahmen der neoklassischen Theorie (siehe Maier/Tödtling 2001b; Schätzl 2001). Dazu
gehören die Annahmen, dass Produktionsfaktoren vollständig mobil und substituierbar
sind, dass alle Wirtschaftssubjekte immer vollständig über Faktorpreise und -nachfrage an
anderen Orten informiert sind und entsprechend rational handeln, und auf den Märkten

vollständige Konkurrenz herrscht. Dadurch kommt die Polarisationstheorie zu anderen Ergebnissen und kann geeigneter als die neoklassische Argumentation den Prozess einer Abwärtsspirale in der Stadtteilentwicklung nachvollziehen. Myrdal (1957) spricht von „zirkulär verursachten kumulativen Prozessen" – über positive wie auch negative Rückkoppelungseffekte, die nicht über Faktorsubstitution noch einen Ausgleich zwischen Gebieten angeglichen werden können. Da die Polarisationstheorie nicht von einer Substituierbarkeit oder vollständigen Mobilität von Arbeit oder Kapital ausgeht, kann durch sie nachvollzogen werden, warum in Stadtteilen mit besonderem Entwicklungsbedarf Arbeitskräfte mit einer relativ niedrigen Qualifikation verbleiben (Arbeitskräfte reagieren nach Alter und Qualifizierung unterschiedlich auf Mobilitätsanreize) oder warum Betriebe auch dann noch nicht abwandern, wenn sie an den Grenzen der Rentabilität arbeiten (immobiles Sachkapital).

Die Polarisationstheorie widerspricht der neoklassischen Modellannahme von der den Märkten innewohnenden Gleichgewichtstendenz. Entwicklungsunterschiede, etwa im Pro-Kopf-Einkommen der Bevölkerung, werden – so ihre Argumentation – über Marktmechanismen nicht ausgeglichen, sondern verstärken sich im Gegenteil: Sowohl im Nebeneinander von prosperierenden und stagnierenden Regionen wie auch im Handel zwischen Industrie- und Entwicklungsländern. Beim Polarisationsansatz steht der Ausgleich von Verteilungsungerechtigkeiten (vgl. Maier/Tödtling 2001b: 94f.) – gegenüber der Konzentration auf das Effizienzziel beim neoklassischen Ansatz – eindeutig im Vordergrund. Die Polarisationstheorie spricht sich somit auch für einen Eingriff des Staates in die Marktmechanismen aus.

Während die Polarisationstheoretiker zu pessimistischen Prognosen bezüglich der Perspektiven von Entwicklungsländern im weltweiten Handel neigen, sind sie optimistischer was die Lösungskraft eines Staates zum Ausgleich von interregionalen Wachstumsunterschieden anbelangt. Die Spirale von Rückkoppelungseffekten in Stadtteilen mit besonderem Erneuerungsbedarf zu unterbrechen ist aus Sicht der Polarisationstheorie interpretiert möglich, erfordet allerdings langfristigen Ressourceneinsatz, politischen Willen und eine effektive Strategie, die im Wissen über die internen und externen Dynamiken an den strategisch wichtigsten Stellen ansetzt.

Abb. 2: Zirkulär fortschreitende Schwächung eines Wirtschaftsraums

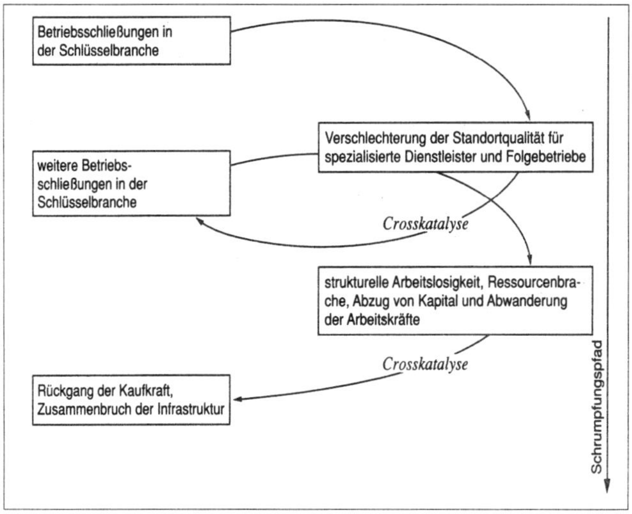

Quelle: Reichart 1999: 175

Große Ähnlichkeit mit der Argumentation der Polarisationstheorie weisen die so genannten Zentrum-Peripherie-Modelle auf, die die Autoritätsbeziehungen und Abhängigkeiten zwischen diesen beiden Polen analysieren.[37] John Friedmann (1973) definierte Regionen mit hoher Innovationsdichte als Zentren, alle übrigen Gebiete als Peripherie; diese beiden bilden ein geschlossenes räumliches System mit gegenseitigen Abhängigkeiten (vgl. Schätzl 2001: 192). „Zentrum" und „Peripherie" sind ein Begriffspaar, das sich auch auf die Beziehungen von Stadtteilen mit besonderem Erneuerungsbedarf mit dem sie umgebenden Wirtschafts- und Sozialraum verwenden lässt. Die Stadtteile können eine für die umliegenden Räume nützliche Funktion erfüllen, indem sich dort die Aufnahme und Integration von neu ankommenden Migranten konzentriert, (nur noch dort) preiswerter Wohnraum für die gering verdienende Wohnbevölkerung zur Verfügung steht, „belästigende" Industrie und Infrastruktur einen Standort finden. Peripherie lässt sich nicht nur räumlich standortbezogen deuten, sondern auch sozial. Ohne Gegenregulation wird das Entwicklungspotential des Stadtteils immer schwächer, die Gutausgebildeten verlassen den Stadtteil, Betriebe wandern ab, Informationsnetze schrumpfen. Die „periphere" Bevölkerung verfügt über immer weniger Möglichkeiten ihre Lebensbedingungen aus eigener Kraft zu verbessern, die für sie lebenswichtigen Entscheidungen werden zunehmend stärker von außen, vom „Zentrum" dominiert.

Auch die klassischen *Theorien der Wachstumspole* und die *Exportbasistheorie*, deren Bedeutung aus handlungsorientierter Sicht heutzutage als stark eingeschränkt gelten muss, haben nach wie vor analytischen und konzeptionellen Wert. Zudem finden sich auch in der heutigen Stadtentwicklungsplanung und -politik immer wieder politisch-planerische Entwicklungsansätze, die an diesen Modellen für Wachstums- und Entwicklungsprozesse fast dogmatisch festhalten. So gibt es nach wie vor Ansätze, die – in Anlehnung an die Wachstumspoltheorie – über die Ausweisung von steuer- und abgabenfreien oder -reduzierten Zonen wirtschaftliche Entwicklung im Stadtteil zu induzieren versuchen. Oder die Förderpolitik weist – in Anlehnung an die Thesen der Exportbasistheorie – exportorientierten Betrieben einen höheren Stellenwert für das städtische Wachstum zu als der Förderung von lokal orientierten Betrieben. Beide Theorien sollen deshalb im Rahmen dieses Kapitels kurz erläutert und auf ihre Relevanz überprüft werden.

4.1.1 Die Theorie der Wachstumspole

Kann die wirtschaftliche Entwicklung in einem stagnierenden Gebiet über wachstumsstarke, exportorientierte Unternehmen angestoßen werden? Wie kann es gelingen, dass die von diesen Unternehmen ausgehende Dynamik auf andere Betriebe ausstrahlt, neue ökonomische Aktivitäten induziert und ein breiter räumlicher Entwicklungs- und Innovationsprozess in Gang gesetzt wird? Ab den 1950er Jahren fanden planerische Vorstellungen, die sich am Konzept der Wachstumspole orientierten, Verbreitung in den Industrie- wie auch Entwicklungsländern. Aber auch heute noch finden wir Anklänge an diese planerischen Konzepte, etwa in der Konzeption von Programmen wie den US-amerikanischen „Empowerment Zones" oder den französischen Programmen zur Ansiedlung von Unternehmen in steuerbefreiten Gebieten. Um das Resümee vorweg zu nehmen: Mit dem Wachstumspolkonzept können Agglomerationseffekte in boomenden Regionen beschrieben werden, als Planungsinstrument gilt es jedoch überwiegend als gescheitert.

Abb. 3: Zirkulär voranschreitende boomende Entwicklung in einem Wirtschaftsraum

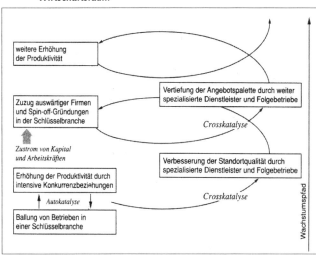

Quelle: Reichart 1999: 172

Francois Perroux gilt als einer der wichtigsten Begründer der Theorie der Wachstums- oder Entwicklungspole. Aus der empirischen Beobachtung, dass sich in bestimmten Agglomerationsräumen wachstumsstarke Industrien konzentrieren, baute Perroux in den 1950er Jahren das Konzept der dominierenden Wirtschaft auf. Als Wachstumspole sind „bestimmte regionale Gravitationszentren städtischen Charakters anzusehen, in denen kräftig expandierende Industrien lokalisiert sind, die auf andere (...) Wirtschaftseinheiten (Produktions- und/oder Konsumeinheiten) einen gewissen dominierenden Einfluss ausüben und der wirtschaftlichen Entwicklung (...) starke Impulse geben." (Heuer 1977: 61) Als dominierende Wirtschaftseinheiten bzw. „Motoren", die räumlich wie ökonomisch die treibende Kraft einer expandierenden Entwicklung in einem Agglomerationsraum sind, galten Betriebe, die „erstens relativ groß sind, zweitens relativ hohe Wachstumsraten aufweisen und drittens mit anderen (vor- und nachgelagerten) Industrien starke Verflechtungsbeziehungen haben" (a.a.O.: 62). Die Schlüsselindustrien geben den Anstoß für die Ansiedlung komplementärer Industrien in ihrer Umgebung. Die Anziehungswirkung der Schlüsselindustrien bewirkt räumliche Entwicklungsunterschiede – eine boomende Entwicklung in einigen wenigen Regionen und die Abwanderung von Ressourcen aus den entwicklungsschwächeren Regionen. Zu einem Planungsinstrument gewendet, sah dieses Konzept in der gelungenen Ansiedlung von exportorientierten großen Industrieunternehmen die Basis für die wirtschaftliche Entwicklung in entwicklungsschwächeren Regionen.

Die klassischen Ansätze von Wachstumspoltheorien, die die räumliche Differenzierung als im Wesentlichen sektoral bestimmt ansahen (d.h. durch die Agglomeration von Industriebetrieben), wurden bald überholt. In der Weiterentwicklung dieser sektoralen Ansätze rückten in den 1960er und 1970er Jahren die Arbeiten von Lasuén und Boudeville die räumlichen Aspekte der Polarisation in den Vordergrund (vgl. Schätzl 2001: 185ff; Maier/Tödtling 2001a: 95ff). Wachstumspole sind hier untrennbar mit städtischen Agglomerationen verbunden. Diese Arbeiten analysierten, wie die Ballung von Funktionen und Aktivitäten in einem Agglomerationsraum, die Durchsetzung von Innovationen und andere Entwicklungsimpulse sich gegenseitig zirkulär verstärken und daraus räumliche Entwicklungsunterschiede entstehen, die sich perpetuieren. Insbesondere das Potential von Agglomerationen Innovationen aufzunehmen und weiterzuentwickeln, wird in diesem Entwicklungsprozess betont. Nicht mehr große Industrieunternehmen, auch geographische Cluster von exportorientierten Kleinunternehmen galten als Entwicklungsmotoren, die über Effekte durch vorwärts- und rückwärtsgerichtete Verknüpfungen weitere Wachstumsimpulse im Agglomerationsraum auslösen. Wie die sektoralen gehen auch die regionalen Wachstumspoltheorien von der Bedeutung der Exportorientierung der Wachstumspolunternehmen aus – eine Analogie zur im nächsten Abschnitt besprochenen Exportbasistheorie.

Die Verdienste der regionalen Wachstumspoltheorie liegen darin, die Beziehungen zwischen wirtschaftlichem Wachstum und Urbanisierung sowie der Durchsetzung von Innovationen und daraus entstehenden neuen Entwicklungsimpulsen als zirkulären und eigendynamischen Prozess beschrieben zu haben. Das Wachstumspolkonzept entstand in Weiterentwicklung der Polarisationstheorien, die – wie zuvor besprochen – von sich über den Markt verfestigenden und vertiefenden regionalen Disparitäten ausgingen. Die Kritik am Ansatz der Wachstumspole (siehe Heuer 1977: 64ff; Schätzl 2001) sieht in der Vernachlässigung der Rolle des tertiären Sektors und der intersektoralen Prozesse, wie auch in der Vernachlässigung der eigenständigen Entwicklungspotentiale gegenüber exogen verursachten Wachstumsimpulsen eine bedeutende Einschränkung der Aussagekraft des Ansatzes. Die spätere Clusterforschung rückte demgegenüber die Rolle von endogen erzeugten Innovationen und Entwicklungsimpulsen in einer spezifischen „Umgebung" (Kap. 5.1) als wirtschaftlichen Entwicklungsfaktor in den Vordergrund.

Insbesondere in der einfachen Übertragung der analytischen Arbeiten über Wachstumspolkonzepte in planerische Konzepte, die sich auf Ansiedlungspolitik als Hauptinstrument der wirtschaftlichen Entwicklung konzentrierten, gerieten die planerischen Konzepte jedoch in Industrie- wie Entwicklungsländern verstärkt in die Kritik. Die „growth pole strategy" erfuhr in den 1960er Jahren in einer Reihe von Entwicklungsländern Popularität und sorgte dafür, dass in die Infrastruktur ausgewählter Städte massiv investiert wurde. Durch Subventionen sollten bestimmte „antriebsstarke" Industrien angelockt werden, die einen Prozess ökonomischen Wachstums in den Städten induzieren, Arbeitsplätze schaffen und der arbeitslosen Landbevölkerung eine Entwicklungsperspektive bieten sollten (vgl. Friedmann 1992: 91). Friedmann (a.a.O.) konstatiert, dass diese Strategie, mit einer Ausnahme (Korea) nicht funktionierte bzw. nur so lange funktionierte, wie die staatlichen Subventionen flossen.

Für die Stadtteilebene lässt dies die Schlussfolgerung zu, dass einfache Ansiedlungsstrategien, die darauf beruhen, Unternehmen durch staatliche Subventionen in oder in die Nähe eines Stadtteils mit besonderem Entwicklungsbedarf zu locken, nicht automatisch als Entwicklungs- oder Wachstumsimpuls für den Stadtteil zu werten sind. Auch die Erfahrungen der GEAR-Initiative (Textbox 4) in Glasgow/UK legen diese Schlussfolgerung nahe.

Siedeln sich Stammunternehmen an oder nur Zweigstellen, in denen funktional einfache Tätigkeiten durchgeführt werden? Sind die neuen Unternehmen arbeitsplatzintensiv und die neuen Arbeitsplätze für die ansässige Bevölkerung auch (mit entsprechenden Qualifizierungsmaßnahmen) zugänglich? Finden die neuen Unternehmen in der Umgebung Zulieferer und Abnehmer, Geschäftspartner und Arbeitskräfte? Falls nicht, sind solche Investitionen nach Auslaufen der Förderung oft sehr flüchtig. Die Erfolgsbilanz der Empowerment Zones in den USA wie auch der Enterprise Zones in Großbritannien deutet auf im Vergleich zur Höhe der staatlichen Anfangsinvestition geringe private Investitionen, geringen Nutzen für die lokale Bevölkerung, die Flüchtigkeit der Privatinvestitionen nach Auslaufen der Subventionen und hohe Mitnahmeeffekte hin, wenn solchen Programmen kein ganzheitlicher, unter Kooperation aller lokalen relevanten Akteure entwickelter Ansatz, zu Grunde liegt.[38] Der deutschen Gemeinschaftsaufgabe zur Verbesserung der regionalen Wirtschaftsstruktur, deren Schwerpunkt auf der Förderung exportorientierter Unternehmen und Betriebsansiedlungen liegt, die die Stärkung der Innovationskraft vorhandener Unternehmen jedoch vernachlässigt, werden hohe Mitnahmeeffekte und geringe Multiplikatoreffekte bestätigt (Bathelt/Glückler 2002: 78). Die Wachstumspoltheorie zeigt auf, wie sich in einem Agglomerationsraum eine dynamische Entwicklung zirkulärkumulativ fortsetzt und wie sich regionale Entwicklungsunterschiede herausbilden und perpetuieren können. Sie kann jedoch eine nur unbefriedigende Antwort auf die Frage liefern, wie in entwicklungsschwächeren Regionen Entwicklung und Wachstum induziert werden kann.

4.1.2 Die Exportbasistheorie

Sind exportorientierte Tätigkeiten als höherrangig gegenüber lokal orientierter Produktion und lokal orientierten Dienstleistungen einzustufen? Dies ist die Fragestellung, die hinter der Exportbasistheorie steht. Läpple/Deecke/Krüger (1994) zeigten am Beispiel der städtischen Wirtschaft Hamburgs auf, dass ein Beschäftigtencluster, das sie als „Stadtteil-/Quartiersbezogene Betriebe" bezeichneten, in den 1980er Jahren um 5% angestiegen war und mit einem Anteil von 15,6% an den sozialversicherungspflichtig Beschäftigten im Jahre 1990 das zweitstärkste Beschäftigungssegment der Hamburger Wirtschaft bildete. Im Jahre 1997 hatten die Stadtteil- und Quartiersbezogenen Betriebe einen Beschäftigungsanteil von 16,4%. Im selben Zeitraum war die Beschäftigung nur in den überregional orientierten Teilökonomien der Großstadtdienstleistungen (1997 19,0% der Gesamtbeschäftigung), in unternehmensorientierten Dienstleistungen (1997: 12,9%) und in der Medienwirtschaft (1997: 4,1%) angestiegen, während in vielen für die Stadtwirtschaft Hamburgs traditionellen Beschäftigungsbereichen Stellen abgebaut wurden (Läpple 2001: 37).

Der Erklärungsansatz der Exportbasistheorie sieht nun die exportorientierten – außerstädtisch und außerregional orientierten – Tätigkeiten als wichtigste Determinante städtischen/regionalen Wachstums an. Der lokale Beschäftigungssektor wird als abgeleiteter Faktor aus den exportorientierten Tätigkeiten gesehen. Dieser Erklärungsansatz steht im Widerspruch zu Theorien der endogenen Entwicklung (Kap. 3.3.3), wie auch der oben stellvertretend für den Clusteransatz aufgeführten Studie von Läpple/Deecke/Krüger (1994), die zwar Interdependenzen, aber keine eindeutigen Hierarchien zwischen lokalen und exportorientierten Tätigkeiten feststellen. In der Clusterforschung wird vielmehr der Zusammenhang betont, dass die spezifischen vertikalen oder horizontalen Beziehungen zwischen Unternehmen, Institutionen und Industriezweigen an einem Ort von entscheidender Bedeutung für die überregionale/internationale Wettbewerbsfähigkeit eines Unternehmens sein können (Kap. 5.1.2). Ideologisch gesehen stellt die Exportbasistheorie

Abb. 4: Städtische Teilökonomien in der Kernstadt Hamburg.
(in Prozent der Gesamtbeschäftigung und absolut, Veränderung 1980-1997)

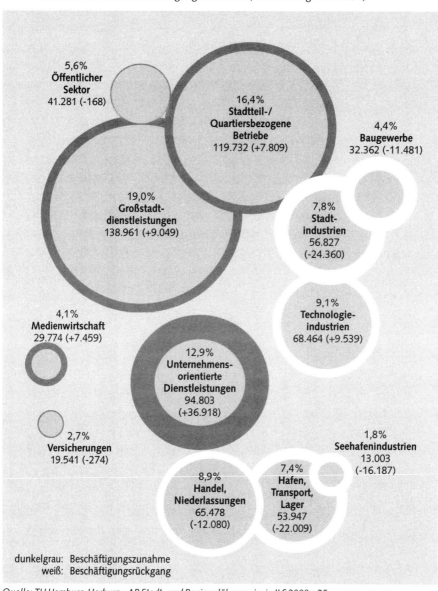

5,6%
Öffentlicher Sektor
41.281 (-168)

16,4%
Stadtteil-/ Quartiersbezogene Betriebe
119.732 (+7.809)

4,4%
Baugewerbe
32.362 (-11.481)

19,0%
Großstadt-dienstleistungen
138.961 (+9.049)

7,8%
Stadt-industrien
56.827
(-24.360)

9,1%
Technologie-industrien
68.464 (+9.539)

4,1%
Medienwirtschaft
29.774 (+7.459)

12,9%
Unternehmens-orientierte Dienstleistungen
94.803
(+36.918)

2,7%
Versicherungen
19.541 (-274)

1,8%
Seehafenindustrien
13.003
(-16.187)

8,9%
Handel, Niederlassungen
65.478
(-12.080)

7,4%
Hafen, Transport, Lager
53.947
(-22.009)

dunkelgrau: Beschäftigungszunahme
weiß: Beschäftigungsrückgang

Quelle: TU Hamburg-Harburg – AB Stadt- und Regionalökonomie, in ILS 2000c: 25

das Gegenstück zu einer Philosophie der „local economy" dar (Kap. 6.3), nach der Importe durch Produktion in den benachteiligten Regionen substituiert werden (können).

Die Exportbasistheorie unterscheidet konzeptionell zwischen exportorientierten Wirtschaftszweigen bzw. Unternehmen und solchen, die Güter und Dienstleistungen ausschließlich für den örtlichen Bedarf produzieren. Während erstere nun von entscheidender Bedeutung für städtisches Wachstum, Einkommen und Beschäftigung sind *(basic employment),* handelt es sich bei den für den örtlichen Bedarf produzierenden Betrieben *(nonbasic/local service employment)* um nachgeordnete wirtschaftliche Aktivitäten, de-

Abb. 5: Einkommenskreislauf nach dem Exportbasis-Modell

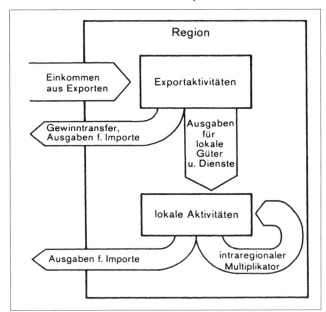

Quelle: *Schätzl 2001: 151*

ren Einkommen und Wachstum davon abhängt, was im exportorientierten Bereich erwirtschaftet wurde.

„Die Betriebe des exportorientierten Grundleistungsbereiches bilden die wirtschaftliche Basis der Stadt. Da die Einwohner einer Stadt im Allgemeinen nicht leben können 'by taking in each other's washing', sondern die erforderlichen Grundnahrungsmittel und Rohstoffe importieren müssen, sind die von den Basic-Betrieben produzierten (...) Güter von entscheidender Bedeutung für die wirtschaftliche Entwicklung der Stadt. Sie leiten einen exogen bedingten (...) Einkommensstrom in die Stadt (...)."
(Heuer 1977: 67)

Die Exportbasistheorie sieht einen „relativ festen Zusammenhang zwischen der Entwicklung der städtebildenden Wirtschaftsbereiche, also der exportorientierten Betriebe" und der Veränderung der „für den innerstädtischen Bedarf produzierenden Wirtschaftsbereiche", der sich als Multiplikator darstellen lässt (Heuer 1977: 67f.; Armstrong/Taylor 1985: 7ff, 65ff). In empirischen Überprüfungen dieser Theorie werden für unterschiedliche Wirtschaftszweige unterschiedliche Multiplikatoren verwendet. Der produzierende Bereich, Bergbau und teils auch die Landwirtschaft werden zu den exportorientierten Wirtschaftssektoren gerechnet; die Beschäftigung in anderen Sektoren (Handel, Dienstleistungen, Transport, staatliche Organisationen, etc.) meist nach Quotienten zwischen exportorientiert und lokal aufgeteilt. In entsprechende Modellrechnungen werden außerdem Variablen eingebaut, die die ökonomische Struktur und die Größe und allgemeine Struktur des betrachteten Gebietes charakterisieren.[39]

Die Argumentation, dass exportorientierte Unternehmen von entscheidender Bedeutung für städtisches Wachstum und Beschäftigung sind, hat durchaus ihre Berechtigung. Doch besteht die Problematik der Exportbasistheorie darin, die Innovationskraft und Wirtschaftsdynamik der für den lokalen Bedarf produzierenden Unternehmen und deren Bedeutung für exportorientierte Betriebe zu negieren. Die Kritik an der Exportbasistheorie (vgl. Heuer 1977: 68ff; Schätzl 2001: 153ff) bezieht sich zum einen darauf, dass keine einseitige funktionale Abhängigkeit der für den lokalen Bedarf produzierenden Betriebe von den exportorientierten besteht, sondern vielmehr eine wechselseitige Interdependenz. Zum anderen wird die Vernachlässigung der Angebotsseite kritisiert. Die Exportbasistheorie basiert in ihren Annahmen auf der neoklassischen Argumentation der wohlstandsfördernden Wirkungen des Außenhandels, vernachlässigt jedoch sowohl die

Angebotsstruktur des betrachteten Raumes als auch Wachstumsimpulse aus intraregionaler Nachfrage.

Zudem gibt es erhebliche praktische Schwierigkeiten bei der empirischen Überprüfung der Haltbarkeit der Aussagen und den entsprechenden politischen Implikationen. So leiden die entsprechenden Modelle oft darunter, dass die anspruchsvolle Konstruktion mit nur wenigen aussagekräftigen Daten gefüllt werden kann. Fällt die methodische Unterscheidung in exportorientierte und lokale Tätigkeiten schon schwer (Armstrong/Taylor 1985: 10), so sind die Interdependenzen zwischen exportorientierten und lokalen Tätigkeiten zudem abhängig von der spezifischen ökonomischen und sozialen Struktur des betrachteten Raumes, was in entsprechenden Modellrechnungen bislang nur unzureichend gelöst werden konnte. Somit lassen sich keinerlei verallgemeinernde Schlussfolgerungen aus den wenigen empirischen Befunden zur Exportbasistheorie ziehen.[40]

> *„Der praktische Erkenntniswert des Basic-Nonbasic-Konzeptes besteht vor allem darin, darauf aufmerksam gemacht zu haben, dass die überregionale Nachfrage nach regionalen Produkten starke Wachstumsimpulse auslösen kann und dass infolgedessen die interregionalen Austauschbeziehungen und die Entwicklung der Gesamtwirtschaft für die wirtschaftliche Entwicklung einer Stadt von ausschlaggebender Bedeutung sein können. Die Aussagen der Theorie gelten deshalb vor allem für kleine Wirtschaftsräume, denn je kleiner die betrachtete Region ist, desto größer ist die Bedeutung exogener Einflussfaktoren für die regionale Entwicklung."* (Heuer 1977: 72)

Die Exportbasistheorie weist darauf hin, dass insbesondere in Wirtschaftsräumen, die sich stark auf den Export einer bestimmten Produktgruppe spezialisiert haben – und dazu kann man auch strukturschwache Stadtteile rechnen, deren Entwicklung untrennbar mit einem vor Ort ansässigen Bergwerk oder einer Stahlfabrik verbunden war –, Veränderungen in der Nachfrage nach diesen Produkten unmittelbar auf den lokalen Markt und das Wirtschaftswachstum dieses Raumes durchschlagen. Je kleiner und spezialisierter der Wirtschaftsraum, desto stärker spürbar sind diese Prozesse.

Im Stadtteilkontext lässt sich der Exportbegriff nicht wortwörtlich anwenden, aber die Übertragung fällt leicht. Für die Strategieentwicklung in strukturschwachen Stadtteilen hieße das, solche Betriebe zu fördern, die nicht auf die lokale Klientel angewiesen sind, sondern deren Kunden- und Lieferantenbeziehungen hauptsächlich aus dem Stadtteil herausführen (der lokale Einzelhandel oder lokale Dienstleistungen zählten somit nicht zum Förderkreis)[41]. Wenn solche Betriebe boomen, haben sie einen zusätzlichen Bedarf an Zulieferern, Dienstleistern und Arbeitskräften, der wiederum potentiell dem Stadtteil zugute kommen kann. Diese Überlegungen sind nachvollziehbar; aber auch durch eine Reihe von Einwänden einzuschränken. Im Sinne eines Nutzen für die Stadtteilbevölkerung und ansässige kleine und mittlere Unternehmen sind potentielle Trickle-Down-Effekte und symbolische Effekte (Imageverbesserung) zu erwarten, weil es eher unwahrscheinlich ist, dass die lokalen Qualifikationen mit dem Bedarf der exportorientierten Unternehmen zusammentreffen („mis-match"). Und zum anderen lässt sich empirisch nicht nachweisen, dass eine Strategie, die auf die Rekrutierung und Förderung von exportorientierten Betrieben setzt, erfolgreicher als eine Strategie ist, die auf endogen erzeugtes Wachstum setzt. Die empirischen Befunde zur Frage, ob neu rekrutierte Betriebe, insbesondere Niederlassungen oder Neugründungen von ausländischen Investoren, tatsächlich stärker als bestehende Betriebe dazu neigen, ihren Bedarf nicht lokal zu decken, sind widersprüchlich (vgl. Rainey/McNamara, o.J.). Modellrechnungen der Exportbasistheorie zeigen, dass der Unterschied zwischen neu rekrutierten Betrieben und der Expansion ansässiger Betriebe in den Auswirkungen auf neue Beschäftigung in den lokal orientierten Wirtschaftszweigen zwar vorhanden, aber nicht sehr hoch ist. Zumindest deuten die gefundenen Unterschiede nicht darauf, dass eine verstärkte Politik der Rekrutierung von Unternehmen von außen erfolgreicher ist als eine Politik, die auf die Expansion der regionalen endogenen Potentiale zielt.

Natürlich wird die Ansiedlung von exportorientierten neuen Unternehmen auf Stadtteilebene als Erfolg zu werten sein. Die professionellen Stadtteilakteure sollten bei Bekannt werden anstehender Investitionen in dem Stadtteil frühzeitig mit dem Investor in Verbindung treten, um darauf hinzuwirken, dass der Bedarf an Gütern und Arbeitskräften zu einem größtmöglichen Anteil vor Ort gedeckt wird. Ein weiterer wichtiger Ansatzpunkt im Rahmen einer lokalökonomischen Strategie besteht darin, die Verflechtungs- und Zulieferbeziehungen von erfolgreich „exportorientierten" Unternehmen mit den im Stadtteil vorhandenen Potentialen zu verstärken und zu optimieren. Ob ein Bedarf von Haushalten oder Wirtschaftsbetrieben lokal gedeckt wird, hängt aber andererseits auch von der Vielfalt und der Anzahl entsprechender Geschäfte und Betriebe vor Ort ab. Für manche Stadtteile wird das Potential zur lokalen Bedarfsdeckung ausbaubar sein (Stadtteilführer, lokale Unternehmertreffen, etc.), für andere nur in geringem Maße.

Bei der Ansiedlung und der Förderung von exportorientierten Unternehmen müssen Fragen des Zugangs (der Stadtteilbevölkerung zu den Arbeitsplätzen), der Verknüpfung (mit den ansässigen Betrieben) und der lokalen Einbindung konsequent mitgedacht werden. Die Lösung besteht immer aus einer Doppelstrategie: Den potentiellen Zugang zu Arbeitsplätzen und Investitionen im Stadtteil durch die Ansiedlung von exportorientierten neuen Unternehmen zu fördern *und* die Innovationskraft der lokal verankerten Unternehmen vor Ort zu fördern.

4.2 Produktionsfaktoren und räumliche Entwicklung

In diesem Unterkapitel steht im Mittelpunkt, inwieweit sich Entwicklungen in erneuerungsbedürftigen Stadtteilen aus veränderten Anforderungen von Unternehmen an Produktionsfaktoren erklären lassen. Es werden zunächst die Faktoren erläutert, die nach der traditionellen Standortbestimmungslehre Standortwahl und betriebliche Entwicklung beeinflussen; danach werden neuere Ansätze zur Erklärung der Standortwahl vorgestellt. Das Unterkapitel beschäftigt sich im Folgenden insbesondere mit Standortwahl und betrieblicher Entwicklung von Klein- und Kleinstunternehmen. Abschließend wird diskutiert, welche kommunalen und staatlichen Einflussmöglichkeiten zur Beeinflussung der Standortqualität existieren.

4.2.1 Standortentscheidung und betriebliche Entwicklung an einem Standort

Die einzelbetriebliche Standortbestimmungslehre befasst sich mit der Frage, an welchen Standorten sich bestimmte Unternehmen niederlassen. Die neoklassischen Theorien gingen davon aus, dass Unternehmen den für ihren Betrieb „idealen Standort" suchen und diese Wahl nach objektiven, rationalen Kriterien treffen.[42] Verhaltenswissenschaftliche Ansätze (behavioural economics) stellen demgegenüber fest, dass die Standortwahl nicht nur vom Informationsstand und den unternehmerischen Fähigkeiten des Managements, sondern auch von subjektiven und persönlichen Faktoren abhängig ist (vgl. dazu den Ansatz von Pred sowie von Schmenner nach Schätzl 2001: 59ff bzw. Maier/Tödtling 2001: 28). Standorttheorien beschäftigen sich überwiegend mit der Ansiedlung von Betrieben, aber weniger mit den Verbleibsmotiven und der Persistenz von Betrieben auch an Orten, die nach den Theorien mittlerweile suboptimal geworden sind. In der Tat ist die Mobilitätsbereitschaft von Betrieben gering, was die Aussagekraft von Theorien über den „optimalen" Standort von Unternehmen in gewisser Weise einschränkt. [43]

Zur Erklärung von Standortentscheidungen werden die Standortfaktoren herangezogen. Zu Zeiten der frühen Standorttheorien (vgl. Weber 1914) waren dies die Faktoren Boden, Arbeit, Transport und Kapital, die eine Unternehmerentscheidung beeinflussten. Heute werden sie durch Infrastrukturgesichtspunkte und Agglomerationsvorteile, soziokulturelle und institutionelle Faktoren erweitert (vgl. Schätzl 2001: 34ff; Maier/Tödtling 2001a: 22; Grabow/Henkel/Hollbach-Grömig 1995), aber auch in ihrer qualitativen Ausprägung differenziert. So ergänzen etwa Lebensqualität, institutionelle Kapazität, Unternehmenskultur, Identität und Image die traditionellen Faktoren zur Erklärung ökonomischer Entwicklung (Infrastruktur, Arbeitskräfte, Kapital und Finanzen, Wissen und Technologien, Wirtschaftsstruktur), auch wenn die soziokulturellen und institutionellen Faktoren in der Wissenschaft bislang unterschiedlich zu den traditionellen Faktoren gewichtet werden. Es gibt Belege dafür, dass für Betriebe oder Abteilungen mit hoher Wertschöpfung die qualitativen Komponenten der klassischen Standortfaktoren ausschlaggebend sind, wenngleich etwa Wong (1998: 188) von einer in einigen Studien empirisch nicht haltbaren „fantasy of high-tech development and the quality of life syndrome" spricht. Gleichwohl sind für bestimmte Betriebs- und Branchentypen nicht alleine die klassischen Produktionsfaktoren ausschlaggebend, sondern die Qualität des Arbeitskräfteangebots, die Nähe zu leistungsfähigen Forschungs- und Bildungseinrichtungen, die Qualität der regionalen und städtischen Infrastruktur, die Vielfalt der unternehmensspezifischen Kontaktmöglichkeiten in Agglomerationsräumen oder auch die Wohn- und Freizeitattraktivität eines Standortes für die Arbeitnehmer/-innen (vgl. Sternberg 1998: 62ff; Grabow/Henkel/Hollbach-Grömig 1995).

Die traditionelle Standortbestimmungslehre unterscheidet häufig zwischen Faktoren, die über den Gütereinsatz (Input) und über den Absatz (Output) standortbestimmend wirken (vgl. Behrens 1971; Schätzl 2001: 32; Maier/Tödtling 2001: 21, 39).[44] Auf der Inputseite können die Verfügbarkeit und Qualität von Arbeitskräften, die benötigten Räumlichkeiten, Anlagegüter, Dienstleistungen anderer Unternehmen, Materialien und Waren,

Kreditgeber, aber auch die Leistungen der Gebietskörperschaften (Entgelte, Steuererleichterungen) bei der Standortwahl eine Rolle spielen. Eine Reihe dieser Inputgüter sind allerdings heute in Deutschland fast ubiquitär, das heißt, in beliebiger Menge und Qualität und zu gleichen Kosten an allen Orten verfügbar, was für eine zunehmende Standortungebundenheit der (niedrigproduktiven) Unternehmen spricht. Was als ubiquitäre Güter gilt, ändert sich mit dem wirtschaftlichen Strukturwandel im Laufe der Zeit. Porter (1990) unterscheidet generalized factors zu denen ein effektives Verkehrsnetz, die Verfügbarkeit von Hochschulabgängern oder die Ausstattung mit bestimmten Technologien gehören, von specialized factors. Diese sind oft nur für einen bestimmten Industriezweig von Bedeutung, z.B. eine bestimmte Anzahl von hochspezialisierten Arbeitskräften in einer Region, ein Hafen der auf bestimmte spezielle Anforderungen ausgerichtet ist, eine hochentwickelte Wissensbasis in einem bestimmten Bereich. Eine zweite Unterscheidung nimmt Porter (1990: 76ff) zwischen Basisfaktoren (basic factors), die im wesentlichen in einem Gebiet vorhanden bzw. keiner besonderen Investition zu ihrer Nutzung bedürfen, und advanced factors, die auf einer oft langen und anhaltenden Investition in das Kapital eines Landes oder einer Region beruhen (beispielsweise der Investition in hochwertige Ausbildungsgänge, wissenschaftliche Expertise) vor. Unternehmen mit einer hohen Wertschöpfung suchen oft sehr spezifische und schwer quantifizierbare Qualitäten in Bezug auf Arbeit, Fläche oder Dienstleistungen anderer Unternehmen. Solche Betriebe haben dann durchaus ein „enges Beschaffungsgebiet", wenn auch in einem übertragenen Sinne.

Die *neueren Ansätze zur Erklärung von Standortwahl* gehen davon aus, dass nicht einzelne Produktionsfaktoren für den unternehmerischen Erfolg entscheidend sind, sondern vielmehr die Art ihres Zusammenspieles, ihre Nutzung und Reproduktion an bestimmten Orten. Somit gibt es keine determinierte „feste" Masse von Produktionsfaktoren, sondern wichtig ist vielmehr in welcher Form Unternehmen und die öffentliche Hand die vorhandenen Faktoren aktiv weiterentwickeln, deren Produktivität erhöhen und neue Faktoren schaffen. So folgert auch Porter (1998: 8):

> „Factor inputs themselves are abundant and readily accessed via globalization. Prosperity depends on the productivity with which factors are used and upgraded in a particular location."

Die wichtigsten Produktionsfaktoren werden somit innerhalb einer Region „geschaffen". Die Kosten von Faktoren sind damit nur noch ein kleiner Teil dessen was einen Standort ausmacht. Von dieser These gehen auch die sogenannten strukturellen Ansätze (Scott 1988; Storper/Walker 1989) der Standortbestimmungslehre aus, die die Rolle von Unternehmen, staatlicher Politik und lokal regulierten Konflikten zwischen Kapital und Arbeit in diesem Prozess betonen (Maier/Tödtling 2001a: 38). Nicht was vorhanden ist, sondern in welcher Geschwindigkeit Faktoren geschaffen und auf die Bedürfnisse bestimmter Industriezweige hin weiterentwickelt und spezifiziert werden, wird bedeutend. Neuere Ansätze zur Standortbestimmungslehre betonen somit die wechselseitigen Prägungen zwischen Unternehmen und Standorten.

In Bezug auf die Fragestellung der vorliegenden Arbeit interessiert insbesondere, was die Standortwahl bzw. den Standortverbleib von Unternehmen in erneuerungsbedürftigen Stadtteilen beeinflusst. Diese Aspekte stehen im Folgenden im Vordergrund.

4.2.2 Kleinunternehmen und Standortwahl

Der Stadtteilkontext spielt für heutige Großunternehmen überwiegend keine Rolle, so dass wir uns hier mit der Standortwahl und der betrieblichen Entwicklung von Klein- und Kleinstunternehmen beschäftigen. Was zu Beginn dieses Kapitels bereits erwähnt wurde, trifft auf Kleinunternehmen in besonderer Weise zu: Standortentscheidungen werden oftmals nach subjektiven Kriterien getroffen und Informationsstand und unternehmerische Fähigkeiten lassen eher eine pragmatische denn eine optimale Standortwahl erwarten. Zudem ist die Mobilitätsbereitschaft von Kleinunternehmen sehr gering, was positive wie negative Aspekte im Hinblick auf lokalökonomische Strategien hat. Es bedeutet nicht nur, dass das Verlagerungspotential für Neuansiedlungen von Kleinunternehmen gering ist, sondern auch, dass ansässige Kleinunternehmen an einem Standort verharren. Sie verbleiben unter Umständen auch dann noch an einem Standort, wenn keine einzelbetriebliche Rentabilität mehr gegeben ist.

Tabelle 5: Kleinbetriebe: Standort-Potentiale und Gefahren

Potentiale für die Stadtteilentwicklung	Gefahren
• Hohes Maß an interner Kontrolle. Strategische Entscheidungen werden zumeist mit Einbindung der lokalen Beschäftigten oder lokaler/regionaler Entscheidungsträger getroffen.	• Der tägliche Betrieb steht im Vordergrund: wenig Zeit für mittel- und langfristige Planung (späte Einführung neuer Technologien, keine systematische Suche nach neuen Märkten, usw.)
• Standortentscheidungen werden seltener gefällt als in Großunternehmen	• Standortentscheidungen werden seltener gefällt als in Großunternehmen
• Hohe Stabilität und Persistenz (im Sinne von Überlebensfähigkeit)	• Keine systematische Informationsverarbeitung und -suche
• Potential für zusätzliche Beschäftigung (insb. im Dienstleistungssektor)	• Oftmals keine systematische Netzwerkpflege (Messebesuche, Unternehmensverbände, etc.)
• Flexible Organisationsstruktur	
• Informationssuche (Arbeitskräfte, Geschäftsbeziehungen, Standort) oft auf das lokale/regionale Umfeld des Wohn- und Arbeitsortes der Unternehmerin/ des Unternehmers beschränkt, da hier wirtschaftliche und soziale Beziehungen (oft informeller Art) am dichtesten sind	
• Standort wird häufig in Nähe des Wohnortes gesucht, familiäre und soziale Bindung an den Arbeitsort	

Quelle: Schematische Darstellung auf der Basis von Maier/Tödtling 2001a: 73ff; eigene Ergänzungen

Nach Maier/Tödtling (2001: 73) treffen

„Kleinunternehmen (...) nur in sehr eingeschränktem Maße explizite Standort-entscheidungen. Sie sind bezüglich ihrer Generierung und Dynamik in hohem Maße von ihrem standörtlichen Umfeld, dem lokalen Milieu, abhängig."

Eigene Erhebungen im Stadtteil Gelsenkirchen-Bismarck/Schalke-Nord (Weck/Wewer 1997: 24) bestätigen diese Einschätzung.

„Auf die Geschäftsidee und den Standort werden die Geschäftsleute vorwiegend durch Bekannte aufmerksam gemacht und von ihnen empfohlen: Man vertraut seinen ‚eigenen' Fachleuten (z.B. Steuerberater) und ‚springt lieber mal ins kalte Wasser'. Bei den befragten Einzelhändlern prüfte nur ein Ladenbesitzer vor der Übernahme eines Geschäftes genau den Standort, indem er eine Kundenzählung vornahm und den Einzugsbereich des Ladens analysierte, um daraus die Geschäftsaussichten abschätzen zu können."

Kleinstunternehmen im Sinne von Ein-Mann- bzw. Ein-Frau-Unternehmen sind – weil hohe Sachinvestitionen bei der Betriebsgründung in der Regel gescheut werden – weniger an einen bestimmten Standort gebunden, sind aber in Gründung und Entwicklung vom Umfeld abhängig. Neugründungen von Unternehmen finden überwiegend im vertrauten Umfeld statt, was die Standortwahl von vornherein konditioniert. So finden Unternehmensgründungen vorwiegend dort statt, wo Existenzgründer vorher bereits arbeiteten und lebten (Bathelt/Glückler 2002: 203). In vielen Fällen ist die Standortwahl im Rahmen des Lebens-, Arbeits- und Erfahrungshintergrundes des Gründers vorgegeben und kein davon unabhängiger rationaler Entscheidungsprozess.

„Gründungen haben eine Vorgeschichte. Sie basieren auf Erfahrungen und Lernprozessen, die ein Gründer in der Vergangenheit erlebt hat. Die daraus gewonnenen Erkenntnisse sind eng mit der Technologie verknüpft, mit der sich der Gründer in seiner Ausbildung und seiner bisherigen Arbeit beschäftigt hat. Die Erkenntnisse sind das Ergebnis von engen Kommunikationsprozessen mit Kollegen vor Ort und mit Personen aus anderen Unternehmen und Institutionen (z.B. Zulieferern, Kunden, Universitäten). Die Gründungsidee basiert auf sozialen und ökonomischen Beziehungen und Prozessen, die dort verankert sind, wo die Unternehmensgründer arbeiten, leben und lernen. Die Standortwahl einer Neugründung ist deshalb zumeist von Anfang an vorgegeben." (Bathelt/Glückler 2002: 207).

Innerhalb dieses Kontextes kann die spezifische Ausprägung bestimmter Standortfaktoren Existenzgründerinnen durchaus in erneuerungsbedürftige Stadtteile ziehen. Alte Gebäude oder Industriehallen mit Charme oder auch unaufwendig hergerichtete Flächen können Betriebe in der Gründungsphase anziehen. Das ausschlaggebende Argument ist hier entweder der Preis, die besondere Ausstrahlung einer Fläche oder Räumlichkeit, die Nähe zu einer spezifischen Konsumentengruppe oder auch die Nähe zur Wohnung und die persönliche Verbundenheit von Existenzgründer oder Existenzgründerin mit dem Ort.

Gründungen, die auf eine schmale Marktnische ausgerichtet sind und/oder deren langfristige Tragfähigkeit noch nicht sicher scheint, suchen oftmals erschwingliche, unprätentiöse und leicht zugängliche bzw. kündbare Räumlichkeiten (Textbox 5).[45]

Auch wenn die meisten Standortanalysen dies oftmals nur unzureichend konzeptionalisieren, ändert sich die Bedeutung von Standortfaktoren im Laufe des Unternehmenszyklus. Während staatlicher und kommunaler Einfluss (z.B. wirtschaftsfreundliche Haltung und Arbeitsweise der Kommune) bei anstehenden Standortentscheidungen nach empirischen Untersuchungen nur selten eine Rolle spielen und eher subsidiären Charakter haben, wird von den Unternehmen wirtschaftsfördernden Maßnahmen der Kommune oder des Staates als Faktor der betrieblichen Entwicklung (am bestehenden Standort) eine höhere Bedeutung eingeräumt (siehe Tengler 1989: 82, 92).[46]

Dies gilt noch mehr für junge Unternehmen. Existenzgründer und Unternehmen in der Starterphase sind diejenigen, die häufig am aufgeschlossensten gegenüber externen Beratern sind, die ihnen einen Überblick über Programme und Fördermöglichkeiten, aber auch konkrete Orientierung in rechtlichen und unternehmensbezogenen Aspekten bieten können. Sie liefern zumeist den höchsten „return" aus einem Beratungsangebot (siehe Raco/Kintrea/Turok 2000). Solche Unternehmen zu fördern und sie, soweit möglich, auch bei Erweiterungen am Standort zu halten, ist eine Aufgabe, der die Kommune hohe Aufmerksamkeit zukommen lassen sollte.

Ein Betrieb, der ehemals an einem optimalen Standort gegründet wurde, kann durch Änderungen auf der Gütereinsatz- wie auf der Güterabsatzseite Einbussen am Standort erleiden, die ihn bis in die Verlustzone führen. So kann die Abwanderung bestimmter Bevölkerungsschichten oder auch die unmittelbare Konkurrenz mit preisagressiv arbeitenden Konzernen dazu führen, dass (Einzelhandels-)Betriebe über die Jahre hinweg immer weniger rentabel arbeiten (Kap. 4.3).

Gründe, die dazu führen, dass der Unternehmer oder die Unternehmerin den Standort durch Umzug nicht optimiert oder am bestehenden Standort die Produktion oder das Sortiment wechselt, können darin liegen, dass etwa die Unternehmerpersönlichkeit zu alt oder zu unflexibel ist, ein unternehmerisches Risiko einzugehen, oder dass die Betriebsstätte mit dem Wohnort verbunden ist, der Komplex sich im Eigentum befindet und sich für andere Nutzungen nur bedingt eignet. Und schließlich sind mit jeder Standortverlagerung bzw. Sortimentsveränderung auch Kosten verbunden. In strukturschwachen Stadtteilen finden sich oftmals Betriebe, bei denen die Produktion oder der Handel am Standort sich eigentlich nicht mehr lohnen, die Unternehmenstätigkeit aber zwecks Mangel an Alternativen der Erwerbstätigkeit fortgeführt wird. Oftmals verdeutlichen die lieblosen oder verstaubten Schaufensterdekorationen auf den ersten Blick die mangelnde Fähigkeit zur Innovation.

Wenn Unternehmen in ihrer Rentabilität zunehmend gefährdet sind, stellen sich ihnen eine Reihe von Alternativen. Sie können (1) einen neuen Standort suchen. Insbesondere bei hohen Investitionen in das Sachkapital des Betriebes oder bei Betrieben im Familienbesitz wird diese Entscheidung jedoch reiflich überlegt und hinausgezögert werden. Kleinunternehmen werden vermutlich eher – und meistens „aus dem Bauch heraus" – Teilanpassungen vornehmen. Sie können (2) ihre Angebotspalette variieren, um sich einer veränderten Nachfragestruktur anzupassen. Sie können (3) Kapazitätsengpässe aufspüren und zu beseitigen versuchen, um konkurrenzfähiger zu produzieren. Oder sie können (4) eine innerbetriebliche Aufgabenteilung vornehmen, den Standort spalten und eine Zweigstelle errichten. Sie können aber auch (5) weiter am Standort verharren ohne Änderungen in der Angebotsstrategie, der Unternehmensstruktur oder dem Standort vorzunehmen – bis zur Schließung. Alle diese Verhaltensweisen finden wir bei Unternehmen in Stadtteilen mit besonderem Erneuerungsbedarf.

4.2.3 Kommunale oder staatliche Beeinflussungsmöglichkeiten

Wie kann kommunale oder staatliche Intervention die Standortqualität an einem Ort, sprich in strukturschwachen Stadtteilen, verbessern? Unternehmen haben unterschiedliche Anforderungen an ihren Standort, je nach funktionaler Tätigkeit und Position im Unternehmenszyklus (Gründung, Festigung, Expansion, Niedergang). Damit sind nicht nur unterschiedliche Standortanforderungen und Absatzchancen, sondern auch unterschiedliche staatliche Fingriffs- und Unterstützungsmöglichkeiten verbunden.

Die Standortmobilität von Unternehmen – also die Masse aus der sich Verlagerungen von Unternehmen speisen können – sollte nicht überschätzt werden. Staatliche bzw. kommunale Strategien zur ökonomischen Stadtteilentwicklung werden sich daher überwiegend auf die Förderung von Unternehmensgründungen und die Festigung von bestehenden Unternehmen konzentrieren müssen.

Es wurde im vorangegangenen Text bereits festgestellt, dass junge Unternehmen externen Beratungsangeboten an einem Standort am aufgeschlossensten gegenüberstehen. Aber auch ansässige Betriebe, die in ihrer Erlössituation auf den Stadtteilmarkt essentiell angewiesen sind, sind normalerweise solchen Angeboten gegenüber aufgeschlossen und sind gleichzeitig eine wichtige Stütze der weiteren Entwicklung des Stadtteiles.

Zu den stabilen Betrieben in strukturschwachen Stadtteilen zählen eine Reihe von Geschäften, die mit Gütern des täglichen Bedarfs handeln und die oftmals auf einen festen Kundenstamm im Stadtteil zählen können, wenn sie flexibel auf veränderte Kundenanforderungen und Veränderungen der Nachfrage reagieren. Dazu zählen erweiterte Kioske und Zeitschriftenläden, Bäckereien, Metzgereien, Gemüse- und Obstläden wie auch teilweise Supermarktfilialen und Drogerieketten. Es sind oftmals „Kontaktzentralen" und Orte, an denen nicht nur eingekauft wird, sondern der Plausch und der soziale Kontakt wichtiger Bestandteil des Einkaufens sind – die Geschäfte somit auch eine soziale Funktion im Stadtteilgefüge haben.

Zu den stabilen Betrieben sind aber auch solche Betriebe zu zählen, die zwar ihren Sitz im Stadtteil haben, deren Absatzmarkt und Erlössituation jedoch fast ausschließlich von stadtteilexternen Faktoren bestimmt wird. Dazu können beispielsweise Handwerksbetriebe im holzverarbeitenden oder metallverarbeitenden Bereich oder Unternehmenssitze von Gesundheitsdienstleistungen zählen. Für diese Betriebe ist der Stadtteil nur peripher oder mittelbar von Bedeutung, etwa wenn sich das Image des Stadtteils oder seine Außenwirkung negativ auf Kundenbesuche oder die Unternehmensdarstellung auswirken.

Geographisches Institut
der Universität Kiel

In der bisherigen Argumentation wurde bereits deutlich, dass nicht einzelne Produktionsfaktoren die Standortqualität prägen, sondern vielmehr das Zusammenspiel von Standortfaktoren und ihre Reproduktion durch Unternehmen und öffentliche Hand.

Standortqualität lässt sich nur in enger Kooperation mit den Unternehmen vor Ort definieren und entwickeln. Es liegt nahe, dass die Bereitschaft, aktiv an der Verbesserung des Stadtteiles und des Produktionsumfeldes mitzuarbeiten, zunimmt, je stärker die Unternehmen auf die Erlössituation im Stadtteil angewiesen sind. Die ersteren, stadtteilbezogenen Unternehmen sind überwiegend gegenüber wirtschaftsfördernden kommunalen Tätigkeiten aufgeschlossen und sind auch bereit, sich an der Entwicklung des Stadtteiles zu beteiligen, weil dies ihre Geschäftsgrundlage verbessert. Betriebe für die der Stadtteil nur peripher von Bedeutung ist, werden eher punktuell oder symbolisch (soziales Sponsoring, Praktika für Schulabgänger/innen, etc.) zur aktiven Beteiligung zu gewinnen sein.

Moderne Produktionsmethoden erfordern mehr Fläche, viele Industriebetriebe ziehen deshalb nach einer gewissen „Reifezeit" von der Stadt in die Region, sofern die Flächen dort günstiger und unproblematisch verfügbar sind sowie die verkehrliche Anbindung für die Arbeitskräfte bzw. die An- und Ablieferung gut ist. Im Prinzip können solche „reifen" Betriebe sich natürlich auch auf den brachgefallenen Flächen der Großindustrie in den vom Strukturwandel benachteiligten Stadtvierteln ansiedeln, wenn Preis und Angebot auf diesen Flächen konkurrenzfähig mit dem Angebot im Umland sind. Allerdings können solche Ansiedlungen aus stadtplanerischer Sicht konfliktbehaftet sein bzw. bedürfen der sorgfältigen Abwägung mit anderen Interessen, wenn sie die verkehrliche Situation und die Umweltqualität im Stadtteil belasten.

Der direkten Beeinflussung des vorhandenen Produktionspotentials vor Ort durch den Staat oder die Kommune sind enge Grenzen gesetzt. Produktionsfaktoren wie das Arbeitskräfteangebot sind eher regional zu sehen. Auf Stadtteilebene können allerdings Flächenbereitstellung und Qualität angebotener Flächen und Räumlichkeiten beeinflusst, Verkehrs- und Kommunikationsinfrastruktur verbessert, die Qualität des lokalen Arbeitskraftangebotes angehoben, Absatz- und Beschaffungsmarkt (z.B. kommunal oder staatlich geförderte Verbünde) beeinflusst sowie Beratungen und Qualifizierungen im Bereich unternehmerischer Qualifikationen angeboten werden.

Unternehmen können zudem geschult werden auf veränderte Nachfragestrukturen vor Ort zu reagieren und ihre Angebotspalette attraktiver und differenzierter an potentieller Nachfrage auszurichten. Die Kommune kann in enger Kooperation mit den Unternehmen Qualifizierungs- und Bildungsmaßnahmen für die lokale Bevölkerung durchführen. Zudem kann eine Kommune Mittlerstellen einrichten oder fördern, die den Informationsfluss zu Unternehmen und Bewohnerinnen und unter Unternehmen auf Stadtteilebene erhöhen. Durch öffentliche Intervention können Interessensgemeinschaften zwischen den örtlichen Betrieben gefördert und Agglomerationsvorteile intensiviert werden. Mögliche weitere öffentliche Maßnahmen, mit denen in Deutschland bislang wenig experimentiert wurde, die aber auch sorgfältiger Abwägung bedürfen, um Mitnahmeeffekte oder Marktverzerrungen gering zu halten (vgl. Endnote 38), sind zudem die Vergabe von langfristigen, zinsverbilligten Krediten (siehe dazu Glasgow-Govan), preisermäßigte Grundstücke, Bürgschaftsübernahmen oder Liquiditätshilfen.

Damit wurden bislang die sogenannten traditionellen Standortfaktoren und deren Beeinflussungsmöglichkeiten angesprochen. Lebensqualität und institutionelle Kapazität, Unternehmenskultur, Identität und Image sind Standortfaktoren, die schwerer zu beeinflussen scheinen, die aber – wenn ökonomische Entwicklung und soziale Entwicklung als voneinander abhängig begriffen werden, wie das Beispiel der Standortwahl von Unternehmensgründungen bereits zeigte – in der Strategieentwicklung besonderen Stellenwert einnehmen.

Das Zusammenwirken von Unternehmen und Kommune um vorhandene Faktoren zu verbessern oder neue zu schaffen – gerade in der Förderung spezifischer Standortqualitäten – ist conditio qua non für den Erfolg derartiger Maßnahmen. Die Handlungsmöglichkeiten der Kommune bzw. der Stadtteilmanager (wie später in Kap. 7 argumentiert wird) liegen vor allem darin, Verknüpfungen und Vernetzungen zu organisieren und in eine förderliche institutionelle Umgebung zu investieren.

4.3 Veränderung von Absatz und Nachfrage am Ort

4.3.1 Das Absatzpotential an einem Ort

Regionale oder lokale Absatzgesichtspunkte spielen heutzutage weder für Industriebetriebe, im Großhandel oder bei Transportbetrieben eine bedeutsame Rolle.[47] Im Einzelhandel bzw. beim dienstleistenden Handwerk wie auch bei personenbezogenen Dienstleistungen, die räumliche Nähe erfordern, stellt sich die Situation anders dar. Der Absatzradius ist bei den Unternehmen, die an Verbraucherhaushalte liefern, enger und die Stadtteilebene kann durchaus einen beträchtlichen Anteil der erwirtschafteten Umsätze erreichen (Kap. 2.3). Solche Unternehmen sind vom lokalen Markt abhängiger als Betriebe die einen regionalen oder internationalen Markt versorgen. Einkäufe in unmittelbarer Nähe zum Wohnort werden vor allem dann getätigt, wenn geringe Einkaufswerte mit hoher Einkaufsfrequenz korrespondieren. Aber auch zur Deckung des kurzfristigen Bedarfs, das heißt, wenn die Zeit zur Deckung des Bedarfs ein kritischer Faktor ist (siehe Behrens 1971: 68ff).

Nach der herkömmlichen Standortlehre ergibt sich das Absatzpotential an einem Ort aus der Absatzmenge und den Absatzpreisen. Zu den Faktoren, die das Absatzpotential nach den traditionellen Ansätzen beeinflussen, zählen in erster Linie der Bedarf und die Kaufkraft an einem Ort sowie die Konkurrenzsituation im Absatzgebiet (siehe Behrens 1971: 41ff; Schätzl 2001: 34).

Der Bedarf ist nach den traditionellen Ansätzen abhängig von der Zahl der Bedarfsträger und der Bedarfsintensität. Bei Verbraucherhaushalten bestimmt sich die Zahl der Bedarfsträger aus der Einwohnerdichte, der Passantendichte, der Bevölkerungsstruktur der Einwohner bzw. Passanten im Absatzgebiet nach Alter, Geschlecht, Beruf, Einkommen usw. und schließlich den Verbrauchsgewohnheiten der Bevölkerung im Absatzgebiet. Die zweite Komponente des Bedarfs, die Bedarfsintensität, ist unabhängig von der Einwohner- und Passantendichte, aber wird bestimmt durch die Bevölkerungsstruktur im

Absatzgebiet und die Verbrauchsgewohnheiten. Dies gilt für alle Unternehmungen mit engen Absatzradien, die an Verbraucherhaushalte liefern. Für Unternehmen die ihrerseits an Betriebe liefern, ist die Zahl der Unternehmen, die als potentielle Käufer zu betrachten sind, und – im Sinne der Bedarfsintensität – deren Leistungskapazität und -eigenarten relevant.

Des Weiteren spielt die *Kaufkraft* eine Rolle. Das Einkaufspotential, soweit es sich um Verbraucherhaushalte handelt, wird bestimmt durch das Einkommen. In den Wirtschaftswissenschaften finden sich zwei Konzepte zur Erklärung des Zusammenhangs zwischen Einkommen und Nachfrage. Zum einen die Annahme, dass bestimmte Güter (insbesondere des gehobenen und des Luxusbedarfs) erst ab einem gewissen Einkommensniveau erworben werden können. Und zudem – nach dem Engelschen Gesetz – so genannte Grundgüter ab einem bestimmten Einkommensniveau nicht nur relativ, sondern auch absolut weniger nachgefragt werden, da sie durch höherwertige Güter derselben Kategorie ersetzt werden (z.B. Brot durch Baguette, Brötchen, Süßwaren, etc.). Zum zweiten findet sich die Annahme, dass sich die Nachfrage nach einem Gut prozentual mit einer Einkommenssteigerung oder einem -Rückgang ändert, was als Einkommenselastizität bezeichnet wird. Eine hohe Elastizität bedeutet, dass die Nachfrage nach einem Gut prozentual stärker als das Einkommen ansteigt. Die Einkommenselastizitäten sind unterschiedlich für unterschiedliche Güter und variieren in Abhängigkeit vom Einkommen.

In den Marktsondierungen von Unternehmen spielt das Einkommensniveau im potentiellen Absatzgebiet eine entscheidende Rolle, insbesondere wenn es sich um die Vermarktung und den Verkauf von Gütern des gehobenen Bedarfs handelt. In Stadtteilen mit einem überdurchschnittlich hohen Einkommensniveau vermuten Fachgeschäfte ein höheres Absatzpotential als in Stadtteilen mit einem unterdurchschnittlichen Einkommensniveau. Allerdings resultiert die Nachfrage nach Gütern des gehobenen Bedarfs – im Gegensatz zu Gütern des täglichen Bedarfs – nicht nur oder hauptsächlich aus dem lokalen, stadtteilbezogenen Absatzmarkt. Lagefaktoren und Marketing des Betriebes spielen eine ebenso große Rolle.

„Allgemein bieten reiche Gebiete mit hohem Einkommensniveau und guten Kapital- und Liquiditätsverhältnissen bessere Absatzmöglichkeiten als arme Landstriche oder Notstandsgebiete, da bei der Mehrzahl der Güter die Nachfrage mit steigendem Einkommen zunimmt. Die Standortwahl in kaufkraftstarken Gegenden ist jedoch vor allem für Betriebe notwendig, deren Absatzleistungen der Deckung des gehobenen Bedarfs dienen, also teure oder gar luxuriöse Varianten der betreffenden Leistungsgattung darstellen. Für derartige Güter mag zwar auch in einkommensschwachen Gebieten Bedarf bestehen, jedoch wird die Nachfrage infolge Kaufkraftmangels gering bleiben. Anders ist die Sachlage, wenn Leistungen angeboten werden, bei denen die Nachfrage mit steigenden Einkommen zurückgeht ('inferiore' Güter). Für den Absatz billiger Massenware bieten sich gerade Areale mit geringerer Kaufkraft als vorteilhaft an. Betriebe schließlich, die Leistungen erstellen, bei denen die Nachfrage weder positiv noch negativ mit dem Einkommen der Käufer korreliert, sondern relativ einkommensunelastisch ist,

sind in ihrer Standortwahl von den regionalen Kaufkraftverhältnissen weitgehend unabhängig." (Behrens 1971: 77)

Porter allerdings entwickelt einen ganz anderen Standpunkt und sieht in erneuerungsbedürftigen Gebieten – er analysiert dies am Beispiel der amerikanischen Innenstädte – Märkte für innovationsfreudige Vorreiter, die aus der spezifischen Konsumentennachfrage Vorteile für ihre Wettbewerbsfähigkeit zu ziehen wissen (Kap. 5.3.2). Er kritisiert (1990: 46f.), dass die Mehrzahl der Theorien über den Handel sich vor allem auf die Rolle der Kosten beschränkt und der Qualität und Produktvielfalt wenig Bedeutung einräumt. Eine solche Theorie scheint ihm angesichts der segmentierten Märkte und der differenzierten Produktnachfrage heutzutage wenig aussagekräftig.

Unbestritten wird die Konsumnachfrage – neben dem Einkommen – auch von sozialen, psychologischen und demographischen Faktoren beeinflusst. In einem Stadtteil, in dem z.B. eine bestimmte Anzahl von Migranten oder eine überdurchschnittlich junge oder alte Bevölkerung lebt, werden sich neue Absatzmöglichkeiten eröffnen, sofern die ansässigen Unternehmen flexibel genug auf diesen Markt reagieren.

Das Absatzpotential an einem Ort wird auch positiv oder negativ durch die Absatzkonkurrenz an einem Ort beeinflusst. In bestimmten Fällen ist das Vorhandensein von zahlreichen branchengleichen Betrieben ein Anziehungsfaktor; dann nämlich, wenn „das Gruppenabsatzpotential nicht konstant, sondern positiv-variabel (ist); es dehnt sich infolge vermehrter Konkurrenz aus, so dass sich auch die durchschnittlichen betriebsindividuellen Absatzpotentiale vergrößern." (Behrens 1971: 78). Den Betrieben entstehen durch ihre Standortwahl Agglomerationsvorteile (z.B. mehrere türkische oder asiatische Restaurants in einem Stadtteil). Solche Agglomerationsvorteile können sich auch branchenübergreifend ergeben (z.B. neben den türkischen Restaurants auch türkische Bäckereien, Buchläden, etc.). Agglomerationsvorteile können – im Gegensatz zu den bisher erläuterten Faktoren – auch für Betriebe mit größerem Absatzradius Bedeutung erlangen und weitere Unternehmen anziehen. Die Ballung von Geschäften mit spezialisiertem Angebot erhöht die Attraktivität des Gebietes für die Konsumenten und zieht mehr Nachfrage an als einzelne Geschäfte es könnten. So wurde in Manchester in einem erneuerungsbedürftigen Stadtteil mit hohem pakistanischem Bevölkerungsanteil gezielt die Vielfalt von asiatischen Restaurants und Läden gefördert und das Stadtteilangebot von Rushholme regional vermarktet („The Golden Mile", vgl. dazu Weck 1997).

4.3.2 Strukturelle Änderungen der Konsumnachfrage

Die realisierte Kaufnachfrage vor Ort wird von einer Reihe von Faktoren beeinflusst. So führt die erhöhte Mobilität der Wohnbevölkerung dazu, dass das Angebot vor Ort oft „übersprungen" wird. Güter werden nicht nur am Wohnort, sondern auch – bei Koppelungskäufen – im Einkaufszentrum, im Stadtzentrum oder am Arbeitsplatz erworben. Aus Gründen der Zeitersparnis, des geringeren Aufwandes, der besseren Vergleichsmöglichkeiten oder aufgrund des „Erlebnisfaktors" werden zentrale Orte wie Einkaufszentren oder Innenstädte bevorzugt. Ein in den letzten Jahren zunehmender Faktor in der Veränderung der Konsumnachfrage ist der Online-Handel, auf den aber im Rahmen dieser Arbeit nicht näher eingegangen werden kann.

Die Struktur der Konsumnachfrage von Haushalten hat sich in den letzten Jahrzehnten entschiedet verändert, sowohl in Bezug auf Güter des Grundbedarfs, des gehobenen Bedarfs, als auch des Luxusbedarfs. Jeremy Rifkin (2000: 223) sieht eine neue Ära eines Kulturkapitalismus, in der die Kulturproduktion zum Hauptbereich ökonomischer Produktion wird. Bereits jetzt, so Rifkin, wachsen die Branchen der Kulturproduktion – wozu Kino, Radio, Fernsehen, Tourismus, Einkaufszentren, Themenparks, Trainings- und Fitnesscenter, Mode, Kochen, Sport, Wellnessindustrie, simulierte Welten und Spielhallen zählen – weltweit am stärksten (a.a.O.: 190).[48] Der moderne Konsument fragt sich, nach Rifkin (a.a.O.: 196), heute nicht mehr: Was möchte ich haben, was ich noch nicht besitze? Sondern: Was möchte ich erleben, was ich noch nicht erlebt habe? Darin sieht Rifkin einen Übergang von der industriellen Ökonomie hin zu einer Erlebnisökonomie. Die Erlebnisökonomie zeigt ihre Spuren nicht nur in der Werbung, wo mit Gefühlen und Erlebnissen der Absatz von Waren und Dienstleistungen gesucht wird; sie zeigt sich auch in der Gestaltung von Einkaufszentren oder in den Produkten, die von der globalen Tourismusindustrie angeboten werden. Einkaufszentren kommunizieren heute Erlebnis, Sicherheit, Erholung. Sie reproduzieren architektonisch harmonische Formen und eine angenehm wohltemperierte Umgebung. Unterschiedliche Typen von Käufern werden durch unterschiedliche „Erlebnis"-Angebote angezogen. Insbesondere Jugendliche suchen den Erlebniskauf und suchen hauptsächlich aus Gründen der Unterhaltung Einkaufszentren auf. In Einkaufszentren, so zitiert Rifkin eine Studie aus den 1980er Jahren, verbrachten amerikanische Jugendliche mehr Zeit als an anderen Orten – sieht man von der Schule und dem Zuhause ab. Andere Autoren ordnen die neuen Nachfragestrukturen im Rahmen der Regulationstheorie dem Übergang zu flexibleren Konsummustern zu. Standardisierte Konsumbedarfe und Massenkonsum werden abgelöst durch neue spezifischere Konsumpräferenzen auf der Grundlage neuer Haushaltsstrukturen und kultureller Traditionen (Kap. 3.1.2).

All das hat natürlich Auswirkungen auf die räumlichen Strukturen, die durch den Handel mit Dienstleistungen und Waren entstehen.

In den letzten Jahrzehnten hat sich die Angebotsseite in Deutschland weit reichend verändert. Experten sehen eine zunehmende Polarisierung, in der sich die „Erlebniseinkaufsorte" auf einige wenige Standorte in einer Stadt konzentrieren, während die übrigen Standorte vorwiegend nur noch für Versorgungseinkäufe aufgesucht werden. Im Lebensmitteleinzelhandel ließ sich über die letzten Jahrzehnte eine immer stärkere Dominanz großflächiger Anbieter (Verbrauchermärkte, Einkaufszentren, Fachmärkte) und preisorientierter Anbieter (Discounter) gegenüber den kleinen, inhabergeführten Geschäften feststellen (vgl. Hatzfeld 2000). Von einer solchen Zweiteilung sind „distanzempfindliche", immobile Bevölkerungsgruppen besonders betroffen (vgl. dazu Weck/Wewer 1997a: 6). Die wenigen verbleibenden inhabergeführten Einzelhandelsgeschäfte, etwa im Lebensmittelbereich, müssen besonders innovativ bzw. flexibel sein, um ihre Nische zum Überleben auf dem Markt zu finden – z.B. über besonders serviceorientierte oder preisbewusste Strategien. Der Break-Even-Point, zu dem die Marktpreise die Kosten decken, ist durch den ständig wachsenden Wettbewerb mit großen und preisaggressiv arbeitenden Unternehmen für kleine Einzelhandelsgeschäfte immer schwerer zu erreichen. Für die immobilere Stadtteilbevölkerung ist mit den Konzentrations- und Polarisierungstendenzen nicht nur eine erzwungene Mobilität und ein höherer Zeit- und Kostenaufwand verbunden; mit dem Verlust wohnungsnaher Geschäfte gehen dem Stadtteil auch Kommunikations- und Identifikationsorte verloren.

Resümierend wird aus dieser Argumentation deutlich, dass Stadtteile mit besonderem Erneuerungsbedarf in der Konkurrenz als Einkaufsorte an Bedeutung verlieren und die lokale Nachfrage nach nicht alltäglichen Gütern sinkt. Fachgeschäfte in den Stadtteilzentren haben Schwierigkeiten ihren Absatzmarkt zu finden, wenn ein Kauf nicht einfach ein instrumenteller Akt ist, sondern die Konsumenten vergleichen, sich vergnügen und unterhalten sein wollen. Es kann in jeder Stadt nur eine begrenzte Zahl von Orten geben, die eine entsprechend kritische Masse an Vielfalt und Erlebnis beim Einkaufen anbieten. Eine negative Dynamik setzt ein: Die wenigen alteingesessenen Einzelhandelsfachgeschäfte in den Vierteln halten sich oftmals nur noch aufgrund der Tatsache, dass sich das Ladenlokal im Eigentum befindet, der Personaleinsatz nicht kaufmännisch kalkuliert wird und/oder sich dem Eigentümer keine berufliche Alternative bietet. Wird das Geschäft letztendlich doch aufgegeben, folgt kein Einzelhandelsfachgeschäft, sondern eine Spielhalle, ein Kiosk, eine Videothek oder ein Filialbetrieb. Damit schränkt sich das Warenangebot im Stadtteil weiter ein, unter der zunehmenden Unattraktivität des Standortes leiden die noch verbliebenen spezialisierteren Geschäfte, aber mittelfristig auch die Grundversorgungsangebote. Muss ein Teil der Einkäufe der Bevölkerung aufgrund des eingeschränkten Angebotes bereits außerhalb des Stadtteiles erfolgen, gehen den noch verbleibenden Kaufleuten im Stadtteil weitere Einnahmen aufgrund der dann andernorts erfolgenden Koppelungskäufe verloren.

4.3.3 Kommunale bzw. staatliche Handlungsmöglichkeiten

Welche kommunalen bzw. staatlichen Handlungsmöglichkeiten gibt es? Die planerischen Ansätze zur Gegensteuerung sind eher begrenzt. Die Rentabilität von wohnungsnahen Geschäften kann aber durch verkehrliche Maßnahmen oder etwa durch entsprechende öffentliche Maßnahmen zur Stützung von Nahversorgungszentren (z.B. Nachbarschaftsläden, Mölders/Gringel 2004) gefördert werden. Im Bereich der Nachfrage- bzw. Absatzbeeinflussung kann der (lokale) Staat als Kunde in begrenztem Maße Einfluss nehmen, u.a. dadurch, dass bei der Vergabe öffentlicher Aufträge lokale Unternehmen zum Zuge kommen. Weil die Einflussnahme auf die Verwendung öffentlicher Gelder den lokalen (regionalen, nationalen) Politikern untersteht, kann die staatliche bzw. kommunale Nachfrage ein Hebel sein, Ziele der ökonomischen Stadtteilentwicklung zu unterstützen.

Des Weiteren stellt sich die Frage nach der Beeinflussbarkeit einer Nachfrage, also ob eine Nachfrage lokal, d. h. innerhalb eines Stadtteiles, außer außerhalb realisiert wird. Um die interne Nachfrage von Konsumenten zu stärken, können Stadtteilmanager in Zusammenarbeit mit den ansässigen Betrieben die Information über das bestehende Angebot im Stadtteil erhöhen und versuchen, beispielsweise über Marketingaktionen, das lokale

Einkaufen zu fördern. Die (Investitions-)Nachfrage von Unternehmen wird sich nur selten im Stadtteil realisieren, kann aber – und es gibt entsprechende Ansätze in der Wirtschaftsförderung[49] – in geringem Maße stärker lokal orientiert werden.

Zudem ist häufig eine potentielle Nachfrage nach Produkten und Dienstleistungen im Stadtteil vorhanden, die bislang nicht über den Markt bedient wird, wie z. B. Bedürfnisse, die aus einer spezifischen Bevölkerungszusammensetzung resultieren. Werden diese erkannt und bedient, kann sich der Standort in einem strukturschwachen Stadtteil für ein Unternehmen durchaus positiv sein.

Und schließlich ist es auch möglich Nachfragen zu wecken. Der Staat kann die Nachfrage nach lokalen Dienstleistungen gezielt fördern (vgl. z.B. Evers 1996a). Die Abnehmer neuer Dienstleistungen sind nicht unbedingt in strukturschwachen Stadtteilen zu finden, sondern eher stadtweit oder regional, aber der Ausbildungs- und Betriebsstandort kann im Stadtteil sein (vgl. dazu Evers et.al. 2000). Die Handlungsmöglichkeiten des Staates im Bereich der Nachfragebeeinflussung sind allerdings eher langfristig und begrenzt zu sehen. Die Ankurbelung einer Nachfrage für neue Dienstleistungen, wie auch die Stärkung der Nachfrage vor Ort, benötigen langfristige Politiken.

4.4 Zusammenfassung und Schlussfolgerungen

In diesem Kapitel wurden zunächst einige Ansätze zur Erklärung der wirtschaftlichen Aktivitäten im Raum vorgestellt, darunter die Exportbasistheorie und die Wachstumspoltheorie. Während die klassischen Ansätze, wie zum Beispiel nach Christaller oder Lösch, a-räumlich argumentierten und Raum nur im Sinne der Transportkosten zur Überwindung in ihre Modelle einbezogen, fand ab den 1960er Jahren die Spezifität des Raumes stärkeren Eingang in die ökonomischen Erklärungsansätze. Die Arbeiten zur Polarisationstheorie haben ihren Teil dazu beigetragen – zeigten sie doch induktiv auf, dass die der neoklassischen Argumentation zugrunde liegenden Gleichgewichtsannahmen der Realität widersprachen und der Markt räumliche Disparitäten hervorbrachte und perpetuierte.

Die Polarisationstheorie leitete aus der Aussage, dass über den Markt räumliche Disparitäten nicht wieder abgebaut werden, explizit die Notwendigkeit staatlicher Eingriffe ab. Polarisationstheoretische Ansätze enthalten bereits eine Reihe von Ideen – wenn auch oftmals implizit und unreflektiert –, die in den im nächsten Kapitel vorgestellten „neuen" Erklärungsansätzen eine Rolle spielen: etwa die Bedeutung von Verflechtungsbeziehungen oder die Analyse von evolutionären Entwicklungspfaden (Bathelt/Glückler 2002: 73).[50]

Die Argumentation, dass Zentrum und Peripherie ein geschlossenes System bilden, das durch gegenseitige Abhängigkeiten geprägt ist, zeigt eine inhaltliche Verwandtschaft zur Polarisationstheorie, auch wenn sie einer anderen Tradition entstammt. Deutlich wird, dass die Peripherie – räumlich wie sozial verstanden – Aufgaben übernimmt, die für die Funktion des Zentrums bedeutsam sind (Integration von Immigranten, Bereitstellung preisgünstiger Wohnungen oder Flächen, etc.). Dabei kann jedoch die Bevölkerung in der Peripherie in diesem von Dominanz geprägten Verhältnis in Gefahr geraten, die eigenen Lebensbedingungen immer weniger beeinflussen zu können.

Textbox 8: Die klassischen Ansätze

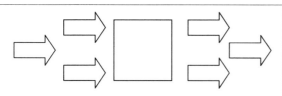

Input • Produktionsprozess • Output

Charakteristika:

- „Input" (Rohstoffe, Arbeit, Kapital) – „Output" (Waren, Dienstleistungen) - Ökonomie
- Angebot-Nachfrage-Teilung
- Weitgehend deduktive Ansätze
- Unterscheidung in Mikro- und Makroökonomie
- Einzelunternehmen als weitgehend atomisierte Akteure

Eigene Darstellung

Wir haben gesehen, dass sowohl Wachstumspolkonzepte als auch Exportbasistheorie uns nur partielle Antworten auf die Frage geben können, wie wirtschaftliche Entwicklung in einem Stadtteil mit besonderem Erneuerungsbedarf angestoßen werden kann. Die Theorien können uns erklären, wie externe Impulse (durch exportorientierte Unternehmen) städtisches Wachstum und Nachfrage aktivieren und beeinflussen. Sie zeigen uns jedoch nicht, wie sich solche Impulse in einer entwicklungsschwachen Region schaffen lassen. Als Planungsinstrument sind sie somit nur bedingt geeignet. Sie bilden die Realität zudem nur partiell ab, weil sie, wie die Exportbasistheorie, die Angebotsseite nicht berücksichtigen. Oder, wie die Wachstumspoltheorie, die intersektoralen Verknüpfungen oder auch die Rolle des Tertiären Sektors in ihren Annahmen außer Acht lassen.

Eine externe Steuerung im Sinne einer Schaffung von Wachstumspolen scheint nicht möglich; Wachstumspole entstehen vielmehr aus einer Eigendynamik. Für die Stadtteilpolitik bedeutet das, nicht darauf zu hoffen, dass aus einer Ansiedlung von neuen Betrieben bereits automatisch ein Entwicklungsimpuls für den Stadtteil entsteht. Als singuläre Strategie wird die Ansiedlungspolitik eher symbolische Effekte aufweisen können. Es sollte bei jeder Ansiedlung eines Betriebes nach einem „lokalen Nutzen" gesucht werden, z. B. die Potentiale für neue Beschäftigungsmöglichkeiten für die ansässige Bevölkerung auszuloten.

In einem zweiten Abschnitt dieses Kapitels standen die Produktionsfaktoren im Mittelpunkt, die eine Standortentscheidung bzw. die betriebliche Entwicklung eines Unternehmens an einem bestimmten Standort beeinflussen. Deutlich wurde in dem Kapitel, dass Standortentscheidungen nur bedingt rational getroffen werden. Die Rationalität ist bei kleinen und mittleren Unternehmen sowie bei Existenzgründern deutlich geringer als bei Großunternehmen. Standortverlagerungen bzw. Neuansiedlungen finden heute nur noch in einem äußerst geringen Ausmaß statt. Somit sind auch Förderpolitiken zu hinterfragen, die allein auf Betriebsansiedlungen abzielen. Erfolgversprechender scheint es, den Bestand an ansässigen Unternehmen zu fördern und das Umfeld für Existenzgründungen zu verbessern. Es lässt sich feststellen, dass heute nicht alleine die Kosten, sondern die Qualität von Produktionsfaktoren – insbesondere bei höherwertigen Tätigkeiten – im Vordergrund stehen. Zudem sind nicht einzelne Produktionsfaktoren, sondern ihr Zusammenwirken an einem bestimmten Ort und ihre Entwicklung und Verbesserung durch die ansässigen Unternehmen und durch die öffentliche Hand von Bedeutung. Neuere Ansätze betonen somit, dass die Entwicklungsperspektiven von Unternehmen auf vielfältige Weise mit ihrem Umfeld verflochten sind. Das vorhandene Potential an Arbeitskräften, Dienstleistern,

Informationen, Ressourcen und die Charakteristika des Marktes prägen ein Unternehmen, wie umgekehrt die vorhandenen Unternehmen einen Standort prägen. Eingriffe in diese wechselseitige Dynamik sind nur im Zusammenwirken von Unternehmen und Kommune sinnvoll und effektiv. Eine Reihe von Maßnahmen auf Stadtteilebene, um einzelne Standortfaktoren zu verbessern, wurde bereits benannt. Im folgenden Kapitel wird noch deutlicher werden, dass das Produktionspotential eines Ortes mehr ist als die Summe von Einzelfaktoren.

Im dritten Abschnitt dieses Kapitels standen die Faktoren im Vordergrund, die Absatz bzw. Nachfrage an einem bestimmten Ort prägen. Insbesondere Unternehmen mit einem punktuellen Absatzgebiet sind von den Absatz- bzw. Nachfrageentwicklungen im Stadtteil unmittelbar betroffen. Deutlich ist geworden, dass sich in den letzten Jahrzehnten die Konsumnachfrage, aber auch die Angebotsstruktur sowohl im Bereich der Grundversorgung wie auch im Bereich der Versorgung mit Gütern des nicht-täglichen Bedarfs strukturell verändert hat. Erneuerungsbedürftige Stadtteile geraten durch diese Entwicklungen in Gefahr, in der Konkurrenz zu anderen Standorten als Einkaufsorte an Bedeutung zu verlieren. Teils ist sogar die Versorgung mit Grundgütern des täglichen Bedarfs stadtteilintern nicht mehr ausreichend gewährleistet, wovon vor allem die immobileren Bevölkerungsgruppen betroffen sind.

Die Möglichkeiten der politisch-planerischen Beeinflussung von Absatz- und Nachfrageentwicklung in strukturschwachen Stadtteilen sind begrenzt. Neben der Möglichkeit, durch Subventionen Anreize zu setzen (die allerdings zu Recht als in ihren Wirkungen und Folgekosten schwer kalkulierbar gelten), bleiben weiche Maßnahmen wie Mittler- und Informationstätigkeiten. Generell gilt, dass nachfrageorientierte Strategien nur langfristig wirksam sind. In der Keynesianischen Argumentation kommt der Kommune bzw. dem Staat die Rolle zu, die Nachfrage nach lokalen Dienstleistungen gezielt zu fördern und anzuregen. In dieser Argumentation werden Ausgaben für staatliche und kommunale Politiken, die sich an Unternehmen in benachteiligten Stadtteilen richten, gerechtfertigt sein, wenn sich damit andere Ziele, wie neue Beschäftigungschancen oder eine Vielfalt des Einkaufsangebotes, erreichen lassen. In der liberalen Argumentation gibt es keine theoretische Rechtfertigung für staatliche Eingriffe in die Marktallokation.

5 Neue Erklärungsansätze: Cluster, Sozialkapital, Kompetenzen und Netzwerke

In den 1980er und 1990er Jahren entwickelte sich in Wirtschafts- wie Regionalwissenschaften eine Reihe von neuen Ansätzen. Sie suchten aus soziokulturellen, historischen oder institutionellen[51] Faktoren zu erklären, warum sich bestimmte wirtschaftliche Aktivitäten an bestimmten Orten konzentrierten und einige Regionen wirtschaftlich erfolgreicher schienen als andere. Diese Erklärungsansätze entstanden überwiegend aus der Analyse von Fallstudien erfolgreicher Industrien oder Regionen. Zu den wegweisenden Arbeiten, die aufmerksam in Politik und Wissenschaft rezipiert wurden, zählten die Arbeiten von Porter (1990) zur Wettbewerbsfähigkeit von Nationen, die Arbeiten von Coleman (1988; 1990) und Putnam (1993; 1995a,b) über die Bedeutung von Sozialem Kapital, die Arbeiten von Scott (1988) und Scott/Storper (1988) über neue Muster räumlicher Entwicklung im Zeitalter flexibler Produktion, die Studien von Maillat (1991; 1998) zum regionalen Milieu und die Arbeiten von Granovetter (1985) zu Netzwerken. Die ‚neuen' Erklärungsansätze bauen zum Teil auf altbekannten Ansätzen auf. Verwandt mit der Diskussion um Cluster sind die aus der Wachstumspoltheorie bekannten Agglomerations- und insbesondere Lokalisationseffekte. Netzwerkansätze, und die Arbeiten im Bereich der Neuen Institutionenökonomik von North (1990) und Williamson (1985), greifen auf die Erkenntnisse von Coase (1937) zurück. Als neu sind die Ansätze deshalb zu bezeichnen, weil sie entgegen der statischen Betrachtungsweise der traditionellen Ansätze ökonomische Prozesse als Ergebnis einer räumlich spezifischen, evolutionären und pfadabhängigen Entwicklung begreifen und sie in den Kontext soziokultureller und institutioneller Strukturen setzen.

Um in der Analyse der Entwicklungsdynamik von Stadtteilen mit besonderem Erneuerungsbedarf zu ergründen, was Stadtteile verändert und wie Veränderungen im politischen Sinne beeinflusst werden können, werden die neuen Erklärungsansätze im folgenden um drei Aspekte gruppiert. Die Frage, was wirtschaftliches Wachstum und Innovation fördert, wird durch die neuen Ansätze unterschiedlich akzentuiert beantwortet. Ist es die Form der Einbettung des Unternehmens in Kooperations- und Informationsnetzwerke? Ist es das Milieu, also die lokale sozio-institutionelle Umgebung, die Unternehmen Vorteile bei Wettbewerbsfähigkeit und Innovation verschafft (Kap. 5.1: Cluster, Milieu, Netzwerke)? Inwieweit prägen zivilgesellschaftliches Engagement und soziales Vertrauen Innovation und wirtschaftliche Entwicklung in einer Region (Kap. 5.2: Sozialkapital)? Oder ist die

Spezialisierung auf einzigartige Stärken die Basis für eine wirtschaftlich erfolgreiche Entwicklung (Kap. 5.3.1: „Stärken stärken")? Die Abgrenzungen zwischen den Ansätzen sind oft schwierig, weil räumliche Nähe, die Einbindung in Netzwerke oder langfristige Vertrauensbeziehungen in mehreren Ansätzen eine bedeutende Rolle spielen.

Die neuen Erklärungsansätze entstanden in Reaktion auf eine Reihe von Entwicklungen, auf die die traditionellen raumwirtschaftlichen Theorieansätze nur unzureichende Antworten fanden. Zum einen wurde in den 80er Jahren diskutiert, inwieweit sich eine neue räumliche funktionale Arbeitsteilung herausbildete, in der sich hochspezialisierte Funktionen der mächtigen Finanz- und Dienstleistungsgesellschaften in einigen wenigen Städten *(global cities)* konzentrierten. Statt der herkömmlichen sektoralen Betrachtungsweise (Landwirtschaft, Produktion und Dienstleistungen) schien eine funktional differenzierte Betrachtung der wirtschaftlichen Aktivitäten zur Erklärung neuer räumlicher Muster angemessener. Unternehmen wurden immer weniger als atomisierte Akteure wahrgenommen, sondern vielmehr deren Beziehungen untereinander wie auch die Wechselbeziehungen zwischen Standort und Unternehmen, insbesondere in den wirtschaftlich erfolgreichen Regionen, aufmerksamer analysiert. In Zeiten der postfordistischen Produktionsweise schienen die Verflechtungsbeziehungen zwischen Unternehmen aufgrund der Enthierarchisierung, Ausgliederung und Flexibilisierung von Produktionsprozessen zuzunehmen. Zum anderen zeigte sich in vielen industrialisierten Ländern eine neue Dimension räumlicher Disparitäten. Die Beschäftigungsentwicklung, die Wirtschaftskraft und das Einkommen entwickelten sich räumlich sehr ungleich, was sich nicht nur in interregionalen, sondern auch in intraregionalen Disparitäten äußerte. Damit einher ging eine stärkere Aufmerksamkeit für die regionalen und globalen (gegenüber den nationalen) Einflussfaktoren ökonomischer Entwicklung.

Das Forschungsinteresse richtete sich zunehmend auf soziale, räumliche und institutionelle Arrangements, die die Dynamik der wirtschaftlichen Entwicklung in einer Region zu beeinflussen schienen. Hier ist die Rede von der Bedeutung der innerbetrieblichen und außerbetrieblichen Koordination und Kommunikation, sozialer Beziehungen, Vertrauen und Traditionen, geteilten Verhaltensnormen, der geographischen Nähe von Unternehmen, kollektiven Forschungs- und Bildungsinvestitionen in einen Raum und deren Auswirkungen auf die wirtschaftliche Entwicklung. Diese Faktoren lassen sich als schwer messbare und quantifizierbare Größen in ihrer Gesamtheit nur unzureichend in traditionelle Produktionsfunktionen integrieren. Einzelaspekte fanden durchaus Eingang in die Produktionsfunktionen[52]. Gleichwohl gelingt die Integration dieser Vielzahl von neuen Faktoren, denen Einfluss auf wirtschaftliche Dynamik und Innovation an einem Ort zugesprochen wird, nur langsam. Vielleicht auch aus diesem Grunde entstammen die im Folgenden erörterten neuen raumwirtschaftlichen Erkenntnisse überwiegend aus Fallstudienanalysen.

5.1 Cluster, Milieu und Netzwerke

Die Diskussionen um Cluster, Milieu und Netzwerke entstammen jeweils unterschiedlichen wissenschaftlichen Diskursen. Die Diskussion um *Cluster* betont die wechselseitigen Beziehungen und freiwilligen Verpflichtungen zwischen Unternehmen der gleichen oder miteinander verflochtenen Branchen. Als räumlich konzentrierte Ballungen zumeist kleiner und mittlerer Unternehmen werden sie auch als Industriedistrikte diskutiert. Der *Milieu-Ansatz* ist stärker als kultureller Ansatz zu verstehen, der die Prägung eines Unternehmens und seiner Innovation und Wirtschaftskraft durch die lokale bzw. regionale Umgebung in den Vordergrund stellt. *Netzwerke* schließlich, die eine Mittlerposition zwischen Markt und Hierarchie einnehmen, scheinen in einigen innovationsreichen Branchen sowohl in Form von strategischen, globalen Allianzen; als auch in Form von regionalen Netzwerken seit den 80er Jahren an Bedeutung zugenommen zu haben (Maier/Tödtling 2000: 133). Diese unterschiedlichen Diskurse sollen an dieser Stelle zusammengefasst betrachtet werden, um einige der für die neuen Erklärungsansätze charakteristischen Thesen herauszuarbeiten.

Bereits Marshall (1890) analysierte die hohen Verflechtungen zwischen Unternehmen in sogenannten industrial districts; Lasuén (1973) beschäftigte sich mit sektoralen und regionalen Clustern (Kap. 4.1). Wie Cluster entstehen und welche Wirkungsmechanismen wirtschaftliche Dynamik und Innovation aktivieren, wurde in den 1980er und 1990er Jahren weiter analysiert und ausdifferenziert. In Anlehnung an Malmberg/Maskell kann nach Bathelt/Glückler (2002: 212f.) zwischen einer horizontalen, einer vertikalen und einer institutionellen Clusterdimension unterschieden werden. Die horizontale Dimension wird vor allem sichtbar, wenn Unternehmen derselben Branche, die miteinander im Wettbewerb stehen, aus Beobachtung und Vergleich Innovationsimpulse erhalten. Die vertikale Dimension zeigt sich in der Anziehungskraft von Betrieben auf Zulieferer und Dienstleister in einer Produktionskette. Die institutionelle Dimension kommt in geteilten, kollektiven Konventionen, Normen und Kooperationsbeziehungen zwischen Unternehmen zum Ausdruck. Räumliche Nähe spielt in allen drei Dimensionen eine Rolle, da die Positionierung von unmittelbaren Konkurrenten sichtbarer wird, die Arbeitsteilung innerhalb einer Wertschöpfungskette mit geringeren Reibungskosten verbunden ist und die Herausbildung von Kooperationsbeziehungen und Vertrauen erleichtert wird.

> *„Proximity increases the concentration of information and thus the likelihood of its being noticed and acted upon. Proximity increases the speed of information flow within the national industry, and the rate at which innovations diffuse. At the same time, it tends to limit the spread of information outside because communication takes forms (such as face to face contact) which leak out only slowly. Proximity raises the visibility of competitor behavior, the perceived stakes of matching improvements, and the likelihood that local pride will mix with purely economic motivations in energizing firm behavior. The process of clustering, and the interchange among industries in the cluster, also works best when the industries involved are geographically concentrated. Proximity leads to early exposure of imbalances, needs, or constraints within the cluster to be addressed or exploited."* (Porter 1990: 157)

Obwohl Cluster in hohem Maße auch räumlich konzentriert sind, bedeutet dies nicht, dass die Entstehung von Clustern aus der räumlichen Nähe zu erklären ist (Porter 1999: 59). Cluster können, wie Porter (1990) für Japan anführt, auf persönlichen Beziehungen seit der Universitätzeit beruhen oder, wie in Italien, auf familiären oder quasi familiären Beziehungen, aber auch auf geographischer Nähe, wie in Italien oder der Schweiz. Porter untersuchte die Zusammenballungen von hochspezialisierten, aber miteinander verbundenen Unternehmen bestimmter erfolgreicher Industriezweige über vertikale (Zulieferer, Einkäufer) wie auch horizontale Beziehungen (Kunden, Kommunikation, Technologie) und folgerte, dass die beteiligten Unternehmen aus der Clusterbildung Vorteile ziehen, die eine verstärkte Wettbewerbsfähigkeit bewirken.

> „Once a cluster forms, the whole group of industries becomes mutually supporting. Benefits flow forward, backward, and horizontally." (Porter 1990: 151)

Investitionen der Unternehmen in Forschung, Ausbildung der Mitarbeiter/innen, Infrastruktur oder Technologie, die Anreize durch direkte Konkurrenz, Diversität in den Forschungs- und Weiterentwicklungsansätzen, sich rasch verbreitende brancheninterne Innovationen, fließende Kommunikation; all dies befördert das Wachstum und die innovative Entwicklung des gesamten Clusters. Die miteinander verbundenen Unternehmen investieren in spezialisierte, aber sich ergänzende Faktoren, die wiederum zu spillovers führen, neue Unternehmen oder Gründungen qualifiziertes Personal anziehen.

> „The cluster of competitive industries becomes more than the sum of its parts."
> (Porter 1990: 151)

Clusterpolitiken sind, wie Rosenfeld (2003: 359) feststellt, in letzter Zeit zum „Mantra" der ökonomischen Entwicklung geworden. Mit der Popularität steigt dabei auch die Gefahr der inhaltlichen Unschärfe des Clusterbegriffes. Rosenfeld (a.a.O.: 360) sieht die große Spannbreite des Clusterbegriffes:

> „In its narrowest sense, the label „cluster" is conferred on groups of geographically bound business sectors that pass some litmus test of quantitative comparative criteria. In its broadest sense, a cluster is defined by systemic relationships among firms and organizations in a general region based on common needs for nearby goods and knowledge."

5.1.1 Geography matters – die Rolle räumlicher Nähe und des institutionellen Umfeldes für Wachstumsdynamik und Innovation

In Einzelfällen entwickelt sich in einer Region oder einer Lokalität ein dynamisches System aus der Interaktion von Unternehmen, Subunternehmen, Institutionen und wichtigen Abnehmern und Kunden, das die Spezialisierung und Effizienz der Clusterindustrien weiter vorantreibt und ihre Innovation stärkt.[53]

> „Concentrations of domestic rivals are frequently surrounded by suppliers, and located in areas with concentrations of particularly sophisticated and significant customers. The city or region becomes a unique environment for competing in the industry. The information flow, visibility, and mutual reinforcement within such a

> locale give meaning to Alfred Marshall's insightful observation that in some places an industry is ‚in the air'." (Porter 1990: 156)

Solche räumlich konzentrierten Industriecluster sind Spezialfälle der wirtschaftlichen Entwicklung, die auf einer besonderen Geschichte des Ortes, seinen Traditionen und Institutionen, beruhen. Sie scheinen ein spezifisches Merkmal in der Entwicklung von fortgeschrittenen Industrienationen zu sein. Porter (1990) sieht Innovation vor allem aus der räumlichen Nähe von Konkurrenten entstehen; andere Autoren heben die Bedeutung kleiner und mittlerer Unternehmen als Innovationsakteure hervor oder betonen den Aspekt der zwischenbetrieblichen Kooperation (Rehfeld 1999: 37).

Die Forschungen in den 1980er und 1990er Jahren sahen die Erfolgsgeschichte des sogenannten „3. Italien", d.h. die erfolgreichen Industriedistrikte in der Emilia Romagna und ihren benachbarten Regionen, zunächst als neuen Prototypen regionaler Entwicklung in einer Ära der flexiblen Spezialisierung. Mittlerweile werden Industriedistrikte dieses Typus, d.h. Produktionskomplexe mit einer kooperativen Arbeitsteilung zwischen kleinen und mittleren spezialisierten (vertikal desintegrierten) Unternehmen entlang der gesamten Wertschöpfungskette, eingebettet in die spezifischen sozialen und institutionellen Strukturen der Region, eher als Einzelfälle betrachtet (Bathelt/Glückler 2002: 188f.). Daneben finden sich geographische Cluster, die vor allem durch die Dominanz von einem oder mehreren Großunternehmen geprägt sind, regionale Produktionssysteme mit hierarchischeren Strukturen und Cluster die nur schwach in das soziale bzw. institutionelle regionale Umfeld eingebunden scheinen.

Die regionalen Standortverbünde, die in einer Vielzahl von empirischen Studien festgestellt wurden (Mittelständisches Handwerk im Dritten Italien, High-Tech-Unternehmen entlang der US-Route 128, Silicon Valley oder der M4-Corridor in der Nähe von London), warfen in Ökonomie wie Regionalwissenschaft eine Reihe von Fragen auf: Zum einen, inwieweit veränderte Produktionsstrukturen zu neuen Mustern räumlicher Organisation führten. Warum lokalisierte Produktionsstrukturen und -netze sich an spezifischen, teils bislang peripheren Orten herausbildeten. Zum anderen, wie sich die hohe Innovations- und Wachstumsdynamik an diesen Orten erklären ließ. Insbesondere die Frage, welche Rolle Kooperationsbeziehungen und Netzwerke dabei spielten. Und schließlich auch, inwieweit sozio-institutionelle Strukturen an einem Ort die ökonomischen Beziehungen beeinflussten. Bei den Antworten auf diese Fragen wurden eine Reihe von Vorteilen der räumlichen Nähe deutlich. Die Argumentation der räumlichen Nähe, aus der die Unternehmen Vorteile für ihre Wettbewerbsfähigkeit und Innovation ziehen, ist nicht neu – wir kennen sie aus der These von den Agglomerationsvorteilen und insbesondere den Lokalisationseffekten (Kap. 4.1.1). Neu ist die Argumentation, dass Unternehmen eines räumlichen Clusters sich ihren Standort „schaffen" und die jeweils notwendigen Produktionsfaktoren kooperativ und systematisch entwickeln – auch jenseits der bisherigen räumlichen Wachstumspole oder Agglomerationsräume.[54] Die Innovations- und Wachstumsdynamik lässt sich zu einem wesentlichen Teil aus der an diesen Orten dichten Interaktion und Kommunikation erklären, die zu von Vertrauen geprägten Kooperationsbeziehungen und kollektiven Lernprozessen führen kann. Räumliche Nähe ist keine notwendige Bedingung für Interaktion, fördert sie aber.[55]

Die Kritik an den räumlichen Industriedistrikten oder Industrieclustern hat darauf hingewiesen, dass es sich bei diesen Phänomenen um einige wenige Spezialfälle handelt. Sie lassen sich nicht einfach über Politikinstrumente „herstellen", sondern entstehen aus einer Eigendynamik in spezifischen Industriebereichen. Gleichwohl Repräsentativität und Generalisierbarkeit der Aussagen über die räumlichen Industriecluster eingeschränkt sind[56], zeigen sie in exemplarischer Weise auf, wie geographische Nähe, über langjährige Kooperation entstandene Vertrauensbeziehungen und gemeinsame kulturelle Normen die wirtschaftliche Entwicklung und die Innovationsdynamik an einem Ort beeinflussen können. Damit teilt die Diskussion um Industriecluster Argumentationen, wie sie auch im Milieu-Ansatz oder den Diskursen zur gestiegenen Bedeutung von Netzwerken eine Rolle spielen. „Das Konzept der regionalen Cluster erfasst", so ein Bericht des Beobachtungsnetzes der europäischen KMU zu regionalen Clustern in Europa (2002: 9), „zumindest einen Teil der Mechanismen der dynamischen industriellen Entwicklung mancher Regionen." Gleichwohl die Clusterforschung noch relativ jung ist, und verallgemeinerbare Aussagen schwer fallen, wird nach politikverwertbaren Schlussfolgerungen gesucht. So steht der Clusterbegriff heute auch für eine Neuorientierung in der Wirtschafts- und Strukturpolitik: „Das Konzept wird auch als nützliche Metapher bei der Gestaltung einer regionalen Entwicklungspolitik gesehen, welche die neue Konkurrenz in der globalisierten Wirtschaft berücksichtigt." (a.a.O.)

5.1.2 Das Milieu als Grundlage wirtschaftlicher Dynamik und Innovation

Der Milieuansatz stellt nicht das innovative Unternehmen in den Vordergrund, sondern die Faktoren, die in der lokalen bzw. regionalen Umgebung die Innovation ansässiger Unternehmen stärken (vgl. Maillat 1998; Maillat/Lecoq 1992; Aydalot/Keeble 1988). Die Debatte um innovative regionale Milieus betont damit die Vorteile, die Unternehmen aus der *Einbettung in ein Umfeld* beziehen, das durch eine hohe Dichte von und Interaktion zwischen für die Branche bedeutsamen Forschungseinrichtungen und Universitäten, Konkurrenzunternehmen, Zulieferern, und Arbeitskräften geprägt ist. Formelle und informelle Netzwerke, die räumliche Nähe und eine sich über dichte Interaktionen langfristig herausbildende Kultur spielen bei diesem Erklärungsansatz eine wichtige Rolle, um Innovation und wirtschaftliche Dynamik zu erklären. Aus der räumlichen Nähe, einer Geschichte des kollektiven Einspeisens und Entnehmens von besonderen Fertigkeiten, Fähigkeiten und Qualifikationen ergibt sich, nach der Argumentation des Milieuansatzes, über die Zeit ein spezifisches sozio-ökonomisches, institutionelles und kulturelles Umfeld, das von allen Einzelunternehmen genutzt wird und die Grundlage für eine dynamische Weiterentwicklung ist. Gleichwohl die räumliche Nähe eine Rolle spielt, ist der Milieuansatz als kultureller und nicht nur geographischer Ansatz zu verstehen:

> *„(...) it must be envisaged as an organization, a complex system made up of economic and technological interdependencies. It groups together into a coherent whole a*

production system, a culture and protagonists." (Maillat 1991, zitiert nach Maier/ Tödtling 2001a: 98f.).

Empirisch untersucht wurden unterschiedlich entstandene „innovative Milieus": Sowohl staatlich geplante und staatlich unterstützte Ansiedlungen forschungsintensiver und innovativer Unternehmen (z.B. in „Technologie-Parks"), als auch autonom in der Nähe von Forschungseinrichtungen entstandene dynamische Regionen (vgl. Maier/Tödtling 2001a: 97), vorwiegend von Unternehmen in high-tech-Branchen.

Abb. 6: Innovatives Milieu

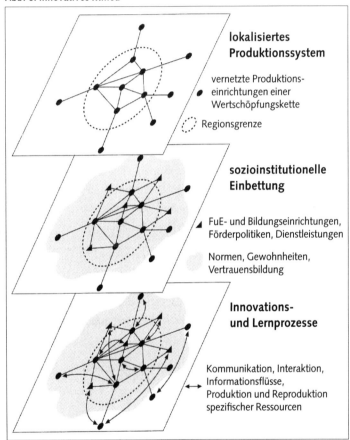

lokalisiertes
Produktionssystem

vernetzte Produktions-
einrichtungen einer
Wertschöpfungskette

Regionsgrenze

**sozioinstitutionelle
Einbettung**

FuE- und Bildungseinrichtungen,
Förderpolitiken, Dienstleistungen

Normen, Gewohnheiten,
Vertrauensbildung

**Innovations-
und Lernprozesse**

Kommunikation, Interaktion,
Informationsflüsse,
Produktion und Reproduktion
spezifischer Ressourcen

Quelle: Bathelt/Glückler 2002: 191

Wenngleich – ähnlich der Kritik an den Arbeiten über Industriedistrikte und -cluster – die Generalisierbarkeit der empirischen Forschungen zu innovativen Milieus eingeschränkt bleibt[57], bleibt es das Verdienst des Milieuansatzes, das Augenmerk auf die bislang in den ökonomischen Theorien weitgehend unbeachteten Einbettungsbeziehungen eines Unternehmens in eine Region und die Bedeutung kultureller, geschichtlicher und sozio-ökonomischer Faktoren für Wachstumsdynamik und Innovation von Unternehmen zu lenken. Damit erfährt – wie auch durch die Arbeiten zu den Industriedistrikten – die Mesoebene (zwischen Mikro- und Makroökonomie, zwischen lokal und national) eine Aufwertung als Faktor wirtschaftlicher Dynamik und Innovation.

5.1.3 Vertrauen als Grundlage tragfähiger Netzwerke und Faktor ökonomischer Entwicklung

In den herkömmlichen raumwirtschaftlichen Erklärungsansätzen wurden Unternehmen größtenteils als autonome und atomisierte Akteure betrachtet. Marktbeziehungen galten als instrumentell und kurzfristig. Während soziale Verträge auf einem gemeinsamen Ziel und auf gegenseitigen Verpflichtungen beruhen, galten Marktbeziehungen zwischen Unternehmen als jederzeit und ohne große Verluste aufkündbar (vgl. Rifkin 2000: 311). Die empirischen Analysen erfolgreicher Industriecluster und innovativer Milieus legten das Gegenteil nahe. Dass Marktbeziehungen durchaus auf einer gemeinsamen Geschichte basieren und langfristig von reziprokem Vertrauen geprägt sein können; kurzum: in soziale Beziehungen eingebettet sind. In spezifischen Wirtschaftsbranchen und an spezifischen Orten bildeten sich – zwischen Markt und (Unternehmens-)Hierarchie – *langfristige und tragfähige Netzwerkbeziehungen zwischen Unternehmen und Institutionen* als Antwort auf die von außen über die Absatzmärkte herangetragenen Anforderungen nach hoher Flexibilität und rascher Innovation heraus.

In den Forschungen zu Clustern und Milieus wurde eine bemerkenswerte Bereitschaft zur Zusammenarbeit zwischen den Beteiligten und zur Preisgabe von anderswo als betriebsinternes know-how streng gehütetem Wissen festgestellt. Diesem freien und innovationsfördernden Informationsfluss innerhalb eines Clusters steht, nach der herkömmlichen Theorie, die Konkurrenzsituation entgegen, in der sich die Unternehmen befinden.

Die Faktoren, die, nach Porter (1990: 153), trotz der Konkurrenzsituation den Informationsfluss begünstigen, indem sie Vertrauen schaffen und Unterschiede im ökonomischen Eigeninteresse der Unternehmen abschwächen oder zu überbrücken verstehen („by creating trust and mitigating perceived differences in economic interest between vertically or horizontally linked firms"), liegen in persönlichen Bindungen, der Zugehörigkeit zu bestimmten Berufsorganisationen oder Verbänden, der geographischen Nähe, der aktiven Rolle von Unternehmensverbänden und in gemeinsamen Verhaltensnormen. Damit betont Porter eine Reihe von Faktoren, die für die Kooperation zwischen Unternehmen und ihre kollektive Wettbewerbsfähigkeit wichtig sind, die jedoch nicht primär ökonomisch zu fassen bzw. modellierbar sind: gemeinsame Verhaltensnormen, persönliche Beziehungen, geographische Nähe.

5.1.4 Netzwerke als Möglichkeit zur Verringerung von Transaktionskosten

In Zeiten flexibler Produktion und Spezialisierung in den fortgeschrittenen Industrieländern erhöht sich die Bedeutung von Austauschbeziehungen und Interaktionen mit anderen Unternehmen; d.h. die Bedeutung unternehmensexterner Transaktionen.

> „Eine Transaktion findet statt, wenn ein Gut oder eine Leistung über eine technisch trennbare Schnittstelle hinweg übertragen wird." (Williamson 1990: 2).

Im Laufe eines jeden Produktionsprozesses treten Bruchstellen auf, für die unterschiedliche Lösungsmöglichkeiten mit unterschiedlichen Kosten bestehen und die nach Entscheidungen verlangen. So muss ein Unternehmen sich beispielsweise entscheiden, ob es bestimmte Dienstleistungen in der Wertschöpfungskette im eigenen Hause bereithält oder sie spezialisiert je nach Bedarf einkauft (Coase 1937).

Beide Alternativen sind mit spezifischen Kosten verbunden. Zu den „Kosten der Marktbenutzung" (Richter 1994: 6f.) zählen die Anbahnungskosten, Verhandlungs- und Entscheidungskosten und Kontrollkosten. Zu den Kosten der unternehmensinternen Organisation zählen die geringere Flexibilität und mitunter höhere Produktionskosten. Jede Transaktion ist mit Aufwand verbunden, den sogenannten Transaktionskosten. Williamson (1985) spezifizierte auf der Grundlage der Arbeiten von Coase, dass die Frage nach dem „make-or-buy" auch von den Eigenschaften der Transaktion bzgl. ihrer Spezifität, Häufigkeit und Unsicherheit abhängt. Bei geringen Transaktionskosten werden Austauschbeziehungen – so Williamson – über den Markt organisiert, bei hohen Transaktionskosten werden sie in das Unternehmen integriert.

In Weiterentwicklung und Kritik an dem Transaktionskostenansatz nach Williamson hat sich mittlerweile das Netzwerk als institutionelle Lösung zwischen Markt und Unternehmenshierarchie etabliert (Bathelt/Glückler 2002: 159). Empirische Arbeiten zu den Unternehmensbeziehungen zeigten, dass Markt und Unternehmen nur zwei mögliche Organisationsformen sind, zwischen denen sich Alternativen bzw. Kombinationen marktlicher und hierarchischer Elemente finden, z.B. in Form von Unternehmensnetzwerken (Grabher 1993).

Um die Kosten der Marktbenutzung zu reduzieren bietet es sich für ein Unternehmen an, nur mit wenigen, ausgewählten Partnerunternehmen oder Zulieferern zusammenzuarbeiten, deren Qualität, Flexibilität und Verlässlichkeit es einschätzen kann. Verlässliche Netzwerkbeziehungen können folglich die Transaktionskosten, die einem Unternehmen durch die Marktbenutzung entstehen, reduzieren.

Aus Sicht der Institutionenökonomik ist die Benutzung des Marktes mit der Vertragslösung als Form institutionellen Handelns verbunden (Williamson 1985; Coase 1937)[58]. Die Vertragslösung bindet zwei oder mehr unabhängige Akteure an den Schnittstellen des Prozesses aneinander. Der Vertrag kann dabei formeller, aber auch informeller Natur sein. Der klassische Vertrag, z.B. ein Kaufvertrag, ist ein Beispiel für eine einzelne, in sich abgeschlossene, formelle Transaktion. Solchen einzelnen Transaktionen liegen jedoch oftmals weit darüber hinausgehende soziale Bindungen zugrunde, z.B. bei längerfristigen Geschäftsbeziehungen. Insbesondere Granovetter (1985) kritisierte die den frühen Arbeiten zum Transaktionskostenansatz implizierte atomistische Sicht und argumentierte, dass soziale Bindungen, Traditionen und rechtliche Rahmenbedingungen das institutionelle Umfeld der Transaktionen bilden. Er setzte der Annahme eines kontextfreien ökonomischen Handelns den Ansatz der relationalen und strukturellen „embeddedness" entgegen, wonach jedes ökonomische Handeln in einen sozialen Kontext und in soziale Strukturen eingebettet ist (a.a.O.).

Im übertragenen Sinne sind auch Wirtschaftssysteme, wie das System der sozialen Marktwirtschaft, oder spezifische räumliche Arrangements, wie Industriedistrikte oder unterschiedliche regionale Milieus, und ihre entsprechenden institutionellen Arrangements mit unterschiedlichen Transaktionskosten und –aufwänden der wirtschaftenden Akteure verbunden.

„Institutionen (...) sparen bestimmte Kosten, und sie erhöhen bestimmte Erträge. Mit Kosten sind die Transaktionskosten gemeint, mit Erträgen sind die Gewinne an Opportunitäten gemeint." (Held 1997a: 28)

Mit dem Ansatz der Transaktionskosten können die Vor- und Nachteile verschiedener institutioneller Rahmenbedingungen vergleichend untersucht werden (vgl. Held 1996: 9).

Vertragslösungen im Sinne des Transaktionskostenansatzes und von Netzwerkbeziehungen gewinnen zunehmend an Bedeutung. Seit den 70er Jahren lässt sich, gegenüber dem Ausmaß interner Beziehungen, eine Zunahme der Dimension kommunikativer Netzwerke und der Kooperationsbeziehungen zwischen Unternehmen beobachten. Allerdings gibt es unterschiedliche Auffassungen darüber, inwieweit die neue Institutionenökonomik die Realität adäquat fassen kann und was unter Institution und institutionellem Handeln verstanden wird. Lash z.B. hält Märkte allenfalls für einen Grenzfall von Institution, da in ihnen „gemessen an allen anderen Institutionen, die wenigsten Regeln" gelten; ihre „sozialen Beziehungen sind von viel kürzerer Dauer als die in anderen Organisationen" (Lash 1996: 363). Granovetter kritisierte zwei Grundannnahmen des Transaktionskostenansatzes. Neben der oben erwähnten Annahme eines kontextfreien ökonomischen Handelns auch die Annahme, Unternehmen würden sich nach dem Kriterium der Effizienz zwischen Markt- und Unternehmenslösung entscheiden (Granovetter 1985).

5.1.5 Innovationsförderung und Innovationshemmung durch Netzwerke

Innovationen – in Form von Produktinnovationen, Verfahrensinnovationen, neuen Organisationsformen oder der Erschließung neuer Märkte – werden als Grundlage wirtschaftlicher Entwicklung und der Wettbewerbsfähigkeit von Unternehmen gesehen. Gegenüber einem früheren Verständnis von einem linearen Innovationsprozess betont die Forschung in den letzten Jahren, dass ein Innovationsprozess in einer Reihe von kontinuierlichen Feedback-Schleifen abläuft und nicht nur von den großen Forschungs- und Entwicklungseinrichtungen ausgeht, sondern auch von Kunden, Lieferanten und Beschäftigten. Innovationen, so die vorherrschende Meinung, verbreiten sich zudem nicht ubiquitär und überall gleich, sondern entlang von spezifischen Innovationspfaden, die von historischen und räumlichen, institutionellen und kulturellen Gegebenheiten geprägt werden. Die Entwicklung und Durchsetzung von Innovationen kann somit nicht auf einen rein technologischen Aspekt reduziert werden, sondern ist ein Prozess, der durch soziale, räumliche und institutionelle Komponenten bestimmt, d.h. verzögert oder unterstützt wird (Maier/Tödtling 2001b: 125ff). Der Qualität von Kooperationen und Vernetzungen in einem Raum, dem kulturellen und sozio-ökonomischen Umfeld, der Dichte von Mittlerinstitutionen, werden in diesem Prozess große Bedeutung zugewiesen (vgl. Läpple 1999: 24f.). Räumliche Nähe fördert Innovationen insbesondere in der Phase, in der neues Wissen noch nicht dokumentiert, sondern nur in den Köpfen der Akteure vorhanden ist, aber durch den interpersonellen Austausch weitergegeben wird (Audretsch 2003). Ist das Wissen empfangende Unternehmen in der Lage, diese Impulse zu verwerten und mit eigener Leistung weiterzuentwickeln, kann sich daraus ein für alle Beteiligten förderlicher Lernprozess entwickeln. Die räumliche Nähe sorgt zudem für eine Kontrolle von Mitnahmeeffekten.

Innovationen in einem Betrieb (Maier/Tödtling 2001b: 136ff) hängen von internen Faktoren ab, wie der Organisation und Strategie des Betriebes. Insbesondere Einbetriebs-

Abb. 7: Lineares Innovationsmodell

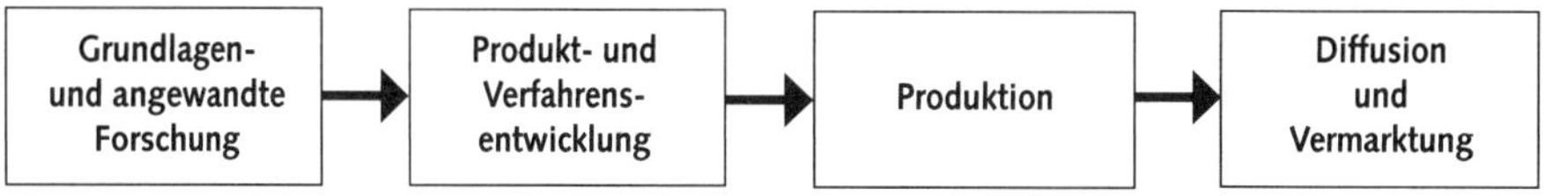

Grundlagen- und angewandte Forschung	Produkt- und Verfahrens- entwicklung	Produktion	Diffusion und Vermarktung

Quelle: Maier/Tödtling 2001b: 127

Abb. 8: Nichtlineares Innovationsmodell

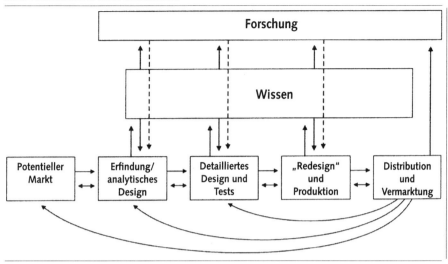

Quelle: Maier/Tödtling 2001b: 128

unternehmen sind in ihrem Innovationsverhalten stark von externen Faktoren abhängig. Das heißt, ihre Innovationsfähigkeit wird zu einem großen Teil von Interaktionen mit anderen Unternehmen, Kunden und Lieferanten, von der Ausstattung der Region mit innovationsrelevanten Faktoren (z.B. Forschungseinrichtungen, Zugang zu relevanten Informationen und Diensten, spezifische Arbeitskräfte) und dem Branchenumfeld und regionalen Markt (Betriebsdichte derselben oder verwandter Branchen, Durchsetzung neuer Technologien) geprägt. Für das Innovationsverhalten von Kleinunternehmen sind zudem öffentliche Politiken (staatliche Innovationsförderung, Technologieberatungs- und Transfereinrichtungen, etc.) von Bedeutung.

Abb. 9: Einflussfaktoren der betrieblichen Innovation

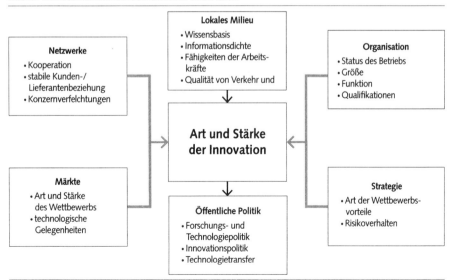

Quelle: Maier/Tödtling 2001b: 137

Abb. 10: Grad der Vernetzungen von Unternehmen

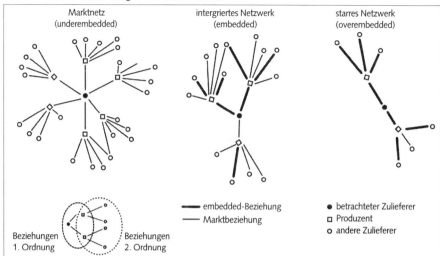

Quelle: Bathelt/Glückler 2002: 167

Das regionale Umfeld und die regionale Betriebsstruktur beeinflussen das Innovationsverhalten von (insbesondere Klein-)Betrieben, wie umgekehrt betriebliche (Innovations-)Verhaltensweisen einen Standort langfristig prägen. Empirische Untersuchungen deuten darauf hin, dass in dynamischen Agglomerationen hohe regionale Verflechtungen feststellbar und höhere Anteile von Unternehmen zu finden sind, die offensive Innovationsstrategien verfolgen. In peripheren Regionen finden sich überdurchschnittlich hohe Anteile von Betrieben, für die Innovationen eine geringe Rolle spielen, die traditionelle Strategien oder Nischenstrategien verfolgen (a.a.O.).

Empirische Untersuchungen (Uzzi 1996; 1997) zeigten, dass die Einbettung in Netzwerke Unternehmen höhere Flexibilität und einen besseren Marktzugang erbrachte, Zeit sparte und ihre Überlebenswahrscheinlichkeit erhöhte. Waren die Unternehmen jedoch zu stark in (starre, geschlossene) Netzwerke eingebunden, hatte dies negative Auswirkungen auf den Markterfolg von Unternehmen. Netzwerke sind somit nicht per se positiv, sondern zeigen auch paradoxe Wirkungen. Wie Grabher (1989; 1993) am Beispiel des Ruhrgebietes zeigte, kann die Einbettung von Unternehmen in starre, nach außen hin geschlossene Netzwerke innovationshemmende Wirkungen zur Folge haben, bis hin zum kollektiven Scheitern. Eine Vielzahl von losen Verbindungen und nach außen hin offene Netzwerke gelten deshalb als notwendig und wichtig um den Beteiligten neue Ideen und neues Wissen zu erschließen. Der Zugang zu größerer Ideenvielfalt, die wiederholten und Vertrauen schaffenden Interaktionen zwischen den Unternehmen, das Wissen um die gegenseitigen Abhängigkeiten können in interaktive und für die Beteiligten fruchtbare kollektive Lern- und Innovationsprozesse münden. Die räumliche Nähe der Beteiligten gilt dabei als förderlich, weil sie Gelegenheiten für wiederholte und persönliche Kontakte schafft, in denen auch solches Wissen ausgetauscht wird, das insbesondere in den ersten Stadien einer Innovation noch nicht dokumentiert ist, sondern nur *face-to-face* weitergegeben wird.

5.1.6 Bedeutung für die Stadtteilebene

Seit den 1970er Jahren weisen uns die Diskussionen um Cluster, Milieus und Netzwerke auf die gestiegene Bedeutung unternehmensexterner Kooperationen hin. Sie betonen, dass das dialektische Verhältnis zwischen Unternehmen und gesellschaftlichem Umfeld in spezifischen Fällen zum Faktor und Produzenten regionaler Wachstumsdynamik und Innovation werden kann. Gleichwohl die unkritische Betrachtung von Vertrauens- und Kooperationsbeziehungen (gegenüber den nach wie vor in vielen Unternehmensbranchen vorherrschenden Mustern von Konflikt und Konkurrenz) und terminologische Unschärfen bei einigen der (Fallstudien-)Arbeiten zu Clustern und Milieus beanstandet wurden (Maier/Tödtling 2001b: 134; Schätzl 2001: 241f.), weisen uns die Arbeiten auf Faktoren wirtschaftlicher Entwicklung und Innovation hin, wie sie bislang in traditionellen ökonomischen Theorien keinen Eingang gefunden hatten. Sie haben das Verständnis ökonomischen Handelns nachhaltig bereichert, indem sie dieses kontextbezogener und interdisziplinärer analysieren. Gleichwohl ist vor einer Generalisierung und Überbewertung der lokalisierten Phänomene zu warnen. In einigen Regionen und Unternehmensbranchen tritt die Bedeutung von Kooperationsbeziehungen, Netzwerken und innovativen Milieus deutlich zutage, andere zeigen sich weitgehend unberührt davon. In wiederum anderen ko-existieren die neuen neben den traditionellen Handlungsformen und Dynamiken.

Für die Zielgruppe der kleinen und mittleren Unternehmen in benachteiligten Stadtteilen lässt sich zusammenfassend feststellen, dass sie im Innovationsverhalten vom regionalen Umfeld stark abhängig und zugleich hohen Innovationsbarrieren ausgesetzt sind (geringe Beobachtung aktueller Marktentwicklungen, schwach ausgeprägte Netzwerke, veraltete Qualifikationen der Mitarbeiter, geringer Zugang zu externem Wissen, traditionelle Unternehmensstrategien oder Nischenstrategien, etc.). Zur Veränderung des Innovationsverhaltens von Betrieben ist, insbesondere für kleine und mittlere Unternehmen, der Zugang zu Technologie- und Innovationsprogrammen und ihre Einbindung in innovationsfördernde Netzwerke von Bedeutung. Wenn die Durchsetzung und Verbreitung von Innovationen als sozialer und nicht als technologischer Prozess zu verstehen ist, kommt der kooperativen Entwicklung von adäquaten Strategien zwischen Unternehmen und öffentlichen Akteuren auf Stadtteilebene hohe Bedeutung zu, sei es in Form von *workshops* oder durch einzelbetriebliche Gespräche.

Bei der Analyse der Wirtschaftsstruktur im Stadtteil sind Intensität und Qualität der Kontakte von ansässigen Betrieben zu anderen Unternehmen, Kunden und Lieferanten, wie auch wirtschaftsrelevanten intermediären Institutionen (Universitäten, Forschungseinrichtungen, Informationsstellen, Kammern etc.) zu erfassen. Netzwerke innerhalb des Stadtteiles zu fördern, aber auch die Betriebe in regionale oder überregionale Netzwerke einzubinden, kann notwendige Innovationsimpulse geben. Stadtteilinterne Netzwerke werden vor allem gemeinsame Anliegen (Lobbypolitik) oder Interessen (Werbe- und Imagekampagnen) verfolgen und/oder den gegenseitigen Erfahrungsaustausch (business-clubs) fördern. Stadtteilexterne Netzwerke haben stärkere Bedeutung für strategische Allianzen oder die Verfolgung offensiver Innovationsstrategien in den beteiligten Unternehmen.

Es stellt sich die Frage, ob der Stadtteil ein Bezugsrahmen für ein Kooperations- und Innovationsmilieu sein kann. Er kann es sein, indem auf dieser Ebene Lern- und Innovationsblockaden offensichtlich und Kooperation, Lernprozesse und Netzwerke mit anderen lokalen und regionalen Akteuren, Institutionen und Unternehmen initiiert und moderiert werden können. Aber wie auch Siebel (1995: 85) folgert, „greift die Politik damit schwer fassbare Themenbereiche (Mentalitäten) unter kaum operationalisierbaren Zielsetzungen (Steigerung der Innovationsfähigkeit) auf." Der akademische Diskurs um Industriedistrikte, Innovationsprozesse, Milieus und Cluster findet erst langsam Eingang in die aktuelle Politikformulierung der Regional- und Stadtentwicklung. Sei es, weil Forschungsarbeiten anfangs überwiegend auf der analytischen Ebene den Erfolg einzelner Regionen zu erklären suchten und sich weniger mit ableitbaren Politikempfehlungen beschäftigten (Landaboso 2003); sei es, weil der akademische Wissensstand erst langsam eine kritische Masse erreicht, aus der sich politikverwertbare Schlüsse ableiten lassen.

Im Sinne einer Handlungsorientierung lassen sich aus den Diskussionen um Cluster und Milieus keine politisch einfach handhabbaren Instrumente ableiten. Sie weisen auf die gestiegene Bedeutung unternehmensexterner Kooperationen und auf die Bedeutung von einer langfristig durch Unternehmen und Institutionen in kooperativer Leistung vorangetriebenen Spezialisierung von Produktionsfaktoren an einem Ort hin. Sie zeigen damit auf, dass staatliche Wirtschaftsförderung sich spezialisieren (gezielte maßgeschneiderte Intervention statt Streuung oder Angebotspolitik) und sich auf strategisch bedeutsame Interventionsfelder konzentrieren muss (z.B. langfristige und nachhaltige Förderung von Forschungs- und Bildungsinfrastruktur, Bündelung des lokalen Wissens in entwicklungsoffenen Netzwerken, gezielte Förderung der Qualität von sozialer Infrastruktur und Wohnumfeld, statt vieler Einzelmaßnahmen). Zudem zeigen sie auf, dass Design und Implementierung adäquater Fördermaßnahmen sehr viel stärker auf die regionale und lokale Ebene verlegt und nur in engem Kontakt mit Unternehmen und lokalen Initiativen effektiv sein können. Auf die Stadtteilebene lässt sich dies durch die Begriffe gezielter und langfristiger Ressourceneinsatz in strategischen Bereichen und die Ausarbeitung von Projekten in enger Kooperation mit Unternehmen und bürgerschaftlichen Initiativen vor Ort übersetzen.

Rosenfeld (2002; 2003) hat analysiert, inwieweit Clusterstrategien ein Politikinstrument darstellen können, um auch Kleinunternehmen zu fördern, ökonomische Entwicklung in benachteiligten Räumen und ländlichen Gegenden anzustoßen und inwieweit auch niedrigverdienende Haushalte bzw. Mittelschichtshaushalte von solchen Strategien profitieren können. Können Cluster nicht nur Innovation und Wettbewerbsfähigkeit verbessern, sondern auch Beschäftigung und Einkommen schaffen (Rosenfeld 2003: 362)? Gleichwohl Clusterstrategien immer von den Bedürfnissen der Unternehmen in ihrer Dynamik geprägt und gesteuert sein werden, gibt es durchaus Möglichkeiten, ökonomisch benachteiligte Räume und auf dem Arbeitsmarkt benachteiligte Menschen stärker an den Effekten von clusterbasierten Entwicklungsansätzen partizipieren zu lassen (Kap. 5.3).

Aus Sicht des Transaktionskostenansatzes lässt sich die Frage stellen, welche Vorteile bzw. Nachteile bestimmte Stadtteile als institutionelles Umfeld Unternehmen bieten. Bestimmte räumliche Arrangements, das Vorhandensein von eingespielten Kooperationen und langjährigen Geschäftsbeziehungen, das Ausmaß sozialen Vertrauens an einem Ort, können sich positiv wie negativ auf einzelunternehmerische Transaktionskosten auswirken.

> *„Die stadträumlichen Mischungen haben ihren Aufwand und ihre Erträge. Sie sind in einem spezifischen Sinne effizient. Ein Bürgersteig, ein Immigrationsstadtteil, ein zentrales Geschäftsviertel, ein öffentliches Verkehrssystem stellen institutionelle Güter dar, die die Kapazität einer Stadt erhöhen, einander fremde Menschen aufzunehmen oder risikoreiche internationale Aktivitäten zu veranstalten."* (Held 1997b: 18)

Städtische Räume bieten demnach unterschiedliche Lösungen zur Reduzierung von einzelunternehmerischen Transaktionskosten. Staatliche Intervention kann die Rahmenbedingungen für Transaktionen im Stadtteil verbessern (z.B. Vermittlung zwischen Unternehmen vor Ort, Einrichtung von Business Clubs/lokalen Unternehmensverbünden; Existenzgründerstammtische, um Unsicherheiten gemeinsam zu lösen; Vereinbarungen mit der Sparkasse, um Finanzierungen zu erleichtern; der Staat oder die Kommune als Bürge, Mittler und Garant). Staatliche Intervention – darauf muss hingewiesen werden – kann die Rahmenbedingungen für Transaktionen im Stadtteil auch unbeabsichtigt verschlechtern. Wenn etwa die Form staatlichen Handelns die Eigeninitiative oder Innovation von Unternehmern und Bewohnerschaft vor Ort lähmt. Oder kurzfristige Interventionen und der folgende Rückzug des staatliches Akteurs das Vertrauen in die positive Entwicklung des Stadtteils bei den Ansässigen nachhaltig zerstört und Enttäuschung hervorruft. Planerische Intervention muss darauf achten, keine Opportunitäten unbewusst zu zerstören und die Verluste und Kosten unterschiedlicher sozialer Arrangements abzuwägen. Die Verschönerung eines bislang „unübersichtlichen" Gewerbegebietes oder die Auflösung einer Gemengelage kann ein neues Klientel in einen Stadtteil ziehen, ist aber auch mit dem Verlust anderer Nutzer verbunden. Es muss darum gehen, das soziale Arrangement zu finden, das die günstigste Gesamtbilanz für den Stadtteil aufweist.

5.2 Die Rolle von Sozialkapital für die ökonomische Entwicklung

Die Forschungen zum Sozialen Kapital kommen ursprünglich aus der Soziologie und den Sozialwissenschaften und wurden in den 1990er Jahren von der Wirtschaftswissenschaft, Politik und Regionalwissenschaft breiter rezipiert, beispielsweise in der Erklärung von Industrieclustern. Es gibt zwei unterschiedliche Definitionen des Begriffes des Sozialen Kapitals bzw. Sozialkapitals.

5.2.1 Soziales Kapital als kollektive und individuelle Ressource

Der in den 90er Jahren weite Kreise ziehende Diskurs zum Sozialen Kapital in seiner Bedeutung als „gemeinschaftliches kollektives Gut" wurde von Coleman (1988; 1990) eingeleitet und breit rezipiert (z.B. Fukuyama 1995). Putnam (1993) bezog den Diskurs auf die räumliche Ebene, was seine Studien für die vorliegende Arbeit interessant macht. Er stellte einen Zusammenhang her zwischen dem Reichtum an zivilgesellschaftlichen Assoziationen in den norditalienischen Provinzen und der Effizienz des politisch-administrativen wie auch ökonomischen Systems. Soziales Kapital – so seine These – ist für eine dynamische Entwicklung, Selbsthilfe und kollektives Handeln von Bedeutung.[59] Was das Soziale Kapital aus ökonomischer und aus staatlicher Sicht interessant macht ist die These, dass „social connectedness" und „social trust" in einer Region die Leistungsfähigkeit lokaler Regierungen und sozialer Institutionen (wie dem Markt) beeinflussen (siehe Putnam 1995b: 66f.).

> „That study [über die lokalen Regierungen in Italien] concluded that the performance of government and other social institutions is powerfully influenced by citizen engagement in community affairs, or what (following Coleman 1990) I termed social capital. (...) By ‚social capital' I mean features of social life – networks, norms, and trust – that enable participants to act together more effectively to pursue shared objectives." (Putnam 1995a: 664f., Hervorhebung im Original, Einfügung der Autorin)

> „Recently, American social scientists of a neo-Tocquevillean bent have unearthed a wide range of empirical evidence that the quality of public life and the performance of social institutions (and not only in America) are indeed powerfully influenced by norms and networks of civic engagement. Researchers in such fields as education, urban poverty, unemployment, the control of crime and drug abuse, and even health have discovered that successful outcomes are more likely in civically engaged communities. Similarly, research on the varying economic attainments of different ethnic groups in the United States has demonstrated the importance of social bonds within each group. These results are consistent with research in a wide range of settings that demonstrates the vital importance of social networks for job placement and many other economic outcomes." (Putnam 1995b: 66)

Während Putnam (a.a.O.: 665) „forms of social capital that, generally speaking, serve civic ends" in seinen Studien in den Vordergrund stellte, und auch die Arbeiten von Coleman (1990) Soziales Kapital als kollektive Ressource sehen (die allerdings von einzelnen Akteuren für persönliche Ziele genutzt werden kann), prägte Bourdieu den Terminus Ende der 1970er Jahre in unterschiedlicher Form (Bourdieu 1983; Braun 2001a). Bourdieu sieht Soziales Kapital – neben ökonomischem Kapital und kulturellem Kapital – als „individuelle Ressource" (Braun 2001a: 341), als „Netz von Beziehungen, die zur Produktion und Reproduktion sozialer Ungleichheit beitragen" (a.a.O.: 338); wozu etwa informelle Netzwerke und auf der sozialen Herkunft beruhende Ressourcen zählen. In dieser Rezeption hat Soziales Kapital eine soziale Ungleichheit verstärkende Wirkung.[60]

Soziales Kapital ist damit nicht per se positiv, es kann – und auch darauf geht Putnam ein (1995: 665) – ebenso ausgrenzende oder für die weitere Gesellschaft negative Wirkungen haben, z.B. in Form von Jugendgangs, rechtsradikaler Gruppen oder in Form von politischem Klüngel in geschlossenen Netzwerken. Die Kritik an Putnams Ansatz (Braun 2001a: 348; Bathelt/Glückler 2002: 168) ist, dass er die positiven Effekte des Sozialen Kapitals idealisiert, dass Ursachen und Wirkungen des Sozialen Kapitals in seinen Arbeiten nicht überzeugend auseinander gehalten werden und seine Analyse der Wirkungszusammenhänge zwischen räumlicher Ebene und Sozialem Kapital nicht überzeugt.

In der Tat bedarf es weiterer Forschung, um die Schlussfolgerungen von Putnam zu verifizieren oder einzuschränken.

5.2.2 (Re-)Produktion und Funktionsweise von Sozialkapital

Sozialkapital kann aufgebraucht oder geschaffen bzw. akkumuliert werden, wenngleich die wissenschaftlichen Belege zu Funktionsweise und Akkumulationsweise noch recht bruchstückhaft bleiben[61]. Putnam benennt eine Reihe von Indikatoren, die mit dem Zu- bzw. Abnehmen des ehrenamtlichen Engagements in Organisationen und Initiativen in den USA korrelieren. Dazu zählen die Bildung (insbesondere die Bildung zwischen 14 und 18 Jahren): Je höher der formale Schulabschluss, desto eher vertrauen Personen Anderen und schließen sich Assoziationen an. Lange Arbeitszeiten hindern Personen nicht an ehrenamtlichem Engagement. Einen einschlägigen Zusammenhang sieht Putnam allerdings zwischen Intensität des Fernsehkonsums und Ehrenamt bzw. sozialem Vertrauen (vgl. Putnam 1995a, b). Diese Ergebnisse korrelieren mit entsprechenden Umfrageergebnissen zur deutschen Realität. Auch in Deutschland sind Berufstätige eher ehrenamtlich aktiv als Erwerbslose, Personen mit mittlerer und höherer Bildung eher als solche mit niedriger Bildung, Personen mit gehobenem Einkommen und Berufen eher als solche in niedrigqualifizierten Bereichen (Kistler/Schäfer-Walkmann 1999). Nach Heinze und Keupp (1997) sprechen die Daten des Sozio-Ökonomischen Panels allerdings dafür, dass sich ehrenamtliches Engagement in Deutschland nicht abgeschwächt hat, sondern sich nur in anderer Form zeigt.

Braun (2001a: 348) kritisiert die in Deutschland begeisterte Rezeption des Begriffes, Soziales Kapital als ein „kostenloses Kapital zur Lösung der politischen, sozialen und wirtschaftlichen Probleme" zu sehen. Aber Soziales Kapital als kollektives Gut ist zum einen nicht kostenlos zu bekommen – es erfordert Investitionen – und es lenkt die Aufmerksamkeit der Politik auf die Arbeit von Initiativen und Organisationen, die zum sozialen Zusammenhalt beitragen. Soziales Kapital als „Wettbewerbsparameter" (a.a.O.) zu sehen, mag theoretisch unfundiert sein. Wenn damit aber Investitionen in „soziale Politik", in Gemeinwesenarbeit und soziale Arbeit, die bei der heutigen Dominanz der liberalen Argumentation wenige einflussreiche Fürsprecher findet; gerechtfertigt werden, erfüllt der Diskurs einen politischen Zweck. Wissenschaftlich jedoch bleibt noch einiges am Konzept des Sozialen Kapitals zu erforschen. Aber natürlich kann mit der These, dass dichte Sozialbeziehungen die Eigenhilfe jenseits des Staates fördern, sowohl von marktliberaler wie auch von kommunitaristischer Seite argumentiert werden.

Der Diskurs um Soziales Kapital führte dazu, dass in Wissenschaft und Politik der ökonomischen Bedeutung von Vertrauen und Sozialkapital Interesse entgegengebracht wurde. Auch die Wissenschaftler, die als Vertreter einer eher traditionellen Wirtschaftswissenschaft gelten können, bringen den kulturellen und sozialen Faktoren der Wirtschaftsentwicklung mittlerweile mehr Aufmerksamkeit entgegen. So konstatiert auch der Harvard-Ökonom Barro, der sich in Studien mit dem Zusammenhang zwischen Religiosität und Wirtschaftsentwicklung beschäftigt:

„(...) successful explanations of economic performance have to go beyond narrow measures of economic variables to encompass political and social forces."
(Barro/McCleary 2003: 1)

Meyer-Stamer (2001) analysiert an zwei brasilianischen Beispielen, Blumenau und Vale dos Sinos, dass Sozialkapital nicht einfach „herzustellen" ist. „(...) Sozialkapital ist gut für die Entwicklung, aber Entwicklung ist nicht unbedingt gut für Sozialkapital (...)" (a.a.O.: 54), weil durch den wirtschaftlichen Erfolg oft auch die homogenen Ausgangsbedingungen unter den Unternehmen zerbrechen, das Soziale Kapital „aufgebraucht" wird bzw. nur noch formelhaft reproduziert, aber nicht mehr in der Lebensgeschichte der Menschen verankert ist. Eine erfolgreiche ökonomische Entwicklung scheint das Kapital, das sie vorantrieb, im Laufe ihrer Entwicklung zu verbrauchen (Heitkamp 1997).

Rifkin (2000) argumentiert, dass dieses soziale Vertrauen vor allem im Dritten Sektor – im Bereich der soziokulturellen (Re-)produktion – erzeugt wird (Kap. 6.4). Die Kultur ist für ihn, nach Clifford Geertz, „das Netzwerk der Bedeutungen", das unserer Existenz unterliegt. Märkte nutzen das Soziale Kapital, es liegt aber in ihrer Logik, dass sie dieses soziale Vertrauen aufbrauchen. In dem Maße, in dem sich die Kommunikationsformen kommerzialisieren, erneuert sich die Kultur – die gemeinsamen Erfahrungen, die dem menschlichen Leben Bedeutung verleihen – immer stärker unter Marktkriterien Rifkin (a.a.O.: 190). Damit wird aufgebraucht, worauf letztendlich auch die ökonomische Entwicklung beruht.

Ist dieses soziale Vertrauen nicht vorhanden, gibt es auch keine ökonomische Entwicklung. Rifkin belegt dies mit dem Beispiel der osteuropäischen und ehemaligen kommunistischen Länder wie Russland, wo externe Investoren mit ihren Marktvorhaben größtenteils scheiterten, weil sie entweder keine Verträge abschließen konnten oder die Verträge nicht eingehalten wurden. Die kulturellen Institutionen der Gesellschaft, die soziales Vertrauen entwickeln und erhalten, waren von den kommunistischen Machthabern größtenteils ihrer Funktion beraubt worden: Kirchen, bürgerschaftliche Initiativen, Sportvereine, Künstlergruppen und Nicht-Regierungs-Organisationen (vgl. Rifkin 2000: 313). Ähnlich mag man auch für viele Projekte der Entwicklungszusammenarbeit argumentieren: Ihr outreach-Effekt bleibt häufig gering, weil bilaterale Vereinbarungen von Seiten der Empfängerländer nicht eingehalten werden und kulturelle Institutionen, die Soziales Kapital entwickeln und erhalten, von staatlicher Seite, positiv formuliert, nicht gefördert werden.

Der Markt funktioniert nur dort, so Rifkins These, wo es einen gut entwickelten und funktionierenden Dritten Sektor gibt. Dass die Rolle des sozialen Vertrauens auch von der Weltbank und anderen Organisationen der Entwicklungszusammenarbeit nach einer langen Reihe gescheiterter Projekte nun stärker beachtet wird und in entsprechenden Programmen der sozialen Entwicklung mehr Beachtung zukommt, kann als Beleg für den stärker anerkannten Zusammenhang zwischen Kultur und Markt gelten. Der Markt und der Handel werden in dieser Perspektive als Derivate gesehen, die auf der sozialen Entwicklung und auf der Kultur basieren. Und nicht umgekehrt – wie etwa auch Porter (2000: 314) behauptet –, dass eine gesunde Wirtschaft eine vitale Gesellschaft oder gar eine soziale Gemeinschaft schafft. Eine nachhaltige ökonomische Entwicklung basiert auf reichhaltigem sozialem Vertrauen; aber umgekehrt zieht eine erfolgreiche ökonomische Entwicklung nicht eine soziale Entwicklung nach sich. Ist das soziale Vertrauen aufgebraucht, bricht das Gleichgewicht zwischen Kultur und Markt, verliert auch die ökonomische Entwicklung ihre Grundlage.

„Hat die neueste Stufe des Kapitalismus Erfolg, dann könnte darin auch der Keim seiner Zerstörung liegen. Wären die Kräfte des Kommerzes, indem sie das nahezu gesamte menschliche Handeln zu warenartiger Erfahrung machen, in der Lage das zu dekonstruieren, neu zu bearbeiten, in eigener Regie zu verpacken und zu verkaufen, was von der kulturellen Sphäre übriggeblieben ist, so wäre deren Triumph aus all den oben genannten Gründen kurzfristig. Märkte und Netzwerke haben aus sich heraus keinen Bestand. Sie sind, um dies noch einmal zu betonen, abgeleitete Institutionen, deren Funktionieren von der vorgängigen Existenz gefestigter sozialer Gemeinschaften abhängt, die in sozialem Vertrauen wurzeln und durch ein bestimmtes Maß an Empathie möglich werden. (...) Mit der kulturellen Vielfalt verhält es sich nicht anders als mit der Artenvielfalt. Wenn die reiche Vielfalt kultureller Erfahrungen überall auf der Welt im Interesse kurzfristiger Gewinne in der kommerziellen Sphäre geplündert wird, ohne dass sie Zeit bekommt, sich zu erneuern und wieder aufzufüllen, dann verliert die Wirtschaft das große Reservoir menschlicher Erfahrungen, die den Stoff der kulturellen Produktionen darstellen." (Rifkin 2000: 317; die Übersetzung aus dem Spanischen wurde der deutschen Ausgabe (2000: 333) entnommen)

5.2.3 Bedeutung für die Stadtteilebene

Die Diskussion um Soziales Kapital zeigt auf – und dies macht sie für die Stadtteilentwicklung interessant –, dass ökonomische Entwicklung in ihrer Einbettung in soziale Beziehungen, den sozialen Kontext, verstanden und entwickelt werden muss (Woolcock 1998; Woolcock/Narayan 2000).

Über den Zusammenhang zwischen stadträumlichen Typen und Sozialem Kapital gibt es bislang keine generalisierbaren Forschungsergebnisse. Damit kann die Frage, ob das Soziale Kapital in benachteiligten Stadtteilen höher oder niedriger ist als in anderen Stadträumen, nicht eindeutig beantwortet werden. Die Fragestellung ist aufgrund der noch schwierigen Operationalisierung des Konzeptes methodisch nicht einfach zu bearbeiten. Putnam sieht für die USA, dass dort das Soziale Kapital in allen stadträumlichen Typen, in Kernstädten wie auch in Vorstädten, in kleinen wie auch in großen Städten, schwindet. Jedoch sind Unterschiede zwischen den stadträumlichen Typen erkennbar: Die Beteiligung an Assoziationen und das soziale Vertrauen ist in den Vorstädten stärker als in den jeweiligen Kernstädten[62], in ländlichen Gegenden und in Kleinstädten ausgeprägter als in größeren Städten. Das Datenmaterial erlaubte in seinen Studien keine weitere Spezifikation. Auf der Grundlage von Putnams Arbeiten gibt es indes Anhaltspunkte dafür, dass Personen in finanziell schlechten Verhältnissen sich weniger engagieren und anderen Personen weniger Vertrauen entgegenbringen. Zugleich engagieren sich erwerbslose Personen weniger als Personen in Erwerbsarbeit (Putnam 1995a: 669f.). Studien zu bürgerschaftlichem Engagement in benachteiligten Stadtteilen in Deutschland lassen nur die Schlussfolgerung zu, dass es in den Quartieren sehr unterschiedliche Ausprägungen Sozialen Kapitals in Form einer kollektiven Ressource von Beteiligungsbereitschaft, ehrenamtlichem Engagement und sozialem Vertrauen gibt (vgl. Schnur 2001). Dangschat stellt fest, dass „soziale Netzwerke dort nur schwierig als ‚soziales Kapital' zu entwickeln [sind], wo die Wertevielfalt groß, der kulturelle Hintergrund verschieden, die individuellen und familialen Probleme jedoch groß sind." (Dangschat 1997a: 643; Einfügung durch die Autorin) Auch wenn Soziales Kapital in benachteiligten Stadtteilen vorhanden ist, stellt sich die Frage, inwieweit dieses Soziale Kapital an Machtstrukturen angebunden ist und mit ihm fassbare Potentiale verbunden sind, die Entwicklung und die Chancen von Unternehmen und Menschen im Stadtteil positiv zu verändern (Rosenfeld 2003: 364).

Die Entstehung, Dynamik und Nutzung Sozialen Kapitals als kollektive Ressource wurde bislang aus wissenschaftlicher Sicht weniger in räumlicher Perspektive untersucht, sondern eher als Gut, das von einzelnen Gruppen oder Netzwerken genutzt wird (Woolcock/Narayan 2000). So wird Händlern derselben ethnischen Gruppe zugesprochen, Soziales Kapital zur Erhöhung ihrer Wettbewerbsfähigkeit zu nutzen (vgl. Bathelt/Glückler 2002: 168; Schuleri-Hartje/Floeting/Reimann 2005: 70). Wilson (1993: 59ff) spricht in seiner Betrachtung des ökonomischen Erfolg insbesondere asiatischer Immigranten in den USA von der „critical importance of ethnic solidarity and kinship networks in fostering social mobility in segregated enclaves through self-employment". Ähnlich der ambivalenten Wirkung von Netzwerken kann Soziales Kapital den Beteiligten Vorteile (Informationsvorteile, gemeinsame Normen und Werte) wie auch Nachteile (Abschottung, geschlossene Netzwerke) für Innovation und Wettbewerbsfähigkeit erbringen. So kann die Tatsache, dass Minoritäten sich vielfach auf ihre eigenen Netzwerke verlassen, die Gefahr in sich bergen, dass Konzepte ohne Innovation kopiert und eine relative schwache allgemeine Marktposition erreicht wird.

Soziales Kapital sei, nach Mau/Stolle (1998), eher ein „Nebenprodukt sozialer Interaktion" und lasse sich nicht durch gezielte politische Eingriffe fördern. Andere Autoren sehen dagegen in der Anerkennung und der Messung Sozialen Kapitals über eine Reihe von Indikatoren eine Möglichkeit, der sozialen Dimension in der Quartiersentwicklung stärkere Anerkennung in Planung, Projektförderung und Evaluation zu verschaffen (vgl. Schnur 2001; Woolcock/Narayan 2000).[63] Soziales Kapital kann durchaus gefördert werden, wenngleich eine solche Förderung in der Quartiersentwicklung kleinteilige, an den Personen und ihren Bedarfen orientierte Instrumente und einen langen Atem erfordert. Zudem ist es kein Allheilmittel für gesellschaftliche Probleme wie Kriminalität oder Erwerbslosigkeit.

5.3 Cluster und benachteiligte Räume

In diesem Absatz werden solche Arbeiten diskutiert, die sich speziell mit der Frage auseinandersetzen, wie benachteiligte Räume stärker von der ökonomischen Entwicklung und neueren politischen Strategien, wie der Clusterentwicklung, profitieren können. Die Arbeiten von zwei Autoren stehen dabei im Vordergrund. Zum einen die Arbeiten von

Michael E. Porter, die seit den 1990er Jahren aufmerksam in der Wissenschaft rezipiert wurden und die – auch aufgrund seiner eingängigen Schlussfolgerungen – rund um den Globus Eingang in die Politikberatung fanden. Und zweitens die Arbeiten von Stuart Rosenfeld, einem auch bei der Weltbank und der Europäischen Kommission akkreditiertem Clusterexperten, der sich mit den Verteilungswirkungen von Clustern und der Frage, mit welchen Strategien auch bislang benachteiligte Räume und Menschen von Clustern profitieren können, auseinandersetzt.

5.3.1 Einzigartige Kompetenzen stärken: Der Clusteransatz nach Michael E. Porter

Michael E. Porter stellte Ende der 1980er Jahre die Frage, in welcher Weise die weltweit führenden Unternehmen aus ihrer „Umgebung" Vorteile für ihre Wettbewerbsfähigkeit zogen.[64] Warum siedelten sich bestimmte weltweit führende Unternehmen gerade in diesem und keinem anderen Land an? Porter (1990: 71) definierte vier Determinanten, die eine solche Umgebung charakterisieren, wie sie zur Erlangung eines Wettbewerbsvorteils für Unternehmen von Bedeutung ist. Er bezeichnet sie als die Determinanten des nationalen „Diamanten", die sich gegenseitig beeinflussen. Dazu gehören

1. die Charakteristika der Produktionsfaktoren an einem gegebenen Ort, wie etwa das Vorhandensein von Infrastruktur und Arbeitskräften, die für ein spezifisches Industriesegment von Bedeutung sind;
2. die Charakteristika der einheimischen Nachfrage nach einem bestimmten Produkt oder einer Dienstleistung. So kann etwa eine anspruchsvolle und qualitätsbewusste einheimische Käuferschicht Innovationen bei Unternehmen fordern, die dem Unternehmen auf dem Weltmarkt einen Wettbewerbsvorteil erbringen;
3. das Vorhandensein von branchennahen oder unterstützenden Firmen. Ein solches Netzwerk akkumuliert und produziert spezifische Faktoren und eine für die Innovation und die Wettbewerbsfähigkeit günstige Umgebung;
4. die Charakteristika von Unternehmensstrukturen, -strategien und -rivalität. Dazu gehören die Konditionen unter denen Unternehmen in einem Land gegründet werden, mit welcher Mentalität sie geführt werden und wie die Struktur der einheimischen Wettbewerber beschaffen ist.

Mit dieser Definition geht Porter weit über das hinaus, was die traditionelle Standortlehre (Kap. 4.2) als ausschlaggebende Standort- und Produktionsfaktoren sah. Weder die singulären Produktionsfaktoren noch deren Kosten spielen eine dominante Rolle. Es ist die Ausprägung und das Zusammenwirken von vielfältigen Komponenten, die eine bestimmte Umgebung schaffen, Unternehmen anzieht und sie an einem Ort hält. Insbesondere (1) und (3), zum Teil auch (2) und (4) sind regionale bzw. lokale Faktoren. Zwei weitere Variablen ergänzen den nationalen „Diamanten": Externe Ereignisse wie neue Erfindungen oder politische Umstürze. Und die Rolle von Regierungen und ihren Politiken, die auf die vier Determinanten fördernd oder behindernd wirken. Das Innovative an Porters Theorie war die These, dass nationale Wettbewerbsvorteile nicht aus einzelnen Faktoren erklärbar sind und dass sie auch nicht auf einzelnen Industriezweigen beruhen, sondern vielmehr auf Industrieclustern, die durch horizontale wie vertikale Beziehungen miteinander verbunden sind.

„The basic unit of analysis for understanding national advantage is the industry. Nations succeed not in isolated industries, however, but in clusters of industries connected through vertical and horizontal relationships. A nation's economy contains a mix of clusters, whose makeup and sources of competitive advantage (or disadvantage) reflect the state of the economy's development." (Porter 1990: 73)

Abb. 11: Der nationale (regionale/städtische) „Diamant" nach Porter

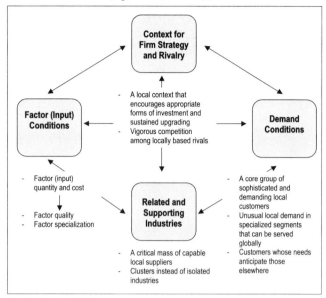

Quelle: Porter 1998: 9

Porter argumentiert, dass staatliche Politik sich stärker auf bestimmte Politikfelder konzentrieren, bestehende wettbewerbsfähige Cluster fördern, die Forschungs- und Entwicklungskapazitäten an Universitäten und Forschungseinrichtungen stärken, und auf Innovationsimpulse aus dem Wettbewerb vertrauen sollte. Das Bemerkenswerte an seiner Argumentation ist aber, dass er sich – entgegen der liberalen Sichtweise – gegen auf Kostenvorteilen basierende Strategien (z.B. niedrige Löhne) ausspricht. Zudem – und das macht Porter für die vorliegende Arbeit interessant – argumentiert er, dass aus Faktorbenachteiligungen Stärken entstehen können.

5.3.2 Faktorbenachteiligungen als Grundlage für Innovation: Das Beispiel der amerikanischen Innenstädte

Speziell Porters Arbeiten zum Wettbewerbsvorteil von amerikanischen Innenstädten sind für die Stadtteilperspektive interessant (Porter 1995; 1996). Die Problemlagen der amerikanischen Innenstädte sind in Dimension und Struktur mit denen deutscher Stadtteile mit besonderem Erneuerungsbedarf nur zum Teil vergleichbar, doch ergeben sich aus Porters Argumentation eine Reihe von Anregungen für die deutsche Praxis. Er stellt mit diesen Arbeiten die Frage, welche spezifischen Vorteile die erneuerungsbedürftigen Innenstädte – definiert als „economically distressed urban areas suffering from unemployment and poverty" (Porter/Habiby 1999: 49) – für Unternehmen bieten können und welche ökonomischen Strategien zur Entwicklung der Innenstädte angestrebt werden sollten. Ausgangspunkte seiner Argumentation sind, dass realistische und genuin ökonomische Politiken die bisher stärker sozial orientierten Programme für die Innenstädte ergänzen müssen. Er erläutert, dass eine nachhaltige ökonomische Entwicklung nicht auf der Basis von Subventionen, Regierungspolitiken oder sozial orientierten Politiken entsteht, sondern nur durch private, profitorientierte Initiativen, die auf ökonomischem Selbstinteresse und wahren Wettbewerbsvorteilen der Innenstädte aufbauen (Porter 1996: 304f.). Seine

These lautet, dass bestimmte Faktornachteile sich langfristig positiv auf die Wettbewerbsfähigkeit von ansässigen Unternehmen auswirken, weil sie innovatives Handeln herausfordern (Porter 1990: 74, 81).

> *„What is a disadvantage in a narrow conception of competition can become an advantage in a more dynamic one." (a.a.O.: 82)*

Nicht der Überfluss an Produktionsfaktoren – sondern – im Gegenteil, wahrgenommene Engpässe, z.B. an billiger Arbeitskraft oder bestimmten geographischen oder infrastrukturellen Gegebenheiten, fordern die unternehmerische Innovationsfähigkeit heraus, woraus sich langfristig ein Wettbewerbsvorteil ergeben kann. Dabei gibt es einen „optimalen" Leidensdruck, d.h. nur einige, aber nicht alle Faktoren dürfen negativ ausgeprägt sein. Spezifische Faktornachteile sind insbesondere dann günstig, wenn sie Signale an die betroffenen Unternehmen aussenden, mit denen sich langfristig Unternehmen in anderen Regionen ebenfalls konfrontiert sehen. Die Tatsache, dass ein Unternehmen seinen Standort in einem strukturschwachen Stadtteil hat, kann sich langfristig positiv auswirken, wenn dieses Unternehmen aus bestimmten Faktorkombinationen (z.B. Nähe zu spezifischen Konsumentenbedarfen) oder selektiven Faktorbenachteiligungen (z.B. geringe Kaufkraft) Vorteile zu ziehen weiß. Zum Beispiel, wenn es spezialisierte, einzigartige Fähigkeiten und Unternehmensziele entwickelt und Marktpotentiale realisiert, die nicht ortsansässige Unternehmen nicht realisieren könnten. Dieser Wettbewerbsvorteil kann in einem zweiten Schritt zur Entwicklung von Strategien außerhalb des Stadtteils genutzt, d. h. die auf dem lokalen Markt erworbenen Kenntnisse „exportiert" werden. Die geographische und die kulturelle Nähe zum Konsumenten helfen dabei, die entsprechenden Signale wahrzunehmen. Spezifische Faktorbenachteiligungen stimulieren jedoch nicht immer Innovation. Ohne z. B. Unternehmergeist oder adäquat qualifizierte Mitarbeiter werden solche Benachteiligungen eher zum Rückzug oder zur Verlagerung des Unternehmens als zur Innovation vor Ort führen.

Zurückgreifend auf seine Arbeiten zum nationalen Wettbewerbsvorteil und die vier Faktoren, die eine innovationsfördernde Umgebung charakterisieren (siehe oben), zählen Porter (1996: 305ff) und Porter/Habiby (1999: 49f.) zu den Ansatzpunkten für eine entsprechende ökonomische stadtteilbezogene Strategie

- die Lage der Quartiere und ihre strategische Positionierung zu (möglichen) Absatzmärkten, wie etwa benachbarten boomenden Geschäftsvierteln, Vergnügungszentren oder stark frequentierten Umschlagplätzen. Die räumliche Nähe und der häufige und schnelle Kontakt können im Stadtteil ansässigen Unternehmen einen Wettbewerbsvorteil gegenüber anderen Firmen bieten, insbesondere bei logistisch sensiblen Produkten und Diensten.

- eine lokal ungedeckte Konsumnachfrage. Hier betont Porter, dass zwar die Einkommen der innerstädtischen Bewohnerschaft geringer sind als in benachbarten Gebieten. Aufgrund der höheren Bevölkerungsdichte besteht im Konsumbereich dennoch oft ein lohnender Markt für Geschäftsgründungen, insbesondere im Bereich Einzelhandel, Finanzdienstleistungen und persönliche Dienstleistungen. Wichtig ist es, das Angebot auf die spezifischen Nachfragebedarfe der Bevölkerung nach Nahrungsmitteln, Kosmetikartikeln oder Bekleidung abzustimmen. Daraus können Unternehmen auch über den Stadtteil hinaus als „Pioniere" einen Wettbewerbsvorteil erlangen und weitere Nachfrage anlocken. Mit speziellen Dienstleistungen für Geringverdienende oder ethnische Bevölkerungsgruppen können sich Unternehmen einen Wettbewerbsvorteil verschaffen.

- die Einbindung der lokal ansässigen Unternehmen in regionale, wettbewerbsfähige Cluster. In der Stärkung dieser Verbindungen sieht Porter für die innerstädtischen Gebiete langfristig eine Reihe von bedeutenden Verbesserungen im Gebiet durch Investitionen in die Infrastruktur, Technologie und Qualifizierung der ansässigen Bewohnerschaft. Unternehmen können beispielsweise als Zulieferer für nahe gelegene Cluster arbeiten. Sie können aber auch aus ihrer Nähe zu einer spezifischen Klientel im Rahmen eines solchen Clusters besondere, für bestimmte Zielgruppen zugeschnittenen Produkte und Dienstleistungen entwickeln. Zielgerichtete Ausbildungs- und Qualifizierungsangebote können der lokalen Bevölkerung den Zugang zu den Beschäftigungsmöglichkeiten der Cluster eröffnen.

- die vorhandenen Arbeitskräfte im Stadtteil. Arbeitskräfte im Stadtteil sind zwar oft gering qualifiziert, aber zuverlässig und loyal. Insbesondere in Stadtteilen mit einem hohen Anteil an Immigranten können Unternehmen Beschäftigte mit einzigartigen, in ihren Heimatländern erworbenen Qualifikationen finden (z.B. Näherei, Stickerei, Schneiderei).

Die Rolle von Stadtteilmanagern sieht Porter in der Vermittlungstätigkeit (z.B. zwischen externen Investoren und lokalen Arbeitskräften), in der Verbesserung von Transparenz und Informationsfluss (z.B. Darstellung der Immobilienangebote im Stadtteil), und in der Förderung von Kooperationen (zwischen lokalen Unternehmen und Hochschulen bzw. Forschungseinrichtungen oder regionalen Clustern). Er ist jedoch überwiegend kritisch gegenüber Stadtteilorganisationen (Community Development Corporations), die seiner Meinung nach oft zu wenig qualifiziert im ökonomischen Bereich und wirtschaftsfern oder gar wirtschaftsfeindlich arbeiten[65]. Stattdessen sollte die ökonomische Strategie auf der Initiative und dem Sachverstand der Wirtschaft und der etablierten Wirtschaftsorganisationen beruhen. So sollten etwa keine speziellen Kleinkreditprogramme durch Stadtteilmanagementgesellschaften verwaltet werden, sondern stattdessen die Sparkassen und Banken dazu gebracht werden, solche Programme aufzulegen. (In der Praxis wird dies oft vergeblich versucht. Spezielle Programme sind dann die Krücken, die zunächst benötigt werden, um die in diesem Bereich wenig risikofreudigen Kreditinstitute auf diesen Markt aufmerksam zu machen.) Aus- und Fortbildungsprogramme müssten, nach Porter, in Kooperation zwischen Staat und Privatwirtschaft so konzipiert sein, dass sie an die lokale Situation angepasst sind und Qualifikationen vermitteln, für die es einen tatsächlichen Abnehmermarkt gibt.

Dem Staat mit seinen Förderprogrammen kommt dabei die Rolle zu, entsprechende Programme und Investitionen sehr viel zielgerichteter auf die wirklich bedürftigen Gebiete auszurichten und Ressourcen weniger zu streuen. Und zum zweiten sollte es Ziel staatlicher Politik sein, die Standortqualitäten der betreffenden Orte zu verbessern. Dies umfasst räumliche Infrastrukturen, aber auch die Qualität von Qualifizierungseinrichtungen und Schulen. Generell spricht Porter dem Staat eher eine Rolle bei der Generierung von Basisfaktoren zu, aber weniger bei spezialisierten oder fortgeschrittenen Faktoren, die, seiner Meinung nach, nur in Zusammenarbeit mit der Privatwirtschaft oder durch die Privatwirtschaft selbst entstehen, da öffentliche Einrichtungen zu langsam oder zu uneffektiv sind, die notwendigen spezialisierten Faktoren auch nur zu identifizieren (1990: 81).

Zweifellos ergeben sich aus Porters Arbeiten eine Reihe von Anregungen für die ökonomische Stadtteilentwicklung. Zuvor soll Porters Sichtweise jedoch kritisch hinterfragt und beleuchtet werden.

5.3.3 Eine Einschätzung von Porters Sichtweise

Die Kritik an Porter (Bathelt/Glückler 2002: 150f.) hat formuliert, dass er in seinen Fallstudien (Porter 1990) soziale und institutionelle Prozesse in der Generierung und Entwicklung von Clustern unterbewerte und sich zudem in der für diese Prozesse wichtigen räumlichen Bezugsebene nicht eindeutig festlege. Teils schien die regionale, teils die nationale Ebene von ausschlaggebender Bedeutung für die Entwicklung erfolgreicher Cluster, was Porter allerdings in späteren Arbeiten korrigierte (siehe Porter 1998b). Über diese methodische Kritik hinaus ergeben sich aus der Sichtweise der hier vorliegenden Arbeit weitere Einschränkungen bzw. Kritikpunkte.

Porters Theorie des komparativen Wettbewerbsvorteils beruht auf dem von ihm untersuchten engen Segment der Weltmarktführer in einem Land, also auf einigen wenigen und weltweit erfolgreichen Unternehmen. Aus deren Strategien, Wettbewerbsvorteile zu nutzen, schließt Porter auf günstige Faktoren für die Wettbewerbsfähigkeit der in einem Land oder einer Region angesiedelten Unternehmen. Seine Arbeiten zum Wettbewerbsvorteil der amerikanischen Innenstädte beruhen auf Studien in neun Fallstudiengebieten, einschließlich vieler Interviews mit lokalen Akteuren und Unternehmensvertretern. Aus den Arbeiten lässt sich schließen, dass Porter den aktiven und innovativen Unternehmer oder die Unternehmerin im Blick hat, bzw. das Großunternehmen mit einem Marketing- und Standortstab. Für Familienbetriebe, die ihre Unternehmensstrategien nur unter dem Druck von akuten Krisen ändern; Betriebe die auf eng kalkulierten Kostenvorteilen ihr Geschäft betreiben; Unternehmen, die aus Mangel an sonstigen beruflichen Alternativen betrieben werden, hat Porter eigentlich nur die Botschaft, dass die nicht innovationsfähigen und wettbewerbsfähigen Unternehmen untergehen.

Dem Staat kommt in seinen Argumenten die Rolle zu, solche Politiken zu unterstützen, die die Wettbewerbsfähigkeit von Unternehmen stärken. Zu diesem Zweck darf der Staat sogar in den Markt mit dem Ziel eingreifen, die Nachfrage nach neuen Produkten unter den Konsumenten zu stärken. Ansonsten hat sich der Staat der direkten Marktbeteiligung zu enthalten. Strikt nach Porter würde es nun keinen Sinn machen, Unternehmen in Stadtteilen zu fördern. Denn weder akzeptiert Porter Programme, die für einzelne Unternehmenssektoren aufgelegt werden, noch würde er Unternehmen unterstützen, die nicht zu den Marktführern oder den innovativen Vorreitern gehören. Unternehmen, wie sie in erneuerungsbedürftigen Stadtteilen zu finden sind, sind seiner Meinung nach eher aufgefordert ihre Produktivität zu erhöhen, um wettbewerbsfähig zu bleiben oder ansonsten unterzugehen. Dies führe auf kurze Sicht zwar zu Widerstand und Unzufriedenheit, sei auf lange Sicht aber die beste Politik für die Verbesserung der Unternehmensbasis. Es ist ein „survival of the fittest", das wir hier als Szenario sehen und das auf nationaler Ebene und in einigen Unternehmensbereichen Sinn machen mag, das aber in anderen Bereichen mit gesellschaftlichen Zielen abgewogen werden sollte.

Eine hohe Unternehmensproduktivität kann nicht als alleiniges gesellschaftliches Ziel in allen Bereichen und Regionen begriffen werden. Porter impliziert, dass eine hohe Produktivität auch eine hohe Lebensqualität bedeutet, d.h. der Bevölkerung und dem Staat geht es so gut wie es den Unternehmen gut geht.[66] Lebensstandard mit steigender Rentabilität gleichzusetzen ist nicht zwangsweise logisch. Autoren wie Friedmann (Kap. 6.1.2) widersprechen der ökonomisch liberalen Sichtweise, dass ein steigendes Bruttoinlandsprodukt automatisch mit einem höheren Lebensstandard und einer steigenden Lebensqualität gleichgesetzt werden kann. Und auch Rosenfeld (2003: 362) formuliert:

> „Nations, regions and communities, while dependent on the success of their industries for the creation of wealth, also have civic responsibilities toward their citizens. (...) Therefore, a balance between public good and business profitability is a necessary goal of public policy and an inherent interest of communities."

Zwar spricht Porter davon, dass die „Kosten" der höheren Produktivität der Unternehmen eines Landes dadurch ausgeglichen werden müssen, dass der Staat die Schaffung von neuen Arbeitsplätzen in neu gegründeten Unternehmen unterstützt. Doch am Beispiel der Region des Ruhrgebietes wird deutlich, dass die neu geschaffenen Arbeitsplätze in keiner Weise den Wegfall der Arbeitsplätze in den traditionellen Bereichen ausgleichen konnten – die neuen Arbeitsplätze entstehen in anderen Regionen. Außerdem besteht ein erheblicher *mismatch* zwischen den Anforderungen der neuen Arbeitsplätze und dem Qualifikationsprofil der „freigesetzten" Arbeitskräfte. Die neuen Arbeitsplätze entstehen also in anderen Regionen und in Bereichen, die den der Produktivität zum Opfer gefallenen Arbeitskräften nicht unbedingt offen stehen. Die Frage die sich stellt – und die politisch beantwortet werden muss – ist die, wie hoch die Anpassungskosten sind, die eine Gesellschaft in Kauf nimmt und ob staatliche Förderpolitik nicht für einen begrenzten Zeitraum, in bestimmten Branchen und in bestimmten Regionen notwendig ist.

5.3.4 Folgerungen für die ökonomische Stadtteilentwicklung

Aus Porters Argumentation lassen sich – unter Berücksichtigung der oben erwähnten Einschränkungen – eine Reihe von Schlussfolgerungen für die ökonomische Stadtteilentwicklung ableiten.

Wie am Beispiel der amerikanischen Innenstädte erläutert, entsteht Unternehmen ein Wettbewerbsvorteil, wenn sie die einzigartigen komparativen Vorteile des Standortes für ihre Unternehmensstrategie zu nutzen wissen. *Higher-order advantages* dagegen, wie Porter (1990: 50) sie nennt, basieren auf einzigartigen Produkten, Dienstleistungen oder auf Reputation. Dagegen sind Strategien von Unternehmen, die rein auf Kostenvorteilen einzelner Produktionsfaktoren beruhen, verletzlich, weil solche Vorteile (*lower-order advantages*) durch Imitationen leicht wieder abhanden kommen (Porter 1990: 40f., 768f.). Die oftmals marginale Gewinnspanne ist den ökonomischen Fluktuationen unbarmherzig ausgeliefert. Komparative Vorteile, die auf z.B. niedrigen Arbeitskosten, einem einzigen neuen Produkt oder bestehenden Rohstoffen aufgebaut sind, zeichnen sich fast immer durch eine niedrige Produktivität aus und sind damit notorisch instabil (a.a.O.: 769).

Dies ist zum einen ein Plädoyer dafür, in strukturschwachen Stadtteilen keine Unternehmen zu fördern, die besonders stark der Fluktuation ausgesetzt sind, also etwa rein auf Kostenvorteilen (billige Miete, Selbstausbeutung der Geschäftsinhaber) basierende Ansiedlungen; d. h. Geschäfte und Unternehmen, deren Absatzstrategie vor allem auf einem Unterbietungswettbewerb gründet. Und es ist zum zweiten ein Plädoyer für eine langfristige Entwicklungsstrategie des Stadtteils. Eine Politik der kurzfristigen Erfolge setzt oft die falschen Zeichen. Komparative Vorteile, so Porter (a.a.O.: 770), werden im Laufe von einem oder mehreren Jahrzehnten geschaffen und nicht im Laufe von drei bis vier Jahren.[67]

Eine Politik der Profilierung regionaler oder lokaler Stärken muss keine Abkehr von einer Politik der Strukturerhaltung und Ausgleichsorientierung (Schätzl 2001: 239) bedeuten. Sie legt nahe, dass Fördergelder stärker regional und lokal konzentriert auf der Basis einer Analyse spezifischer Stärken und Bedarfe eingesetzt werden und staatliche Investitionen z.B. in hochwertige Infrastruktur nicht an allen Orten, sondern räumlich gezielt erfolgen. Das bedeutet aber nicht, dass Ausgleichsorientierung und Strukturerhaltung als Politikziele an Bedeutung verlieren. Eine Politik der (zeitweisen) Priorisierung bestimmter Räume in der Landes- und Stadtentwicklungspolitik – sowohl besonderer Wachstumszentren als auch besonders strukturschwacher Teilräume – bedeutet nicht Protektionismus und Abkoppelung, sondern die Stärkung der positiven Eigenarten von Teilräumen und die besondere Förderung von Teilräumen, die sich in einer spezifischen Phase der Aufwärts- oder Abwärtsentwicklung befinden.

Direkte Subventionierungen von Unternehmen gelten zu Recht oftmals als chronisch ineffektiv, was regionalpolitische Studien und Bilanzierungen von Programmen wie z.B. den amerikanischen Empowerment Zones zeigen (Fußnote 38). Auf der Basis von Subventionen lässt sich keine solide Unternehmensbasis aufbauen, weil Unternehmen – auch wenn sie sich in einer gewünschten Lokalität ansiedeln – die höherwertigen Tätigkeiten dort oft nicht ausführen. Mit Blick auf die amerikanischen Innenstädte folgert Porter (1996: 320):

> „*Public funds (subsidies) will be necessary to economically revitalize inner cities, but they must be spent in support of an economic strategy based on competitive advantage instead of distorting business incentives with futile attempts to lure to inner cities businesses that lack an economic reason for locating there.*"

Es gibt gewichtige Gründe, direkte Subventionierungen von Unternehmen abzulehnen. Doch spricht einiges dafür, gezielt ausgewählte Unternehmen bei der Erreichung von Zielen, die auch im Sinne der Stadtteilentwicklung sind, zu unterstützen.[68] Es kann durchaus sinnvoll sein, unternehmerische Handlungen, die in die richtige Richtung weisen, zu unterstützen und dann auch einen kleinen Teil der anfallenden Gesamtkosten zu übernehmen. So können von staatlicher Seite etwa die Unternehmen in einer Lokalität mit neuen Technologien vertraut gemacht (z.B. durch die Durchführung von Kooperationsprojekten) oder durch die Auslobung von Wettbewerben Innovation und Qualität gefördert werden.

Porter (1990) betont, dass staatliche Politiken weniger streuen, sondern gezielter und langfristig in eine Reihe von Schlüsselbereichen investieren sollten. Zu diesen Bereichen zählt er Bildung/Ausbildung und Forschung/Entwicklung. Er betont die Wichtigkeit von Qualität auf allen Ebenen, auch in den unteren Stufen, d.h. im Grundschulbereich. Gerade in den benachteiligten Stadtteilen ist die Qualität des Unterrichts eine Schlüsselfrage. Ein weiterer Aspekt der Förderung von Innovation den Porter anspricht, und der auch auf Stadtteilebene bedeutsam ist, ist die Unterstützung von Partnerschaften zwischen Unternehmen sowie zwischen Unternehmen und Bildungseinrichtungen.

Moderne Infrastrukturen, von Verkehrsanbindungen bis zur Telekommunikation, sind in den industrialisierten Ländern heutzutage fast ubiquitär vorhanden. Für eine innovationsfähige und konkurrenzfähige Wirtschaft zählt vielmehr *die Spezifität der Ausstattung*. Dabei müssen infrastrukturelle Ausstattungen nicht notwendigerweise allein von öffentlicher Hand erstellt werden. Vielmehr kann die lokale Infrastruktur in Zusammenarbeit mit kommunalen Organisationen für die spezifischen Bedürfnisse von Unternehmen ausgebaut bzw. verbessert werden.

Der *Zugang zu Kapital*, zu niedrigen Kosten und in effizienter Weise, stellt sich von Beginn der unternehmerischen Tätigkeit immer wieder im Laufe des Unternehmenszyklus. Für die Stadtteilebene muss gefragt werden, wie Unternehmen Kredite zu niedrigen Kosten zur Verfügung gestellt werden können. Dies kann einen speziellen Fond erforderlich machen; auch Gespräche und Kooperationen mit dem lokalen Bankensektor können Verbesserungen bewirken. Sparkassen und Banken stehen dem Klientel in strukturschwachen Stadtteilen oft skeptisch gegenüber, weil (a) keine ausreichenden Sicherheiten erbracht werden können oder weil (b) die formalen Qualifikationen fehlen.

Um die *Nachfrage nach neuen Produkten* zu stärken und die Innovationsfähigkeit von Unternehmen herauszufordern, können öffentliche Körperschaften als kritische und qualitätsbewusste Käufer auftreten und innovative, qualitätsvolle Produkte von den Unternehmen einfordern. Programme, die die Nachfrage nach neuen Produkten oder fortgeschrittenen Dienstleistungen unterstützen – z.B. Programme, die das Risiko, dass sich eine Nachfrage nicht oder noch nicht ausreichend realisiert, reduzieren – sind ebenso hilfreich.

Porters Hauptargument lautet, die spezifischen Stärken eines Ortes zu suchen und systematisch zu fördern, um langfristig einen Wettbewerbsvorteil für die Unternehmen vor Ort zu erreichen. Diese Strategie wird sich nicht in jedem Stadtteil mit besonderem Erneuerungsbedarf anbieten, aber das Spezifische eines Stadtteils zu definieren kann dazu führen, besonders viel versprechende Cluster für Entwicklungs- und Beschäftigungsmöglichkeiten am Ort zu identifizieren. Oder auch die Beschäftigungs- und Qualifizierungsangebote für die ansässige Bevölkerung systematisch auf zukunftsfähige regionale Cluster (z.B. Gesundheitsdienstleistungen, Tourismus) auszurichten. Die daraus entwickelten Projekte können privater Natur sein, im öffentlichen Sektor oder im Dritten Sektor entstehen. Das besondere Angebot ethnischer Läden und Unternehmen – Restaurants, Einkaufsläden, Dienstleistungshandwerk – kann bereits eine Klientel jenseits des Stadtteils anziehen. Das Stadtteilmanagement kann dann darauf setzen, das Marketing dieses Angebotes stadtweit oder regional zu verbessern und das Angebot zu diversifizieren, indem Existenzgründer und Investoren gezielt auf Entwicklungschancen aufmerksam gemacht werden. Oder in einem Stadtteil haben sich eine Reihe von preisbewussten und/oder besonders kreativen Dienstleistern aufgrund der günstigen Räumlichkeiten oder der Lage zu entsprechenden Ausbildungsstätten/Abnehmerfirmen angesiedelt.

In einer Gesellschaft, in der die Suche nach Erlebnissen und sehr spezifische Konsumpräferenzen Kaufakte bestimmen, verlieren erneuerungsbedürftige Stadtteile in der Konkurrenz tendenziell an Bedeutung und die lokale Nachfrage nach nicht-alltäglichen Gütern sinkt. Damit verschlechtert sich auch die Versorgungssituation für die lokale Bevölkerung. Gleichwohl können sich kleine inhabergeführte Geschäfte in den Stadtteilen halten, wenn sie ihre Nischen zum Überleben finden, z.B. über besonders serviceorientierte Strategien oder indem sie sich auf eine sehr spezifische Konsumentennachfrage einstellen. Ein unterdurchschnittliches Einkommen muss dabei kein Hindernis für wirtschaftliche Entwicklung sein, wenn die Unternehmen, die in ihrer Erlössituation hauptsächlich auf den Stadtteilabsatz angewiesen sind, Innovationsfreude beweisen (Kap. 5.3.2). Zur Sicherung der Versorgungssituation – gerade für die immobileren Bevölkerungsschichten – und für die Attraktivität des Ortes als Einkaufsort ist die Förderung solcher „innovationsfreudiger Vorreiter" in den Stadtteilen wichtig.

Ansatzpunkt einer Strategie nach Porter wird es immer sein, das Spezifische eines Ortes zu definieren und Wettbewerbsvorteile konsequent auszubauen. Die Arbeiten von Porter, und insbesondere seine Definition des „Diamanten" der Wettbewerbsfähigkeit, boten – stärker als die im vorigen Kapitel 5.1 diskutierten (europäischen) Arbeiten zu Clustern, Milieus und Netzwerken – greifbare Ansätze für Politikempfehlungen, die daher auch relativ schnell in die Politikberatung Eingang fanden (Landaboso 2003: 22). Im Rahmen der Entwicklungszusammenarbeit existiert eine breite Palette von Instrumenten und methodologischem Werkzeug zur lokalökonomischen Entwicklung, aus der auch Anregungen für den Stadtteilerneuerungskontext gewonnen werden können (vgl. Toolkit 2005). So entwickelte z.B. Meyer-Stamer (2001; 2003) aus den Arbeiten von Porter (und anderen Arbeiten zum Clusteransatz) für Kommunen und Regionen zwischen 50.000 und 400.000 Einwohnern ein Modell der partizipativen Einschätzung von komparativen Wettbewerbsvorteilen als Grundlage für die Erarbeitung einer ökonomischen Entwicklungsstrategie.[69] Als Instrument angewandt, werden in Einzelinterviews und in einem Workshop mit bis zu 25 Teilnehmern die beteiligen Unternehmensvertreter und institutionellen Repräsentanten gebeten, ihre Einschätzung zu den vier Determinanten des Wettbewerbsvorteils zu geben. Zusammen mit anderen Instrumenten wie dem *mapping* ökonomischer und politischer Cluster und der lokalen Wertschöpfungsketten ergeben sich daraus Anhaltspunkte für eine Strategie der ökonomischen Entwicklung.

5.3.5 Wie können Cluster „gerechter" werden?

Stuart A. Rosenfeld (2002; 2003) beschäftigte sich mit der Frage, wie Cluster in ihren Effekten gerechter werden können und auch benachteiligte Räume und auf dem Arbeitsmarkt benachteiligte Menschen von Clustern profitieren können. Er sieht eine Reihe von Ansatzpunkten, um auch kleinere und Kleinstunternehmen, niedrigqualifizierte Menschen und benachteiligte Stadtquartiere stärker an Clustern zu beteiligen (Rosenfeld 2003: 369ff; ausführlich in Rosenfeld 2002: 15ff; Tabelle 6).

Qualifizierung und Bildung sind Schlüsselbereiche ökonomisch erfolgreicher Entwicklung. In Clustern mit hoher Wertschöpfung finden Menschen ohne zertifizierte Bildungs- und Qualifizierungsgrundlagen keinen Zugang zum Arbeitsmarkt. Stadtteilorganisationen müssen ihr Augenmerk auf diesen Kernbereich richten und entsprechende Angebote schaffen bzw. den Zugang zu bestehenden Angeboten für die Stadtteilbevölkerung verbessern. Es ist wichtig, die Kooperation mit Institutionen, die fachspezifisches, clusterrelevantes Wissen anbieten können, zu suchen. In enger Zusammenarbeit zwischen Clusterunternehmen und Bildungseinrichtungen in der Region müssen solche Arbeitserfahrungsprogramme und Qualifizierungslehrgänge entwickelt werden, in denen clusterrelevantes Wissen vermittelt werden kann.

Intermediäre Organisationen spielen eine bedeutende Rolle, um Nachfrage und Angebot aktiv zu regeln, sei es in Bezug auf den Arbeitsmarkt oder in Hinblick auf Vernetzungen zwischen Unternehmen, der Technologieförderung oder von Qualifizierungsmaßnahmen. Gerade kleine Unternehmen sind auf eine innovationsfördernde Umgebung angewiesen, um wettbewerbsfähig zu bleiben (Kap. 5.1.6). In Bezug auf den Arbeitsmarkt können intermediäre Organisationen Beziehungen zu wichtigen Unternehmen und Fortbildungseinrichtungen aufbauen. In der „neuen Ökonomie" ist nicht nur das know-how (Kompetenz) wichtig, sondern auch das know-what (Konzepte) und das know-who (Beziehungen). Soziales Kapital (Kap. 5.2) spielt dabei eine entscheidende Rolle.

> „People, places, and firms that are unable to benefit from – or worse, are cut off from
> – the social capital of clusters are severely handicapped in any economy, but more so
> in a knowledge-based economy that depends on ‚know-who' to build ‚know-how'."
> (Rosenfeld 2003: 376)

Finanzielle Anreize und Subventionen der öffentlichen Hand können Unternehmen ermuntern Wege zu beschreiten, die für sie ökonomisch profitabel sind und zugleich einen gesellschaftlichen Nutzen aufweisen. Beispielsweise indem Unternehmen erwägen, Bewohner/innen aus bestimmten Stadtteilen Arbeits- und Qualifizierungsmöglichkeiten zu bieten. Es mag auch sinnvoll sein, in bestimmten Gebieten auf die speziellen Bedürfnisse von Kleinstunternehmen abgestimmte Finanzierungsfonds zu entwickeln.

Soziale Ziele in die Agenda von Clusterverbünden einzuführen kann gelingen, indem z.B. Organisationen des Dritten Sektors eine formelle oder informelle Rolle im Clusterverbund annehmen, an das soziale Gewissen der beteiligten Unternehmen appellieren und nach gemeinsamen Interessen suchen, um gemeinnützige oder ökologische Ziele zu verwirklichen.

Tabelle 6: Handlungsfelder nach Stuart A. Rosenfeld

Handlungsfeld	Menschen	Orte	KMUs	Mögliche Hindernisse
Qualifizierung von Menschen	Arbeitserfahrung und Sprachkurse	Zugang zu Ausbau von Dienstleistungen und Infrastruktur	Investitionen in Grundfertigkeiten und Bildung	Grundfertigkeiten und Arbeitserfahrung
Clusterspezifisches Wissen und know-how aufbauen	Clusterrelevante Arbeitserfahrung durch Praktika, Zeitarbeit etc.	Cluster unterstützen	Kooperationen für Qualifizierung von Arbeitskräften	Benötigte Fähigkeiten und Erfahrungen
Geeignete intermediäre Organisationen identifizieren	Mit gemeinwesenorientierten Organisationen arbeiten	Clusterverbindungen zu Lokalitäten	KMU relevante Dienstleistungen in und für Betriebe	Intermediäre Organisationen, die nicht die Sprache der Unternehmen sprechen
Zugang zu Arbeit und Qualifizierung	Ausgrenzung überwinden und (in-formelle) Zugänge zu Informationen fördern	Vielfalt und Toleranz fördern	Zwischenbetriebliche Aufstiegsmöglichkeiten verstärken	Soziale Ausgrenzung
Innovationsorientierte intermediäre Organisationen einsetzen	Unternehmensrelevante Fähigkeiten in gemeinwesenorientierten Organisationen stärken	Teilhabe von KMUs am Entwicklungsprozess stärken	Bedarfe abschätzen und bündeln	Fähigkeiten und Erfahrung Abgeschlossenheit und Isolation
Unternehmensnetzwerke und Qualifizierungsbündnisse	Bewusstsein über ausgegrenzten Arbeitskräftepool	Regionale Lernverbünde, Lernende Regionen	Zusammenarbeit ermutigen	Soziale Ausgrenzung, Abgeschlossenheit und Kirchturmdenken
Ressourcen zum Ausgleich von Nachteilen	Finanzielle Anreize für Beschäftigung und Qualifizierung	Finanzielle Anreize für Ansiedlung	Kapital, Investitionsanreize	Kapitalengpässe Abgeschlossenheit und Isolation
Mit Clusterorganisationen zusammenarbeiten	Soziale Verantwortung stärken	Kollektive soziale Interaktion stärken	Mikrounternehmen aufbauen	Intermediäre Organisationen, die nicht die Sprache der Unternehmen sprechen
Keine zu starren Anforderungen an Clusterabgrenzungen	Längeres Pendeln erwägen	Verbindungen zu Clustern und Mikroclustern	Netzwerke ausweiten	Pendelziel erreichen
Innovation und Unternehmertum unterstützen	Unternehmerisches know-how stärken	Eine förderliche Umgebung schaffen	Nicht-FuE bezogene Innovation fördern	Kapitallücken, Dominanz von Branche/ Schlüsselunternehmen
Nischen aufspüren und nutzen	Persönliche Stärken ausbauen	Regionale Stärken ausbauen	Kernkompetenzen nutzen	Der New Economy hinterherjagen

Quelle: Rosenfeld 2003: 370

Ähnlich wie Porter (Kap. 5.3.2) argumentiert auch Rosenfeld (2003: 374); der betont, dass sich kleinräumige Stadtteile oder ländliche Gebiete nicht unbedingt selbst als Basis für ein zu entwickelndes Cluster begreifen sollten, sondern vielmehr die Zugänge zu großräumigeren Clustern suchen und ihre Rolle als Teil eines solchen Clusters definieren sollten.

Analog zu Porter betont Rosenfeld (a.a.O.: 375) auch die Notwendigkeit aktiv *nach Nischen und Nischenprodukten* zu suchen und zu überlegen, mit welchen Strategien die lokalisierbaren, spezifischen Potentiale ausgeschöpft werden können, um Arbeit und Einkommensmöglichkeiten zu schaffen.

Existenzgründungsförderung kommt ebenfalls eine bedeutende Rolle in benachteiligten Gebieten zu. Mit entsprechender institutioneller Hilfestellung kann die Existenzgründung auch für niedrigqualifizierte Personen eine berufliche Perspektive bilden.

Porter und Rosenfeld treffen sich demnach in einigen Ansatzpunkten für Strategien (Schlüsselbereich Bildung und Qualifizierung, innovationsfördernde Netzwerke, Suche nach Nischen, Zugänge zu funktionierenden Clustern entwickeln); in anderen Punkten gehen ihre Meinungen weit auseinander, etwa bei der Frage nach der Funktion von öffentlichen Subventionen. Vor allem aber sind ihre Ausgangsthesen sehr unterschiedlich. Während Porter den aktiven und innovativen Unternehmer im Blick hat (Kap. 5.3.3), stellt Rosenfeld die Frage, wie gerade diejenigen, die man momentan nicht mit erfolgreichen Clustern in Verbindung bringt, von ihnen partizipieren können.

„The mere existence of clusters offers only limited promise for disadvantaged individuals or places, but clusters can intentionally forge a pathway leading to higher incomes and stronger economies. An examination of systemic relationships may reveal previously unnoticed common or collective competencies, hidden specialized resources, and ways to aggregate strengths that have the potential to take advantage of cluster tools, social capital, and externalities." (Rosenfeld 2003: 376)

Wenngleich, nach Rosenfeld (2003: 362), der Wohlstand von Nationen, Regionen und Gemeinden vom Erfolg ihrer Industrien abhängt, so haben sie doch eine Verpflichtung gegenüber ihren Bürgern und müssen das Rentabilitätsinteresse von Unternehmen mit dem öffentlichen Interesse abwägen. Eine Argumentation, die an Entwicklungsansätze, die eine Werteposition einnehmen (Kap. 6), anknüpft.

5.4 Zusammenfassung und Schlussfolgerungen

Die in diesem Kapitel erläuterten Ansätze zu Clustern, Milieus und der Rolle von Sozialkapital sehen die wirtschaftliche Entwicklung als eingebettet in die Geschichte, die sozialen und kulturellen Traditionen und institutionellen Arrangements eines Ortes. Damit wenden sich die Regional- und Wirtschaftswissenschaften auch von dem Anspruch ab, es gebe in der regionalen Ökonomie abstrakt und absolut geltende Wahrheiten. Vielmehr betonen die hier erläuterten Ansätze das einer Lokalität eingravierte Spezifische, das wirtschaftliche Entwicklung(spfade) bestimmt. Industriecluster und innovative Milieus, wenngleich räumliche Spezialfälle, beruhen auf einer spezifischen sozialen, kulturellen und institutionellen Geschichte des Ortes.

Textbox 9: Neue Erklärungsansätze

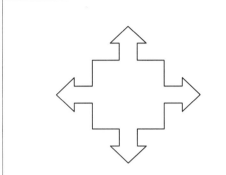

Charakteristika:

- Bedeutung von Netzwerken zwischen Unternehmen und Interdependenzen zwischen Unternehmen und Standort
- Kulturelle, soziale und institutionelle Faktoren gewinnen an Bedeutung um wirtschaftliche Dynamik und Innovation zu erklären
- Weitgehend induktive Ansätze
- Evolutionäre Perspektive
- Bedeutung der Mesoebene (gegenüber Mikro- und Makroökonomie)

Eigene Darstellung

Aber auch abseits dieser paradigmatischen Einzelfälle richten die „neuen" Erklärungsansätze unsere Aufmerksamkeit auf Faktoren wirtschaftlicher Dynamik und Innovation, wie sie bislang wenig Eingang in ökonomische Modelle gefunden hatten. Langjährige Geschäftsbeziehungen, informelle Verträge auf der Grundlage von Vertrauensbeziehungen, die kollektive und sich nur langfristig auszahlende Investition in Forschung und Entwicklung oder die Qualifizierung von Arbeitnehmern können mit abstrakten ökonomischen Modellen nicht erklärt und erfasst werden. Die hier erläuterten Ansätze betonen Einflussfaktoren, die außerhalb des Einflussbereiches von einzelnen Unternehmen liegen, gleichwohl aber Dynamik und Wachstum von Betrieben determinieren und von diesen auch als Standortvorteile internalisiert werden.

Vor dem Hintergrund der Zunahme unternehmensexterner Transaktionen erlangen Kooperationsbeziehungen, kollektive Konventionen und Normen, persönliche und von Vertrauen geprägte Beziehungen, ein förderliches institutionelles Umfeld und räumliche Nähe ihre Bedeutung als Faktoren, die Unsicherheiten reduzieren, unternehmensinterne Aufwände begrenzen (z.B. durch kooperative Investitionen in Forschung und Ausbildung), einzelbetriebliche Flexibilität erhöhen und den Anschluss an neue Entwicklungen und Märkte ermöglichen. Gleichwohl die oftmals unkritische und methodisch angreifbare Verwendung von Kategorien wie Vertrauen oder Kooperation bedacht werden muss und zudem die Forschungen von unterschiedlicher Bedeutung für Regionen und Branchen sind, scheint es gerechtfertigt, von „neuen" Erklärungsansätzen zu sprechen. Sie betonen die kooperative und wechselseitige (Weiter)Entwicklung von lokalen oder regionalen Produktionsfaktoren durch die ansässigen Unternehmen und Institutionen. Sie verdeutlichen, dass in Zeiten der Globalisierung die regionalen und lokalen Faktoren nicht bedeutungslos werden, sondern vielmehr an Bedeutung für Wettbewerbsfähigkeit und Innovation eines Standortes gewinnen. Sie verweisen auf die Dialektik zwischen einzelbetrieblichem Handeln und regionalem oder lokalem Umfeld. Und sie weisen außerökonomischen – sozialen, kulturellen und institutionellen – Faktoren Bedeutung für die wirtschaftliche Dynamik zu. Kritiker bemängelten die fehlende theoretische Geschlossenheit der hier vorgestellten Ansätze. Nach der in dieser Arbeit vertretenen Philosophie sind induktiv anstatt deduktiv gewonnener Erkenntnisse jedoch nicht grundsätzlich wissenschaftlich weniger erkenntnisreich (Kap. 1.4).

Im ersten Abschnitt dieses Kapitels standen die Arbeiten zu Clustern, Milieus und Netzwerken im Vordergrund. Gleichwohl diese als Handlungsorientierung nur schwer einsetzbar sind, basieren etwa die Konzepte der lernenden Region und regionaler Kompetenzzentren auf der Annahme, dass die räumliche Nähe und intraregionale Netzwerke von Innovationsakteuren die Gewinnung, Erweiterung und Diffusion von Wissen positiv beeinflussen (siehe Schätzl 2001: 232ff). Mit der Diskussion von Transaktionskosten wurde auch die Frage verbunden, welche Auffände und Reibungskosten für Unternehmen mit unterschiedlichen institutionellen Lösungen (Markt, Hierarchie, Netzwerke) bei Transaktionen in der Produktionskette verbunden sind. Spezifische räumliche Arrangements, so die These, erhöhen oder reduzieren einzelbetriebliche Transaktionskosten. Hier findet sich der Anschluss an die Arbeiten zum Clusteransatz und zu innovativen Milieus, wie auch zu den Annahmen von Putnam über den Einfluss Sozialen Kapitals auf die Leistungsfähigkeit von Institutionen.

Die Studien von Putnam, die im zweiten Abschnitt dieses Kapitels im Vordergrund standen, betonen die Bedeutung von sozialem Vertrauen und zivilem Engagement für die Leistungsfähigkeit sozialer Systeme wie auch des Marktes. Gemeinsam geteilte Normen, Netzwerke und soziales Vertrauen identifiziert Putnam als die Grundpfeiler des Sozialen Kapitals. Umstritten ist der Zusammenhang zwischen sozialer und kultureller Entwicklung einerseits, und wirtschaftlicher Entwicklung andererseits. Autoren wie Porter – und mit ihm viele Zeitgenossen der liberalen Argumentation – sehen die wirtschaftliche Entwicklung als Grundlage und Messgrad für Lebensqualität und „Fortschritt". Autoren wie Rifkin oder Friedmann dagegen (siehe auch nächstes Kapitel) sehen die wirtschaftliche Entwicklung als ein Derivat der sozialen und kulturellen Entwicklung. In dem Maße, so Rifkin, in dem die wirtschaftliche Entwicklung sich der Kommerzialisierung des Sozialen und Kulturellen bedient, verliert sie ihre eigene Grundlage. Wenn auch die Forschungen zum Sozialen Kapital noch vertieft werden müssen, bevor Schlussfolgerungen für die Praxis gezogen werden können, deuten die bisherigen Arbeiten doch auf einen engen Zusammenhang zwischen ökonomischer Leistungsfähigkeit und Reichtum zivilgesellschaftlichem Engagements. Ökonomische Entwicklung in einem Stadtteil mit besonderem Entwicklungsbedarf kann damit keine technische Aufgabe sein. Es ist eine langfristig zu begreifende Aufgabe, die eng an die soziale und kulturelle Entwicklung des Stadtteiles angebunden ist.

Porters Arbeiten zu den amerikanischen Innenstädten legen nahe, dass einzelne Faktorbenachteiligungen langfristig Unternehmen zu einem Vorteil verhelfen können, wenn sie innovativ auf die Herausforderungen reagieren. Auf der Grundlage der Aussagen von Porter lässt sich folgern, dass auf Kostenvorteilen beruhende Strategien verletzlich sind und vielmehr das Spezifische des Ortes – der Diamant – gesucht und „geschliffen" werden sollte. An welchen Stellen – spezifische Nachfrage, räumliche Lage, Arbeitskräfte, Positionierung zu wettbewerbsfähigen regionalen Clustern – die ökonomische Strategie ansetzt, kann nur eine Analyse vor Ort deutlich machen. Die Analyse und Formulierung dieser Strategie muss in Kooperation zwischen Unternehmen und öffentlicher Hand erfolgen.

Die in diesem Kapitel erläuterten Ansätze legen eine neue Perspektive in der Analyse und Strategieentwicklung der Ökonomie in Stadtteilen mit besonderem Entwicklungsbedarf nahe:

- Ökonomische Prozesse sind soziale Prozesse. (Fehlende) Innovation, Wirtschaftsdynamik oder wirtschaftliche Verflechtungen in einem Raum sind nicht zu verstehen, wenn nicht auch die örtlichen sozialen Routinen, Traditionen und Kulturen analysiert werden.
- Ökonomische Strukturen sind nur aus evolutionärer Perspektive zu verstehen, d.h. als Ergebnis eines historischen wirtschaftlichen und sozialen Prozesses. Wandel und intendierte Entwicklung sind nur auf der Basis einer langfristigen und spezifisch lokalen Perspektive zu erreichen.
- Für das Verständnis ökonomischer Strukturen und Prozesse ist eine multidisziplinäre Sichtweise hilfreich. Sozialwissenschaftliche, institutionelle, organisationstheoretische Ansätze bereichern das Wissen um ökonomische Prozesse und helfen die Realität zu verstehen.
- Wirtschaftliche Prozesse prägen eine Lokalität, wie das lokale Umfeld auch umgekehrt die wirtschaftlichen Prozesse (Produktion, Innovationsverhalten, Wissensaneignung, Wissensdiffusion, Lernprozesse) beeinflusst.
- Die ökonomischen Strukturen einer Lokalität sind nur aus der Analyse ihrer Einbettung in überörtliche Zusammenhänge zu verstehen.

Der Status Quo einer Lokalität ist somit nur aus einer kontextbezogenen und interdisziplinären Analyse zu verstehen. Auf dieser Grundlage können Ansätze der lokalökonomischen Strategieentwicklung Denkroutinen verstehen, Innovationsbarrieren abbauen und Lernprozesse fördern.

6 Wertebezogene Ansätze: Ethik, Sorge und Lebenswelt

In der wissenschaftlichen Theoriebildung und der politischen Praxis hat die Ethik an Bedeutung verloren. In den letzten beiden Jahrhunderten gewann die Zweckrationalität gegenüber einer Wertrationalität stetig an Terrain (Sen 1987; Flyvbjerg 2001; Etzioni 1988). Die Zweckrationalität hat sich derart omnipräsent durchgesetzt, dass mögliche Alternativen nur schwer durchsetzbar scheinen.

> *„The Rationalist Turn has been so radical that possible alternatives, which might have existed previously, are beyond our current vision, just as centuries of rationalist socialization seem to have undermined the ability of individuals and society to even conceptualize a nonrationalist present and future."* (Flyvbjerg 2001: 54)

Eine Reihe von Werten scheint unserer Gesellschaft heute unverrückbar eingeschrieben zu sein: Fortschrittsglaube, Wissenschaften und Technologien als Kernstück wirtschaftlichen Wachstums, Individualisierung, Materialismus und Konsumdenken haben ihre Wurzeln in jener geschichtlichen Epoche, in der eine feudale Gesellschaftsordnung von den Anfängen einer industrialisierten Gesellschaft abgelöst wurde. Die heute so omnipräsente Zweckrationalität, durch die traditionelle Werte und Bezüge an Bedeutung verloren und durch das Kalkül, mit welchen Mitteln bestimmte Ziele am besten erreicht werden können, ersetzt wurden, hat ihre Ursprünge in dieser Zeit (vgl. Watson 1995: 86).

Seit Beginn der Industrialisierung haben sich Kritiker aus den unterschiedlichsten Motiven gegen den fortschreitenden Utilitarismus und die zunehmende Rationalisierung gewandt. Bereits Emile Durkheim sah die Notwendigkeit, Solidarität und moralische Werte innerhalb der Gesellschaft zu stärken, die er durch eine laissez-faire Ökonomie und eine utilitaristische Philosophie in einer industrialisierten Gesellschaft bedroht sah. Max Weber analysierte die Rationalisierung der westlichen Welt – das heißt die Tendenz, mystische oder traditionelle Handlungskriterien durch wissenschaftliche, technische oder berechenbare zu ersetzen. Die Frage nach den der gesellschaftlichen Entwicklung zugrunde liegenden Werten stellt sich auch heute, angesichts in ihrer Dimension neuer ökologischer und sozialer Krisen, neu.

Ökonomische Effizienz und das Funktionieren des Marktes haben ihre Vorrangstellung gegenüber gesellschaftlichen Werten wie Solidarität oder Gemeinwohl ausgebaut. Nicht nur politisch, auch in den Wissenschaften hat die Ethik an Stellenwert verloren. Die Naturwissenschaften haben mit ihrer Arbeit an abstrakten und kontextunabhängigen Theorien – und der Negierung von Interessen und Werten – auf der Grundlage analytischer Rationalität unser Verständnis von wissenschaftlicher Arbeit seit der Zeit der Aufklärung geprägt. Auch die Human- und Sozialwissenschaften werden mit einem solchen Verständnis konfrontiert. In den Wirtschaftswissenschaften hat sich das Paradigma der neoklassischen Ökonomie omnipräsent durchgesetzt (Etzioni 1988) und dominiert – trotz aller Kritik an seinen Modellannahmen – unsere Weltsicht und Politikgestaltung.

> *"Both social scientists and intellectuals draw on overarching sets of assumptions – or paradigms – to organize their efforts to understand our world, the goals we pursue, the ways we choose means to advance our goals, and the ways we relate to one another as we proceed as individuals or in unison. When these paradigms are used to formulate theories and policies that are limited in their empirical and ethical scope, the study of our world suffers, and so do efforts to administer to its ills. This book argues that the neoclassical paradigm – that of a utilitarian-based version of radical individualism – needs to be integrated into one that is more encompassing."* (Etzioni 1988: 1)

An diesem Punkt setzen die wertebezogenen Ansätze an, die in diesem Kapitel im Vordergrund stehen. Den Ansätzen ist gemein, dass sie Ökonomie als ein Teilsystem der Gesellschaft sehen, kein davon unabhängig funktionierendes und in sich abgeschlossenes System, wie es die Modellannahmen der neoklassischen Sichtweise nahe legen. Markttransaktionen, so auch Etzioni (1988: 205ff), sind immer in einen Kontext gesellschaftlicher Normen, sozialer Beziehungen und staatlicher Vorgaben eingebettet. Ohne diese gesellschaftliche Einbettung würde es auch keine funktionierenden Markttransaktionen geben.

Die hier vorgestellten Ansätze stellen eine Reihe von Modellannahmen des „neoklassischen Paradigmas" in Frage (vgl. dazu Etzioni 1988).

- Die traditionellen Wirtschaftstheorien unterstellen die Gewinn- bzw. die Nutzenoptimierung der Marktakteure als wichtigste Antriebskraft unternehmerischen Handelns. In der Realität aber beeinflussen – empirisch nachweisbar – auch andere Zielvorstellungen und moralische Werte das Handeln der Akteure.
- Die Annahme, dass unternehmerisches Handeln davon geprägt ist, dass Akteure rational die effizientesten Mittel zur Erreichung von Zielen einsetzen, entspricht nicht der Realität. Bereits die verhaltenswissenschaftlichen Ansätze zur Standortwahl von Unternehmen (Kap. 4.2) gehen von begrenzter Rationalität bei Unternehmensentscheidungen – insbesondere bei kleinen und mittleren Unternehmen – aus. Es ist realistischer davon auszugehen, dass Menschen und Unternehmer/innen auch auf der Grundlage von Emotionen und Werturteilen entscheiden, dass sie sich je nach Lage auch fair, altruistisch oder kooperativ verhalten, und im Wirtschaftsleben nicht immer nach dem eigenen Vorteil streben.
- Und auch eine dritte Annahme des neoklassischen Paradigmas, nämlich Unternehmen als atomistische Akteure zu betrachten, wurde in dieser Arbeit bereits in Frage gestellt. Die in Kapitel 5.1 und 5.2 vorgestellten „neuen Erklärungsansätze" sehen ökonomische Akteure und ökonomisches Handeln eingebettet in soziale und institutionelle Beziehun-

gen. Unternehmen sind keine sozial freistehenden, unabhängigen Akteure. Unternehmerisches Handeln findet im Rahmen gesellschaftlicher Normen, sozialer Beziehungen, kollektiver Prozesse und individueller Wertvorstellungen statt.

Die in diesem Kapitel diskutierten Ansätze sehen die Ökonomie als Subsystem oder Derivat von Gesellschaft, Kultur und politischem Gemeinwesen und suchen nach einer Neubestimmung des Verhältnisses von (normativen/moralischen) gesellschaftlichen Werten und ökonomischen Interessen und Logiken. Die Ansätze weisen über die im letzten Kapitel diskutierten Erklärungsansätze hinaus, weil sie die Definitionsmacht gängiger Paradigmen (Profitmaximierung, Rationalität, etc.) in Frage stellen, indem sie verdeutlichen, wer die Begünstigten und die Ausgeschlossenen im ökonomischen Entwicklungsprozess sind. Damit stellen sie Machtbeziehungen und Interessen unterschiedlicher Entwicklungsmodelle in den Vordergrund und sehen Entwicklung nicht als einen ökonomischen Prozess, der „abläuft", sondern als einen gesellschaftlichen Prozess, der politisch, institutionell und sozial durchsetzt ist und somit beeinflusst werden kann. Einige der Ansätze sind stark reformorientiert und stellen normative gesellschaftliche Zielbestimmungen – wie Gemeinwohl, soziale Gerechtigkeit, Nachhaltigkeit des Wirtschaftens – über oder zumindest gleichberechtigt neben die Logiken und Interessen des ökonomischen Systems. Diese wertebezogene Argumentation lässt sich bis auf Aristoteles zurückverfolgen, der die Rolle des Staates in ökonomischen Angelegenheiten (zitiert nach Sen 1987: 3) so definierte: Das Ziel des Staates sei „the common promotion of a good quality life". Andere Ansätze stellen die jetzige Wirtschaftsweise nicht grundsätzlich in Frage, wollen die Marktökonomie aber z.B. durch einen Dritten Sektor ergänzen oder die Anschlüsse der lokalen und regionalen Wirtschaft an eine globalisierte Ökonomie anders ausgestalten und formen.

Den hier vorgestellten Ansätzen liegt – explizit oder implizit – ein moralischer oder normativer Kodex zugrunde. So wie die neoklassische Theorie von einer „untersozialisierten" Perspektive gekennzeichnet ist (Individuen als effektive, rationale Wesen, die unabhängig voneinander handeln), kann eine wertebezogene Argumentation oftmals auch eine „übersozialisierte" Perspektive einnehmen. Dann nämlich, wenn sie (in der Tradition von Durkheim) für die Gesellschaft und den Einzelnen allgemeingültige, dominante Werte einfordert (Etzioni 1988: 7). Dabei ist es weder hilfreich noch notwendig, eine gut/böse-Dichotomie zwischen Markt und Gesellschaft zu zeichnen. In der Realität – wie die oben aufgeführten Relativierungen neoklassischer Annahmen zeigen – sind es keine in sich abgeschlossene, nebeneinander stehende, sondern miteinander untrennbar verwobene Systeme. In einer systemischen Weltsicht wird deutlich, dass jegliches ökonomische Handeln in soziale Prozesse und die natürliche Umwelt eingebettet ist. Die vorherrschenden Wirtschaftsmodelle blenden jedoch sowohl die sozialen wie auch die ökologischen (Re-) Produktionsleistungen aus. So wie sich in der neoklassischen Theorie keine Anschlüsse an die soziale und gesellschaftliche Realität finden, so fehlt andererseits manchen wertebezogenen Ansätzen jenseits des „man soll" und „deshalb, weil" der Anschluss an die ökonomische Realität. Es ist somit ein Mehr an empirischer und theoretischer Arbeit notwendig, um dem omnipräsenten neoklassischen Paradigma der Effizienzsteigerung eine Richtung zu geben und ein stimmigeres Abbild (von Handlungsmotiven, Interdependenzen, sozialem und institutionellem Kontext) der ökonomischen Realität und alternativer Entwicklungsmöglichkeiten zu erhalten.

Eine Reihe von Diskussionslinien für eine andere (Sichtweise auf) ökonomische Entwicklung werden in Kapitel 6.1 vorgestellt. Dass diese „andere" ökonomische Entwicklung („Another Development" nach Dag Hammarskjöld Foundation, 1975; 1977) möglich ist, davon zeugen eine Vielzahl von lokalen Projekten und Initiativen im Bereich von Finanzwirtschaft, sozio-ökonomischer Entwicklung, Landwirtschaft und Wohnungsbau.[70] Darauf aufbauend werden drei bedeutsame Argumentationen vertieft. In Kapitel 6.2 wird die Diskussion um die Haushalts- und Subsistenzökonomie im Wesentlichen auf Arbeiten von John Friedmann beruhend geführt. Seine Arbeiten erscheinen in diesem Zusammenhang interessant, weil sie einen theoretisch fundierten Versuch darstellen, die Anschlüsse zwischen Lebenswelt und Ökonomie, Subsistenzökonomie und Marktwirtschaft zu analysieren. In Kapitel 6.3 steht die Diskussion um eine lokal verankerte Integration von ökonomischen mit gesellschaftlichen Interessen im Rahmen von Ansätzen der gemeinwesenorientierten Lokalen Ökonomie und der Regionalen Ökonomie im Vordergrund. In Kapitel 6.4 werden die Diskussionen um einen Dritten Sektor, eine Soziale Ökonomie oder ein Drittes System erörtert.

6.1 Sichtweisen einer wertebezogenen ökonomischen Entwicklung

Im Folgenden werden zunächst einige der wichtigsten Diskussionslinien einer wertebezogenen wirtschaftlichen Entwicklung vorgestellt:
- Die Anerkennung einer Vielfalt von Ökonomien jenseits der Reduzierung unseres Abbildes von ökonomischer Realität auf die profitorientierte Marktwirtschaft;
- das Anliegen, ökonomische Effizienzziele mit anderen gesellschaftlichen Zielen abzuwägen und die Ökonomie als Teilsystem der Gesellschaft zu begreifen;
- der Schutz der Lebenswelt und der Begriff der Sorge;
- die Notwendigkeit einer stärker nachhaltigen und sozial integrativen Entwicklung;
- die den wertebasierten Entwicklungsansätzen eingeschriebene territoriale Komponente.

6.1.1 Es gibt eine Vielfalt von Ökonomien – und nicht nur die profitorientierte Marktwirtschaft

Die für eine andere Wirtschaftsentwicklung plädieren, wenden sich gegen eine einseitige Reduzierung der Ökonomie auf die profitorientierte Marktwirtschaft. Nicht nur Unternehmen und Betriebe produzieren, auch Haushalte. Sie konsumieren nicht nur, wie die klassischen Wirtschaftsmodelle in ihren Annahmen festsetzen. Zudem zählen auch nicht über den Markt getätigte Transaktionen zur Ökonomie, deren Werte allerdings oft nur unzureichend monetär zu beziffern sind. Die Tatsache, dass sich neben dem Geld kein weiterer Maßstab für die Bewertung von Aufwänden und Erträgen herausgebildet hat, führt dazu, dass die Werte, die durch die Hausarbeit, die Pflege von Kindern und älteren Menschen, die Gartenarbeit oder durch handwerkliche Leistungen für den Eigengebrauch und Nachbarschaftshilfe geschaffen werden, ein Dasein im Schatten offizieller Statistik, gesellschaftlicher und politischer Anerkennung führen.

Die Verfechterinnen und Verfechter alternativer Wirtschaftsansätze betonen, dass die marktförmigen Transaktionen nur die eine Hälfte der ökonomischen Realität bilden; die vielfältigen sozialen wie auch ökologischen Reproduktionsleistungen jedoch außer Acht bleiben.[71] Die traditionellen Wirtschaftstheorien oder -modelle unterscheiden im Wesentlichen nur einen produzierenden Marktsektor von einem rahmensetzenden staatlichen Sektor. Die informellen Aktivitäten werden als Bedrohung für die formelle Wirtschaft gesehen – wenn es sich um die so genannte Schwarzarbeit handelt[72] – oder sie werden als private Aktivitäten abgetan, die keine Verbindung zur Marktökonomie haben. Ebenso werden die produktiven Leistungen der Ökosysteme in den vorherrschenden Wirtschaftsmodellen ignoriert. Diese Sichtweise beeinflusst unsere Definition von Ökonomie und Entwicklung.

> *"With their money-based indicators and targets, oriented almost exclusively towards the formal economy, economists have consistently misread the situation and many of their prescriptions and remedies have actually caused it to deteriorate. Among other failings, these indicators are inclined to confuse costs and benefits, leave social and environmental factors out of account, and ignore the informal economy altogether as a source of work and wealth."* (Ekins 1986: 38)

Dabei beruhen die monetär abgewickelten Transaktionen der Marktwirtschaft auf den im nicht monetär bemessenen Bereich geschaffenen Werten. Denken wir an die Reproduktion der Arbeitskraft, die auf den in Haushalten erbrachten Leistungen beruht. Oder an die auch in den Cluster- und Milieuansätzen entwickelten Thesen, nach denen Markttransaktionen wie Verträge oder Kooperationen als Ergebnis des institutionellen, sozialen und kulturellen Umfeldes, in das ökonomische Prozesse eingebunden sind, zu betrachten sind. Soziale Normen und Werte wie Ehrlichkeit, Kooperationsverhalten oder soziales Vertrauen beeinflussen das Funktionieren des Marktes. Zwischen monetär und nicht-monetär bezifferbaren Werten besteht somit eine dynamische Beziehung. Die Autoren und Autorinnen alternativer Entwicklungsansätze sehen somit neben Markt und Staat auch Haushalte und zivilgesellschaftliche Gruppen als ökonomische Produzenten (siehe Abb. 12).

Die Gründe für die Ausklammerung des informellen Bereiches aus ökonomischen Modellen und Theorien sind vor allem darin zu

Abb. 12: Schematische Darstellung der ökonomischen Produzenten

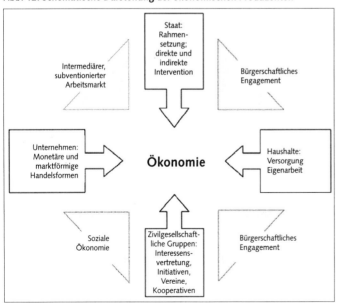

Eigene Darstellung

suchen, dass diese Bereiche politisch sensibel sind (Umgang mit Schwarzarbeit, gesellschaftliche Anerkennung der Versorgungsökonomie) und sich zudem nicht als einfache Größen modellieren lassen. Damit bestimmt das monetär Bezifferbare und Modellierbare unsere Sichtweise und die politischen Lösungsansätze.

6.1.2 Wirtschaftliches Wachstum ist nur ein Teilaspekt von Entwicklung

Alternative Entwicklungsmodelle stellen die ungeschriebene Dominanz von ökonomischer Effizienz und Wirtschaftswachstum gegenüber anderen gesellschaftlichen Anliegen in Frage. Das ökonomische System wird nicht als ein in sich abgeschlossenes und autonomes, quasi autarkes System betrachtet, sondern als ein Prozess, der institutionell, kulturell und sozial durchgesetzt wird. Ökonomische Prozesse sind somit beeinflussbar und bilden bestehende gesellschaftliche Machtverhältnisse und Werturteile ab. Ziele wie etwa Wirtschaftswachstum müssen sich der Abwägung mit anderen gesellschaftlichen Zielen stellen: Inwieweit dient die ökonomische Entwicklung der Existenzsicherung von Menschen und Gemeinwesen? Inwieweit verbessert sie die Lebensbedingungen der Menschen; nicht nur vor Ort, sondern auch in globaler Betrachtung; und nicht nur heute, sondern auch für zukünftige Generationen?

> *„An alternative development does not negate the need for continued growth in a dynamic world economy. It would be absurd to attempt to substitute a people-centered for a production-centered development, or to reduce all development questions to the microstructures of household and locality. What it does do is to seek a change in the existing national strategies through a politics of inclusive democracy, appropriate economic growth, gender equality, and sustainability or inter-generational equity. In short, an alternative development incorporates a political dimension (inclusive democracy) as one of its principal ends of action. It does not make a fetish of economic growth but searches for an 'appropriate' path that includes growth efficiency as one of several objectives that must be brought into harmony. Appropriate economic growth sets out to optimize the use of resources over several broad and competing objectives, such as an inclusive democracy and the incorporation of the excluded sectors of the population in the wider processes of societal development."* (Friedmann 1992: 34, Hervorhebung des Autors).

Zwei Aspekte werden dabei deutlich. Entwicklung ist mit strukturellen Veränderungen verbunden und nicht mit Wirtschaftswachstum gleichzusetzen. Und – wie auch bereits im vorigen Abschnitt angeklungen – es fehlt an anerkannten Kenngrößen, die Entwicklung in diesem Sinne abbilden können.

Wirtschaftswachstum kann eine Komponente von Entwicklung darstellen. Andere Entwicklungskomponenten sind Gleichheit und Gerechtigkeit, eine endogene und eigenständige Entwicklung, eine stärker an den Bedürfnissen der Menschen orientierte Entwicklung (z.B. dem Bedürfnis nach Arbeit), ökologische Nachhaltigkeit und eine inklusivere Demokratie (Stärkung politischer Gemeinschaften, Verlagerung von Macht von oben nach unten, stärkerer Einfluss einer politischen Gemeinschaft auf ihren Lebensraum) (Maier/Tödtling 2001b: 22; Ekins 1986: 44; Friedmann 1992: 73). Deutlich wird, „(...) bei der Definition von Entwicklung führt kein Weg an Werturteilen vorbei" (Maier/ Tödtling 2001b: 22).

Für diese anspruchsvolleren Konzepte von Entwicklung bilden sich erst langsam allgemeingültige Kenn- oder Messgrößen heraus. Eine Verbesserung der Lebensbedingungen der Menschen lässt sich nicht am Bruttoinlandsprodukt oder an marktwirtschaftlichen Daten ablesen – was auch die Weltbank mittlerweile berücksichtigt, die in ihren Studien den Erhalt natürlicher Ressourcen und soziales Kapital als entscheidend für den Wohlstand eines Landes sieht (Weltbank 2005). Die Kritik richtet sich gegen eine Statistik, die nur das wirtschaftliche Wachstum abbildet. Indikatoren müssen gefunden werden, die Lebensqualität und nicht nur wirtschaftliche Produktivität abbilden können (Kreibich 1999). Eine solche Diskussion ist politisch (Friedmann 1992). Die Kritik am vorherrschenden Modell der nationalen Ökonomie und ihrer Bewertung durch das Bruttoinlandsprodukt oder ähnliche Messgrössen weist darauf hin, dass damit weder die soziale noch die geographische Verteilung des Einkommens aussagekräftig erfasst werden, dass weder Wohlstand noch ökologische Ressourcen erfasst werden, keine sozialen oder gesellschaftlichen Wertschätzungen reflektiert werden, die externen Kosten ignoriert werden, keine Informationen über die wirtschaftlichen Aktivitäten in der Subsistenzwirtschaft, dem informellen Sektor oder der Haushaltsökonomie Eingang in die Modelle finden (vgl. Friedmann 1992: 44; Ekins 1986: 32ff; Bathelt/Glückler 2002: 59f.; Maier/Tödtling 2001b: 20).[73]

Wie bereits im vorangegangen Abschnitt angedeutet, sehen wir an dieser Stelle erneut, wie unsere Sichtweise auf die ökonomische Realität und Entwicklungsalternativen von neoklassischen Paradigma (Wirtschaftswachstum = Entwicklung) beeinflusst wird und das Modellierbare unsere Wahrnehmung dominiert.

6.1.3 Der Schutz der Lebenswelt und der Begriff der Sorge in der Ökonomie

Das Sorgen um andere Mitmenschen, um die Umwelt und um gemeinsame Belange ist Anliegen eines alternativen Entwicklungsansatzes. Der Begriff der Sorge entspricht „dauerhafter, völlig unvermittelter, direkter Zuwendung" (Lash 1996: 350) im Verhältnis zwischen autonomen Individuen. Die Sorge für andere hat nicht nur eine rein private, individuelle Lebensqualität bestimmende Dimension, sondern auch eine öffentlich-politische, die sich im „Sorgen für die gemeinsame Welt" (Hannah Arendt) und für gemeinsame politische Belange zeigt. Der Begriff der Sorge ist nicht herrschaftsfrei, er ist weiblich besetzt. Gegenüber den Prinzipien der Marktwirtschaft oder der Erwerbswirtschaft sind die Prinzipien der Fürsorge zudem abgewertet bzw. hierarchisch untergeordnet. Ausgehend von kritischer feministischer Forschung beschäftigen sich Arbeiten seit den 1970er Jahren mit der Sorgearbeit, ihren Ausprägungen und ihrem Ausmaß, ihren Prinzipien und ihrem wohlfahrtsstaatlichen und ökonomischen Beitrag (Eckart 2004: 13). Aus dieser Diskussion leitet sich zum einen die politische Forderung ab, die weitere „Kolonialisierung" der Lebenswelt durch die Prinzipien der Warenwelt zu stoppen und Raum für die Lebenswelt zu gewinnen; gegenüber einem System, das sich in der Warenwelt, der Bürokratie, der Verdinglichung von Lebensformen manifestiert (Lash 1996: 241; Rifkin 2000). Eine interessante andere Diskussionsrichtung will die Prinzipien der Versorgungsökonomie – nämlich Vorsorge, Kooperation und Orientierung am für das (gute) Leben Notwendigen – aufwerten und sieht diese als Reformperspektive für das herrschende Wirtschaftsmodell mit den Prinzipien der Nachsorge, Konkurrenz und Orientierung an monetären Größen (Biesecker et.al. 2000: 53).

Eine Ethik der Sorge wendet sich gegen den „sorg-losen" Umgang mit den Grundlagen des Wirtschaftens, den natürlichen Ressourcen und den Reproduktionsleistungen im sozialen Bereich. Das Prinzip der Sorge stärker in der Markt- und Erwerbswirtschaft zu verankern, bedeutet, die gegenseitigen Abhängigkeiten und Wechselwirkungen zwischen Markttransaktionen und ihrem ökologischen und sozialen Kontext stärker zu reflektieren.

6.1.4 Die Notwendigkeit einer anderen wirtschaftlichen Entwicklung zur Bekämpfung von weltweiter Armut und gesellschaftlicher Ausgrenzung

In den 1970er Jahren häuften sich die Stimmen, die eine alternative Politik als Gegenpolitik zur neoliberalen, globalisierten Ökonomie forderten, um die Entwicklung der industriell wenig entwickelten Länder so zu gestalten, dass sich der Lebensstandard der ärmsten Bevölkerungsschichten verbesserte. Das vorherrschende Entwicklungsmodell, so die Argumentation, brachte keine Antworten auf die Massenarmut und die Notwendigkeit einer stärker nachhaltigen und eigenständigeren Entwicklung in den Ländern der Dritten Welt. Ein Drittes System wurde gefordert, in dem die Ressourcen und die Kräfte der zivilen Gesellschaft ein stärkeres Gewicht erhielten.

> *„We called this the ‚third system' not just by analogy with the Third World. The state and the market are the two main sources of power exercised over people. But people have an autonomous power, legitimately theirs. The ‘third system' is that part of the people which is reaching a critical consciousness of their role. It is not a party or an organization; it constitutes a movement of those free associations, citizens and militants, who perceive that the essence of history is the endless struggle by which people try to master their own destiny – the process of humanization of man."*
> (International Foundation for Development Alternatives (IFDA), Switzerland, zitiert nach Friedmann 1992: 3)

Im politischen mainstream setzte sich die neoliberale ökonomische Doktrin weltweit durch; keynesianische Politiken wurden als Verhinderungspolitiken diskreditiert. Der internationale Währungsfond IWF vertrat die Ansicht, nach der sich nur über ein schnelles wirtschaftliches Wachstum (wozu den betroffenen Entwicklungsländern einschneidende strukturelle Änderungen auferlegt wurden) Spielraum für Umverteilungspolitiken ergab, die die ärmsten Bevölkerungsschichten aus ihrer Armut befreien würden. Die tatsächliche Entwicklung der letzten Jahrzehnte zeigt, dass sich die weltweite Armut jedoch nicht reduzierte, sondern vielmehr zunahm (Kap. 3.1.3). Dies führte – zumindest auf Seiten der Weltbank – in den letzten Jahren zu einem gewissen Umdenken.

Ein „Drittes System" hat sich auch in der Politik der Europäischen Union einen – wenn auch im Vergleich zum Gewicht der dominanten Politiken noch marginalen – Stellenwert erobert.[74] In Europa, insbesondere in der französischen Tradition, wird damit stärker auf einen eigenständigen Bereich zwischen Markt und Staat mit sozialintegrativer und solidaritätsstiftender Wirkung Bezug genommen, der auch Genossenschaften und den Bereich der Sozialwirtschaft umfasst (Anheier/Schneider 2000, 24). Unabhängig von der länderspezifischen Ausprägung gilt, dass ökonomische Theorien und Modelle sowie die entsprechenden statistischen Grundlagen zumeist nur die zwei Sektoren Markt und Staat erfassen und die vielfältigen und spezifischen Leistungen des zivilgesellschaftlichen Bereiches ignorieren. Dass das „Zweisektorenmodell" (Anheier 2000) eine realitätsferne Vereinfachung darstellt, zeigen die Leistungen von sozialen Kooperativen, sozialen Unternehmen, soziokulturellen Initiativen und Vereinen. Der Bereich gilt – wenngleich noch mehr Forschungen notwendig sind, um seine gesellschaftliche Rolle und Funktion zu spezifizieren – als Produzent der spezifischen zivilgesellschaftlichen Ressourcen (Solidarität, Gemeinwesenorientierung, Wertebildung, soziales Vertrauen), auf denen letztendlich jede gesellschaftliche – und auch ökonomische – Entwicklung beruht. Die Aufmerksamkeit richtet sich auf europäischer Ebene auf diesen Bereich, weil sich damit Hoffnungen auf neue Beschäftigungsmöglichkeiten auch für Geringqualifizierte, eine neue institutionelle Form der Bereitstellung öffentlicher wie halböffentlicher Güter, Innovation und Wohlfahrtsproduktion bis hin zu verstärkter sozialer Kohäsion verbinden. Diese Dritte Kraft in der Gesellschaft für politische Zwecke zu entdecken und ihre Ressourcen „anzuzapfen", ist durchaus ambivalent zu sehen (Kap. 6.2; 6.4).

6.1.5 Die Bedeutung von Ort und Raum

Die Argumentation für einen alternativen Entwicklungsansatz wendet sich gegen eine von ihren sozialen und räumlichen Wurzeln losgelöste Betrachtung der Marktökonomie. Raum und Ort spielen in alternativen Entwicklungsansätzen eine wichtige Rolle. Friedmann (1992: 133) führt eine Reihe von Punkten an, warum die territoriale Komponente einem alternativen Entwicklungsansatz eingeschrieben ist.

- Raum bedeutet Lebensraum und die meisten Menschen suchen zu einem gewissen Grad die autonome Kontrolle über ihren Lebensraum.
- Wir sind auf unterschiedlichen – kleinräumigen bis weiträumigen – Ebenen Bürger und Bürgerinnen von unterschiedlichen territorialen Gemeinschaften.
- Unsere kulturelle Identifikation, geschichtlichen Erfahrungen und zukünftigen Entwicklungen sind dem Raum eingeschrieben, in dem wir leben. Raum ist das Verbindungsglied zwischen Vergangenheit und Zukunft.
- Die räumliche Identifikation (territoriality) ist die Basis, aus der eine Ethik der Sorge entstehen kann: Die Sorge um unsere Mitmenschen, um die Umwelt und die Belange, die wir mit ihnen teilen.

Es ist nicht Anliegen der alternativen Entwicklungsansätze, geographische Gemeinschaften im Sinne der traditionellen Gemeinschaften zu entwickeln.[75] Die Biographien von Menschen sind heute nicht mehr primär lokal verortet und orientiert, sondern sind in Strukturen eingebettet, in denen globale mit regionalen und lokalen Einflüssen (reflexiv) integriert werden. Es gibt heute fast keine stabilen territorialen Gemeinschaften im Sinne der traditionellen Gemeinschaften mehr. Trotzdem spielen die lokalen Kontexte und die lokale Lebenswelt, in der sich Menschen bewegen, noch immer eine wichtige Rolle (Kap. 2.4). Soziales Kapital, Vertrauen, soziale Werte und Normen – so die These – erneuern sich vor allem im alltäglichen Leben, von Angesicht zu Angesicht, und tagtäglich neu. Die Frage stellt sich, wie der lokale Kontext unter den Bedingungen der Globalisierung gestärkt werden kann.

Rifkin (2000: 327) fordert eine Politik der Erneuerung von sozialem Kapital und sozialem Vertrauen und Investitionen in den sozialen Austausch. Dies sei nur möglich, indem der Entwicklung des lokalen Kontextes so viel Beachtung beikommt wie der Entwicklung weltweiter Netze, elektronischem Handel und globaler Kommunikation.

"Sind die Arbeitsweisen der globalen Netzwerke, des Handels im Cyberspace und der kulturellen Produktion eine Seite der neuen Machtpolitik im kommenden Jahrhundert, dann repräsentieren die Wiederherstellung eines basisbezogenen sozialen Austauschs, des sozialen Vertrauens und des sozialen Kapitals, kurz die Wiederherstellung starker Gemeinschaften in ihren konkreten Umfeldern die andere Seite. In einer Ära, die sich zunehmend den losen kurzfristigen Verbindungen, virtuellen Realitäten und warenartigen Erfahrungen verschrieben hat, kann der Sammlungsruf der Gegenbewegung nur sein: Der Raum zählt! Auf das kulturelle Leben kommt es an!" (Rifkin 2000: 326f.; die Übersetzung aus dem Spanischen wurde der deutschen Ausgabe (2000: 245) entnommen)

6.2 Haushalts- und Subsistenzökonomie: The Whole-Economy Model

Friedmann (1992) entwickelt ein wirtschaftliches Modell, das den Haushalt mit seinen Ressourcen in ökonomischer Analyse und Entwicklung in den Mittelpunkt stellt. Er sieht dieses Modell nicht als komplette Alternative, aber als ein Gegenmodell zur vorherrschenden Politik. Der Haushalt rückt in seinem Modell als Ort der Produktion (und nicht nur Konsumption) und als öffentlicher (und nicht nur privater) Ort in den Mittelpunkt. Oikos ist die Haushaltsökonomie und der Ort, an dem sich Markt- und Nicht-Markt-Beziehungen, rationale (ökonomische) und soziokulturelle (moralische) Beziehungen, formelle und informelle Beziehungen dialektisch artikulieren (Friedmann 1992: 45, 52). Gleichwohl Friedmann sein Modell auf die industriell wenig entwickelten Länder bezieht, ist sein konzeptueller Ansatz zur Verbindung zwischen Subsistenzökonomie und Kapitalakkumulation auch für die industrialisierten Länder aufschlussreich. Unter Subsistenzökonomie versteht Friedmann in diesem Zusammenhang die gebrauchswertorientierte, unmittelbar auf die Lebenserhaltung ausgerichtete Ökonomie, wozu Haus- und Eigenarbeit, Warenproduktion und Kleinhandel in informellen Strukturen zählen.

Der moderne Kapitalismus kann – größtenteils – ohne die Subsistenzwirtschaft in den industriell wenig entwickelten Ländern, ohne Kleinbauern, ohne die hohe Anzahl von Lohnarbeitern; ja, wie es scheint, ohne ein Gros der ökonomisch aktiven Bevölkerung in industrialisierten Ländern weltweit auskommen. Friedmann konstatiert (1992: 14), dass diese Sektoren teilweise gar als eine Bedrohung oder zumindest nur in ihren negativen

Effekten für die Kapitalakkumulation wahrgenommen werden. Was innerhalb der Subsistenzwirtschaft produziert wird, hat nur schwache Verbindungen zu den Akkumulationsströmen. Gleichwohl ist die Rolle der Subsistenzwirtschaft für die Versorgung von Bevölkerungsgruppen gerade in den wenig industrialisierten Ländern, für Lebensqualität und Lebensniveau von essentieller Bedeutung. In lateinamerikanischen Ländern ist die informelle Ökonomie eine im Lebensalltag allgegenwärtige Wirtschafts- und Beschäftigungsform. Man schätzte den Anteil der im informellen Sektor in den Städten Lateinamerikas Beschäftigten für Ende der 90er Jahre auf rund 48 %, in einigen Ländern wie Ecuador oder Honduras auf über 60 % (BMZ 2000: o.S.).[76] Daraus wird deutlich, dass eine Mehrheit der Menschen in diesen Ländern ihren Lebensunterhalt größtenteils außerhalb der formellen Marktwirtschaft bestreitet. Vor allem die Masse der vom Land in die Stadt migrierenden Bevölkerung findet in der informellen Ökonomie Beschäftigung und Lebensunterhalt. Dabei wird der informelle Sektor immer stärker tertiärisiert und insbesondere Kleinhandel und persönliche Dienstleistungen weiten sich zu Ungunsten der produktiven Tätigkeiten aus.

Die Kreisläufe und Wirtschaftsbereiche der Subsistenzwirtschaft und der Kapitalakkumulation unterliegen einer unterschiedlichen Logik. Informelle Arbeit, so Friedmann (1992: 97ff), ist größtenteils für den internen Markt und eher sehr kleinteilig organisiert, mit unterschiedlich beschaffenen Verknüpfungen zur Marktökonomie (bis hin zu Subunternehmeraufträgen).

„*The bulk of informal work (..) is not so linked into the accumulation economy but remains precapitalist or, at most, protocapitalist in its organization. In either case, the primary objective of the activity is not accumulation but subsistence.*" (Friedmann 1992: 99)

Informelle Arbeit ist in ein soziales Beziehungsgeflecht eingebunden, das von wesentlicher Bedeutung für den ökonomischen Erfolg ist. Zwar finden sich Handelsprinzipien in beiden Bereichen. Die Subsistenzwirtschaft lässt sich jedoch weitaus stärker als die kapitalakkumulative Wirtschaft als eine „moral economy" oder eine „economy of affection" charakterisieren.

"*Operating largely outside the market framework but articulated with it, the moral economy is of critical importance to the livelihood of both small peasants and the urban poor. It is based on the principle of reciprocal exchange among kin, near-kin, neighbors, and friends, and it governs clientalistic relations to patrons.*" (Friedmann 1992: 17)

Friedmann unterscheidet in seiner Argumentation zwischen Lebensraum und ökonomischen Raum. Den ökonomischen Raum sieht er in der Tat global und durch ein weltweites System von Knotenpunkten artikuliert – in den Maschen dazwischen finden sich mehr oder weniger eingebundene Räume. Der Lebensraum unterliegt einer anderen Logik. Er konstituiert sich im Kontext der vier Domänen Unternehmenssektor, Staat, ziviler Gesellschaft (Haushalte, Personen und bürgerschaftliche Gruppen), und *political community* (Parteien, soziale Bewegungen, politische Organisationen) (1992: 27). All diese Domänen sind durch interne Konflikte gekennzeichnet und finden sich auf unterschiedlichen geographischen Niveaus. Das „Whole-Economy-Model" nach Friedmann (1992)[77] zeigt die Überlappungen zwischen der Ökonomie der Kapitalakkumulation und der Subsistenzökonomie auf der Ebene eines einzelnen Haushaltes. In den Haushalt als Produkti-

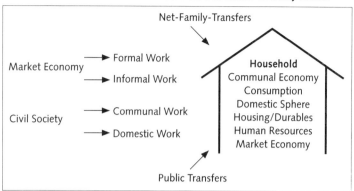

Abb. 13: Der Haushalt als Produktionseinheit. Das Whole-Economy-Model

Quelle: Friedmann 1992: 50

onseinheit fließen zum einen Gelder, aber auch nicht-monetäre Ressourcen wie die Zeit, die für Hausarbeit (Einkauf, Kochen, Kindererziehung, etc.) und gemeinwesenbezogene Arbeit (z.B. Mithilfe beim Schulgebäudebau oder Kinderspielplätzen, bei Gemeindefesten, etc.) aufgebracht wird. Die Gelder, die in den Haushalt fließen, können aus formeller Arbeit, informeller Arbeit oder aus Transferleistungen stammen. Als Ausgaben des Haushalts unterscheidet Friedmann zwischen Konsumptionsausgaben (Nahrung, Kleidung), Investitionen in Haushaltsgüter (Wohnung, Möbel, Ausstattung) und Investitionen in die Fähigkeiten und Fertigkeiten der Haushaltsmitglieder (human resources). In den Haushalt strömen zudem staatliche Leistungen in Form von Gesundheitsprogrammen, Landschenkungen, Subventionen der öffentlichen Hand in den öffentlichen Verkehr oder in Form von z.B. Schulmahlzeiten. Daraus ergibt sich Abbildung 13.

Dem Haushalt stehen, so Friedmann weiter (a.a.O.: 66ff), eine Reihe von Ressourcen zur Verfügung. Diese Ressourcen, die die soziale Macht eines Haushaltes beschreiben und nach ihrer Wichtigkeit aufgeführt werden, sind

- der unmittelbare Lebensraum des Haushaltes;
- die zur freien Verfügung stehende Zeit (über die existenzsichernden Tätigkeiten hinaus);
- Fähigkeiten und Fertigkeiten der Haushaltsmitglieder;
- Zugang zu relevanter Information;
- soziale Organisation, soziale Netzwerke;
- Arbeitsmittel und
- finanzielle Ressourcen.

Diese Ressourcen können sowohl zur Analyse der gegenwärtigen Situation von Haushalten als auch zur Strategieformulierung genutzt werden.

6.2.1 Schlussfolgerungen für die Stadtteilebene

Man mag die Relevanz und Übertragbarkeit von Friedmanns Ansatz auf die industrialisierte Welt aus zwei Gründen einschränken. Zum einen aufgrund der engmaschigeren Einbindung der Menschen und ihrer Lebenswelt in die globalisierte Marktwirtschaft in den Industrieländern. Der Subsistenzökonomie kommt in industriell wenig entwickelten Ländern eine größere reale Bedeutung zur Bewältigung des Lebens zu als in den industriell entwickelten Ländern. Und zum zweiten aufgrund der in den Industrieländern fortgeschrittenen Individualisierung, die den Haushalt als Produktionseinheit in seiner Bedeutung schmälert. Dies beeinträchtigt jedoch nicht den konzeptuellen Wert der Arbeiten von Friedmann. Der Ansatz, Haushalte als Einheit in den Mittelpunkt der Entwicklung zu stellen, lässt sich auch auf Individuen oder soziale Gruppen übertragen.

Und zum anderen: Wer sagt, dass die informelle Ökonomie (hier als Oberbegriff verwendet für alle von Haushalten nicht über den formellen Markt oder den Staat realisierten produktiven Tätigkeiten zur Lebensbewältigung und Existenzsicherung) nicht auch in den Industrieländern künftig eine größere Rolle spielen wird? Was Friedmann unter Subsistenzökonomie fasst, hat in den Industrieländern einen anderen Charakter als in den weniger industrialisierten Nationen und ist stärker der kapitalistischen Warenproduktion unterworfen, wird durch diese aber auch in den Industrieländern nicht ersetzt. Aus methodischen Gründen sollen hier allerdings drei Bereiche der informellen Ökonomie voneinander getrennt diskutiert werden: (a) die Versorgungsökonomie oder die Selbstversorgungsaktivitäten von Haushalten (auch Haus- oder Eigenarbeit benannt), (b) ehrenamtliche und freiwillige Tätigkeiten und (c) Teile der monetär abgewickelten „Schattenwirtschaft".

Es ist nicht auszuschließen, dass Selbstversorgungsaktivitäten, Eigenarbeit und freiwilliges Engagement in Zukunft wieder stärker die Lebensbewältigung und Existenzsicherung der Menschen in den Industrieländern bestimmt. Menschliche Arbeitskraft scheint im modernen warenproduzierenden System in immer größerem Maße überflüssig zu werden. Was an die Stelle des fordistischen Modells der (männlichen) Vollzeit-Erwerbsgesellschaft tritt, bleibt offen (Kap. 3.1). Die Verwaltung der Dauerkrise scheint ebenso möglich wie eine Aufwertung der Versorgungsökonomie und des gemeinwesenorientierten Engagements als Reformperspektive zum herrschenden Wirtschaftsmodell.

Eine Renaissance erfahren Selbstversorgungsaktivitäten und freiwilliges Engagement derzeit im Rahmen von viel diskutierten Alternativkonzepten zur (Vollzeit-) Erwerbsgesellschaft wie der „Bürgerarbeit" (Kommission für Zukunftsfragen der Freistaaten Bayern und Sachsen 1997; Beck 1999) oder „New Work" (Frithjof Bergmann). In diesen Konzepten geht es um sinnstiftende Arbeit, teils parallel zur und in neuer Verzahnung mit der Erwerbsarbeit diskutiert, teils als Alternative dazu (Kap. 5.2).

Der Bereich der Schattenwirtschaft wird politisch sehr unterschiedlich beurteilt. Zum einen wird argumentiert, dass in diesem Bereich Unternehmergeist und Kompetenzen entwickelt werden, zum anderen wird der Betrug an der Solidargemeinschaft durch Steuer- und Sozialversicherungsausfälle beklagt (siehe dazu Exkurs: Die Bedeutung der monetären informellen Ökonomie).

Je nachdem welches gesellschaftliche Modell sich zukünftig herausbildet, sind damit auch die Rahmenbedingungen auf der Stadtteilebene gesetzt. In einer Gesellschaft, die am warenproduzierenden kapitalistischen System und der Erwerbsarbeit als Dreh- und Angelpunkt der gesellschaftlichen Integration und sozialen Sicherung festhält, wird die Subsistenzökonomie im Friedmannschen Sinne – so wichtig sie für die tägliche Lebensbewältigung der Menschen auch ist – weiterhin eine hierarchisch abgewertete und ignorierte Ressource bleiben.

Friedmann macht uns aber ausdrücklich auf die Ressourcen eines Haushaltes jenseits der Beteiligung am formalen Erwerbsmarkt aufmerksam. Er bezeichnet diese Ressourcen als soziale Macht und zählt dabei unter anderem die Fähigkeiten und Fertigkeiten der Haushaltsmitglieder, den zur Verfügung stehenden Raum und die Zeit sowie soziale Netzwerke hinzu. Nun lässt sich der Ansatz des Haushaltsmodells auf einzelne Personen und Haushalte anwenden, aber auch auf soziale Gruppen in einem Stadtteil übertragen. Den „von unten" aufbauenden Entwicklungsansatz nach dem Friedmann'schen Modell in einem benachteiligten Stadtteil anzuwenden würde bedeuten, gemeinsam mit den betroffenen Menschen die den Haushalten oder sozialen Gruppen zur Verfügung stehenden sozialen wie produktiven Ressourcen zu analysieren und daraus Strategien zur Verbesserung der Lebensumstände und der Lebensqualität abzuleiten.

Bei dem im Rahmen der Entwicklungszusammenarbeit bekannten *livelihood*-Ansatz, der sich nahtlos an die Argumentation von Friedmann anschließt, stehen der Mensch und das alltägliche Leben und Handeln im Zentrum von Ansätzen zur Armutsbekämpfung. Die individuellen Überlebensstrategien werden bestimmt durch die jeweiligen Fähigkeiten *(capabilities)*, die materiellen und sozialen Ressourcen *(assets)* und die Aktivitäten. Die Menschen selbst sind die Experten und Expertinnen zur Analyse ihrer Situation und zur Entwicklung von Strategien, die ihre Position stärken können. Gleichwohl dies hier nicht weiter ausgeführt werden soll, gibt es eine enge inhaltliche Nähe der konzeptuellen Argumentationen zwischen der Armutsbekämpfung im Rahmen der Entwicklungszusammenarbeit und der Gemeinwesenarbeit im Rahmen der Quartiersentwicklung. Bezogen auf die Politikebene geht es um einen gemeinsamen und umfassenden Lern- und Reflexionsprozess bei den lokalen Akteuren, die Förderung der eigenen Ressourcen und Potentiale und das Empowerment der Betroffenen und die Stärkung ihrer Position im gesamtgesellschaftlichen Verhandlungsprozess.

In der Stadtteilentwicklung professionell Tätige bringen oft potentielle Sprechführer und Schlüsselpersonen des Stadtteiles zusammen, um den Einfluss der im Stadtteil Lebenden auf ihren Lebensraum zu stärken. Dies geht teils mit symbolischer, teils mit realer Verlagerung von Ressourcen und Verantwortung auf die Stadtteilebene einher. Der professionelle Blick wird jedoch meist von oben, aus den Reihen der politischen und sozialen Gremien, an denen einzelne Personen aus dem Stadtteil beteiligt werden, nach unten auf die Haushaltsebene gerichtet. Der Ansatz von Friedmann und der *livelihood*-Ansatz kommen dagegen aus der anderen Richtung, nämlich wie Betroffene und Haushalte umfassend gestärkt werden können. Eine solche Herangehensweise zur Methode zu machen, mag (noch) utopisch erscheinen, ist aber durchaus denkbar.

6.2.2 Exkurs: Die Bedeutung der monetären informellen Ökonomie

Kleinstunternehmer und -unternehmerinnen, die in Entwicklungsländern überwiegend in der informellen Ökonomie tätig sind, gleichen in einigen Charakteristika durchaus einem Klientel, wie es im Bereich des Handels- und Dienstleistungsbereiches in strukturschwachen Stadtteilen zu finden ist: Die (formellen) Qualifikationen sind oft gering, die prinzipielle Motivation zu einer unternehmerischen Tätigkeit entspringt oftmals dem fehlenden alternativen Zugang zum Arbeitsmarkt und die Mithilfe von Familienangehörigen ist entscheidend für den Geschäftserfolg, weil die meisten Kleinstunternehmen über Preisstrategien ihren Markt suchen und die Unternehmen durch geringe Produktivität gekennzeichnet sind. Gibt es aus den Entwicklungsländern gute Beispiele für die Entwicklung des Potentials der sogenannten „Kleinstunternehmen"?

Hernando de Soto gilt mit seinem Buch „El Otro Sendero" (1986), in der er die peruanische informelle Ökonomie am Beispiel Limas analysiert, als einer der Vorreiter einer Denkweise, die die im informellen Bereich Tätigen nicht länger als Kriminelle oder als Bedrohung auffasste und ihren Beitrag zur Schaffung von Dienstleistungen und Arbeitsplätzen ernst nahm. Die wichtigste Schlussfolgerung, die sich aus de Sotos Arbeiten für unsere Fragestellung ziehen lässt, lautet: Eine Regierung muss Wege finden, die informelle Ökonomie für die wirtschaftliche Entwicklung zu nutzen und formelle wie informelle Ökonomie in einem neuen institutionellen Rahmen ordnen. Die Kosten der Informalität sind sehr hoch, da fehlende Eigentumsrechte und fehlende Sicherheiten oftmals keine langfristigen Investitionen ermöglichen. Damit gehen einer Volkswirtschaft Ressourcen verloren, die in einem günstigeren institutionellen Rahmen für die wirtschaftliche Entwicklung genutzt werden könnten.

De Soto wurde allerdings auch als Wegbereiter für eine neoliberale Politikentwicklung kritisiert (vgl. Friedmann 1992: 65). Die in der monetär abgewickelten informellen Ökonomie Tätigen als die Avantgarde eines kapitalistischen Unternehmertums zu sehen – als eine in den Worten de Sotos „neue ökonomische Klasse" – schien aus dem Dilemma zu befreien, dass sich mit einer zunehmenden Liberalisierung des Marktes die strukturellen Lebensbedingungen für die ärmsten Bevölkerungsschichten verschlechterten. In der Tat sind die Mehrzahl der informell Beschäftigten in den wenig industrialisierten Ländern unbezahlte Familienangestellte, Lohnbeschäftigte, Tagelöhner und Dienstpersonal und nicht eine unternehmerische Avantgarde (Friedmann 1992: 101).

Für die europäische und deutsche Praxis lässt sich formulieren, dass familiale Reproduktionsarbeiten und Aktivitäten zur Sicherung und zum Erhalt des Haushaltseinkommens, wie auch ein Großteil ehrenamtlichen Engagements, in ihrer Bedeutung für die formelle Marktwirtschaft anerkannt werden sollten und ein Teil dieser Leistungen Sicherheit und gesellschaftliche Anerkennung in einem neuen institutionellen Rahmen finden sollten. Existenz und Vielfalt, Unternehmergeist und Funktion des informellen Sektors in Entwicklungsländern weisen uns zudem darauf hin, dass eine hohe Regulierungsdichte auch Arbeitsplätze und unternehmerische Initiative verhindern können (insbesondere für diejenigen, die als „Neuankömmlinge" in einer Gesellschaft nach einer Existenzgrundlage suchen) bzw. unternehmerische Aktivitäten aus dem formellen Markt verdrängt werden können, wenn die formelle Tätigkeit zu hohe Hürden aufbaut oder zu wenig Gegenleistung verspricht. Einigkeit gibt es in der europäischen Forschung darüber, dass die Steuer- und Sozialabgabenbelastung die wichtigsten „Antriebskräfte" für eine wachsende Schattenwirtschaft darstellen, zusammen mit indirekten Steuern, Grenzsteuersätzen und staatlichen Vorschriften für Wirtschaft und Arbeitsmarkt (Anheier/Schneider 2000). Das Wachstum der Schattenwirtschaft lässt sich in Zeiten des formellen Wirtschaftswachstums nur zu einem geringen Teil wieder in den „offiziellen" Markt rückführen.[78] Mit der Schaffung eines geeigneten institutionellen Rahmens, der die Überführung von bislang informellen in formelle Aktivitäten begünstigt, ist natürlich eine gesamtgesellschaftliche und keine stadtteilbezogene Fragestellung angesprochen.

Im Kontext der Entwicklungszusammenarbeit finden sich Ansätze, Cluster in der informellen Ökonomie zu fördern. Meyer-Stamer (2001) spricht von „survival clusters" der Kleinbetriebe der informellen Ökonomie und stellt die Frage, „inwieweit es möglich ist (...) einen *circulus virtuosus* zu etablieren, in dem sich *upgrading* der Betriebe, zunehmende Spezialisierung sowie zunehmendes Sozialkapital gegenseitig verstärken" (a.a.O.: 61, Hervorh. im Orig.). Als mögliche Ansatzpunkte für die Entwicklung von Clustern sieht er die Förderung von Kompetenzen der einzelnen Unternehmen, die zu wirklicher funktionaler Arbeitsteilung (statt gegenseitigem ruinösem Wettbewerb basierend auf Unterbietungsstrategien) führen kann und die über die Unterstützung von außen, mit Hilfe eines Mediators, eine zunehmende interaktive Zusammenarbeit der Unternehmen erreicht (a.a.O.: 61f.). Gelungene Beispiele scheint es allerdings für die Clusterförderung von Kleinbetrieben der informellen Ökonomie nicht zu geben. Auch Porter (1998: 2) formuliert, dass prinzipiell alle Cluster ihre Produktivität erhöhen könnten und die Aufmerksamkeit der Politik verdienen. Wenn bereits eine gezielte Politikstrategie zur Entwicklung von Clustern hochspezialisierter Betriebe schwierig erscheint (Kap. 5.1.6), so mag dies für um das Überleben kämpfende Betriebe erst recht gelten. Es ist zu bedenken, dass Kleinstbetriebe der informellen Ökonomie eher durch gegenseitige Unterbietung und Konkurrenz als durch Kooperation gekennzeichnet sind. Eine durchaus gängige Haltung angesichts des Existenzkampfes ist der Rückzug und das Misstrauen gegenüber anderen Unternehmen und der „Einmischung" von außen.

Das soll allerdings nicht ausschließen, dass es jenseits der entscheidenden institutionellen Weichenstellungen, die Optionen über formelle/informelle Selbstständigkeit oder formelle/informelle Beschäftigung herstellen, nicht auch über stadtteilspezifische Angebote gelingen kann, die eine oder andere individuelle Entscheidung zu beeinflussen. Beratungs- oder Informationsleistungen können den Weg in die formelle Markttätigkeit vereinfachen (und etwa – wie im französischen Nancy-Laxou – im Bereich der haushaltsnahen Dienstleistungen informell arbeitenden Frauen aus dem Quartier Qualifizierung und sozialstaatliche Absicherung ermöglichen; siehe ELSES 2000). Bei gewerblichen Projekten kann und sollte auch an die Gruppe der Kleinstunternehmen konsequenter gedacht werden.

6.3 Gemeinwesenorientierte Lokale und Regionale Ökonomie

Wirtschaftliche Aktivitäten prägen einen Raum, aber genauso wirken die einem Raum eingeschriebenen Nutzungsmuster und soziokulturelle wie institutionelle Arrangements auf die wirtschaftlichen Aktivitäten und das Leben der Menschen. Die neueren wirtschaftswissenschaftlichen Ansätze erweitern die rein auf ökonomischen Faktoren basierende Betrachtungsweise von wirtschaftlichem Erfolg und Niedergang von Regionen um institutionelle und soziale Faktoren (Kap. 5).

Tab. 7: Eigenständige Regionalentwicklung im Vergleich zur mobilitätsorientierten Strategie

Eigenständige Regionalentwicklung	Mobilitätsorientierte Strategie
Modernisierung bestehender Unternehmen	Ansiedlungsförderung (Exportaktivitäten)
Entwicklung regionaler Ressourcen (Unternehmertum, Wissen, Qualifikationen u.a.)	Anziehung außerregionaler Ressourcen (Kapital, Technologie)
sektorübergreifende Strategie	Konzentration auf Industrie
Einbeziehung von Energie und Umweltprojekten	-
innerregionale Verkehrserschließung	interregionale Verkehrserschließung
konkurrenzfähig durch Produktqualität und Innovation	konkurrenzfähig durch kapitalintensive, moderne Verfahren, niedrige Arbeitskosten
breite Beteiligung regionaler Interessensgruppen	unternehmenszentriert

Quelle: Maier/Tödtling 2002b: 194

Nun gibt es durchaus Formen einer Wirtschaft, die sich weitgehend losgelöst haben von Raum und Gesellschaft. Dazu gehören die finanzwirtschaftlichen Transaktionen und die überwiegend niedrigproduktiven Industriezweige, die mit flüchtigem Kapital verbunden sind. In den von Zoll und Steuern befreiten Freihandelszonen der Dritten Welt finden wir in der Tat eine a-räumliche Wirtschaft und flüchtige Investitionen, die quasi von einem Tag auf den anderen verlagert werden können. Aber diese a-räumliche Ökonomie bildet nur einen Teil der gesamten marktwirtschaftlichen Aktivitäten und tritt in den hochentwickelten Industrieländern zunehmend in den Hintergrund. Für den Großteil der ökonomischen Aktivitäten gilt, dass Standorte nicht beliebig austauschbar sind, sondern vielmehr durch die wechselseitigen Prägungen zwischen Standort und (internalisierbaren Vorteilen für) Unternehmen durchaus eine räumliche Bindung besteht (Kap. 3.2.1). Ökonomische Systeme konsumieren die Vorteile räumlicher, sozialer und politischer Faktoren an einem Ort und integrieren sie in ihre Aktivitäten. Aus der Gegenperspektive betrachtet können sie aber auch ein Mittel sein, um eine wünschenswerte räumliche Entwicklung zu fördern und lokale Prozesse zu stärken.

Im Mittelpunkt der Betrachtungsweise der lokalen und regionalen Ökonomie[79] steht ein Lebensraum mit seinen Potentialen und Qualitäten. Nicht die Frage „Welche wirtschaftliche Entwicklung ist möglich?" steht im Vordergrund, sondern die Frage wie eine bestimmte Lebensqualität, kulturelle und soziale Qualitäten, politische Kulturen und Normen an einem Ort oder in einer Region erhalten und gefördert werden können.

Ansätze, die wie die lokale und regionale Ökonomie wirtschaftliche Aktivitäten im Kontext der sozialen und räumlichen Entwicklung und als Mittel zur Erreichung gesellschaftlicher Ziele betrachten, betonen deshalb

- die gesellschaftliche Verpflichtung von Unternehmen;
- Grenzwerte des wirtschaftlichen Wachstums, die durch gesellschaftliche Werte (Erhalt kultureller Eigenheiten, soziale Integration, Erhalt naturräumlicher Qualitäten, Luftqualitäten, etc.) gesetzt werden;
- das Prinzip endogener vor exogener Entwicklung; und
- die Stärkung von internen Wertschöpfungsketten.

Die Region ist der zentrale Ort vieler ökonomischer Verflechtungsbeziehungen; hier treffen sich Arbeitsmarkt, Liefer- und Kundenbeziehungen, Einkaufsverhalten und Verkehrsströme mit einzigartigen, aus der Geschichte des Raumes entwickelten sozialen und kulturellen Normen und Institutionen. Dies ist der Ort, um über das Verhältnis von Ökonomie zu Ökologie, Ökonomie und Sozialem nachzudenken und Entwicklungswege auszuhandeln. Den wirtschaftlichen Verwertungsinteressen werden im Rahmen von Konzepten einer regionalen Ökonomie vielfältige weitere Entwicklungsziele der Region als gleichberechtigte Interessen gegenübergestellt.[80]

Gegenüber der Einbindung der Region in globale Wirtschaftszusammenhänge wird betont, dass regionale Wirtschaftsbeziehungen, Wertschöpfungs- und Wertstoffketten gestärkt werden müssen. Regionale Ökonomie setzt auf die endogenen Potentiale: Auf die Ideen und Ressourcen der Akteure und Akteursnetze in einer Region bis hin zu der Beeinflussung der Waren- und Energieströme in Richtung einer ökologischeren und sozialeren Wirtschaftsweise. Die Förderung der regionalen Autonomie geht dabei auch oftmals Hand in Hand mit der Bildung und Stärkung einer politischen Gemeinschaft.

Ansätze zur Lokalen Ökonomie und zur Gemeinwesenorientierten Ökonomie stellen die Entwicklung eines lokalen Gemeinwesens in den Vordergrund (Textbox 10). Die Frage lautet auch hier: Wie kann höherer lokaler Nutzen aus den vorhandenen Ressourcen und Potentialen erzeugt werden und mit welchen gesellschaftlichen Entwicklungszielen müssen die wirtschaftlichen Interessen abgewogen werden? Das Konzept der Lokalen Ökonomie geht – ebenso wie die Regionale Ökonomie – mit dem Anspruch auf höhere Eigenständigkeit einher. Je mehr Unternehmen und wirtschaftliche Aktivitäten in lokaler Hand und lokal kontrolliert sind, so die These, umso stabiler und beeinflussbarer erscheint die lokale Entwicklung.

"(...) unless a local economy contains a wide range of varied, locally owned and controlled businesses, it stands at the mercy both of the international trade-winds, which can destroy a mono-crop economy overnight, and of the policy-makers in Tokyo or New York, who can close down a local branch without ever even knowing properly where it is. The experience of powerlessness is devastating. Unemployment can treble in a single day." (Dauncey 1986: 264f.)

Initiativen wie etwa lokale Energie-, Versorgungs- und Versicherungsgesellschaften, lokale Entwicklungsgesellschaften, lokale Spar- und Kreditvereine[81]; kurz: Initiativen und Projekte, mit denen Geld innerhalb einer lokalen Gemeinschaft gespart, konsumiert und reinvestiert wird, fördern eine Lokale Ökonomie. Dazu gehört auch die Förderung der Selbstständigkeit in der ansässigen Bevölkerung.

"One of the most obvious ways to increase local prosperity is to help local people to set up their own businesses, whether cooperatively, privately or as a community business." (Dauncey 1986: 267)

Je nach Argumentation liegt den regionalen und lokalen Initiativen zur Unternehmensgründung ein moralischer Kodex zugrunde. Es geht nicht nur um die Schaffung von Arbeitsplätzen oder Einkommen, sondern auch um demokratische Arbeitsverhältnisse in den Unternehmen und eine sozial wie ökologisch nachhaltige Wirtschaftsweise.

Textbox 10: Rules for a Local Economy

Supposing that the members of a local community wanted their
community to cohere, to flourish, and to last, they would:

1 Always ask of any proposed change or innovation: What will this do to our community? How will this affect our common wealth?

2 Always include local nature – the land, the water, the air, the native creatures – within the membership of the community.

3 Always ask how local needs might be supplied from local sources, including the mutual help of neighbours.

4 Always supply local needs first. (And only then think of exporting their products, first to nearby cities, and then to others.)

5 The community must understand the ultimate unsoundness of the industrial doctrine of 'labour saving' if that implies poor work, unemployment, or any kind of pollution or contamination.

6 If it is not to be merely a colony of the national or the global economy, the community must develop appropriately scaled value-adding industries for local products.

7 It must also develop small-scale industries and businesses to support the local farm or forest economy.

8 It must strive to produce as much of its own energy as possible.

9 It must strive to increase earnings (in whatever form) within the community, and decrease expenditures outside the community.

10 Money paid into the local economy should circulate within the community for as long as possible before it is paid out.

11 If it is to last, a community must be able to afford to invest in itself: it must maintain its properties, keep itself clean (without dirtying some other place), care for its old people, teach its children.

12 The old and the young must take care of one another. The young must learn from the old, not necessarily and not always in school. There must be no institutionalised 'child care' and 'homes for the aged'. The community knows and remembers itself by the association of old and young.

13 Costs now conventionally hidden or 'externalised' must be accounted for. Whenever possible they must be debited against monetary income.

14 Community members must look into the possible uses of local currency, community-funded loan programmes, systems of barter, and the like.

15 They should always be aware of the economic value of neighbourliness – as help, insurance, and so on. They must realise that in our time the costs of living are greatly increased by the loss of neighbourhood, leaving people to face their calamities alone.

16 A rural community should always be acquainted with, and complexly connected with, community-minded people in nearby towns and cities.

17 A sustainable rural economy will be dependent on urban consumers loyal to local products. Therefore, we are talking about an economy that will always be more cooperative than competitive.

These rules are derived from Western political and religious traditions, from the promptings of ecologists and certain agriculturalists and from common sense. They may seem radical, but only because the modern national and global economies have been formed in almost perfect disregard of community and ecological interests.

Quelle: Darstellung nach Berry 2000: 260f.

6.3.1 Schlussfolgerungen für die Stadtteilebene

Hinter dem Begriff der Regionalen Ökonomie finden sich eine Reihe von unterschiedlich motivierten Entwicklungsansätzen, denen mit den Ansätzen der Lokalen Ökonomie die Grundsätze der Abwägung von ökonomischen mit sozialen Entwicklungszielen, ein nachhaltigeres Wirtschaften, ein stärker auf die örtlichen Bedürfnisse bezogenes und an den Lebenswelten orientiertes Wirtschaften gemeinsam ist. Das Anliegen der Ansätze ist es, lokale und regionale Prozesse, Kreisläufe und Verflechtungen zu fördern und zu stabilisieren; als Schutz vor und auch parallel zu einer modernen und globalisierten Warenwirtschaft, durch die gezielt bestimmte Räume und Ressourcen verwertet, andere entwertet werden.

Tabelle 8: Synoptische Darstellung der wichtigsten alternativen Entwicklungsansätze

	Charakter und Handlungsprinzipien	Ziel	Träger / Instrumente zur Erreichung der Zielvorstellungen	Beispiele für Lösungsansätze	Vertreter/innen, Studien, Literatur
Vorsorgendes Wirtschaften (Kap. 6.1.3)	Vorsorge statt Nachsorge, Kooperation statt Konkurrenz, Orientierung am guten Leben	Modernisierte Prinzipien der Versorgungsökonomie in der Marktökonomie stärker verankern; Anerkennung der sozialen und ökologischen (Re-)produktionsleistungen	Netzwerke, Projektentwicklungen	Bürgschaftsbank für Sozialwirtschaft in Köln, Umweltzentrum Schloss Türnich, Hermannsdorfer Landwerkstätten	Netzwerk „Vorsorgendes Wirtschaften", Universität St. Gallen, Biesecker et.al. (2000)
Haus- und Eigenarbeit, Subsistenzwirtschaft (Kap. 6.2)	Alle wirtschaftlichen und sozialen Tätigkeiten, die nicht über den (formellen) Markt oder den Staat abgewickelt werden	Gesellschaftliche Anerkennung der Aktivitäten von Menschen zur Existenzsicherung und Lebensbewältigung jenseits des formellen Marktes	freiwillige Selbsthilfe, ehrenamtliche Betätigung, Haushaltsökonomie	Haus der Eigenarbeit in München, Konzepte und Projekte zur Förderung von Sebstversorgung und zur Förderung von ehrenamtlichen Engagement, Tauschringe	New Work (Frithjof Bergman)
Gemeinwesenorientierte Ökonomie (Kap. 6.3)	Wirtschaften für und mit einem Gemeinwesen	Stärkung der ökonomischen Potentiale eines Gemeinwesens, lokale Bedarfsdeckung	Gemeinwohlorientierte Initiativen von Einzelnen und Gruppen in einem lokalen Gemeinwesen	Stadtteilnahe Beschäftigungs- und Wirtschaftsentwicklung	Voß (1997), Elsen/Lange/Wallimann (2001), Klöck (1998)
Regionale Ökonomie (Kap. 6.3)	Stärkung regionaler Wirtschaftsbeziehungen, Stärkung lokaler Wertschöpfungs- und Wertstoffketten, nachhaltige regionale Entwicklung	Die Ökonomie in einer Region stärken, sie unabhängiger von übergeordneten, globalen Märkten machen, nachhaltige Entwicklungschancen und regionale Potentiale fördern	Städtenetzwerke, Zusammenschlüsse regionaler Akteure, Beteiligung von Bürgern	Konzept der „Ausgewogenen Doppelnutzung" (Bätzing 1998); Konzepte zur endogenen Regionalentwicklung, Städtenetzwerke	Bätzing (1998), Douthwaite/Diefenbacher (1998), KAB Trier/Taurus (1996)
Lokale Ökonomie (Kap. 6.3)	„Local work for local people using local resources"	Zukunftsfähige Strategien für Orte/Regionen im wirtschaftlichen Niedergang; Stärkung lokalökonomischer Strukturen um sie unabhängiger von Weltmarktstrukturen zu machen	lokale Partnerschaften, Stadtteilbetriebe, Kooperativen, Community Enterprises	Lokale Partnerschaft Wedding; Community Enterprises in Schottland, Projekte in den peripheren Armutsregionen Irlands, Greater London Councils Programm „Jobs for a Change" 1981-1985	Forschungsgruppe Lokale Ökonomie an der TU Berlin, IFP Lokale Ökonomie (1994)
Dritter Sektor (Kap. 6.4)	Solidarität, Freiwilligkeit, Nicht-Gewinnorientierung	Eine „Dritte Kraft" in der Gesellschaft neben Markt und Staat, mit spezifischer Handlungsorientierung	„Weder-Markt-noch-Staat-Organisationen": Selbstorganisationen, Vereinswesen, gemeinnützige organisierte Interessen	Projekte und Initiativen zur sozio-ökonomischen Entwicklung, Stärkung lokaler Gemeinwesen und lokaler Demokratien, insbesondere in den traditionellen civil societies wie GB und USA, aber auch in NL	Länderübergreifende Johns-Hopkins-University Studie zum Dritten Sektor, Strachwitz (1998)
Economie Sociale (Kap. 6.4)	Ganzheitlichkeit, Selbstbestimmung, Existenzsicherung, Nachhaltigkeit	Solidarwirtschaft, Gemeinwohlorientierte und sozio-politische Ziele durch Unternehmen zwischen Markt und Staat erreichen; Unternehmensphilosophie, die übermäßigen wirtschaftlichen Profit ablehnt	Umsetzung der sozio-politischen Zielsetzungen durch Genossenschaften, Gegenseitigkeitsgesellschaften, gemeinnützige Vereine, Stiftungen	Projekte und Initiativen zur Verbesserung der Lebensbedingungen in erneuerungsbedürftigen Stadtteilen, soziale und berufliche Integration von Jugendlichen und Migrant/innen (insbesondere in Frankreich)	Generaldirektion 23 der Europäischen Kommission, Jung/Schäfer/ Seibel (1997); Bauhaus Dessau/Europäisches Netzwerk für ökonomische Selbsthilfe und lokale Entwicklung (1997), Bauer (2000)

Quelle: Eigene Darstellung auf der Basis von Körber/Peters/Weck 2001

Gleichwohl sich die Argumentationen für eine Regionale oder Lokale Ökonomie meist implizit auf die kommunale oder regionale Ebene beziehen, fällt die Übertragung ihrer Prinzipien auf die Stadtteilebene leicht. Auf Stadtteilebene lesen sich die Ziele wie folgt:

- Lokale Arbeitsplätze durch die lokale Bevölkerung über private oder kooperative Initiativen schaffen;
- stadtteilinterne Kreisläufe stärken, sei es durch stadtteilbezogene Spar- und Investitionsformen; durch die Stärkung des lokalen Konsums, durch die Förderung neuer lokaler Betriebe oder durch dezentralere Wasser-, Energie- und Abfallsysteme;
- Initiativen stärken, die einen offensichtlichen Bedarf der Bevölkerung abdecken und deren Lebenssituation verbessern, wozu auch die Stärkung von Selbsthilfe, Nachbarschaft und Netzwerken zählen;
- Kreativität, Innovation, Vitalität und Initiativenreichtum innerhalb des lokalen Gemeinwesens aktiv fördern und für die Entwicklung nutzen;
- den Interessen von Stadtteilbevölkerung und -gruppen eine politische Stimme geben und ihren Einfluss auf die Entwicklung ihres Lebens- und Wirtschaftsraumes stärken.

Ein moralischer Kodex spielt dabei, implizit oder explizit, eine Rolle; d.h. es werden keine Unternehmen und Aktivitäten unterstützt, die auf ausbeuterischen Methoden oder zum Schaden für Umwelt und Gemeinwesen Gewinne realisieren. Ansätze einer Regionalen oder Lokalen Ökonomie stellen das Gegenstück zur These dar, dass jeder Betrieb willkommen, jede wirtschaftliche Investition begrüßt wird. Unternehmen und Betriebe werden vielmehr an ihrem Beitrag zur Entwicklung des Gemeinwesens gemessen (wobei Entwicklung wie in Kap. 6.1.2 definiert wird). Damit stehen die Thesen der Lokalen und Regionalen Ökonomie in Widerspruch zum vorherrschenden Paradigma, dass jedes Wirtschaftswachstum gut ist. Von den in Kapitel 5 diskutierten Ansätzen unterscheidet sie zudem der explizite oder implizite Anspruch einer ökonomischen Entwicklung zugunsten des lokalen oder regionalen Gemeinwesens.

Lokale oder gemeinwesenorientierte Ökonomieansätze werden in Politik wie Wissenschaft gerne in die „sozialpolitische Ecke" geschoben. Es hängt allerdings von unserem Verständnis von Ökonomie ab, wie sie eingeordnet werden (Kap. 7.1.1.). Nach einem Verständnis, wie es alternativen Entwicklungsansätzen zu Eigen ist, sind sie keine Sozialpolitik, sondern an den realen Lebensverhältnissen ansetzende Strategien zur Verbesserung der Lebensqualität. Es sind Entwicklungsstrategien, die an den endogenen Ressourcen eines Raumes ansetzen und ökonomische Entwicklung als ein Mittel gesellschaftlicher Entwicklung sehen oder ökonomisches Wachstum zumindest mit anderen gesellschaftlichen Zielen abwägen. Entwicklungsansätze, die sich nicht auf das Segment der formellen Ökonomie beschränken, sondern neben dem Zugang zur formellen Ökonomie das in den Vordergrund rücken, was Friedmann als „soziale Macht" von Haushalten bezeichnete.

Strukturschwache Stadtteile liegen – in Bezug auf Investitionen einer globalisierten Ökonomie – in der kapitalistischen Peripherie. In solchen Stadtteilen Beschäftigungs- und Entwicklungschancen für Menschen und Betriebe zu schaffen, lässt die Möglichkeit zu, die Anschlüsse „nach außen" zu suchen und zu stärken, bzw. konsequent nach den besonderen Potentialen, Stärken und Entwicklungsmöglichkeiten im Gemeinwesen zu suchen. Die Prinzipien des letzteren Ansatzes sind die Orientierung an den lokalen Ressourcen und Kompetenzen, die Potentialanalyse und eine aktivierende Herangehensweise. Dies kann als langfristige, parallele Alternative zur stärkeren Inwertsetzung des Raumes durch das globale kapitalistische System oder als zeitlich begrenzter Ersatz (für die Zeit der „Krise") verstanden werden.

Kritiker sehen in einem Entwicklungskonzept, das rein auf der Förderung der lokalen Potentiale und interner Zirkulation beruht, langfristig eine zunehmende Verarmung der an die Gesamtgesellschaft anschlussfähigen Ressourcen des Stadtteiles. Sie bezweifeln, dass es gelingen kann, interne Geldkreisläufe zu stärken, wenn die angesiedelten Geschäfte nicht zugleich regional/national wettbewerbsfähig sind[82]. Auch sehen sie durch fehlende Innovationsimpulse für ansässige Unternehmen Arbeitsplätze und Einkommen langfristig gefährdet, weil Innovation gerade aus der gegenseitigen Konkurrenz und Wettbewerbssituation entstehen (Porter 1990).

Die Debatte, ob eine Orientierung an den lokalen Potentialen für eine Entwicklung ausreicht, wird heute oft zugunsten eines „sowohl-als auch" entschieden; d.h. sowohl die Anschlüsse an die regionale und globalisierte Ökonomie zu suchen als auch die lokalen Eigenkräfte und Potentiale konsequent zu stärken. Es geht nicht um die Entwicklung einer autarken Gesellschaft im Kleinen, sondern darum, unter den Bedingungen der Globalisierung auch die lokalen Potentiale vor Ort zu sehen; sie in ihrer existenzsichernden Bedeutung politisch wahrzunehmen und zu fördern (Körber/Peters/Weck 2000: 40).

6.4 Die Soziale Ökonomie, Drittes System und Dritter Sektor

Soziale Ökonomie, Solidarische Ökonomie, Gemeinnütziger Sektor, Nonprofit-Sektor, Dritter Sektor und Drittes System sind Begriffe die sich in den Debatten für einen in den letzten Jahren viel rezitierten Bereich der Gesellschaft zwischen Markt und Staat durchgesetzt haben. Dem Bereich werden spezifische Ressourcen und ein spezifischer Steuerungsmodus zugeschrieben, die sich von der Logik, den Steuerungsmechanismen und Ressourcen von Markt und Staat unterscheiden. Der Bereich des Dritten Sektors zeigt teilweise Marktcharakteristika und teilweise die Charakteristika staatlichen Handelns, doch bezieht dieser Sektor seine Ressourcen und seine Entwicklungsdynamik aus einem weiteren Bereich, der Markt und Staat weitgehend verschlossen bleibt: aus der Arbeit und dem Engagement zivilgesellschaftlicher Gruppen, bürgerschaftlicher Netzwerke, Vereine und ehrenamtlicher Initiativen. Sie gelten als die Haupt(re)produzenten zivilgesellschaftlicher Ressourcen.

Die Debatte zum Dritten Sektor schließt inhaltlich an Debatten zur Zivilgesellschaft und der Bedeutung von Sozialkapital für die gesellschaftliche – und ökonomische – Entwicklung an. Soziales Vertrauen, oder soziales Kapital, so argumentiert Rifkin (2000), entsteht alleine im dritten Sektor: Es ist dies der Bereich der Kultur des alltäglichen Lebens, der Lebenserfahrungen, der Empathie, der sozialen Beziehungen. Es ist der Bereich, in dem lokale Kultur erhalten und erneuert wird, in dem sich soziale Proteste organisieren, Geschichte und Tradition eines Volkes bewahrt werden. Ökonomische Tätigkeiten, so Rifkins' These, speisen sich aus diesem Kapital, sind aber reine Derivate sozialer Entwicklung und tragen mit ihrer Logik auch nicht zur Neubildung von sozialem Vertrauen bei (Kap. 5.2).

Dem zivilgesellschaftlichen Engagement werden viele „heilende" und der Gesellschaft förderliche Eigenschaften zugesprochen: „Mittler zwischen Bürgern und Staat", „Mark der zivilen Gesellschaft" und „Lebenselexier der Demokratie", ein Bollwerk gegen die „privaten und Ich-bezogenen Werte" (Mau/Stolle 1998), gegen das „Versinken der Gesellschaft in Kälte, Vereinzelung und Gleichgültigkeit" (Roman Herzog). Quer durch die politischen Positionierungen richtet sich die Aufmerksamkeit auf die Ressourcen des Dritten Sektors.

> *„In Zeiten in denen sich Arbeitslosigkeit, Globalisierungsdruck, soziale Isolation und Politikverdrossenheit ausbreiten, erscheint das staatsentlastende und gemeinschaftsstiftende Potential der zivilen Kräfte als Hoffnungsschimmer. Seine Revitalisierung, so scheint es, verspricht die Lösung vieler Probleme."* (Mau/Stolle 1998).

Einige Beobachter sehen die Gefahr, dass in der aktuellen Debatte „die zivile Engagementform Ehrenamt Gefahr (läuft), zwischen die Mühlen unterschiedlicher Interessen zu kommen und dadurch an eigentlichem Potential zu verlieren." (Kistler/Schäfer-Walkmann 1999: 48). Mit dem zivilgesellschaftlichen Engagement verbinden sich normative und moralische Konzeptionen zu einem „Wohl der Gesellschaft" ebenso wie Instrumentalisierungen zur Entlastung des staatlichen oder städtischen Budgets von sozialen Politiken.

Die Begriffsbestimmung ist nicht einfach. Was zählt zum Dritten Sektor? Nach einer vielbeachteten, aber auch viel kritisierten Definition einer länderübergreifenden Studie der Johns-Hopkins-Universität[83] zählen dazu auch eine Reihe von non-profit-Organisationen, die nun eher bürokratischen Charakter haben, wie etwa die großen Wohlfahrtsverbände. Die Kritik an einer solchen Definition lautet, dass differenzierendere theoriebildende Arbeiten und empirische Nachweise zur Rolle des sozialen Kapitals und seiner Beziehung zum dritten Sektor notwendig sind. So sieht Putnam keine automatische Korrelation:

> *„(...) although most secondary associations are not-for-profit, most prominent nonprofits (...) are bureaucracies, not secondary associations, so the growth of the 'Third Sector' is not tantamount to a growth in social connectedness."* (Putnam 1995: 666).

Als eigentlicher Kern des Dritten Sektors werden Eigenorganisationen und Selbsthilfeinitiativen angesehen. Zuschussempfänger der öffentlichen Hand oder verselbständigte öffentliche Einrichtungen werden eher ausgeschlossen. Auch Braun (2001a: 347) analysiert skeptisch:

> *„Nahezu jede Organisation des Dritten Sektors – von den Wohlfahrtsverbänden über Stiftungen bis hin zu lokalen Vereinen, Initiativen und Projekten – sieht sich als Hersteller und Lieferant sozialen Kapitals; der staatliche Sektor betont unterdessen seine Rolle als ‚aktivierender Staat', der die ‚ermöglichenden', ‚ermunternden'*

Rahmenbedingungen und ‚Gelegenheitsstrukturen' zur Schaffung sozialen Kapitals bereitstelle; der ‚informelle Sektor' der Familien, Lebensgemeinschaften und Nachbarschaften gilt indes als die ursprüngliche Quelle sozialen Kapitals, die unter der ‚Modern Governance' wieder zu sprudeln beginne: und auch der ökonomische Sektor soll in der ‚Tätigkeitsgesellschaft' seinen Beitrag zum unabdingbaren ‚stock of social capital' der Gesellschaft leisten. "

Gleichwohl sich hinter den Begriffen Soziale Ökonomie, Drittes System und Dritter Sektor unterschiedliche Traditionen verbergen (vgl. dazu Körber/Peters/Weck 2001), gibt es starke Bezüge zwischen diesen Ansätzen einer „Dritten Kraft von Menschen für Menschen". Für die vorliegende Arbeit ist der Bereich der Sozialen Ökonomie, oder Sozialwirtschaft, von besonderem Interesse. Der Begriff der Sozialen Ökonomie stellt Organisationen und Initiativen zwischen Markt und Staat in den Vordergrund, deren Unternehmensphilosophie und -handeln soziale und wirtschaftliche Zielsetzungen als gleichberechtigte Ziele im Unternehmenszweck widerspiegelt (dazu gehören Genossenschaften, Gesellschaften auf Gegenseitigkeit, Vereine und Stiftungen, gemeinnützige Organisationen). Übermäßiger wirtschaftlicher Profit wird abgelehnt; stattdessen werden die erwirtschafteten Gewinne reinvestiert, um gemeinwesenorientierte Ziele zu erfüllen; z.B. Arbeitsplätze zu schaffen, oder die Lebensverhältnisse an einem gegebenen Ort zu verbessern. Historisch gesehen basiert die Soziale Ökonomie auf den auf Gegenseitigkeit, Gemeinschaft und Vereinigung beruhenden Aktivitäten einer Arbeiterklasse zur Verbesserung ihrer Lebensbedingungen. Im Englischen wird zur Definition dieses Wirtschaftsbereiches auch der Begriff der people-centred businesses gebraucht. Der Terminus „Drittes System" wiederum betont, dass diesem Bereich eine zur Steuerungslogik des Marktes (einzelunternehmerisches Handeln, Profitorientierung) und der Steuerungslogik des Staates (öffentliches Handeln, Kameralistik) unterschiedliche Logik zu Grunde liegt.

Die traditionellen civil societies, wie Großbritannien und die USA, verbinden mit dem Dritten Sektor den Bereich der individuellen Freiheit gegenüber dem Staat, aber auch der individuellen Verantwortung des Einzelnen gegenüber der Gemeinschaft. In der französischen Tradition wird damit auf eine eigenständige solidaritätsstiftende und sozialintegrative Sphäre Bezug genommen (vgl. Anheier/Schneider 2000: 24). In Ländern wie Frankreich, Großbritannien, Italien oder Spanien werden unter dem Dritten Sektor vor allem die Genossenschaften, die Vereine und die Gesellschaften auf Gegenseitigkeit gefasst.

Viele Autoren sehen die Zeit kommen für eine neue Wirtschaftsform. Wachsende soziale Ungleichheiten, Umweltkatastrophen und -schäden, eine hohe Arbeitslosigkeit, der Verlust von Lebensqualität, individuelle Perspektivlosigkeit und zunehmende Gewaltbereitschaft sind die Kosten des vorherrschenden Wirtschaftsmodells, die der Allgemeinheit aufgelastet werden. Für Rifkin (2000) ist die Balance zwischen Kultur und Markt eine der wichtigsten politischen Aufgabenstellungen in der Zukunft. In dem Maße, in dem die Kommerzialisierung und Vermarktung auch in die persönlichsten und intimsten Bereiche des Lebens vordringt, sieht er die Kultur, „Grundlage unserer Humanität" (2000: 323), bedroht und somit das verloren gehen, worauf letztendlich auch ökonomische Entwicklung basiert: Empathie und soziales Vertrauen.

Unternehmen und Initiativen im Dritten Sektor werden zu Hoffnungsträgern, die die institutionelle Lücke zwischen Rückzug des Staates und Profitinteressen der Wirtschaft füllen. Mehr noch als in anderen Ländern sind die rechtlichen und politischen Rahmenbedingungen für die nachhaltige Entwicklung und Positionierung von Unternehmen und Initiativen „zwischen Markt und Staat" in Deutschland jedoch schwierig. Das „entweder (Markt) – oder (Staat)" scheint charakteristischer für Deutschland zu sein als das „sowohl – als auch". Bislang verhindern die Rahmenbedingungen in Deutschland, dass sich ein Dritter Sektor als eigenständiges Gegengewicht und Experimentierfeld für soziale Innovationen und Kreativität zu den beiden Sektoren Markt und Staat entwickeln konnte.

6.4.1 Bedeutung für die Stadtteilebene

Organisationen und Initiativen zwischen Markt und Staat können im Rahmen einer kooperativen Politik in besonderer Weise dafür geeignet sein, eine Reihe von sonst kaum vereinbaren Zielsetzungen und Aufgaben zu erfüllen, wie sie gerade in ökonomisch strukturschwachen Stadtteilen wichtig sind. Dazu gehören

- Beschäftigungs- und Qualifizierungsmöglichkeiten für gering qualifizierte oder arbeitsmarktpolitisch benachteiligte Bevölkerungsgruppen zu schaffen;
- die soziale und kulturelle Infrastruktur, die ökonomische Basis und die lokale Angebotsstruktur im Stadtteil zu verbessern;
- das lokale Gemeinwesen und die lokale Demokratie zu stärken (vgl. Evers et.al. 2000).

Organisationen und Initiativen im Dritten Sektor erbringen spezifische zivilgesellschaftliche Leistungen, die in dieser Form weder vom Markt noch vom Staat erbracht werden können. In den Niederlanden etwa sind eine Reihe von Initiativen und Projekten des Dritten Sektors in Stadterneuerungsgebieten tätig (vgl. ILS 2000a/b; Kunst/van der Pennen/ Adriaanse 2000; van der Pennen 1999). Zumeist lassen sich zwei unterschiedliche Typen von Projekten unterscheiden. Die eher gemeinnützig oder sozial ausgerichteten Projekte sind über Beschäftigte, Produktionsprozess und Angebot stärker, die eher gemischtwirtschaftlich ausgerichteten Projekte weniger stadtteilorientiert. Wichtig scheint eine klare Zielsetzung von Beginn an, ob das Projekt priorität der ökonomischen Entwicklung oder der Beschäftigung und Qualifizierung von Personen dienen soll, oder stärker sozial bzw. gemeinwesenorientiert ausgerichtet ist. Die lokale Einbettung und die Orientierung an spezifisch lokaler Nachfrage sind häufig kritische Erfolgsfaktoren (Europäische Kommission 1995; 1998).

Wie zuvor angedeutet ist noch offen, ob sich neben und mit den etablierten großen Non-profit-Organisationen in Deutschland tatsächlich ein innovatives Spannungsfeld von Organisationen, Vereinen und Institutionen dauerhaft als „Dritte Kraft" in der Gesellschaft zwischen Markt und Staat etablieren kann. Projekte der Sozialen Ökonomie etwa, mit ihren „hybriden" Zielsetzungen, passen nur schwerlich in die ordnungs- wie steuerrechtliche Landschaft, in Förderpolitik wie kommunale oder staatliche Zuständigkeitsbereiche, womit entsprechenden Initiativen oftmals noch die Weiterentwicklung erschwert wird.

Es gibt nun eine Reihe von Argumenten, die dafür sprechen, die Potentiale eines Dritten Sektors oder der Sozialen Ökonomie insbesondere in ökonomisch strukturschwachen Stadtteilen stärker wahrzunehmen und zu fördern. Sozialintegrative und solidaritätsstiftende Initiativen und Projekte, die aus dem Ortsteil entwickelt werden und Selbsthilfe, Eigeninitiative und Nachbarschaftshilfe fördern, sind gerade an diesen Orten wichtig. Bei im Rahmen von Förder- oder Entwicklungsprogrammen anstehenden Projekten sollte geprüft werden, inwieweit die Bevorzugung von gemischtwirtschaftlichen Initiativen gegenüber Privatunternehmen bei der Vergabe von Aufträgen Vorteile für die Entwicklung des Ortsteils (lokale Beschäftigungsmöglichkeiten, Nachhaltigkeit der Investitionen, etc.) bietet. Damit ist keine einfache Handlungsorientierung umschrieben. Die kreativen sozialen Unternehmer/innen werden eher selten in ökonomisch strukturschwachen Stadtteilen zu finden sein und die Entwicklung des „sozialen Kapitals" in einem Ortsteil ist eine kleinteilige, langfristige Aufgabe. Aber eine Aufgabe zu der es – als Basis für jegliche, auch ökonomische, Entwicklung – keine Alternative gibt.

6.5 Zusammenfassung und Schlussfolgerungen

Es gibt eine Reihe von Entwicklungsansätzen, die sich mit einem „anderen" Wirtschaften auseinandersetzen, das mit den Begriffen solidarisch, nachhaltig, sozial integrativ und gemeinwohlorientiert beschrieben werden kann. Zu diesen Ansätzen zählen, mit unterschiedlichen Entstehungshintergründen, Zielrichtungen und Umsetzungserfahrungen, die Ansätze der Sozialen Ökonomie, des vorsorgenden Wirtschaftens, der regionalen Ökonomie, der lokalen Ökonomie, der gemeinwesenorientierten Ökonomie (vgl. auch Körber/ Peters/Weck 2001). Die in diesem Kapitel diskutierten Ansätze suchen nach einer nachhaltigeren Wirtschaftsweise und einer höheren lokalen bzw. regionalen Wertschöpfung.

Das Wirtschaften soll sich stärker an den örtlichen Bedürfnissen ausrichten, den Bewohnern und Bewohnerinnen vor Ort zugute kommen. Qualität statt Quantität, Nachfrageorientierung statt Angebotsorientierung lauten die Stichworte. Der normative Kontext ist unterschiedlich ausgestaltet. Manche Ansätze formulieren ihn explizit aus, andere setzen ihn implizit voraus. Teils formulieren die Ansätze explizite Kritik an einer globalisierten und kapitalistischen Wirtschaftsweise, teils sehen sie sich als dazu parallelen Entwicklungsansatz, der unter den Bedingungen der Globalisierung die lokalen und regionalen Gestaltungsmöglichkeiten auslotet und stärkt. Ansätze des

Textbox 11: Wertebezogene Ansätze

Charakteristika:

- Ökonomie als Teilsystem der Gesellschaft
- Betonung der Interpendenzen und Wechselwirkungen zwischen Ökonomie, Sozialem und Umwelt
- Ökonomie als mehrschichtiges Konzept Versorgungsökonomie, Informelle Ökonomie, Marktökonomie
- Bedeutung von Raum und Lebenswelt

Eigene Darstellung

Dritten Sektors suchen nach stärkerer Anerkennung der Wertschöpfung und Wohlfahrtsproduktion im Bereich zwischen Markt und Staat. Damit wird teilweise die Entstehung eines eigenständigen „sozialen" oder „solidarischen" Wirtschaftssektors verbunden. Das unmittelbare Lebensumfeld dient als Ausgangspunkt, um die Wohn-, Arbeits- und Lebensbedingungen zu verbessern. Oftmals versuchen Initiativen in diesem Bereich, aus sozialen Lebenszusammenhängen Ideen und Projekte für neue Dienstleistungen, Einrichtungen und Produkte zu entwickeln und auf eine tragfähige Basis zu stellen; die dem Gemeinwohl dienen, aber marktwirtschaftlich (noch) nicht rentabel zu erstellen sind oder von staatlicher Seite nicht erbracht werden (können). Teilweise verbinden sich damit die Anliegen einer besseren Versorgung von Individuen und örtlichen Gemeinwesen mit Gütern und Dienstleistungen oder einer Schaffung von Arbeitsplätzen.

Gleichwohl ist eine „andere Entwicklung" ein Prozess, der nach theoretischer und praktischer Konsolidierung verlangt. Die vielfältigen, bereits vorhandenen Projekte und Initiativen sind überwiegend kleinräumig und lokal. Die Anschlüsse zwischen lokalen Initiativen und einer globalen kapitalistischen Marktwirtschaft, zwischen Drittem Sektor, Versorgungsökonomie und anderen ökonomischen Bereichen; zwischen einer autarkeren lokalen wie regionalen Entwicklung und einer globalen Kapitalakkumulation, sind noch größtenteils unerforscht, wissenschaftlich wie politisch unterbelichtet.

Die alternativen Entwicklungsansätze haben es in vielfacher Weise schwer, politische und breite gesellschaftliche Unterstützung zu sichern, in der Öffentlichkeit sichtbarer zu werden und eine langfristig tragfähige Entwicklungsalternative zum globalisierten Kapitalismus zu stellen. Die formelle Marktökonomie umfasst nur einen Teil der produktiven und reproduktiven Aktivitäten von Menschen zur Existenzsicherung; dominiert unser Verständnis von Wirtschaft aber weitgehend, wozu die neoklassischen Paradigma der Wirtschaftstheorie beigetragen haben. Zum anderen ist die Realität unserer westlichen Industriegesellschaft die einer Konsumgesellschaft, einer materialistischen und sich individualisierenden Gesellschaft. Es gibt eine gewisse Neigung, Konflikten auszuweichen und den Status Quo, auch wenn sich Krisenerscheinungen abzeichnen, nicht in Frage zu stellen.

Dabei hängt das Funktionieren des Marktes von den normativen Grundlagen einer Gesellschaft – Vertrauen, Ehrlichkeit, Kooperation – ab oder, wie es Etzioni (a.a.O.: 250, Kursiv im Orig.) pointiert ausdrückt:

> *„The more people accept the neoclassical paradigm as a guide for their behavior, the more the ability to sustain a market economy is undermined."*

Das Verhältnis zwischen Markt und Gesellschaft ist von Wechselwirkungen und Interdependenzen geprägt. Eine Dualisierung von Markt und Gesellschaft scheint weder hilfreich, noch entspricht sie der Realität. Individuellen Entscheidungen und unternehmerischem Handeln liegen immer sowohl moralische Werte als auch rationales Kalkül zugrunde und ökonomische Entwicklung ist nur im Rahmen von normativen Kontexten und sozialen Beziehungen zu verstehen. Ökonomische Entwicklungspolitik muss sich daher nicht darauf begrenzen, nur die eine Seite – Wettbewerbsorientierung, Konkurrenz, Kosten-Nutzen-Relationen – anzusprechen, sondern ebenso die andere Seite – Gemeinwesenorientierung,

Kooperationskultur, Wertebildung. In Bezug auf die Politikanalyse und -erarbeitung verdeutlichen die wertebezogenen Ansätze, dass Politikgestaltung nur interdisziplinär erfolgreich sein kann. Die Frage ist, welche Potentiale bieten die hier vorgestellten Ansätze einer ethisch orientierten Wirtschaftsweise für den Bereich der Stadtteilentwicklung? Gibt es spezifische Potentiale, die sich vor allem auf Stadtteilebene aus den Ansätzen ergeben?

Die Frage, ob es sich anbietet solche ethisch motivierten Wirtschaftsbereiche vor allem in Stadtteilen mit besonderem Entwicklungsbedarf auszubauen, ist von strategischer Bedeutung. Nein, weil sich damit die Gefahr der Stigmatisierung der Ansätze und deren kurzfristige Instrumentalisierung verbindet. Ja, weil sich gerade in diesen Stadtteilen Förderressourcen und politisch-institutionelle Innovationsräume eröffnen. In diesem Sinne können die sozio-ökonomischen Entwicklungsansätze in den Stadtteilen mit besonderem Erneuerungsbedarf progressive Vorreiter einer Zeit sein, in der ökonomische Entwicklung ein inklusiveres Konzept als ökonomisches Wachstum bedeutet, und ökonomische Ziele mit anderen gesellschaftlichen Zielen abgewogen werden. Ökonomie in diesem Sinne muss von Grund auf neu gedacht werden (vgl. Friedmann 1992: 38, 41).

Die in diesem Kapitel diskutierten Ansätze betonen, die regionale und lokale Akkumulation gegenüber der globalen Akkumulation nicht zu vernachlässigen. Nicht die Inwert- und Außerwertsetzung von Räumen durch die ökonomische Logik als unvermeidbar zu betrachten, sondern die lokalen und regionalen Bezüge und Kreisläufe zu stärken und zu fördern. Die Ansätze appellieren zudem, die der Ökonomie vor- und nachgelagerten sozialen und umweltlichen (Re-)Produktionsleistungen anzuerkennen und ein integrativeres, systemisches Verständnis von ökonomischer Entwicklung im gesellschaftlichen Kontext zu entwickeln. Ein solches Verständnis führt auch immer zu der Fragestellung nach den gesellschaftlichen Werten, den Interessen, den Begünstigten und den Ausgeschlossenen im ökonomischen Entwicklungsprozess. Der stärkere Bezug von ökonomischen Prozessen auf die sozialen, lebensweltlichen und ökologischen Gegebenheiten an einem Ort beschreibt die Handlungsanforderungen, wenn das Ziel angestrebt wird, in einem erneuerungsbedürftigen Stadtteil die Ökonomie zu stärken. Es geht nicht darum, weitgehend autarke Ökonomien zu entwickeln, sondern die Spielräume zu nutzen, die für die stärkere Ausrichtung der ökonomischen Entwicklung an den Bedürfnissen und Bedarfen eines Ortes notwendig sind. Alternativen Entwicklungsansätzen ist zugleich auch immer eine politische Note eingeschrieben: Die Forderung nach mehr direkter Demokratie, die Politisierung des Lebensraumes und seine Verteidigung gegenüber Expertensystemen und globalen Einflüssen.

7 Folgerungen für lokalökonomische Ansätze

In diesem Kapitel werden die wichtigsten Schlussfolgerungen, theoretischer wie auch (planungs-)politischer Art, aus den vorangegangenen Kapiteln zusammen getragen. Im ersten Unterkapitel 7.1 wird ein Fazit aus den theoretischen Erörterungen der vorigen Kapitel gezogen und der analytisch-konzeptionelle Rahmen ökonomischer Stadtteilentwicklungspolitiken beschrieben. Dabei wird insbesondere die Einbettung ökonomischer Prozesse in soziokulturelle und institutionelle Strukturen betont. Einzelunternehmerisches Handeln, Wirtschaftsstrukturen an einem Ort und Potentiale der ökonomischen Entwicklung – so die Argumentation – können nur aus evolutionärer und ganzheitlicher Perspektive verstanden werden

Kapitel 7.2 beschäftigt sich mit der Rolle der staatlichen wie kommunalen Akteure in der ökonomischen Stadtteilentwicklung. Die Argumentation lautet, dass Politik in innovative Strukturen – Kooperation, Netzwerkförderung, Innovationsförderung – investieren muss, nicht in einzelne Projekte. Kapitel 7.3 wendet sich an Akteure, die auf lokaler Ebene vor der Aufgabe stehen, einen lokalökonomischen Prozess zu initiieren. Es werden praxisrelevante Maßnahmenfelder, Vorgehensweisen und Instrumente einer lokalökonomischen Stadtteilerneuerung dargestellt. Es kann keine Idealstrategie und keine genormte Herangehensweise zur Förderung von Beschäftigung und Wirtschaft in ökonomisch strukturschwachen Stadtteilen geben. Stadtteilentwicklung heißt immer, sich auf das Lokale und Ortsspezifische einzulassen und mit dem Gegebenen zu arbeiten. Der konkrete planungspolitische Weg wird im Diskurs vor Ort entschieden, aber auch durch vorherrschende und sich aus der Geschichte des Raumes ergebende Politikstile, Nutzungsstrukturen und endogene Potentiale geprägt.

7.1 Bilanz: Kernpunkte der bisherigen Argumentation

Drei unterschiedliche Perspektiven für Analyse und Strategieentwicklung in ökonomisch strukturschwachen Stadtteilen wurden in den Kapiteln 4, 5 und 6 untersucht. Es wurde deutlich, dass jeder der in den letzten drei Kapiteln vorgestellten Zugänge zur Stadtteilökonomie seine spezifischen Schwächen und Stärken hat.

Die Stärke der traditionellen Ansätze (Kap. 4) liegt in ihrer methodischen Geschlossenheit. Allerdings geht diese Geschlossenheit mit modellhaften Annahmen einher, die die Aussagekraft der Ansätze für die Strategieentwicklung einschränken. Die traditionellen

Ansätze können nur unbefriedigende Antworten auf die Frage geben, wie in entwicklungsschwachen Regionen Entwicklung und Wachstum induziert werden können. Zudem argumentieren viele dieser Ansätze a-räumlich und a-historisch. Dennoch ist die kritische Beschäftigung mit Wachstumspolkonzept und Exportbasistheorie schon aus dem einen Grunde wichtig, weil deren analytische und konzeptionelle Aussagen nach wie vor Einfluss auf Planung und Politikgestaltung haben.

Die in Kapitel 5 diskutierten Ansätze zeichnet ein holistischeres Verständnis der Wechselbezüge zwischen Ökonomie und Raum aus. Die Arbeiten zu Clustern, Milieus und Netzwerken (Kap. 5) lenken unsere Aufmerksamkeit auf die in den traditionellen Theorien weitgehend unbeachtet gebliebenen Einbettungsbeziehungen wirtschaftlicher Akteure in eine Region und die Bedeutung kultureller, geschichtlicher und sozio-ökonomischer Faktoren für Wachstumsdynamik und Innovation von Unternehmen. Das Handeln der Akteure und die lokalen Strukturen werden aus dem räumlichen und geschichtlichen Kontext begriffen. Von den neuen Ansätzen um Cluster, Milieu und Netzwerke können Politik und Praxis in den Stadtteilen beispielsweise lernen, wie lokale Wirtschaftsentwicklung und struktureller Wandel durch die Stärkung der lokalen Innovationsfähigkeit gefördert werden kann. Ein lokales Innovationssystem aufzubauen wird nahe legen, strategisch in Netzwerke und die Veränderung der institutionellen Umgebung/Dichte zu investieren. Die Schwäche dieser Ansätze liegt darin, dass die Erkenntnisse auf einer noch schmalen empirischen Basis aufbauen und mehr Forschungen notwendig sind, um die Erklärungskraft dieser Ansätze zu erhöhen.

Entwicklungsansätzen, die explizit oder implizit eine bestimmte Wertposition einnehmen (Kap. 6), liegt ein integratives Verständnis von ökonomischer Entwicklung im gesellschaftlichen Kontext zugrunde. Die Wirtschaft wird als ein gesellschaftliches Teilsystem begriffen, das sich einer „einigenden Idee" von der gesellschaftlichen Entwicklung unterordnet, oder dessen spezifische Eigendynamik zumindest mit anderen gesellschaftlichen Teilsystemen abgestimmt werden muss. Oftmals ist ein advokatorisches (z.B. für von Armut bedrohte Menschen, für zukünftige Generationen) Anliegen damit verbunden. Die Stärkung und Förderung der lokalen und regionalen Kreisläufe und Bezüge wird gefordert, nicht nur (wie dies bei den Ansätzen in Kap. 5 überwiegend im Vordergrund steht) unter Bezug auf die Wettbewerbsfähigkeit des Raumes, sondern ausgerichtet auf die Bedürfnisse und Bedarfe eines Ortes und der dort Lebenden und Arbeitenden. Insofern stellen die wertebasierten Ansätze eine wichtige Ergänzung zu den cluster- und netzwerkorientierten Arbeiten dar, die erst ansatzweise Politikstrategien für benachteiligte Menschen und Räume (Kap. 5.3) diskutieren. Wertebasierte Ansätze laufen, was ihre Durchsetzung in Politik und Praxis erschwert, dem politischen mainstream entgegen; die Anbindungsstrukturen von Ansätzen eines anderen Wirtschaftens mit einer sich globalisierenden Marktstruktur sind oft noch wenig konzeptionell erforscht.

Mit keinem der drei Ansätze allein kann Stadtteilökonomie erklärt oder können Handlungsmöglichkeiten eruiert werden. Aus der eigenen Wahrnehmung der Politik vor Ort finden neuere wissenschaftliche Diskurse (Kap. 5) bislang wenig Eingang in die aktuelle Politikformulierung; wertebezogene Ansätze stehen den konventionellen Politikpo-

Tabelle 9: Überblick über die vorgestellten Ansätze

Kapitel 4	
Theorie der Wachstumspole Exportbasistheorie „Klassische" Standort- und Bodennutzungstheorien: Standortwahl, Produktionsfaktoren, Absatz und Nachfrage	- „Input" (Rohstoffe, Arbeit, Kapital) – „Output" (Waren, Dienstleistungen) - Ökonomie - Angebot-Nachfrage-Teilung - Weitgehend deduktive Ansätze - Unterscheidung in Mikro- und Makroökonomie - Einzelunternehmen als weitgehend atomisierte Akteure
Kapitel 5	
Cluster, Milieu und Netzwerke Die Rolle von Sozialkapital für die ökonomische Entwicklung Cluster und benachteiligte Räume	- Bedeutung von Netzwerken zwischen Unternehmen und Interdependenzen zwischen Unternehmen und Standort - Kulturelle, soziale und institutionelle Faktoren gewinnen an Bedeutung um wirtschaftliche Dynamik und Innovation zu erklären - Weitgehend induktive Ansätze - Evolutionäre Perspektive - Bedeutung der Mesoebene (gegenüber Mikro- und Makroökonomie)
Kapitel 6	
Haushalts- und Subsistenzökonomie Gemeinwesenorientierte, Lokale und Regionale Ökonomie Soziale Ökonomie, Drittes System und Dritter Sektor	- Ökonomie als Teilsystem der Gesellschaft - Betonung der Interdependenzen und Wechselwirkungen zwischen Ökonomie, Sozialem und Umwelt - Ökonomie als mehrschichtiges Konzept (Versorgungsökonomie, Informelle Ökonomie, Marktökonomie) - Bedeutung von Raum und Lebenswelt

sitionen in einem oft fruchtlosen „entweder-oder" gegenüber.[84] Wenn neoklassische Annahmen nicht (weiterhin) politikbestimmend sein sollen, dann müssen an dieser Stelle zusammenfassend die Erkenntnisse neuerer und wertebezogener Argumentationen für die Politik in strukturschwachen Stadtteilen fruchtbar gemacht werden.

Der analytische Ausgangspunkt für das Verständnis von Stadtteilökonomie kann nicht der Stadtteil als geographisch abgrenzbarer Ort sein. Analytischer Ausgangspunkt müssen vielmehr die Verflechtungsbeziehungen sein, die sich räumlich im Stadtteil manifestieren. Zudem müssen in die Analyse neben den lokalen auch die überlokalen, regionalen und – sofern relevant – globalen Beziehungen systematisch einbezogen werden. Ein solches Verständnis geht über die Ansätze hinaus, die den kleinräumigen Stadtteilkontext in den Mittelpunkt der Analyse stellen, hebt sich andererseits aber auch von traditionellen Ansätzen ab, die die geographische Dimension sowie kulturelle und soziale Faktoren bei der Erklärung von Innovation und Wirtschaftsdynamik außer Acht lassen. Eine stadtteilorientierte Wirtschafts- und Beschäftigungsentwicklung muss dieses Spannungsfeld zwischen global und lokal, kulturell und ökonomisch, Arbeit und Leben, Produktion und Reproduktion aufgreifen und für konkrete Projekte zu nutzen wissen.

Es wird in diesem Kapitel nicht der Versuch unternommen, die unterschiedlichen Theorien und Handlungsansätze auf spezifische Raumtypen und Akteurskonstellationen zu beziehen. Obwohl sich bestimmte Korrelationen anbieten mögen, wird in dieser Hinsicht dem Spezifischen vor dem ubiquitär Gültigen, der Binnensicht vor der Außensicht die Priorität eingeräumt. Jeder Stadtteil ist einzigartig und spezifisch und die Herausforderung liegt gerade darin, dass lokale Akteure die besonderen Potentiale, Grenzen und Handlungsmöglichkeiten definieren (Kap. 7.3.1). Dabei sind Idealtypisierungen manchmal hilfreich, manchmal aber auch hinderlich.

Auf der Grundlage der Argumentationen in den vorangegangenen Kapiteln wird im Folgenden bilanzierend auf eine Reihe von Fragen eingegangen, die bislang wenig systematisch beantwortet wurden. Es sind Fragen von teils theoretischer, teils (planungs-)politischer Art.

So stellt sich die Frage, inwieweit sich staatliche Intervention in Stadtteilen mit besonderem Erneuerungsbedarf heutzutage rechtfertigen lässt: Welche Hinweise finden sich dafür, dass die Förderung einer kleinräumigen Ökonomie (sei es auf Block-/Stadtteil-/oder auf Bezirksebene) nicht nur sozial gerecht, sondern auch aus ökonomischer Perspektive zwingend und erforderlich ist (Kap. 7.1.1)?

Nach dieser grundsätzlichen Frage zur Rationalität der Förderung kleinräumiger Wirtschafts- und Beschäftigungsförderung stehen Aspekte im Vordergrund, die stärker auf die Strategieentwicklung abzielen. Wenn Stadtteilökonomien in Wirtschafts- und Stadtentwicklungspolitik eine stärkere Rolle spielen sollen, wie müssen dann solche Politiken analytisch-konzeptionell beschaffen sein? Effektive Strategien, so die Argumentation, bauen darauf auf,

- die Entstehung, die Entwicklungsdynamik und die Entwicklungsmöglichkeiten nicht nur aus der materiell-räumlichen Gestalt eines Stadtteiles, sondern über seine soziokulturelle Konstruktion zu verstehen (Kap. 7.1.2);
- die Stadtteilökonomie als ein System zu verstehen, das durch das Handeln der Akteure und die bestehenden Strukturen geprägt wird, diese aber auch wiederum dialektisch beeinflusst (Kap. 7.1.3);
- ökonomische Prozesse als soziale Prozesse zu verstehen und dadurch ein realitätsbezogeneres Bild von Entwicklungsprozessen und -möglichkeiten zu gewinnen (Kap. 7.1.4).

Zuletzt wird auf die Frage eingegangen, ob in benachteiligten Gebieten ein lokales Innovationssystem entwickelt werden kann (Kap. 7.1.5) und wie Beschäftigung und Lebensqualität in einem Stadtteil verbessert werden können (Kap. 7.1.6).

7.1.1 Wie ist die Intervention in die Ökonomie in benachteiligten Stadtteilen begründbar?

Die Meinungen darüber, ob und wie von staatlicher Seite in die Ökonomie in erneuerungsbedürftigen Stadtteilen interveniert werden soll, sind geteilt (Kap. 3.3). Empirisch nachweisbar verstärken sich räumliche Disparitäten, ohne sich im Laufe der Zeit über die Ausgleichskraft des Marktes auszugleichen. Wenn soziale Gerechtigkeit und Chancengleichheit gesellschaftliche Leitbilder sind, werden Forderungen nach staatlicher Regulierung der kleinräumigen Polarisierungen laut werden, insbesondere wenn dem Raum eine Rolle in sozialen Integrations- und Ausgrenzungsprozessen zugesprochen wird (Kap. 3.1.4). Anhänger eines keynesianischen Wirtschaftsmodells werden sich für massive staatliche Mehrausgaben aussprechen, um über die verstärkte Nachfrage von Haushalten und Unternehmen die Wirtschaft wieder anzukurbeln. Solche nachfrageorientierten

Strategien sind eher großräumig wirksam – auf Stadtteilebene stehen aber beispielsweise die verstärkte Durchführung von arbeitsmarktpolitischen Maßnahmen mit Personen aus dem Ortsteil oder auch die Subventionierung von Dienstleistungen und Angeboten, für die es im Stadtteil (noch keine) zahlungskräftige Nachfrage gibt, in dieser Tradition. Die Anhänger eines neoliberalen Wirtschaftsmodells werden stärker produktive gegenüber konsumptiven Maßnahmen fordern und mit „trickling down"-Arbeitsmarkteffekten aus ökonomischem Wachstum argumentieren. Fördermaßnahmen für Unternehmen und Initiativen zur Förderung der Eigeninitiative von Menschen werden in gewissem Rahmen (Kap. 3.3.1) jedoch auch in der neoliberalen Argumentation begrüßt. Die Anhänger einer wertebezogenen Argumentation werden betonen, dass sich die Förderung der Ökonomie in einem Stadtteil mit besonderem Erneuerungsbedarf an gesellschaftlichen Zielen (z.B. Integration von im ökonomischen Entwicklungsprozess Ausgeschlossenen) messen lassen muss. Nur die Anhänger eines laissez-faire-Modelles der ökonomischen Entwicklung werden politische Interventionen in die ökonomische Dynamik von Stadtteilen als chronisch ineffektiv ganz ablehnen. Damit ist deutlich, dass es keine wertneutrale stadtteilökonomische Entwicklung gibt. Bei jeder Zieldiskussion, bei jeder Diskussion über einen förderlichen institutionellen Rahmen auf Stadtteilebene, und bei jeder Diskussion über die Evaluation der Ergebnisse, schwingen implizite Werte mit.

Aber welche konkreten Anhaltspunkte finden sich dafür, dass eine Intervention in die Ökonomie von erneuerungsbedürftigen Stadtteilen in der Tat eine effektive Politikintervention darstellen kann? Ist eine Umorientierung von Wirtschafts- und Beschäftigungsentwicklungspolitik auf städtische Viertel lohnend, sinnvoll oder sogar zwingend?

Ansatzpunkte für die Bejahung dieser Frage finden sich in einer Reihe von Argumentationen.

1. Im Rahmen der übergeordneten Diskussion vom Übergang zum postfordistischen Regime wird argumentiert, dass regionale und lokale Ökonomien nur noch im globalen Kontext verstanden werden können, doch zugleich „sind die Voraussetzungen des jeweiligen Produktions- und Reproduktionsprozessses weder vom (überlokalen) Kapital noch vom zentralen Staat organisierbar oder koordinierbar" (Mayer 1991: 42).

    Im Zeitalter der Globalisierung verlieren Lokalitäten nicht an Bedeutung. Im Gegenteil wird „lokalspezifisches und ‚besonderes' Wissen" auch in Form des Inputs lokaler stadtteilbezogener Akteure „für die reibungslose Durchsetzung der anstehenden ökonomischen und sozialen Umstrukturierungsprozesse benötigt und geschätzt" (Mayer 1990: 204f.). Damit sind nicht nur einseitige Funktionalisierungen angesprochen; es können sich durchaus auch neue Durchsetzungschancen für die Interessen lokaler Akteure ergeben. Ohne eine dezentralisiertere, kooperative und eine entwicklungsoffenere Politik werden regionale und lokale Entwicklungsprozesse immer weniger gestaltet werden können. Lokalspezifisches Wissen und Ressourcen – auch auf Stadtteilebene – müssten demnach in allen Politikfeldern aufgewertet und stärker geschätzt werden.

2. Innovation wird eine Schlüsselrolle für Wirtschafts- und Beschäftigungsdynamik zugewiesen. Es stellt sich die Frage, ob Politik es sich leisten kann, sich in der Innovationsförderung auf Leuchttürme in großmaschigen regionalen Netzen zu konzentrieren

oder ob nicht sehr viel stärker auf die einzelnen Maschen geachtet und Innovation gerade in den benachteiligten Räumen gefördert werden muss.

Innovation wird zunehmend als sozialer Prozess mit räumlicher Komponente verstanden (z.B. Audretsch 2003). Untersuchungen zur Generierung von Wissen als innovations- und standortfördernder Ressource weisen darauf hin, dass sich Wissensmilieus räumlich differenziert, pfadabhängig und in Abhängigkeit von sozio-ökonomischen Rahmenbedingungen herausbilden (Landtag NRW 2004: 186ff). Unternehmerisches Innovationsverhalten oder Neugründungen sind in benachteiligten Gebieten unterdurchschnittlich und bestehende Förderpolitiken werden nur unterdurchschnittlich abgerufen (Armstrong/Taylor 1985: 214).

Die bisherige Argumentation lautet oft, dass auf Stadtteilebene insbesondere solche Aspekte im Vordergrund des Politikansatzes stehen sollten, die auch überwiegend nur auf lokaler Ebene, mit ortsteilspezifischem Wissen und mit den Ressourcen lokaler Akteure gelöst werden können. Andere Faktoren wiederum – so lautet die Argumentation – sind überwiegend regional geprägt. Dazu zählen etwa der Arbeitsmarkt, Produktions- und Dienstleistungsstrukturen, Forschungs- und Entwicklungspotentiale, wie auch Innovationsmilieus und politisch-institutionelle Arrangements. Gleichwohl sind diese Faktoren nur auf der regionalen Ebene auch nicht beeinflussbar. Im Gegenteil wird das lokale Wissen und das Wissen außerhalb des politisch-administrativen Systems unverzichtbar, um diese Faktoren gestalten zu können. Bei der Entwicklung und Gestaltung dieser Faktoren ist von einer Dialektik und Interpendenz zwischen unterschiedlichen räumlichen Ebenen auszugehen. Wenn stetige Innovationen für wirtschaftliche Entwicklung und Dynamik bestimmend sind, wenn einem bestimmten Milieu dabei Bedeutung zugesprochen wird, wenn das Wissen und die Fähigkeiten zivilgesellschaftlicher und ökonomischer Akteure zur Entwicklung dieses Milieus über das endogene Potential eines Raumes und seine Entwicklungspotentiale entscheiden, dann kann es sich Politik nicht leisten, Räume zwischen den Knotenpunkten nicht zur regionalen Innovationsförderung zu nutzen.

3. Wirtschafts- und Beschäftigungsdynamik verlaufen regional/lokal höchst unterschiedlich, weshalb sich in einer Forschungslinie, die sich seit den 1980er Jahren herausbildete (Kap. 3.3.3), die Aufmerksamkeit zunehmend auf die einen Raum prägenden und ihm innewohnenden Institutionen (Politikstile, Nutzungsmuster, etc.) richtete, die räumliche Entwicklungschancen vorstrukturieren. Räumliche Strukturen – und das sind in unserer Zeit immer stärker polarisierte (und polarisierende) Strukturen – reflektieren soziale Prozesse, wie sie auch auf soziale Prozesse zurückwirken. Wenn Unternehmensentwicklungen als Resultat sozialen Handelns verstanden wird und Existenzgründungen, Innovationshemmnisse, Betriebserweiterungen oder unterlassene Investitionen als soziale Vorgänge (soziale Praxis) verstanden werden, dann muss der räumliche Kontext für Analyse und Entwicklungsstrategien der Wirtschafts- und Beschäftigungsentwicklung an Bedeutung gewinnen. Somit muss sich auch Planungs-, Beschäftigungs- und Wirtschafts(förder)politik stärker räumlich orientieren, kleinräumiger und räumlich differenzierter agieren.

Die kleinräumigen Differenzierungen in Beschäftigungsstruktur, Qualifikationsprofil oder auch Innovationsverhalten wahrzunehmen und zu verstehen muss damit aktuelles Politikziel sein. Daraus ist nicht der einfache Umkehrschluss zu ziehen, dass nun in allen Quartieren Potentiale zu wecken wären. Planungspolitik steht vor der Aufgabe sich in der Steuerung und Gestaltung von wirtschafts- und beschäftigungspolitischer Entwicklung stärker zu fokussieren. Sie kann dabei aber über die kleinräumigen Differenzierungen auch nicht hinwegsehen und in gewohnter Form angebotsorientiert und räumlich indifferenziert arbeiten.

4. Wenn schließlich Massenproduktion und homogene Lebensweisen an Bedeutung verlieren (Kap. 3.1.2) stellt sich die Frage, ob sich aus der sozialen und kulturellen Ausdifferenzierung für erneuerungsbedürftige Stadtteile neue Chancen ergeben. Für einige Stadtteile scheint dies durchaus so zu sein, z.B. für solche, in denen sich die ökonomischen Akteure auf spezifische Nachfragebedarfe einstellen können und ihr ökonomisches Profil auf die gegebene Bevölkerungszusammensetzung konsequent ausrichten (auch in der Variante, die als ethnische Ökonomie bezeichnet wurde und ein Aspekt kultureller Ausdifferenzierung ist). Oder, um mit Porter (Kap. 5.3.2) zu argumentieren, Stadtteile, in denen innovative Vorreiter spezifische Lücken der Produkt- und Dienstleistungsnachfrage zu besetzen und sich daraus einen Wettbewerbsvorteil zu erarbeiten wissen. Wenn die Standardisierung Kennzeichen und Produkt fordistischer Planungspolitik war, dann muss sie einer Politik weichen, die – wenngleich fordistische Prinzipien und Raumstrukturen weiter bestehen – Vielfältigkeit und Differenzierung fördert. Interessanterweise sind innovative Orte oftmals ja gerade die nicht beliebigen Orte, sondern die sperrigen Orte, die nicht nivellierten Räume.

All dies sind keine zwingenden Argumente, sie sollten aber hinreichend sein, um sich mit den Potentialen kleinräumiger Wirtschafts- und Beschäftigungsentwicklung auseinanderzusetzen und sie als Forschungs- und Politikthema auf die Agenda zu setzen. Auf der „Gegenseite" einer solchen Position steht nicht nur die bereits erwähnte neoklassische/neoliberale Haltung. Man könnte die sozialräumliche Differenzierung auch einfach als unumgänglich annehmen oder als post-fordistisches Merkmal feiern. Eine Raumordnungspolitik, die auf den Ausgleich von Disparitäten angelegt ist, gilt als Charakteristika der fordistischen Entwicklungsphase (Bathelt/Glückler 2002: 254ff). Ist es anachronistisch, heute noch eine solche Ausgleichsorientierung anzustreben? Geht mit lokal/regional spezifischeren Raumstrukturen und sozial-institutionellen Arrangements die Abkehr von der politischen Prämisse der Gleichheit von Lebens- und Arbeitsbedingungen einher?

Die zunehmende sozio-räumliche Differenzierung könnte als unabwendbar hingenommen werden, weil die Ausdifferenzierung sozialräumlicher Strukturen in Zeiten der Pluralisierung von Lebensstilen, verschärfter internationaler Standortkonkurrenzen und hoher Mobilität von Arbeit und Kapital unumgänglich scheint. Sie könnte begrüßt oder gefeiert werden, weil Stadtteile, die sich im Schatten der Inwertsetzung durch eine sich globalisierende Ökonomie befinden, eine „eigenständigere" Entwicklung nehmen können. Die Stadtteile könnten als Vorreiter einer gesellschaftlichen Entwicklung gesehen werden, weil sich hier ein Lebensstandard und eine Realität abbildet, die angesichts der weltweiten sozialen und ökologischen Katastrophen die europäische Zukunft darstellt. Beide Sichtweisen haben ihren Charme, sind aber nicht wirklich zukunftsweisend. Im ersteren Fall passen sich die politischen Ambitionen dem Status Quo an und sprechen für einen fehlenden politischen Gestaltungswillen. Die zweite Argumentation, nämlich die Abkoppelung von einer globalisierten und modernisierten Umgebung als Befreiung zu sehen, ist richtig, solange diese Entwicklung von den dort lebenden Menschen selbst gewählt ist und begrüßt wird. Ist sie es nicht, wäre es wohl zynisch, nun gerade von Menschen, die in einem strukturell benachteiligenden Umfeld leben, die höchsten moralischen Anpassungsleistungen zu fordern.

Ausgleichsorientierung kann nicht bedeuten, dass Prozesse wie die Banalisierung des nicht-filialisierten Versorgungsangebotes oder der Schwund an industriellen Arbeitsplätzen in den Quartieren aufzuhalten oder umzukehren sind. Es heißt aber, sozialräumliche Friktionen gesellschaftlich so zu bewältigen, dass in systematisch wirkende Verarmungsprozesse (bezüglich Information, Zugangsmöglichkeiten, Infrastruktur, Akteursnetze, soziale Netze) eingegriffen und mit kooperativen Strategien diese „lock-in"-Strukturen aufzubrechen versucht werden.

7.1.2 Der Stadtteil: Raum und Ort, Strukturen und Routinen

Entwicklungsdynamik und die in einem Raum die Dynamik prägende Strukturen sind nicht zu verstehen, wenn nicht auch die örtlichen sozialen Routinen, Traditionen und Kulturen analysiert werden. Aus dieser Perspektive ist nicht die materiell-räumliche Ausprägung eines Stadtteiles das Interessante, sondern die spezifischen Deutungsmuster der im Stadtteil Wohnenden und Arbeitenden, die Wahrnehmung des Stadtteils von außen, die spezifischen Nutzungs- und Reproduktionsformen von lokalen Ressourcen, die Interaktionen und die kulturellen Normen der dort Wohnenden und Arbeitenden und die Routinen des Alltags. Giddens (1988) macht auf die Notwendigkeit aufmerksam, Routinen als konstitutiven Bereich sozialer Praxis zu begreifen. Das alltägliche Handeln und Denken, die alltäglichen Routinen – ohne dass diese im Diskurs explizit ausgedrückt werden könnten – konstituieren soziales Handeln und soziale Strukturen.[85]

A-historisch und a-räumlich argumentierende Erklärungsansätze helfen bei der Analyse und Interpretation der Entwicklungsmöglichkeiten in erneuerungsbedürftigen Stadtteilen nicht weiter, denn alles gesellschaftliche Leben „vollzieht sich in, und ist konstituiert durch, Überschneidungen von Gegenwärtigem und Abwesendem im Medium von Raum und Zeit" (Giddens 1988: 185). Die Zukunft des Raumes ist ihm damit schon zum Teil eingeschrieben, ist Zwang und Ausgangspunkt für die zukünftige Entwicklung (Lipietz 1991: 132). In diesem Sinne ist der Stadtteil „kein materieller Untersuchungsgegenstand, sondern als sozial-kulturelle Konstruktion im Sinne einer historisch spezifischen Kombination kultureller, sozialer, ökonomischer und anderer Faktoren zu sehen" (Danielzyk 1998: 242 in Anlehnung an Werlen 1992: 24f.). Somit macht es durchaus Sinn, den geographischen Raum analytisch vom sozialen Raum zu trennen. Nicht nur, weil sich in der Moderne – wie dies die allgemeine Diskussion nahe legt – das eine vom anderen entkoppelt und konkrete Orte als sozial strukturierende Bezugspunkte teils an Relevanz verlieren (siehe Rehfeld 2003: 51).[86] Sondern auch, weil die dialektische Beeinflussung deutlicher wird, wenn sozialer und geographischer Raum analytisch getrennt werden.

Ansätze zur ökonomischen Entwicklung müssen sich der unterschiedlichen Komponenten, aus denen sich der Stadtteil verstehen und deuten lässt, bewusst sein: der sichtbaren räumlichen Ausprägungen, der spezifisch lokalen Nutzungs- und Reproduktionsformen, der institutionalisierten Normen und der bestehenden Wahrnehmungsmuster.[87]

Politik in erneuerungsbedürftigen Stadtteilen muss sich mit den symbolischen Konstrukten auseinandersetzen, die sich über den Raum herausgebildet haben und Außenperspektive wie auch Binnenperspektive und Identifikationsmöglichkeiten bestimmen. Das Stadtquartier als Krisengebiet, als „No go"-Bereich, als unattraktiver und reizloser Ort der Armut oder als Viertel, in dem undurchsichtige und halbkriminelle Geschäfte den Alltag bestimmen, sind nur einige der sozialen Konstrukte, mit denen Wirklichkeit nicht nur beschrieben oder gedeutet wird, sondern auch eine neue Wirklichkeit geschaffen wird. Wenn Symbolik, Image und Bilder für politische und wirtschaftliche Präsenz zunehmend wichtig werden, darf die Wirkungsweise dieser sozialen Konstrukte nicht unterschätzt werden.

Gleichzeitig bestimmen die Bilder über den Stadtteil auch die politisch-planerischen Reaktionsmuster: Das Stadtquartier als von der Stadtgesellschaft abgeschnittene Insel, aufgegebenes Quartier, Krisengebiet. Mit den Bildern werden unterschiedliche präferierte Lösungsansätze verbunden: nach staatlichen Maßnahmen zum sozialen Ausgleich, nach staatlicher Lenkung von Segregationserscheinungen, nach der Beseitigung von Hemmfaktoren für strukturelle Anpassungsprozesse, nach der Förderung von Innovations- und Wettbewerbsfähigkeit von Unternehmensverbünden. Wenn Porter (1996) die private Initiative in den Vordergrund stellt, geht er implizit von der letztgenannten These aus. Wenn der Staat „es richten" soll, stehen ein keynesianisches Gesellschaftsbild oder wohlfahrtsstaatliche Vorstellungen im Hintergrund.

Oftmals bestehen die größten Probleme eines Stadtteiles gerade darin, dass sein negatives Image Entwicklungschancen hemmt und eine stärkere Identität der Bewohner und Bewohnerinnen – und damit auch Aktivierungspotentiale im Stadtteil – verhindert. Auf der Suche nach Leitbildern für die Entwicklung des Stadtteils ist es sinnvoll, sich Zeit zu nehmen, um die vorhandenen Deutungen und Bedeutungen des Stadtteiles zu suchen (Friedmann 1999), statt Bedeutungen (über Externe) herzustellen.

Die bestehenden Bilder und Wahrnehmungsmuster sollten nicht den Blick auf – vielleicht für externe Fachleute zunächst ungewöhnliche – Ressourcen versperren. Die Menschen und Unternehmen in den Stadtquartieren verfügen über eigene Ressourcen, die jedoch oftmals nicht den gängigen Vorstellungen entsprechen (kein formaler Bildungsabschluss, Nischenbetriebe). Entweder widersprechen sie unseren institutionalierten Gerechtigkeits- und Moralvorstellungen (Selbstausbeutung im Familienbetrieb, Schwarzarbeit) oder sie werden schlichtweg nicht wahrgenommen, weil die Stimmen der lokalen (Alltags-)Experten nicht ausreichend gehört werden. Dies verdeutlicht, wie wichtig die Analyse der täglichen Routinen in erneuerungsbedürftigen Stadtteilen ist. Expertenwissen ist nicht höher zu bewerten als das lokale Alltagswissen (Kap. 7.2.4).

7.1.3 Gibt es aus wirtschaftlicher Perspektive ein „System Stadtteil"?

Wirtschaftliche Aktivitäten prägen einen Raum, aber genauso wirken Nutzungsmuster, soziokulturelle und institutionelle Arrangements auf die wirtschaftlichen Aktivitäten und das Leben und Arbeiten der Menschen zurück. Läpple (1999: 33) benennt zwei Eigenschaften der Ökonomie der Stadt: Zum einen ihre spezifische Produktivität, womit er die Gewinne von Unternehmen aus ihrer Einbettung in den besonderen institutionellen und kulturellen Kontext an einem Ort bezeichnet. Zum anderen die Reflexivität der städtischen Ökonomie, d.h. das Zurückwirken dieses spezifischen Kontextes auf das Handeln der Akteure und das institutionelle Gepräge.

Nicht nur auf der regionalen und der städtischen Ebene, sondern auch auf Stadtteilebene bildet sich ein spezifisches institutionelles und soziales Umfeld heraus, das die ökonomische Entwicklung am Ort beeinflusst. Somit lässt sich in wirtschaftlicher Perspektive durchaus von einem „Stadtteilsystem" sprechen – wenn dies auch von unterschiedlicher Bedeutung für Unternehmen und Menschen im Stadtteil ist. Sozio-ökonomische Differenzierungen in räumlicher Perspektive – das heißt die Herausbildung von Stadtteilen mit besonderem Entwicklungsbedarf – sind anders nicht zu erklären. Räumliche Disparitäten erklären sich aus den ihnen zugrunde liegenden sozialen und ökonomischen Interaktionen. Ein Stadtteil als institutionelles System betrachtet bildet ein spezifisches Arrangement von Nutzungsstrukturen, Unternehmenskulturen, Denk- und Handlungsmuster, Routinen und Verhaltensweisen, mit dem spezifische Kosten und Erträge einzelunternehmerischen Handelns verbunden sind. Im Laufe der Entwicklungsdynamik entstanden Routinen, Denk- und Handlungsmuster, die Strukturen konstituieren und reproduzieren, die wiederum auf den Stadtteil zurückwirken. Dieses Stadtteilsystem mit seinen Strukturen (im Sinne von Normen, Deutungsmustern, Ressourcen) und deren Reproduktion über das Handeln ist nur aus evolutionärer Sicht zu verstehen.

Effektive Strategien zur Förderung der Beschäftigungs- und Wirtschaftsentwicklung müssen diese Einflussfaktoren außerhalb des Einflussbereiches individueller Unternehmen analysieren und die ökonomische Entwicklung des Stadtteils als pfadabhängig begreifen. Die Dynamik und das Wachstum von Betrieben in einer Reihe von Wirtschaftszweigen sind zu einem bedeutenden Teil abhängig von ihrem institutionellen und sozialen Umfeld. Das (regionale) Umfeld beeinflusst das Innovationsverhalten von Kleinbetrieben, wie umgekehrt betriebliche (Innovations-)Verhaltensweisen einen Standort langfristig prägen. Das Verhältnis zwischen Unternehmen und gesellschaftlichem Umfeld produziert Wissen, Dynamik und Innovation oder hat innovationshemmende Wirkungen zur Folge. Hier ist nicht die Rede von einem autarken System Stadtteil, sondern davon, dass (von globalen Einflüssen durchdrungene) lokale Routinen und Strukturen die Unternehmenstätigkeit und wirtschaftliche Aktivität an einem Ort beeinflussen, wobei diese lokalen Routinen von unterschiedlicher Relevanz und Qualität für einzelne Unternehmen und Akteure sind.

Der Stadtteil ist zentraler Ort vieler ökonomischer Verflechtungsbeziehungen, die das Leben und Arbeiten vor Ort bestimmen. Hier können sich negativ verstärkende wirtschaftliche und soziale Prozesse in ihrem Kontext erkannt und wirksame Strategien, z.B. zum Abbau von Innovationshemmnissen, entwickelt werden. Hier treffen sich die Versorgungs-aktivitäten der Haushalte mit den Absatzmärkten von stadtteilorientierten Betrieben; die Lebenswelt mit spezifischen sozialen und kulturellen Normen und Institutionen mit den aus der Geschichte des Ortes entwickelten ökonomischen Märkten.

Diese sozio-ökonomischen Logiken und Wechselwirkungen zu verstehen bildet den Ausgangspunkt für Stadtteilstrategien. Mehrschichtige Projekte der Sozialen Ökonomie oder des Dritten Sektors werden davon profitieren, dass Erfahrungswissen und lokales Alltags- und Milieuwissen mit Expertenwissen gepoolt werden, um Ideen und Projekte für neue Dienstleistungen und Produkte zu entwickeln. Lernprozesse werden sich nur auf der Basis von Wissen über Alltagspraktiken und -routinen der Beteiligten organisieren lassen. Damit wird der Ausarbeitung eines überlegenen Entwicklungsmodells (als gesellschaft-licher Entwurf oder im Sinne eines festgelegten Programms) ein Gegenmodell gegen-übergestellt, das aus dem Verständnis von Akteuren, Strukturen und Routinen über neue Koppelungen Vernetzungen und Verknüpfungen zu steuern und zu fördern versucht. Angesichts der begrenzten globalen Steuerbarkeit von Entwicklungen werden Zielvorstel-lungen sich nur dann realisieren können, wenn sie an das anknüpfen, was in der Tat im Stadtteil an Strukturen, Akteuren und alltäglichen Routinen vorhanden ist und was durch die politischen Machtverhältnisse an strukturellem Wandel zu erreichen ist (Kap. 7.2.3).

7.1.4 Ökonomie, Kultur und Soziales zu trennen ist nur in der Theorie möglich

Theoretische Modelle haben zum Ziel, ein Abbild der Realität herzustellen. Dahinter steht die Absicht, durch die Reduktion und Deduktion der Komplexität auf einige wenige Grö-ßen ein handhabbares Modell zu gewinnen, aus dem sich wissenschaftliche Erkenntnisse z.B. über Wechselwirkungen oder Beeinflussungsmöglichkeiten gewinnen lassen. Manch-mal gewinnen diese Modelle ein Eigenleben jenseits der Realität; sie werden mehr und mehr perfektioniert und gewinnen an theoretischer Geschlossenheit, doch geschieht dies zu Lasten ihrer Realitätsnähe. Das neoklassische Paradigma, auf das in den Kapiteln 4 bis 6 immer wieder eingegangen wurde, ist ein solches Modell, das sich von der Realität ver-selbständigt hat und diese nur bedingt abbildet (vgl. auch Phillips 1986).

In der Realität gibt es jedoch keine reinen Markttransaktionen. Markttransaktionen haben immer eine nicht monetär erfassbare Komponente, die manchmal nur gering, aber manchmal auch überwiegend die Geschäftsbeziehungen oder den Einkaufsakt be-einflusst. Damit kann die langjährige vertrauensvolle Geschäftsbeziehung gemeint sein, auf der Verträge und Kooperationen aufbauen; oder auch das Gefühl des Kunden, eine ehrliche Beratung in einem Geschäft zu erhalten oder moralisch korrekt einzukaufen (Kooperative, Naturkostladen). Aber auch die „Erlebniswelt" in einem Einkaufszentrum kann zur wesentlichen Komponente des Einkaufsaktes werden. All dies sind Faktoren, die von Unternehmen bewusst als Vorteile internalisiert und in ihre Unternehmensstrategie eingebunden werden und die Dynamik und Wachstum von Betrieben beeinflussen, die in neoklassischen Annahmen jedoch ausgeblendet werden.

Die Profitorientierung als alleiniges Unternehmensziel wäre eine schlechte Geschäfts-grundlage. Ausgaben für Innovationen oder die Investition in langfristige Geschäftsbeziehungen oder Ausgaben für Innovationen etwa ließen sich damit nicht erklären. Persönliche Handlungsmotive wie Selbstverwirklichung, Machtdenken oder ethische Einstellungen sind komplementäre, dem Marktverhalten zugrunde liegende Motive. Es wird somit immer Unternehmen in einem Stadtteil geben, die gewillt sind, einen Teil ihrer Zeit für Aktivitäten aufzuwenden, die auf den ersten Blick nicht direkt betriebsrelevant scheinen; z.B. die Teilnahme an regelmäßigen Treffen der lokalen Unternehmer, das Sponsoring von Schulen im Stadtteil oder die Mitarbeit an stadtteilbezogenen Marketingaktionen. Unternehmen mit höherer Stadtteilorientierung stehen einem solchen Engagement vielleicht positiver gegenüber als Unternehmen mit geringerer Stadtteilorientierung, doch letztendlich hängt dies vor allem von der Unternehmerpersönlichkeit ab. Soziale Verantwortung, Kooperation und Fairness lassen sich wohl fast überall fördern und intermediäre Stadtteilorganisationen sollten versuchen, den „trade-off" zwischen sozialer Verantwortung und Rentabilität zugunsten der Ziele der Stadtteilentwicklung zu beeinflussen (Rosenfeld 2003: 362).

Die ökonomischen Modelle, die uns den Unternehmer als rational handelndes Wesen mit atomisierten Beziehungen zur Umwelt vermitteln, sind unrealistisch (was mittlerweile auch unter Ökonomen immer weniger umstritten ist, gleichwohl fast alle ökonomischen Modelle noch immer an der Annahme strikter Rationalität festhalten).[88] Und die ökonomischen Modelle sind darüber hinaus gefährlich, wenn diese Modellvorstellungen unser Bild von der Realität überformen, handlungsleitend für Politik und Lösungsvorschläge sind, und in der Konsequenz bedeutsame Teile der Realität systematisch ausgeblendet und ignoriert werden.

Eine integrativere Sicht von Ökonomie ist notwendig: Nicht nur Markt und Staat, auch Haushalte und zivilgesellschaftliche Gruppen produzieren und tragen zur ökonomischen Entwicklung bei. Jegliches ökonomische Handeln ist in soziale Prozesse und die natürliche Umwelt eingebettet; jegliche monetär bezifferbare Transaktion der Marktwirtschaft steht mit den monetär nur schwer erfassbaren Werten – von sozialen Werten bis hin zu den durch Haus- und Eigenarbeit geschaffenen Werten – in dialektischer Beziehung. Ökonomische Entwicklung kann also nur aus ihrem sozialen und institutionellen Kontext heraus begriffen werden. Die Entscheidung für eine Existenzgründung, der Standortentscheidungsprozess und die unternehmerische Tätigkeit bauen auf vielfältigen sozialen (Re-)produktionsleistungen auf. Ohne die Unterstützung von Familienangehörigen sind eine Geschäftsgründung und der Geschäftsbetrieb von kleinen Unternehmen undenkbar. Dies zeigt sich deutlich an den mittelständischen Handwerksbetrieben, in die die (zumeist weiblichen) Ehepartner wesentlich mit eingebunden sind. Aber auch Standortentscheidungen sind nur im sozio-institutionellen Kontext zu verstehen. Multinationale Konzerne bevorzugen für ihre oft hochqualifizierten Arbeitskräfte unterschiedlicher Hautfarbe liberale, fremdenfreundliche Städte mit hohem Freizeitwert.[89] In strukturschwachen Stadtteilen wird das Ineinandergreifen sozialer und ökonomischer Prozesse besonders deutlich. Ein Handwerksbetrieb etwa, der Eigentum gründet, entscheidet nicht allein nach den harten Fakten der (traditionellen) Standorttheorien, wie der Autobahnanbindung, dem Preis der Fläche, dem Absatzmarkt. Der oder die Betriebsinhaber/in überlegt, wie das Image des Stadtteils und das Wohnumfeld auf Klienten wirkt, ob sich die Familie – die

Wohnung ist ja oftmals gleich neben der Betriebsstätte – am Standort wohl fühlt, welche Schulen es vor Ort gibt, und so weiter. All dies geht in die Entscheidung für oder gegen den Stadtteil mit ein.

Die Trennung zwischen sozialen und ökonomischen Politiken, Problemen und Dynamiken ist eine künstliche, wie auch Porter (1998: 11) argumentiert, „because the two are inextricably tied in defining the environment for productive competition." Auch eher einer traditionellen Ausrichtung von Wirtschaftswissenschaften angehörende Wissenschaftler wie Michael Porter oder Harvard-Ökonom Robert Barro fokussieren ihre Studien immer häufiger auf die kulturellen, sozialen und institutionellen Faktoren der Wirtschaftsentwicklung (vgl. Barro/McCleary 2003; Porter 1990). Die Beweisketten von Ursache und Wirkung interferieren dabei, weil soziales Kapital, institutionelle Kapazität, Arbeitsethik, Vertrauen, Religiosität usw. ökonomische Wirtschaftsentwicklung beeinflussen, während gleichzeitig ökonomische Entwicklung soziales Kapital, institutionelle Kapazität, usw. beeinflusst. Für die These, dass soziale Stabilität und soziales Vertrauen, Toleranz und ein funktionierendes Gemeinwesen Grundvoraussetzungen für ökonomische Entwicklung sind (Kap. 6.5), sprechen eine Reihe von Studien, wie sie insbesondere in Kapitel 5 erörtert wurden, wenngleich eindeutigere und quantifizierbare Beweisketten noch weiterer Studien bedürfen.

Hier findet sich eine Schnittstelle zwischen den Argumentationen aus Kapitel 5 und 6, indem die Interdependenzen zwischen sozialer, ökonomischer und ökologischer Entwicklung anerkannt und die Dualisierung von Markt und Gesellschaft sowohl bei den neueren raumwirtschaftlichen Ansätzen als auch bei den wertebezogenen Argumentationen überwunden wird. Ein integratives, systemisches Verständnis von ökonomischer Entwicklung im gesellschaftlichen Kontext ist notwendig. Inwieweit damit die politischen Forderungen alternativer Entwicklungsansätze, z.B. nach der Aufwertung von Alltagswissen und endogener Potentiale, wirklich politisch neuer Wert beigemessen wird, muss an dieser Stelle offen bleiben.

Die Herausforderung zur Förderung der Ökonomie in Stadtteilen mit besonderem Entwicklungsbedarf liegt darin, einen institutionellen Rahmen zu entwickeln, der die Dialektik zwischen ökonomischen und sozialen Prozessen reflektiert und ein breiteres Konzept von Entwicklung – und nicht nur wirtschaftliche Effizienz – abbildet (Abbildung 14). Wenn kulturelle, soziale und institutionelle Milieus als Einflussfaktor ökonomischer Entwicklung anerkannt werden, dann muss auch Wirtschaftsförderung zunehmend integrativ verstanden werden. Neue Facetten müssen Eingang in die Planungspolitik finden: Die Macht von Raumbildern, die Bedeutung von Image, die Bedeutung von Netzwerken und Kommunikations-/Informationskanälen, der Stellenwert sozialer Kohäsion für eine prosperierende wirtschaftliche Entwicklung, die Dialektik zwischen ökonomischer Entwicklung und sozio-institutionellem Kontext.

Ökonomische Stadtteilentwicklung tangiert somit die folgenden Dimensionen:

- Charakteristika von Beschäftigung und Aktivitäten der Bevölkerung, wozu Beschäftigungsstrukturen und -quoten oder auch Ausprägungen marktförmiger und nicht-marktförmiger Tätigkeiten zählen;

- Charakteristika der Unternehmensbasis, wie etwa Unternehmensstrukturen und -strategien. Dazu gehören auch Unternehmenskulturen, Innovationsfähigkeit, Wettbewerbsfähigkeit und lokale Verankerungen;
- das institutionelle soziokulturelle Umfeld, wozu eine „entwicklungsfreundliche" Umgebung zählt, aber auch der Zugang zu weiträumigen Ressourcen, Netzwerken und Kooperationen sowie kulturelle Regeln;
- Lebensqualität im Stadtteil, die sich u.a. in Image und Identifikation mit dem Stadtteil, Privatinvestitionen und Erscheinungsbild des Wohnumfeldes, wie auch Versorgungssituation und der Qualität soziokultureller Infrastruktur zeigt;
- Soziale Kohärenz, wozu Charakteristika des lokalen Gemeinwesens zählen, wie etwa die Arbeit von Gruppen und Vereinen, die sich für lokale Problematiken engagieren, aber auch die relative Stellung des Stadtteils im regionalen/kommunalen Vergleich.

Ansätze der lokalen Beschäftigungs- und Wirtschaftsförderung werden sich nur dann als adäquat und erfolgreich erweisen können, wenn sie in ein breiteres Politikprogramm eingebunden sind, das das soziokulturelle und institutionelle Umfeld versteht und gleichzeitig bearbeitet. Um wirkliche Verbesserungen in der Wirtschafts-

Abb. 14: Ökonomische Stadtteilentwicklung im Spannungsfeld

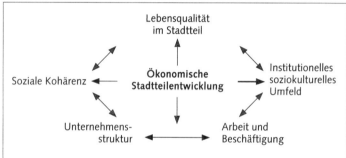

Eigene Darstellung

und Beschäftigtenstruktur in einem Stadtteil zu erreichen, muss ein Handlungskonzept mehrere Dimensionen verbinden: Projekte zur ökonomischen Erneuerung und zur sozialen Entwicklung, binnenorientierte und außenorientierte Ansätze, kurzfristig wirksame und langfristig strategische Projekte, selektive Aufwertungsprojekte und Konzepte zur Stabilisierung des Gemeinwesens, niedrigschwellige Angebote und stärker selektive (sich an bestimmte Eliten im Stadtteil wendende) Angebote (Kap. 2.3). Im Rahmen eines solchen mehrdimensionalen Ansatzes müssen dann wiederum ausdifferenzierte Strategien sich auf unterschiedliche Bedarfe ausrichten, z.B. Überlebensstrategien (survival strategy) für ein bestimmtes Segment von Betrieben und von Arbeitslosigkeit betroffenen Menschen, Bestandssicherungsstrategien (sustainability strategy) und Strategien, die sich auf die Förderung von unternehmerischer Innovation (entrepreneurial opportunity) richten, wie bei Altenburg/Meyer-Stamer (1999) erläutert.

7.1.5 Wie kann Innovation im Stadtteil gefördert werden?

Lester et al. (2003) machen auf eine für unseren Kontext wichtige Unterscheidung aufmerksam: Dass Innovationsprozesse nicht nur daraus entstehen, dass Problemlösungen angeboten werden („Problem solving"); sondern auch daraus, dass eine Umgebung geschaffen wird, in der Unternehmen und Existenzgründer Anregungen und Inspiration erhalten, Ideen testen, Erfahrungen austauschen können („Public Space"). Eine solche

Umgebung zu schaffen ist ein kontinuierlicher Prozess, in dem stetige Kommunikation von Bedeutung ist. Darin liegt eine bedeutende Rolle für stadtteilbezogene Wirtschafts und Beschäftigungsförderung: Neben Problemlösungen stimulierende Austauschforen und reichhaltige soziale Interaktionsmöglichkeiten zu fördern. Die Diskussionen um Cluster, Milieus und Netzwerke (Kap. 5.1) weisen uns auf die gestiegene Bedeutung unternehmensexterner Kooperation hin. Eine Vielzahl von losen Verbindungen und nach außen hin offene Netzwerke gelten als notwendig und wichtig, um Beteiligten neue Ideen und neues Wissen zu erschließen.

Ist die Stadtteilebene ein räumlich adäquater Bezugsrahmen für Lern- und Innovationsprozesse? Sie ist es, weil kulturelle und traditionelle Lern- und Innovationsblockaden in der Analyse der alltäglichen Routinen offensichtlich werden und in Kooperation mit den ansässigen Unternehmen auch wirksame Strategien der Innovationsförderung organisiert werden können. Räumliche Nähe ist keine notwendige Bedingung für Interaktion, fördert sie aber. Gleichwohl werden impulsgebende Institutionen, Kooperationspartner, Netzwerke und Cluster eher außerhalb des Stadtteiles zu finden sein; es muss also darum gehen mit dem Wissen um die lokalen Strukturen neue Zugänge und Verbindungen zu „innovativen" Institutionen und Akteuren zu fördern.

Wenn sich, wie in Stadtteilen mit besonderem Entwicklungsbedarf, Unternehmen an einem Ort konzentrieren, die ihren Unternehmenserfolg auf „verletzliche Strategien" gründen, also beispielsweise auf Kostenvorteile, die in Konkurrenzsituation leicht verloren gehen können, hat dies Auswirkungen auf den gesamten Standort. Unternehmen können sich nur noch über einen ruinösen Preiswettbewerb am Markt halten, die Unternehmensfluktuation nimmt zu, der Standort selbst wird mit Ramsch, aber nicht mit Qualität identifiziert, qualitätsbewusste Käufer verlagern ihre Einkäufe. Wenn sich neue Technologien entwickeln und Käuferbedarfe ändern; neue Produktionssegmente entstehen, sich Inputfaktoren oder gesetzliche Bestimmungen verändern, kann dies Unternehmen dazu veranlassen, Änderungen im Produktions- und Absatzprozess durchzuführen (Porter 1990: 45ff). Ob Unternehmen in der Tat den Innovationsbedarf realisieren oder abwartend reagieren, hängt davon ab, in welcher Konkurrenz sie mit anderen Unternehmen stehen. Desweiteren ist die Unternehmenskultur entscheidend, also inwieweit das Unternehmen eine lernfähige und innovationsbereite Organisation darstellt. Und schließlich sendet nicht nur Konkurrenz, sondern auch Kooperation, z.B. aus der Zusammenarbeit mit anderen Unternehmen oder aus der Kooperation mit Innovationsakteuren, wie Forschungseinrichtungen und Universitäten, Impulse aus, Innovationen durchzuführen.

Innovation wird hier in einem weiteren Sinne verstanden – als soziale, institutionelle und organisatorische Innovation. Für Wirtschafts- und Beschäftigungspolitik in erneuerungsbedürftigen Stadtteilen bedeutet das, den Schwerpunkt auf die Einführung neuer Managementtechniken zu legen, das Lernen in Organisationen zu fördern und Vernetzungen zwischen Akteuren zu fördern sowie die Zusammenarbeit zwischen öffentlichem und privatem Sektor neu zu strukturieren. Dies setzt eine beträchtliche Neuorientierung der Förderpolitiken voraus (Kap. 7.2.2), wenn eher in die institutionelle Umgebung von Unternehmen investiert wird als in einzelne Projekte, wie Gründerzentren oder Gewerbeparks. Kleinunternehmen und ihre Entwicklungsperspektiven können als auf vielfältige Weise mit ihrem Umfeld verflochten gelten (Kap. 4.2.2). Insbesondere Einbetriebsunternehmen sind im Innovationsprozess stark vom regionalen Umfeld abhängig und zugleich stärkeren Innovationsbarrieren ausgesetzt als Mehrbetriebs- oder Großunternehmen. Bekanntermaßen weisen Kleinunternehmen in benachteiligten Regionen zudem eher schwächere Verbindungen zu dem für sie wichtigen Umfeld auf (Landabaso 2003: 6). Um Standortqualitäten zu verbessern oder Unternehmen wettbewerbsfähiger und innovativer zu machen, können eng wirtschaftlich begrenzte Strategien nicht effektiv sein (Kap. 7.1.3).

Die Ansatzpunkte für ein solches „lokales Innovationssystem" auf Stadtteilebene liegen in der Schaffung einer Entwicklungs- und Innovationskultur, der Stärkung der lokalen Verankerung von Unternehmen, an spezifische Bedarfe angepasste Bildungs- und Ausbildungs- und Finanzierungsstrategien, Technologietransfer, etc. Ein solches System darf man sich nicht als exklusives Stadtteilprojekt vorstellen, sondern als ein Ineinandergreifen von lokalen stadtteilbezogenen mit regionalen Strategien, bei der intermediäre Akteure vermitteln, orientieren, initiieren. Zwei Szenarien sind möglich, wenn Unternehmen wettbewerbsfähiger werden: Sie verändern ihren Standort oder sie tragen zur lokalen/regionalen Ökonomie am Ort bei. Hier sind das Wissen und die Fähigkeiten von Stadtteilmanagern und Wirtschaftsfachleuten gefragt, um die Anpassungsprozesse für den Stadtteil zu nutzen und die lokale Einbindung von erfolgreichen Unternehmen zu verstärken.

Externe Berater bzw. intermediäre Stadtteilorganisationen finden als Informationsbroker und Mittler auf unterschiedlichen Ebenen Ansatzpunkte. Sie entwickeln Instrumente zur kollektiven Analyse, Reflexion und Gestaltung des Lernprozesses; verbessern den Informationsfluss, vermitteln und fördern Kooperation. Sie fördern Neugründungen, offerieren Weiterbildungsangebote, betreiben Imagepolitik und fördern lokale Anbindungen. Ziel muss es sein, die Zahl der Unternehmen mit stabilen und innovativen Unternehmensstrategien zu erhöhen. Gleichwohl die Ansiedlung neuer Betriebe oder neuer baulicher Strukturen Bestandteil der Strategie zur Innovationsförderung in benachteiligten Stadtteilen sein kann, liegt der Schwerpunkt der Arbeit in der Organisation von Lernprozessen und innovativen Wissensmilieus, dem Abbau von Innovationsbarrieren und der Förderung von Vernetzung und Kooperation ansässiger Unternehmen mit Innovationsakteuren in räumlicher (regionaler) Nähe. Wichtig ist, dass die Mittler die richtige Sprache sprechen, d.h. „talk the talk" der Unternehmen.

Die Forschungen zu organisationalem Lernen zeigen auf, dass ohne wirkliche Beteiligungschancen und Partizipationsbereitschaft keine Erfolge zu verzeichnen sind. Dies gilt für Unternehmen und Institutionen und lässt sich aber auch auf den Stadtentwicklungsprozess – als Teil einer Netzwerkentwicklung – übertragen (vgl. Brentel 2000).

Wenngleich in diesem Unterkapitel vornehmlich in Bezug auf Unternehmensinnovationen argumentiert wurde, lässt sich die bisherige Argumentation auch auf weitere Bereiche des Stadtteilentwicklungsprozesses übertragen (Beschäftigungsförderung, Förderung ökonomischer Aktivität in der Bevölkerung, etc.). Aus der Innovationsforschung ist bekannt, dass sich Innovationen in einem vernetzten Prozess mit vielfältigen Rückkoppelungsprozessen durchsetzen (Rehfeld 2003: 47). Innovationen und organisationales Lernen setzen sich in sozialen Prozessen durch (Friedberg 1995; Crozier/Friedberg 1979). Mehr als auf technologisches know-how kommt es darauf an, beteiligungsoffene Organisationsstrukturen zu schaffen, die Lernen fördern und Innovationsbarrieren abbauen. Innovationschancen in einem breiteren Sinne (über die privatwirtschaftliche Sicht hinaus), verstanden als gesellschaftliche Erneuerungsfähigkeit, sind untrennbar mit Interessens- und Machtaspekten verbunden, also der Frage nach den herrschenden Interessen, den dominanten Orientierungen und dem notwendigen Konsensbedarf (Häußermann/Siebel 1994: 55). Die Frage, wie man Innovation in einem nicht-innovativen Milieu organisiert, beantworten Häußermann/Siebel am Beispiel der Internationalen Bauausstellung Emscher Park (a.a.O.: 57) so, dass Innovationsprozesse eingeleitet werden, indem die konservierenden Strukturen erschüttert und über neue Akteure und neue Verfahren unvorhersehbare Dynamiken angestoßen werden. Nicht der „Plan" oder das „Vorhaben" selbst wird zur Innovation, sondern die Organisation des Prozesses mit offenem Ausgang (Kap. 7.2.3). Rehfeld (2003: 49ff) argumentiert ähnlich, nämlich dass innovative Räume sich zwar konzipieren, aber kaum planen lassen. Die in ihnen agierenden Personen gestalten die Zukünfte der Räume, können die Entwicklungen aber nicht steuern. Innovation bedeutet somit, „Impulse zu setzen, Begrenzungen aufzubrechen, auch dann, wenn das Ergebnis noch keineswegs erkennbar ist" (a.a.O.: 52).

7.1.6 Beschäftigungsförderung im Stadtteil

Beschäftigung im Stadtteil kann gefördert werden, indem der Zugang von Personen aus dem Stadtteil zu vorhandenen regionalen (lokalen) Arbeits- und Beschäftigungsmöglichkeiten verbessert wird. Oder es kann versucht werden, neue Beschäftigungsmöglichkeiten im Stadtteil zu erschließen (Kap. 2.3). Erstere Strategie wird sich auf individuelle Qualifizierungen, die gezielte Kontaktaufnahme mit potentiellen Arbeitgebern, Informationspolitiken, etc. konzentrieren, um neu zu besetzende Arbeitsstellen der Stadtteilbevölkerung zugänglich zu machen. Maßgeschneiderte und integrierte Lösungen können in der Tat die Beschäftigungsquoten in einem Stadtteil langfristig erhöhen (Kap. 7.3.2), solange eine Arbeitskräftenachfrage im regionalen Umfeld besteht. Diese Strategie bietet sich auch als erster Ansatzpunkt in monostrukturierten Stadtteilen mit überwiegender Wohnnutzung an, in denen oftmals nur langfristig Infrastrukturen geschaffen werden können, die für ökonomische Nutzungen geeignet sind.

Die zweite Strategie versucht, über die Förderung von Unternehmen und Unternehmensgründungsideen neue Beschäftigung und Arbeit im Stadtteil zu fördern. Wie in vorigen Kapiteln argumentiert (Kap. 4.1.1; 4.1.2) können konventionelle Ansiedlungsstrategien zwar für Investitionen im Stadtteil sorgen, diese werden jedoch überwiegend wenig nachhaltig sein, wenn es nicht gelingt, die Verbindungen zwischen neu angesiedelten Unternehmen und dem Ortsteil lebendig zu gestalten. Sind die neu entstehenden Arbeitsplätze den Stadtteilbewohnern und -bewohnerinnen nur bedingt zugänglich, kann nach weiteren Formen einer lokalen „Einbettung" (von Praktikumsplätzen und Kooperationen mit Schulen bis zum Social Sponsoring) gesucht werden.

Die soziale Wirklichkeit beeinflusst, wie Menschen und – als soziale Organisationen – auch Unternehmen wahrnehmen, entscheiden, handeln. Um Beschäftigungsmöglichkeiten im Stadtteil und für die Stadtteilbevölkerung auszubauen, müssen intermediäre Organisationen/Stadtteilmanager die Alltagsroutinen kennen. Wie suchen Unternehmen nach neuen Arbeitskräften? Auf welchen Wegen erfahren Arbeitsuchende von frei werdenden Stellen? Die Herausforderung liegt darin, nicht nur die formalen Qualifikationen von Menschen wahrzunehmen, sondern auch z.B. ihre unternehmerische Risikofreudigkeit und ihre Identifikation mit dem Stadtteil. Und genauso bestimmen nicht nur Anzahl und Art der Unternehmen in einem Stadtteil die lokal verankerten Beschäftigungspotentiale, sondern ebenso die Innovationsfähigkeit der Unternehmen und die Mentalität des/der Geschäftsführenden. Eine höhere Aufmerksamkeit für die spezifischen Lebensweisen und Alltagspraktiken weisen in die Richtung, in der nach Lösungen gesucht werden kann, um unternehmerische Innovationen, berufliche Aspirationen, Unternehmensgründungen, Einstellungspraktiken oder Arbeitsroutinen zu verändern.

Erfolge beim Ausbau von örtlichen Beschäftigungspotentialen und einer verbesserten Beschäftigungsquote sind von Rahmenbedingungen abhängig: Die allgemeine Lage am Arbeitsmarkt, staatliche Rahmenbedingungen und die konkreten kommunalen Aktivierungs- und Integrationsstrategien haben Einfluss auf den Erfolg von stadtteilbezogenen Beschäftigungsstrategien. So muss festgestellt werden, dass die Durchsetzungschancen „einer gemeinwesenorientierten Ausrichtung der kommunalen Beschäftigungs- und Wirtschaftsförderung" insbesondere durch die Hartz-Reformen eher geschwächt scheinen (Hanesch/Jung-Kroh 2004: 230ff). Es muss sich somit noch zeigen, inwieweit sich anspruchsvolle Konzepte der Aktivierung und (Arbeitsmarkt-)Beteiligung in Quartieren entwickeln können.

Die Qualität von Schulen und Bildungseinrichtungen, die Qualität von Kooperationsstrukturen und Informationsflüssen, die Arbeit von Organisationen und Initiativen, die zum sozialen Zusammenhalt an einem Ort beitragen, bilden wichtige Bereiche, um die Beschäftigungsquoten vor Ort langfristig und nachhaltig zu erhöhen. Auch auf die Bedeutung der Bilder über den Stadtteil und die Imagebildung wurde bereits eingegangen. Deutlich wird wiederum, dass nur multidimensionale Strategien in der Tat die Beschäftigungssituation in einem Stadtteil langfristig verbessern können.

7.2 Die Rolle des (kommunalen) Staates

Stadtteilbezogene Wirtschafts- und Beschäftigungsförderung ist ein hochkomplexes Politikfeld, in dem einfache Angebotspolitiken oder Standardprogramme keine Wirkung zeigen. Nachdem im vorangegangenen Text bereits argumentiert wurde, warum staatliche bzw. kommunale Akteure in die Ökonomie ausgewählter Stadtteile intervenieren sollten, stellt sich nun die Frage nach dem wie.

Im Anschluss daran werden Herausforderungen und Dilemmas der ökonomischen Stadtteilerneuerung diskutiert: So etwa die inhaltlichen und institutionellen Herausforderungen, die in der Arbeitsweise der tradierten Wirtschafts- und Beschäftigungsförderung begründet liegen. Zudem begrenzen natürlich nicht nur die endogenen Potentiale und die evolutionäre Entwicklung eines Raumes künftige Entwicklungswege, sondern auch die durch politische Rahmenbedingungen und Machtverhältnisse vorgegebenen Möglichkeiten zu strukturellen Änderungen. Und schließlich wird auf einige inhärente Dilemmas der stadtteilbezogenen Wirtschafts- und Beschäftigungsförderung eingegangen.

7.2.1 Ökonomische Stadtteilerneuerung als staatliche Aufgabe

Strukturschwache Stadtteile sind Zukunftsstandorte. Von ihrer Dynamik und Entwicklung hängt die Wirtschaftskraft der Gesamtstadt und auch der Region ab. Ökonomische Stadtteilentwicklung ist somit auch nicht als zeitlich befristetes Sonderprogramm zu sehen. Politik im Sinne eines kooperativen, strategischen Handelns ist stärker denn je gefordert, um Lebensqualität, attraktives Investitionsklima und integrative Leistungsfähigkeit des städtischen Systems aufrechtzuerhalten. Ökonomische Stadtteilerneuerung hat sich einer Vielzahl schwer operationalisierbarer und gegenseitig voneinander abhängiger Gestaltungsfelder zu stellen (Abbildung 14). Eine Reihe von Anforderungen an staatliches wie kommunales Handeln werden im Folgenden – als Handlungsprinzipien bezeichnet – detaillierter erörtert.

Handlungsprinzip 1: Breite Verankerung von Stadtteilansätzen

Isolierte Ansätze auf der Stadtteilebene werden immer mit systemimmanenten Blockaden zu kämpfen haben, die ihre Effektivität verringern: Den auf Stadtteilebene professionell oder ehrenamtlich arbeitenden Akteuren bleibt zu wenig Zeit, Programme systematisch nach neuen Fördermöglichkeiten abzusuchen und Projektförderanträge zu schreiben, um kontinuierlich ausreichende Finanzen für die dringendsten Vorhaben zu sichern. Kooperationsbeziehungen mit Partnern aus der Verwaltung, der IHK, der Handwerkskammer bleiben punktuell oder hängen von den Fähigkeiten der Manager ab, gute persönliche Beziehungen zu wichtigen Partnern aufzubauen.

Stadtteilansätze können isoliert sein in dem Sinne, dass sie von wichtigen (überörtlichen) Politiken und Programmen abgeschnitten sind. Oder auch auf lokaler Ebene nicht die wichtigsten Akteure an einen Tisch und um das Projekt der ökonomischen Stadtteilerneuerung versammeln können.

Um die potentielle Effektivität von Projekten der ökonomischen Stadtteilentwicklung zu erhöhen gibt es wesentliche Hilfsbrücken. Integriertes Handeln und ein koordinierter Mitteleinsatz setzen voraus, dass Zentralregierungen oder Regionalregierungen die Kontrolle über die konkrete Politik vor Ort und die Mittelverwendung zu einem großen Teil dezentralisieren und nach unten, auf die städtische und die Stadtteilebene, verlagern. Die räumliche Nähe hilft, die Natur von Problemen besser zu verstehen, wenn Probleme und Strategien im Zusammenwirken mit lokalen Akteuren definiert werden. Der lokale Freiraum ermöglicht experimentelle Lösungen in Politikbereichen und schafft Anreize für einen Wettbewerb der Ideen zwischen Städten und den Austausch von effektiven Strategien.

Ein gutes Beispiel, die Reichweite stadtteilbezogener Wirtschaftsförderung zu erhöhen, findet sich in der Stadt Glasgow, in der Glasgow Alliance (eine Partnerschaft der bedeutendsten städtischen Akteure) und Scottish Enterprise (die schottische Wirtschaftsfördergesellschaft) die Arbeit der acht stadtteilbezogen operierenden Wirtschaftsgesellschaften unterstützen und die professionellen Stadtteilakteure auf die Ressourcen dieser Verbündeten zurückgreifen können (Textbox 2). Die Stadt Glasgow argumentiert, dass aktiv fördernde Strategien in den strukturschwachen Stadtteilen notwendig sind, damit die Stadt Glasgow insgesamt langfristig nicht an Wettbewerbsfähigkeit verliert.

Handlungsprinzip 2: Kollektive Interessen identifizieren

Damit ist kein einfaches Unterfangen umschrieben. Häufig findet sich in den Stadtteilen keine Mehrheit, die eine Handlungsnotwendigkeit sieht oder aktive Beteiligungsbereitschaft am Vorhaben der ökonomischen Stadtteilentwicklung zeigt. Das hängt damit zusammen, dass gerade diese Stadtteile oftmals eine hohe Fluktuation aufweisen, in deren Verlauf alteingesessene Bewohner wie Geschäftsleute weggezogen sind und die Neuankommenden sich mit dem Stadtteil nicht identifizieren (vgl. Madanipour 2000). Desweiteren ist ein Stadtteil keine homogene Gemeinschaft, sondern besteht aus unterschiedlichen Milieus, von denen die einen vielleicht das schätzen, was die anderen als Mangel, Chaos oder Verschlechterung begreifen. Mit der Pluralität von Definitionen, Bewertungen, und Vorstellungen und mit den parallelen Welten, die in einem Stadtteil existieren, muss gelebt und umgegangen werden. Konflikte und konkurrierende Stimmen und Meinungen sind jedem Stadtteilentwicklungsprozess eingeschrieben. Externe Experten sollten sie als normal betrachten und eine Plattform organisieren, auf der öffentlich diskutiert wird, was als „vernünftige Politik" für den Stadtteil gelten kann.

In einer fragmentierten Stadtteilgesellschaft nach kollektiven Interessen zu suchen ist kein einfaches oder kurzfristig erreichbares Ziel. Vertrauen in das Projekt der ökonomischen Stadtteilerneuerung zu konstituieren und kollektive Interessen zu identifizieren sind langfristige, kleinteilige, mühselige Unterfangen, ohne die jedoch den Projekten und Strategien kein nachhaltiger Erfolg beschert sein wird. Effektive neue Regulierungsformen müssen nicht nur plurale Arrangements umfassen, sie werden sich auch an Lebensweisen und Alltagspraktiken im Sinne der oben angesprochenen „Routinen" (Kap. 7.1.2) orientieren müssen.

Handlungsprinzip 3: Strategische Interventionen

Es ist notwendig, sich auf solche Schlüsselbereiche zu konzentrieren, in denen a) vor Ort tatsächlich etwas verändert werden kann und/oder die b) langfristig die Zukunft des Stadtteiles positiv verändern können. Der zweite Punkt legt nahe, durch gezielte Ressourcenbündelung und strategische Intervention in Schlüsselbereiche wie Bildung, Qualifizierung und Innovationsförderung Impulse zu setzen, Begrenzungen aufzubrechen und langfristig Verbesserungen zu erreichen. Der erste Punkt legt nahe, dass mit Hilfe der Moderation durch professionelle Stadtteilakteure ein Leitbild erarbeitet wird und die wichtigsten Akteure sich mit Blick auf die stadtteilbezogenen Potentiale und Begrenzungen auf die wesentlichsten Strategien verständigen.

Die innovativsten und effektivsten Projekte der ökonomischen Stadtteilentwicklung werden von lokalen Akteuren entwickelt, die über einen längeren Zeitraum hinweg „strategische Kapazität" aufbauen konnten. Damit ist die Fähigkeit gemeint, lokales Wissen zu akkumulieren und zu nutzen, bekannt zu werden und Vertrauen zu erwerben, in partnerschaftlichen Arrangements zu lernen und Schritt für Schritt die Politiken und Projekte zu verbessern. Eine solche Kapazität zeigt sich in der Fähigkeit, Chancen konsequent zu nutzen und Strukturen zu verändern, statt von Förderprogrammen und Politiken quasi im Handeln „getrieben" zu werden. Damit muss lokalen Initiativen bzw. intermediären Organisationen aber auch genügend Zeit zugestanden werden, diese strategische Kapazität für sich und in tragfähigen Partnerschaften aufzubauen (vgl. auch Weck 2001).

Mit Sicherheit sind nationalstaatliche Regelungen (Steuern, Abgaben, Regulierungen) zu einem großen Teil dafür verantwortlich, dass ökonomische Impulse sich nicht in formelle Geschäftsgründungen übersetzen (Kap. 6.2.2). Stadtteilbetriebe sehen sich globalen Entwicklungsdynamiken ausgesetzt, die sie an die Grenze der Rentabilität geraten lassen. Das mindert jedoch nicht die Notwendigkeit lokalen Handelns. Es gibt Handlungsspielräume, die genutzt werden müssen, um mit Hilfe von weichen Maßnahmen (Information, Netzwerke, Kooperation) die ansässigen Unternehmen zu halten, deren Wettbewerbsfähigkeit und Innovation zu unterstützen und neue Unternehmen zu fördern. Das macht gerade in den erneuerungsbedürftigen Stadtteilen Sinn, weil die Unternehmen dort eine wichtige ökonomische und soziale Funktion erfüllen. Sie stabilisieren ein Viertel, bieten Arbeitsplätze, beeinflussen das Image und dienen der Versorgung. Ökonomische Aktivität, Ideenreichtum und Innovation muss gerade dort gefördert werden.

Handlungsprinzip 4: Kooperation

Für eine effektive stadtteilbezogene Wirtschafts- und Beschäftigungsförderung ist die enge Zusammenarbeit zwischen staatlichem und dem privaten Sektor ausschlaggebend, sei es bei der Förderung von ansässigen Unternehmen und Existenzgründern, bei der Qualifizierung und Weiterbildung von Erwerbslosen, bei der Entwicklung einer spezifischen infrastrukturellen Ausstattung oder dem Zugang zu Kapital. Die neueren wirtschaftswissenschaftlichen Ansätze verweisen darauf, dass die für Wettbewerbsfähigkeit und Innovation von Unternehmen wichtige Umgebung nur von Staat und Unternehmen gemeinsam geschaffen werden kann. Beide Seiten müssen in die Weiterentwicklung und Stärkung dieser Faktoren (Bildung und Ausbildung, Qualität von Infrastruktur, Informationsfluss und Netzwerken, Technologie und organisationalem Lernen) investieren. So wie ein isolierter Ansatz von staatlicher oder bürgerschaftlicher Seite skeptisch zu beurteilen ist, ist auch Skepsis bezüglich einer rein privatwirtschaftlichen Initiative – wie Porter (1995; 1996) sie zur Rettung der amerikanischen Innenstädte vorschlägt – angebracht. Die Förderung der Innovations- und Wettbewerbsfähigkeit der ansässigen Betriebe, die Verbesserung der Lebensqualität und Beschäftigungsstrukturen im Stadtteil, die Schaffung eines innovationsfördernden soziokulturellen und institutionellen Umfeldes und die Stärkung sozialer Kohärenz, bilden die Zielrichtungen in einem komplexen voneinander abhängigen Zielsystem (Abbildung 14).

Die These von der Bedeutung regionaler und lokaler Kontexte für ökonomische Entwicklung in Zeiten der Globalisierung wurde in dieser Arbeit des Öfteren angesprochen.

Was bedeutet das für die Politik? Aus den bisherigen Betrachtungen wird deutlich, dass staatlicher oder kommunaler Politik auf regionaler und lokaler Ebene höhere Bedeutung zukommt – was nicht damit zu verwechseln ist, dass sie an Einfluss oder Gestaltungsmacht gewinnen würde. Sie muss sich diesen Einfluss oder die Gestaltungsmacht über neue Regulierungsformen – wie effektive Kooperationsformen, die Verbesserung des Informationsflusses und der Kommunikation, oder durch intermediäre Politikansätze – verschaffen. Politik kann bzw. sollte dabei nicht direkt in die Wirtschaft eingreifen, sondern versuchen, dem Kontext von wirtschaftlicher Entwicklung oder der institutionellen Struktur, in der sich Unternehmen bewegen, Form zu geben bzw. diese in Kooperation mit privaten wie bürgerschaftlichen Akteuren zu beeinflussen.

Im Bereich der ökonomischen Stadtteilentwicklung ist die Abgabe von Verantwortung und Kompetenz des Staates auf andere gesellschaftliche Gruppen notwendig. Dazu gehört, der privatunternehmerischen Initiative zu überlassen, was besser durch sie erledigt werden kann. Dazu gehört auch, die Kompetenzen und Ressourcen zivilgesellschaftlicher Akteure anzuerkennen und einzubinden. Der (lokale) Staat schafft über Kontrakte und Vereinbarungen die Voraussetzungen für die Politikentwicklung, überlässt aber die Problemdefinition und die Umsetzung im Bereich der Stadtentwicklung weitgehend Gremien und Organismen, die sich aus Personen zusammensetzen, die Erfahrungswissen, Problemnähe, Kapital und lokale Eigeninitiative mitbringen. Damit nutzt der Staat das dispers vorhandene Kapital und Wissen und erlaubt eine effektivere und (erfolg)reichere Politik und Praxis.

Handlungsprinzip 5: Raum für Neues schaffen und Eigendynamik zulassen

Lokale Initiativen bzw. intermediäre Stadtteilorganisationen sollten ihre Prioritäten in der Politikgestaltung und -implementierung weitgehend selbst festsetzen können und dabei von den höheren Politikebenen unterstützt werden. Monitoring und Controlling fördert die Innovation und die Flexibilität von lokalen Initiativen stärker als eine hierarchische top-down Beziehung zwischen Initiative auf Stadtteilebene und übergeordneter politisch-administrativer Ebene. Dies ist kein Plädoyer für den Rückzug des Staates aus der Politikverantwortung, sondern für plurale institutionelle Arrangements, in denen die Ressourcen unterschiedlicher Akteure genutzt werden. Übergeordnete Politik sollte sich darauf beschränken, Impulse zu setzen – aber nicht alles steuern zu wollen –, Verantwortung zu übergeben und Eigendynamik zuzulassen.

Handlungsprinzip 6: Investitionen in das institutionelle und soziokulturelle Umfeld

Investitionen in die institutionelle und soziokulturelle Umgebung dieselbe Priorität zuzugestehen wie materiellen und sofort sichtbaren Investitionen erfordert ein Umdenken seitens der Politik.

Die Ökonomie in einem erneuerungsbedürftigen Stadtteil zu stärken, so die These in dieser Arbeit, gelingt nur wenn die neoklassische Sicht auf Ökonomie überwunden wird und von dem realistischeren Bild der in soziale und institutionelle Kontexte eingebetteten ökonomischen Entwicklung ausgegangen wird (Kap. 7.1.3). Eine Reihe von wissenschaftlichen Ansätzen und Arbeiten der letzten Jahre weisen darauf hin, dass dem lokalen soziokulturellen wie institutionellen Umfeld für ökonomisches Wachstum und Innovation in einer Reihe von Wirtschaftszweigen eine bedeutende Rolle zukommt. Von einer sozial ausgewogenen Entwicklung und der Beherrschung sozialräumlicher Friktionen profitiert die wirtschaftliche Entwicklung der Gesamtstadt. Soziale Gleichheit, Toleranz und Liberalität, Vertrauen und soziale Empathie an einem Ort können als Faktoren gelten, die ökonomische Entwicklung beeinflussen. So wie Kriminalität, fremdenfeindliche Ausschreitungen, Vandalismus und sichtbare Zeichen des Verfalls Investitionen abschrecken – nicht nur in einem Stadtteil, sondern in der gesamten Stadt oder Region. Einen wichtigen Politikbereich der Stadtteilerneuerung bildet Stadtteilmarketing und Stadtteilimage. Das Reden und Denken über den Standort (schlechter Standort, benachteiligter Stadtteil) beeinflusst das Innovationsverhalten, das Handeln der Akteure, die Offenheit für Lernprozesse, die Lernbereitschaft, kann zu Resignation und Ausharren statt Aktivität führen.

Handlungsprinzip 7: Rückkoppelung und Dialogorientierung

Mechanismen der Rückkoppelung und Dialogorientierung sind notwendig, um die Effekte von übergeordneten Politiken auf die Stadtteile systematischer zu analysieren. Die Effekte können positiver, neutraler oder negativer Natur sein; zeitlich unterschiedlich zu Tage treten, kurz andauernde oder langfristige Verbesserungen oder Beeinträchtigungen der Ökonomie in bestimmten Stadtteilen zur Folge haben. Übergeordnete Politiken können zudem auf unterschiedliche Stadtteilressourcen wirken: auf den Faktor Arbeit (Nachfrage wie Angebot), Bodennutzung, Information, Innovation und know-how, etc. Folgeeffekte können lokal sehr spezifisch auftreten oder größere Gebiete umfassen. Eine solche Folgenabschätzung von übergeordneten Politiken ist nicht als technischer Prozess zu sehen. Wichtig ist es, eine adäquate Vorgehensweise zu finden, mit der die Stadtteilebene systematisch in Konzeption und Durchführung politisch-planerischer Maßnahmen auf städtischer und regionaler Ebene berücksichtigt werden kann.

Aber auch in der anderen Richtung, von der Stadtteilebene zu den übergeordneten Ebenen, sind Rückkoppelungsmechanismen sinnvoll. Die Ergebnisse der Evaluation von Projekten auf Stadtteilebene werden neue Zielgruppen, neue Bedarfe und Informationslücken zu Tage treten lassen, die sich mittelfristig in der Reorganisation von übergeordneter Beschäftigungs- und Wirtschaftsförderung widerspiegeln müssen. Die Rückkoppelung der Erkenntnisse vor Ort in die etablierten Wirtschaftsförderungsorganisationen muss systematisch organisiert werden.

Handlungsprinzip 8: Belastbare Strukturen aufbauen

Stadtteilbezogene Ansätze der Wirtschafts- und Beschäftigungsentwicklung müssen in eine Richtung weisen, die auf ihre systematische Integration in städtische und regionale Wirtschaftsförderung und Strukturpolitik hinausläuft. Und gleichzeitig müssen bestehende städtische und regionale Programme re-orientiert werden, damit genügend Ressourcen bereitstehen, um wirkliche Verbesserungen der Lebensqualität und der Wirtschaftsstruktur vor Ort erreichen zu können (Europäische Kommission 1996).

Die Arbeit der STEG in Hamburg ermöglichte beispielsweise eine Reihe von komplexen Projekten, die ohne die Projektentwicklungsarbeit und die Kompetenz dieser städtischen Gesellschaft nicht in erneuerungsbedürftigen Stadtteilen entstanden wären (Textbox 5). Das Prinzip einer übergeordneten Organisation, mit deren Hilfe lokal orientierte und angepasste Projekte ermöglicht werden, kann für den Bereich der Beschäftigungsförderung auch am Beispiel von Glasgow Works/UK illustriert werden (Textbox 7). Diese Beispiele verdeutlichen die Notwendigkeit einer Makrostruktur, die den Projekten der ökonomischen Stadtteilentwicklung bei der Mittelbeschaffung, der Stabilisierung von Kooperationsbeziehungen und der Evaluation der Projekte hilft. Das kann eine regionale Struktur – als Selbstorganisation der professionellen Akteure oder eine stärker staatlich gestützte Organisation – oder die systematische Hilfe der kommunalen Wirtschaftsförderung leisten. Eine solche Makrostruktur sollte sich auch als Entwicklungsagentur verstehen, die tatkräftige Unterstützung für Projekte anbietet, die in Projektentwicklung und Finanzierung kompliziert und von lokalen Akteuren – zumal zivilgesellschaftlichen – nur schwer zu „schultern" sind.

Eine solche Makrostruktur kann Träger der ökonomischen Stadtteilentwicklung in einer Reihe von Aufgaben unterstützen:

- Förderung von Unternehmensverbünden und deren Beratung;
- Analyse von Erfolg versprechenden Unternehmensstrategien, Fortbildungs- und Weiterbildungsangebote und deren Vermittlung an die Betriebe;
- Innovationsförderung von kleinen und mittleren Unternehmen (Kooperationsförderung, Qualifikationsförderung, Zugang zu externem Wissen/Informationen, etc.);
- Finanzierung von Projekten wie Existenzgründungszentren oder gemischtwirtschaftlichen Projekten des Dritten Sektors in Kooperation mit Investoren;
- Risikokapital für Erfolg versprechende und unkonventionelle Existenzgründungen bzw. Zugang zu Existenzgründungskrediten zu günstigen Konditionen;
- Schulung der Stadtteilexperten der Lokalen Ökonomie;
- regelmäßige Kontakte und Feedback über Erkenntnisse aus den laufenden Projekten zu Ministerien wie auch zu den Organisationen der Wirtschaftsförderungseinrichtungen (wie IHK, Handwerkskammern, Regionalsekretariate);
- Erarbeilung von Analysen und Strategiekonzepten auf Bedarf von Kommunen;
- Pflege eines kompetenten Beraterstamms für Unternehmen;
- Tauschbörsen, in die Stadtteilmanager, Unternehmen und Berater Zeit einspeisen und deren Kompetenzen von den Beteiligten bei kurzfristigem Bedarf abgerufen werden können; sowie
- Lobbying für die Belange der ökonomischen Stadtteilentwicklung.

Handlungsprinzip 9: Kontinuierlich erstellte und kleinräumige Informationsgrundlagen für die Politik

Es wird eine Reihe von Stadtteilen geben, die eine stabile und kontinuierlich „unauffällige" Entwicklung nehmen und nicht besonderer politischer Aufmerksamkeit bedürfen. Und eine Reihe von Stadtteilen, die sich in Aufschwung- oder Abschwungphasen befinden und aus unterschiedlichen Gründen „aus dem Gleichgewicht" geraten sind. Das systematische und Entscheidungsträgern transparente Wissen darum kann nur aus einem kontinuierlichen Monitoringsystem kleinräumiger Entwicklungen entstehen, das zeitnahe und für Politik und Planung wichtige Informationen bereitstellen kann. Art und Umfang wirtschaftlicher Dynamik sind in innerstädtischen Gebieten oder innenstadtnahen Gebieten oftmals gar nicht bekannt. In welchen Bereichen sind die Unternehmen tätig? Wie viele Arbeitsplätze haben sie geschaffen? Wie finden sie ihre Arbeitskräfte? Welche Netzwerke und informellen Beziehungen prägen die ökonomischen Aktivitäten? Welches sind die wachstumsstarken Unternehmen im Gebiet? In welchen Bereichen und Unternehmen finden geringqualifizierte Arbeitnehmer/innen Beschäftigung? (Kap. 7.3.1) Ohne einen systematischeren Ansatz tritt oftmals gar nicht offen zu Tage, welches Potential sich in Stadtteilen findet. Damit sind keine aufwendigen Monitoringsysteme angesprochen, sondern vielmehr die intelligente Nutzung und Zusammenführung von vorhandenen Datenbeständen, punktuellen Erhebungen und dem Wissen von lokalen Wirtschaftsexperten (Kap. 7.3.3). Mit diesem Wissen kann frühzeitig auf antizipierte Ereignisse (Branchenkrisen, Unternehmensschließungen, etc.) reagiert werden, die Stabilität unternehmerischer Entwicklung realistisch eingeschätzt und Engpässe, Bedarfe und Potentiale frühzeitig wahrgenommen werden.

Zu wünschen ist eine präventive Politik, die frühzeitig Ausgrenzungsprozesse und Potentiale erkennt und darauf reagiert. Wenngleich hier von Stadtteilen die Rede ist, sind nicht die politisch-adminstrativen Einheiten gemeint, sondern vielmehr die Definition und Analyse bedeutender „Milieus" und Sozialräume unterhalb der städtischen Ebene. Milieus und Sozialräume können, müssen sich aber nicht nach administrativen Grenzen richten. Die Bevölkerungssegmentierung, Prozesse der Ausdifferenzierung von sozialen Netzen und Infrastrukturen; die Segmentierungsprozesse im Umfeld von Produktions- und Dienstleistungszweigen zeigen die Umrisse der Milieus an. Um bei begrenzten Ressourcen Umwertungsprozesse in ihren Auswirkungen frühzeitig zu erkennen, kann die Auswahl von Indikatorgebieten sinnvoll sein (siehe Kreibich 2003 für die wohnungspolitische Beobachtung).

Resümierend lässt sich festhalten:

- Das Projekt der Stadtteilentwicklung muss sich Zugang zu weit reichenden Ressourcen (Akteure, Fördermittel, Politiken) verschaffen, um wirkliche Verbesserungen der Lebensqualität und Wirtschafts- und Beschäftigungsstruktur vor Ort zu erreichen.
- Staatliche Politik muss sich auf die Mitgestaltung einer innovationsfördernden Umgebung in Stadtteilen mit besonderem Entwicklungsbedarf konzentrieren.
- Mechanismen der Rückkoppelung und Dialogorientierung helfen, stadtteilbezogene Politiken effektiv zu gestalten.

7.2.2 Die Herausforderungen einer stadtteilbezogenen Wirtschafts- und Beschäftigungsförderung

Nachdem bislang die Anforderungen an kommunale und staatliche Politik beschrieben wurden, soll nun ein Schritt zurück gegangen und beschrieben werden, mit welchen Ausgangsvoraussetzungen sich Projekte der ökonomischen Stadtteilerneuerung konfrontiert sehen. Die Herausforderungen liegen, wie im Folgenden detaillierter dargestellt, in der fehlenden sozialräumlichen Betrachtung, der inhaltlichen Ausrichtung der Wirtschaftsförderungspolitik und ihrer Isoliertheit von sozialen Politiken.

Städtische Programme zur Wirtschafts- und Beschäftigungsförderung sind überwiegend räumlich neutral formuliert. Auf kommunaler Ebene ist zumeist nicht bekannt, wie sich wirtschaftliche Aktivitäten, Arbeitskraftangebot und –nachfrage stadtteilbezogen darstellen. Es gibt meist keinerlei kontinuierliche Messungen über Niveaus, keine statistischen Informationen über Unternehmensbestände, Kaufkraft, Investitionsverhalten und weitere Kennzahlen. Damit sind politischen Entscheidungsträgern meist die Entwicklungsdynamiken und Problematiken in den Stadtteilen nicht bekannt. Eine *sozialräumliche Betrachtung von wirtschaftlichen Entwicklungsdynamiken* ist meist ebenso selten anzufinden wie eine nach Stadtteilen aufgeschlüsselte Auswertung der Inanspruchnahme von wirtschafts- wie beschäftigungsrelevanten Dienstleistungen und Angeboten. Entsprechendes Wissen muss für die Stadtteilebene somit häufig über Primärerhebungen und qualitative Forschung erst erarbeitet werden. Zudem müssen die etablierten Akteure (städtische Wirtschafts- und Beschäftigungsförderung, IHK, Handwerkskammern, etc.) für den Ansatz einer sozialräumlich orientierten Arbeit erst gewonnen werden.

Die traditionellen Wirtschaftsförderungsinstitutionen stellen sich nur langsam auf eine *neue Klientel* ein. Kleinstunternehmen, kleine und mittlere Unternehmen, Existenzgründungen von Migranten, Frauen nach der Familienphase oder jungen Erwachsenen werden zunehmend die realen Trägern der Wirtschafts- und Beschäftigungsentwicklung in den Städten. In der Aufmerksamkeit und den Beratungsstrukturen der traditionellen Wirtschaftsförderungsinstitutionen zeichnet sich dies aber erst teilweise ab. Die standardisierte, reagierende Arbeitsweise der Wirtschaftsförderung ist auf die in ökonomisch strukturschwachen Stadtteilen besonderen Herausforderungen nicht eingerichtet. Die Förderung der Ökonomie in Stadtteilen mit besonderem Erneuerungsbedarf bedeutet eine stärkere Hinwendung zur Einzelfallberatung und einer aktivierenden, aufsuchenden Vorgehensweise, auf der Grundlage von stadtteilbezogenen Potential- und Bedarfsanalysen. Zumindest kurz- bis mittelfristig kann der Aufbau einer entsprechenden Beratungs- bzw. Mittlerfunktion auf Stadtteilebene sinnvoll sein. Das langfristige Ziel wird angesichts begrenzter Ressourcen darin liegen, die bestehenden Institutionen für die Bedarfe einer unkonventionellen und beratungsintensiveren Klientel zu öffnen.

Bestandssicherung hat in der Wirtschaftsförderung vielerorts noch nicht einen so hohen Stellenwert wie Neuansiedlungen und die Förderung von Existenzgründungen. Die *Innovations- und Wettbewerbsfähigkeit der bestehenden Betriebe* zu fördern (Kooperationsförderung, Netzwerkbildung, Förderung von Kompetenzfeldern) wird in Zukunft zu einer ebenso wichtigen Aufgabe der Wirtschaftsförderung werden wie die Förderung von Neuansiedlungen und die Ausweisung von neuen Flächenpotentialen. Das gilt besonders für Unternehmen in ökonomisch strukturschwachen Stadtteilen.

Wirtschaftsentwicklung in einem strukturschwachen Stadtteil muss sich somit teilweise als eine *Querschnittsaufgabe* sehen. Ansätze der Wirtschaftsförderung sind mit

Beschäftigungsförderung und Sozialpolitik, präventiver Arbeitsmarktpolitik, Politiken zur Förderung der Lebensqualität, Marketingpolitiken und Bildungs- und Qualifizierungsmaßnahmen im Stadtteil strategisch in Verbindung zu setzen. Die ökonomische Zielsetzung ist mit gemeinwesenbezogenen, baulichen, sozialen und beschäftigungspolitischen Zielsetzungen in Einklang bzw. in eine eindeutige Prioritätensetzung zu bringen. Vielfach wird aus den entsprechenden Ressorts argumentiert, dass Politiken und Politikziele nicht „vermischt" werden sollten, weil dies ihre Ineffizienz steigern würde. So wird argumentiert, dass Arbeitsmarktpolitiken oder Wirtschaftsförderungspolitiken nicht als Sozialpolitik „missbraucht" werden sollten. In dieser Pauschalität kann die Argumentation nicht stehen bleiben. Rein auf Effizienz abzielende (sozusagen monofunktionale) Strategien der entsprechenden Ressorts sind richtig und wichtig – sie sind aber nicht die angemessene Strategie für alle Zielgruppen und alle Problemstellungen in den Stadtteilen. Um lokale Wirtschaftsstrukturen zu stabilisieren und spezifische Potentiale gezielt zu fördern ist es punktuell wichtig, Wirtschafts- und Beschäftigungspolitik stärker mit der Stadtentwicklungs- und Sozialpolitik zu koordinieren und zu einer integrierten, strategisch ausgerichteten Vorgehensweise zu finden.

Regionale und kommunale Beschäftigungs-, Arbeitsmarkt- und Wirtschaftsförderung stehen weiterhin oft unverbunden neben den stadtteilbezogenen Ansätzen zur wirtschaftlichen Entwicklung und sozialen Stabilisierung. So finden sich etwa Strategien, die eine Stadt im internationalen Maßstab wettbewerbsfähig halten, ganz unvermittelt neben sozialen und bewohnerorientierten Stadtteilentwicklungskonzepten. Es gilt, eine Kohärenz von kleinräumigen Politiken der sozialen Stabilisierung und ökonomischen Entwicklung mit gesamtstädtischen Politiken zu erreichen. Realistischerweise muss angemerkt werden, dass einer solchen kohärenten, integrativen Politik entgegensteht, dass die sektorale Planung über eigene Geldmittel verfügt und teils auch über direkte Einflussmöglichkeiten (z.B. über öffentliche Flächen, Schulen, etc.); die integrative Planung dagegen überwiegend ohne eigenes Budget arbeiten muss. Ihre einzigen Hebel sind die Überzeugungskraft und die rationalen Argumente. Zudem ist die integrative Planung komplexer und teils auch nur indirekt umsetzungsorientiert (Flyvbjerg 1998: 41). Das schafft ein starkes Spannungsgefälle zwischen Ideal und Realität der Kooperation, zwischen Ministerien oder städtischen Ämtern. Integrierte Handlungsansätze stoßen dann an ihre Grenzen, wenn Zielkonflikte nicht durch ausreichende Mittelausstattung oder klare Zuständigkeitsregelungen vermieden werden können (Hanesch/Krüger-Conrad 2004: 26). Die Integration sektoraler Politiken gelingt nur teilweise, ist aber, wie Rosenfeld (2002: 22f.) argumentiert, notwendig und erfolgversprechend – und noch dazu liegt die Umsetzung unmittelbar in der Hand der öffentlichen Akteure.

Neben diesen grundlegenden Konflikten, denen sich eine stadtteilbezogene Wirtschafts- und Beschäftigungsförderung ausgesetzt sieht, gibt es aber auch noch teilweise spezifisch deutsche Herausforderungen. So gibt es bei öffentlichen Beratungseinrichtungen, wie auch in kommunaler Politik und Verwaltung, teils noch Barrieren im Umgang mit ethnischen Ökonomien und deren offensiver Förderung (Schuleri-Hartje/Floeting/Reimann 2005: 126ff; Idik/Schnetger 2004). Und ebenso sind Mehrzielprojekte, die öko-

Geographisches Institut
der Universität Kiel

nomische und gemeinwesenorientierte Zielsetzungen verbinden, in erneuerungsbedürftigen Stadtteilen zwar von besonderer Bedeutung, in der Praxis jedoch immer schwerer zu realisieren.[90]

7.2.3 Drei idealtypische Handlungsansätze der Wirtschafts- und Beschäftigungsentwicklung

Die Entwicklungsmöglichkeiten eines Stadtteiles hängen natürlich nicht nur von seiner evolutionären Entwicklung ab, die Potentiale und Möglichkeiten im materiellen und sozial-kulturellen Sinne prägt, sondern auch von den bestehenden Machtverhältnissen und der Durchsetzungsfähigkeit von institutionell-politischer Innovation in einem Raum.

Idealtypisch lassen sich drei unterschiedliche Modelle der Wirtschafts- und Beschäftigungsentwicklung in Stadtteilen mit besonderem Erneuerungsbedarf definieren. Sie verdeutlichen drei alternative, der Stadtteilentwicklung zugrunde liegende Leitmotive: (1) nachholende Modernisierung, (2) eine integrative und passgenaue Orientierung von Instrumenten an räumlichen Potentialen und Problemen sowie Verfahrensinnovationen zum Ausgleich von Entwicklungsdefiziten sowie (3) struktureller Wandel.

Das erste Modell – eine „nachholende Modernisierung" – wird charakterisiert durch einen traditionellen Wirtschaftsförderungsansatz, der durch die Investitionen in die „harten Faktoren" Infrastruktur, Fläche, Anbindung; also durch die Verbesserung der physischen Standortbedingungen für private Investitionen den Anschluss an die städtische Ökonomie sucht. Das Modell beruht auf der Annahme einer linearen Weiterentwicklung in der ein Mehr an Flächen, ein Mehr an Anbindung, ein Mehr an Infrastruktur für die gewünschte Entwicklung sorgen. Eine Ansiedlungspolitik steht im Vordergrund; teilweise wird auch über finanzielle Anreize versucht, große Unternehmen als „Motoren" der Entwicklung anzusiedeln. Die Politik stützt sich vornehmlich auf externe Entwicklungsimpulse und vertraut darauf, dass die Bevölkerung durch „Sickereffekte" von der wirtschaftlichen Entwicklung profitiert. Das zugrunde liegende Motiv lautet „(konventionelle) Politik wie bisher", wenn auch verstärkt finanzielle Ressourcen in strukturschwache Räume fließen. Dieses Modell steht von den theoretischen Ansätzen einem traditionell ausgerichteten Wachstumspolansatz oder auch der Exportbasistheorie nahe. Beispiele dafür sind etwa die frühen amerikanischen Empowerment Zones oder die GEAR-Initiative in Glasgow/UK in den 1970er Jahren (Textbox 4).

Ansiedlungsstrategien werden heutzutage zunehmend als ineffektiv beurteilt (Maier/Tödtling 2001b: 192; Bathelt/Glückler 2002: 76ff). Es zeigen sich hohe Mitnahmeeffekte und die intraregionale Verflechtung sowie

Tabelle 10: Idealtypische Modelle der Wirtschafts- und Beschäftigungsentwicklung in Stadtteilen

Nachholende Modernisierung
Verbesserung der Rahmenbedingungen für Privatinvestitionen
Verfahrensinnovationen und Raumorientierung
Suche nach neuen Verfahrensweisen, lokalspezifische Koordination und Anpassung der Förderpolitiken (insbesondere Arbeitsmarkt- und Beschäftigungspolitik, Wirtschafts- und Strukturpolitik), marktorientiertes Handeln, Förderung endogenen Potentials, neue und engere Verflechtungen zwischen Akteuren, Innovationen verbleiben größtenteils im Rahmen bestehender Machtstrukturen
Struktureller Wandel
Entwicklung von Projekten „von unten", Anpassung von Projekten an Bedarfe vor Ort, Tangieren von Machtstrukturen, normativere Ausrichtung

Eigene Darstellung

der qualitative Input der Betriebe für die Wirtschaftsstruktur ist überwiegend gering. Letztendlich ist auch zu bedenken, dass das Potential umsiedlungsbereiter Betriebe gering ist.

Seit den 1980er Jahren ist demgegenüber eine stärkere Ausrichtung von Entwicklungspolitiken an den endogenen Potentialen eines Raumes bemerkbar. Die im Folgenden erläuterten Ansätze zeigen dies, indem sie maßgeschneiderte lokale Politiken entwickeln und sich stärker auf die optimale Nutzung der vorhandenen Ressourcen (Arbeitskräfte, Qualifikationen, Motivation der Akteure, Marktpotentiale, Boden, Kapital, etc.) stützen.

Das zweite Modell der Wirtschaftsentwicklung sieht die Notwendigkeit eines parallelen Ansatzes in den Bereichen Infrastrukturverbesserung, Unternehmensförderung und arbeitsmarkt- wie sozialpolitischen Maßnahmen für die Bevölkerung und sucht über synergetische Wirkungen nachhaltige Verbesserungen der Wirtschafts- und Beschäftigungsstruktur zu erzielen. Im Gegensatz zum vorigen Wirtschaftsförderungsansatz stehen die Förderung der beruflichen Eingliederung der Bevölkerung und die Stärkung der ansässigen Unternehmen als gleichberechtigte Ziele im Vordergrund. Das Ziel ist, wie beim vorigen Modell, die „Angleichung", d.h. der Anschluss des Stadtteils an die Eckdaten der gesamtstädtischen Wirtschaftsentwicklung und „das Aufrücken auf dem durch die städtische (...) Agglomeration (...) vorgegebenen Entwicklungspfad" (Läpple 1999: 22). Beispiele für diesen Typus einer integrativen Beschäftigungs- und Wirtschaftsförderung finden sich in einigen Städten, auch wenn diese Politik noch immer als innovative kommunalpolitische Strategie zu bezeichnen ist. In Glasgow ist eine solche Herangehensweise zur konventionellen Wirtschaftsförderung geworden (Textbox 2).

Das Besondere des Ansatzes sind die Raumorientierung und Verfahrensinnovationen. So werden staatliche und kommunale Politiken für einen konzentrierteren Input in erneuerungsbedürftige Stadtteile zusammengeführt und neue und engere Verflechtungen zwischen den Interessen und Politiken von öffentlicher Verwaltung, Kammern und Verbänden, Forschungseinrichtungen und Unternehmen gesucht. Neue Politikinstrumente, wie z.B. lokale Transfereinrichtungen, werden erprobt. Nicht nur Wachstum, sondern die qualitative Verbesserung der Wirtschafts- und Beschäftigungsstruktur im Stadtteil steht im Vordergrund. Inhaltliche wie formale Innovationen verbleiben allerdings im Rahmen gegebener Machtverhältnisse, bestehende Machtstrukturen werden nicht tangiert. Der Entwicklungsprozess wird überwiegend von außen – über externe Wirtschaftsfachleute, Planer, etc. – angestoßen, wenngleich versucht wird, ansässige Akteure von Anfang an mit einzubeziehen.

Das dritte Modell basiert hauptsächlich auf der Entwicklung des Spezifischen eines Viertels. Der Entwicklungsansatz basiert nicht auf der Sichtweise, dass dem Stadtteil etwas „mangelt". Das Ziel ist nicht eine wirtschaftliche Entwicklung wie „anderswo auch", sondern gesellschaftliche Innovation und struktureller Wandel. Es wird nach einem neuen Weg gesucht, der oftmals auf der besonderen Geschichte des Ortes, dem Andersartigen und Spezifischen des Stadtteils beruht. Das können die Bevölkerungszusammensetzung (Immigranten, lokale Eliten) sein, Gebäudeensemble im Stadtteil oder bestimmte ökonomische Traditionen. Beispiele dafür wären die forcierte Entwicklung und das Marketing der ethnischen Ökonomie in einem Stadtteil, in dem sich Immigranten eine neue Existenz aufgebaut haben. Oder die Entwicklung von Clustern einer sozialen Ökonomie. Stärker als im vorigen Ansatz stehen nicht die wirtschaftlichen oder technologischen Ziele im Vordergrund, sondern die sozio-institutionelle Innovation und die Verbesserung der Lebensqualität im Stadtteil. Lokale Akteure bestimmen den Entwicklungsprozess dabei stärker selbst. Das Besondere an diesem Modell ist die (städtische/regionale) Bereitschaft, in bestimmten Räumen eine unkonventionellere, experimentellere Politik zu verfolgen. Die Entwicklung ist weniger politisch kontrollierbar und die Endprodukte zeichnen sich erst im Laufe des Prozesses ab. Ein solcher Prozess erfordert von den etablierten Institutionen/Akteuren den Mut, fremde und zunächst befremdliche Perspektiven zu denken und sich ihnen zu öffnen. Diese Art der Wirtschaftsentwicklung ist – da sie Machtstrukturen tangiert und politisch „risikobehaftet" ist – selten zu finden. Sie bietet sich, da von historisch bedingten endogenen Faktoren abhängig, auch nicht allerorten an. So kann insbesondere in benachteiligten Gebieten das endogene Potential schlichtweg zu gering sein, um spürbare Beschäftigungs- und Wirtschaftsentwicklungseffekte zu erzielen.

Mit den drei idealtypischen Handlungsansätzen verbinden sich nicht automatisch bestimmte theoretische Modelle oder Lehren (gleichwohl einige Analogien offensichtlich sind). In der Realität finden sich die Ansätze auch nicht derart idealtypisch wieder, d. h. in den Stadtteilstrategien können sich Elemente aller drei Typen vermischen. Die Typenbildungen verdeutlichen aber, wie unterschiedliche Prämissen – die letztendlich die lokalen Machtverhältnisse und die lokale Innovationsfähigkeit widerspiegeln – die Politiken vor Ort formen; zudem dienen sie der Reflektion der gewählten Strategie.

7.2.4 Spezifische Dilemmas in der stadtteilbezogenen Wirtschafts- und Beschäftigungsförderung

Einige Dilemmas werden die Arbeit vor Ort immer begleiten. Lokal gezielte Beschäftigungsförderung hat die Stabilisierung von Personen und deren Integration in den Arbeitsmarkt zum Ziel. In dem Maße, in dem die Zahl sozial stabiler Haushalte zunimmt, so das Argument, stabilisiert sich auch das Gebiet. Das Gegenargument lautet, dass Haushalte und Personen, sobald sie Arbeit aufnehmen und sich den Wegzug finanziell leisten können, dies auch realisieren. Studien bestätigen, dass in der Tat ein breiter Wegzug der Mittelschicht stattfindet, wenn ein Stadtteil in seiner negativen Dynamik eine kritische Grenze überschreitet und dem Gebiet als „Stabilisationsfaktor" verloren geht. Wird jedoch die völlige Aufgabe des Gebietes als politische Alternative ausgeschlossen, dann müssen solche Rückschläge hingenommen werden und die Anstrengungen beibehalten werden, bis dass der Stadtteil die kritische Grenze überwunden hat und sich stabilisiert. Personen- und raumorientierte Strategien müssen sich dabei ergänzen.

Bei der Förderung von Unternehmen stellt sich die Frage, ob arbeitsintensive oder produktive Unternehmen gefördert werden. Maßnahmen, die die Produktivität eines Unternehmens verbessern, können prinzipiell auch zum Arbeitsplatzabbau führen. Nur ein produktives Unternehmen wird jedoch langfristig bestehen und stabile Arbeitsplätze bieten können. Die Produktivität von Unternehmen zu erhöhen, ist ein Mittel zum Zweck, um Arbeitsplätze und Angebote langfristig im Stadtteil zu erhalten. Da eine hohe

Produktivität auch auf Arbeitsplatzabbau beruhen kann, sind bei Förderentscheidungen Abwägungen unter der Berücksichtigung der Leitbilder für die Unternehmens- und Stadtteilentwicklung notwendig. Somit ist es zwar sinnvoll, die wettbewerbsfähigsten Unternehmen zu fördern, weil nur die wettbewerbsfähigen Unternehmen auch langfristig stabile Arbeitsplätze anbieten können. Aber diese Politik des „Stärken stärken" muss einhergehen mit einer Politik, die niedrigproduktivere, aber aus verschiedenen Gründen (Arbeitsplätze, Versorgung, soziale Bedeutung) für den Stadtteil bedeutsamen Unternehmen eine „Atempause" bzw. eine längere Anlaufzeit zugesteht, um innovativer und wettbewerbsfähiger zu werden.

Und schließlich stellt sich der staatlichen Intervention auch die Frage, welche Art von Arbeitsplätzen geschaffen werden soll. In Deutschland, wie in allen europäischen Ländern, entstehen neue Arbeitsverhältnisse jenseits der traditionellen, sozial abgesicherten Normalarbeitsverhältnisse: zeitlich befristete Verträge, Dienstleistungen im informellen Bereich, stundenweise bezahlte Arbeitsleistungen, Arbeitsleistungen unterhalb der vereinbarten Mindestlöhne (Dombois 1999). Für gering qualifizierte Personen oder für neu ankommende Immigranten sind solche Arbeitsverhältnisse oftmals der erste Schritt zur Sicherung des Lebensunterhaltes. In den Stadtteilen mit besonderem Entwicklungsbedarf stellt sich die Frage, ob diese Arbeitsverhältnisse in den Blickpunkt rücken oder die Strategien sich auf die Schaffung von bzw. die Vermittlung in (den immer weniger vorhandenen) gut bezahlte Normalarbeitsverhältnissen konzentrieren. In Malmö-Rosengaard/SE verfolgt eine Vermittlungsagentur offensiv das Anliegen, Arbeitskräfte aus dem Gebiet in Unternehmen zu vermitteln – oftmals nur für Stunden oder Tage. Mehr als 80% der Bevölkerung von Rosengaard sind Immigranten. Die Vermittlungsagentur argumentiert, dass jede Art von Arbeitserfahrung besser ist als keine und die Normalarbeitsverhältnisse für ihre Klienten momentan nicht zugänglich sind (vgl. ILS 2000a, b). Die Hilfeleistung setzt an der konkreten Lebenssituation der lokalen Bevölkerung an. Der Philosophie vom stufenweisen Aufstieg – vom schlecht bezahlten Dienstleistungsjob zum gut bezahlten und abgesicherten Arbeitsverhältnis – steht die Argumentation der Gefahren eines Niedriglohnsektors entgegen (vgl. Porter 1996: 323). Die Lösung liegt in dem „sowohl-als auch", d.h. Klienten in ihnen heute zugängliche Arbeitsverhältnisse zu vermitteln und an der Verbesserung ihrer aktuellen Lebenssituation anzusetzen, sie aber in der Verfolgung von weiter qualifizierenden, beruflichen Perspektiven zu unterstützen. So findet sich in Nancy-Laxou/FR ein Projekt, das bislang informell in Haushalten beschäftigten Frauen arbeitsbegleitend eine Zertifizierung ihrer Qualifikationen ermöglichte und dadurch eine Verbesserung ihrer realen Arbeitssituation erreichte. In Leiden-Noord werden Taschengeldjobs für Jugendliche vermittelt, um ihnen Arbeitserfahrung zu vermitteln (vgl. ILS 2000a, b).

Eine andere Frage stellt sich im Zusammenhang mit der Art der geförderten Arbeitsplätze in strukturschwachen Stadtteilen. Einerseits kann argumentiert werden, dass gerade in diesen Stadtteilen Arbeitsplätze im dritten Sektor entstehen sollten – als eine Möglichkeit, den von der ökonomischen Entwicklung ausgeschlossenen Personen neue Arbeits- und Erwerbsmöglichkeiten zu bieten. Lokale Initiativen im Dritten Sektor können aufgrund ihrer Stellung zwischen Staat und Markt, bei gleichzeitig hochgradiger Verflechtung mit beiden Sektoren, Vorreiter bei der Stimulierung von Nachfrage und der Angebotsneugestaltung in zukunftsorientierten Beschäftigungsbereichen sein. Andererseits ist mit der Entwicklung eines Dritten Sektors, der zur Problemlösung (fehlende Arbeitsplätze für Geringqualifizierte, mangelnde soziale Solidarität) instrumentalisiert, aber nur bedingt als Innovationsbereich genutzt wird, auch die Gefahr der Marginalisierung der entwickelten Projekte und darüber hinaus der Stadtteile verbunden. Ob lokale Initiativen im Dritten Sektor zukunftsfähig sind, hängt zum einen mit ihrer konkreten Ausgestaltung (in entwicklungsfähige, dichte und offene Netzwerke eingebunden) zusammen. Zum anderen wäre aber in Deutschland ein neuer und förderlicher institutioneller Rahmen für Aktivitäten in diesem Bereich wünschenswert.

Ein weiteres Dilemma, das hier angesprochen werden soll, besteht in der Balance von Angeboten auf Stadtteilebene mit der Förderung des Zugangs zu bestehenden Institutionen. Die Argumente, die gegen die Duplizierung von Dienstleistungen auf der Stadtteilebene sprechen, sind, dass Initiativen, wie die Einrichtung eines Stadtteilfonds für Kreditvergabe oder Anlaufstellen für Existenzgründer mit speziellen Beratungsbedarfen, oft in guter Absicht und mit sozialer Zielsetzung arbeiten, aber ohne die notwendige ökonomische Professionalität. Auch wird eingewendet, dass sie aus Selbsterhaltungsgründen dazu neigen, ihre institutionelle Struktur aufrecht zu erhalten und zu wenig die Absicht verfolgen, sich in ihrer Arbeit überflüssig zu machen (vgl. Porter 1996: 315). Die Argumente, die für den Aufbau von gezielten Dienstleistungen und Infrastruktur auf Stadtteilebene sprechen, sind, dass die bestehenden wirtschaftsrelevanten Institutionen auf eine veränderte Nachfrage nur langsam und inflexibel reagieren (z.B. auf besondere Beratungsbedürfnisse von Existenzgründern mit geringen Sicherheiten; Existenzgründer, die aus der Sozialhilfe ihre Gründung starten oder Existenzgründer mit fehlenden kulturellen Sicherheiten) und für den Zeitraum des Anpassungsprozesses spezifische Mittlerorganisationen notwendig sind. Der Kompromiss liegt in einem mehrstufigen Konzept. Ein Teil der im Stadtteil lebenden Bevölkerung wird mobil genug sein, um in der Marktwirtschaft sofort oder mit gezielter Unterstützung Tritt zu fassen. Ebenso ist nur eine begrenzte Zahl von Unternehmen und Existenzgründer/innen einer externen Beratung gegenüber aufgeschlossen und damit förderwürdig. Auf Stadtteilebene sind jedoch geeignete Anlauf- und Vermittlungsstellen für die Unternehmen und Personen zu etablieren, die auf individuelle und maßgeschneiderte Angebote angewiesen sind und mehr als nur kurzfristige und temporäre Unterstützung benötigen, solange sich der Stadtteil im gesamtstädtischen Vergleich durch einen besonderen Beratungsbedarf auszeichnet.

7.3 Strategien und Maßnahmen der stadtteilbezogenen Beschäftigungs- und Wirtschaftsentwicklung

Die Förderung der Wirtschaft in einem ökonomisch strukturschwachen Stadtteil ist, wie in diesem Kapitel bereits deutlich wurde, keine traditionelle Wirtschaftsförderung im kleinen Maßstab. Es geht um eine qualitativ neue Herangehensweise, die das Profil des Stadtteils im regionalen Kontext analysiert und einen integrierten Handlungsansatz unter Beteiligung zahlreicher Bündnispartner entwickelt. Ökonomische Stadtteilentwicklung muss vor allem als Prozess verstanden werden, in dessen Verlauf eine adäquate Strategie für die Förderung der lokalen Beschäftigungs- und Wirtschaftsstruktur entwickelt wird. Evaluationen im Handlungsbereich der lokalen Ökonomie/Wertschöpfung im Rahmen des Bund-Länder-Programms „Soziale Stadt" verweisen darauf, dass die Stärkung der Lokalen Ökonomie bei den Zielnennungen eine wichtige Rolle spielt und somit großer Handlungsbedarf in den Programmgebieten gesehen wird; doch spiegelt sich dies nicht entsprechend in konkreten Maßnahmen und Projekten wider (DIFU 2003; IfS 2004). Die Strukturierung dieses Handlungsbereichs, Anknüpfungspunkte zu finden und erfolgreiche Umsetzungsstrategien zu entwickeln, scheinen somit in der Praxis noch schwierig.

Für Akteure, die einen Prozess der kleinräumigen lokalökonomischen Entwicklung initiieren, ist es wichtig sich zu verdeutlichen, dass es keine wertneutralen Ziele gibt und Wertkonflikte über Diskurs und Dialog offen gelegt werden sollten. Die Aufgabe der externen Moderatoren ist es, einen Prozess zu organisieren, in dem die unterschiedlichen Meinungen Gehör finden und Entwicklungsziele für den Stadtteil in einem organisierten, inklusiven Diskussions- und Entscheidungsprozess bestimmt werden. Welche Rolle können staatliche Akteure übernehmen, welche Rolle zivilgesellschaftliche und privatwirtschaftliche Akteure? Welche Potentiale, welche Probleme müssen sofort, welche müssen langfristig bearbeitet werden? Zielkonflikte wird es in diesem Prozess immer geben, aber die Innovation besteht darin, diese offen zu legen und zu einem abgestimmten und breit getragenen Zielsystem zu kommen. Ein solches in sich konsistentes und auf ein bestimmtes Leitbild oder Oberziel ausgerichtetes Zielsystem wird im Folgenden als Strategie bezeichnet. Erfolgreiche Strategien bauen auf der Zusammenarbeit mit privatwirtschaftlichen und zivilgesellschaftlichen Akteuren vor Ort und somit auf einem breiten Beteiligungs- und Aktivierungsprozess auf.

In diesem Kapitel wird eine Reihe von Aspekten behandelt, die sich bei der Strategieentwicklung für Akteure in der Praxis ergeben: von der Entscheidung über die prinzipielle Herangehensweise, bis hin zu exemplarischen Instrumenten. Zum Abschluss des Kapitels wird auf die Notwendigkeit und die Funktion von Evaluierung bei lokalökonomischen Prozessen eingegangen. Evaluierung kann ein wertvolles Instrument sein, um – gemeinsam mit Schlüsselpersonen – Arbeitsziele zu strukturieren, frühzeitig auf Entwicklungen zu reagieren, Ergebnisse zu beurteilen und Politiken effektiver zu machen.

7.3.1 Die Entwicklung einer Strategie

Nachhaltige sozio-ökonomische Entwicklungsstrategien basieren auf dem Wissen um Routinen, Milieus und den Alltag im Stadtteil. Die im Stadtteil Lebenden und Arbeitenden sind mit ihrem Wissen um Problematiken, ihrem Überlebenskampf, ihren Ideen und ihrer Energie die Experten der Stadtteilentwicklung. Zur Erarbeitung eines Strategieansatzes ist es sinnvoll, in Kooperation mit regionalen und kommunalen Schlüsselpersonen sowie Stadtteilakteuren eine Reihe von Fragestellungen, z.B. in Form von Workshops, abzuklären:

- Wie organisieren die Bewohner und Bewohnerinnen ihren Alltag? Welche ökonomischen „Überlebensstrategien" haben sie? Gibt es Netzwerke, an die ein Strategieansatz anknüpfen kann? Wie suchen Bewohner/innen nach Arbeitsstellen oder Qualifikationsmöglichkeiten (Kontakte, informelle Wege, Arbeitsamt)? Wie werden Unternehmen im Gebiet gegründet? Wie zufrieden sind Gründer mit bestehenden Programmen und welche zusätzlichen Bedarfe sehen sie? Bevölkerungscharakteristika und -trends: Ausbildung, Beschäftigung, Einkommensformen. Wer zieht zu, wer weg?

- Welche Unternehmen sind vor Ort ansässig? Analyse der ökonomischen Basis (Verständnis der wichtigsten ökonomischen Zweige/Tätigkeiten, schrumpfende/wachsende Bereiche, Nischen mit hoher Dynamik, nicht abgedeckte Bedarfe, Kooperationen und lokale Verankerungen) und der ökonomischen Entwicklung (Entwicklung ausgewählter Sektoren im regionalen Vergleich, Partizipation an regionalen Wachstumsindustrien, spezifische ausbaufähige Standortvorteile, Perspektiven von Schlüsselunternehmen/-sektoren im Gebiet). Wie suchen die ansässigen Unternehmen nach Arbeitskräften? Wie decken sie ihren Weiterbildungsbedarf? Wie zufrieden sind sie mit ihrer Vorgehensweise?

- Was soll durch die wirtschaftliche Entwicklung erreicht werden (Frage nach Ziel und Zweck der staatlichen Intervention)? In welchen wirtschaftlichen Bereichen finden sich die dazu notwendigen ausbaufähigen Anknüpfungspunkte (informelle Ökonomie, soziale Ökonomie, Marktökonomie, kommunales Handeln)?

- Welche regionalen Wirtschaftsstrukturen müssen bei der lokalen Strategieentwicklung beachtet werden (z.B. regionale Cluster, in denen sich zukunftsträchtige Beschäftigungsmöglichkeiten ergeben)?

- Welcher Gebietszuschnitt ist sinnvoll? Welche bedeutenden Verbindungen gibt es zu angrenzenden Stadtteilen (welche lassen sich sinnvollerweise herstellen, z.B. zu angrenzenden Gewerbegebieten)?

- Wie kann notwendige fachliche Kompetenz gesichert/verbessert werden? (Unterschiedliche Modelle sind möglich: Untervertragnahme von Beratern, zeitlich befristete Abordnung von Wirtschaftsexperten aus bestehenden Organisationen und Institutionen, Einbeziehung des Wissens der lokalen Wirtschaft)

- Wie können Finanzflüsse, Politiken und Ressourcen (z.B. zivilgesellschaftliches Engagement von Unternehmen in der Region, Kurse der Handwerkskammer, Fortbildungen der Industrie- und Handelskammer) reorganisiert werden, um damit zielgerichteter bestimmten Stadtteilen, deren Unternehmerschaft und Bevölkerung, zur Verfügung zu stehen?

Textbox 12: Fragestellungen bei der Entwicklung einer Strategie

- Wissen um den Alltag von Menschen und Betrieben im Gebiet
- Analyse von Bevölkerungs- und Unternehmensstruktur
- Entwicklungsziele für das Gebiet und bestehende Chancen/Defizite
- Charakterisierung des Gebietes in der regionalen Ökonomie
- Gebietszuschnitt – notwendige Erweiterungen und Begrenzungen
- Organisation der fachlichen Kompetenz
- Mögliche Konzentration bzw. Umlenkung von vorhandenen Ressourcen (Akteure, Fördermittel, Politiken) auf das Gebiet
- Konkrete institutionelle Organisationsstruktur
- Sicherstellung ausreichender institutioneller und finanzieller Ressourcen zur Bewältigung der Probleme
- Mechanismen der Rückkoppelung und der Dialogorientierung

- Ist die Einrichtung einer lokalen Entwicklungsagentur sinnvoll in Bezug auf die vorhandenen Entwicklungspotentiale? Wenn ja, wie autonom bzw. wie eingebunden in die politisch-administrativen Strukturen muss sie sein? Kann die Aufgabe, bei entsprechender Umorganisation, von anderen Stellen, Organisationen übernommen werden? Und wenn ja, wie kann ein sektorübergreifender Ansatz (weder nur markt- oder nur staatsbehaftet) erreicht werden?
- In welche regionalen Politiken und Programme kann sich der lokale Ansatz „einklinken", um eine breite finanzielle und institutionelle Unterstützung zu mobilisieren?
- Wie können gegenseitige Lernprozesse unter den Hauptakteuren und wie kann die Effektivität des Ansatzes evaluiert und eventuelle Politikänderungen organisiert werden?

Workshops mit lokalen Akteuren wie auch Externen, die im Stadtteil unter dieser Fragestellung durchgeführt werden, schaffen die Grundlage für eine Entwicklungsstrategie des Stadtteils. Bedeutsam ist nicht nur die Beschreibung der Potentiale und Probleme, sondern auch der bereits identifizierbaren Ansatzpunkte und eine Analyse der Handlungsstrukturen, Denkweisen und institutionellen Chancen/Defizite (Kap. 5.3.4 und insbesondere Meyer-Stamer 2001, 2003).

Quantitative Analysen zur Wirtschaftsstruktur, die auf kommunaler/lokaler Ebene Einsatz finden können, wie etwa Shift-Share-Analysen, sind auf Stadtteilebene weder sinnvoll noch aufgrund der Datenlage durchführbar. Stattdessen bietet es sich an, die Hauptfragestellungen dieser Untersuchungsmethoden, z.B. ein Trendvergleich der städtischen/regionalen Entwicklung ausgewählter Beschäftigungszweige, qualitativ zu beantworten. Auch Handelsstrukturanalysen können als Instrument hilfreich sein. Die oben genannten Hauptfragestellungen verdeutlichen aber auch, dass zur Erarbeitung eines Strategieansatzes für die ökonomische Stadtteilentwicklung Wissen erhoben wird, das weit über traditionelle Wirtschaftsanalysen hinausgeht und soziale und institutionelle Aspekte umfasst.

Es wird sinnvoll sein, sich bei der Strategieentwicklung auf bestimmte Schlüsselunternehmen zu konzentrieren. Das können, je nach örtlicher Lage, Unternehmen mit hohen Wachstumspotentialen, Unternehmen, die spezifische lokale Bedarfe abdecken oder Unternehmen in lokaler Eigentümerschaft sein. Sind diese Schlüsselunternehmen identifiziert, stellt sich die Frage, wie lokale Politiken und Initiativen helfen können, die Schlüsselunternehmen zu festigen und stärker an die lokalökonomische Entwicklung zu binden. Ebenso können sich nur aus dem lokalen Wissen um Beschäftigungssituation, spezifische Potentiale und Qualifikationen in der ansässigen Bevölkerung Anknüpfungspunkte für beschäftigungswirksame Strategien herausbilden. Wo die vielversprechendsten Potentiale für den Stadtteil liegen und wie der „örtliche Diamant" geschliffen werden kann (Kap. 5.3.1), ist nur lokal spezifisch zu beantworten.

7.3.2 Instrumente und Maßnahmen

Welche Maßnahmenbündel und Instrumente sind geeignet, um die ökonomische Stadtteilentwicklung zu fördern?

- Die Förderung von Existenzgründungen kann in geringem Umfang dazu beitragen, neue Arbeitsplätze zu generieren.[91] Existenzgründungen können auch zur Vitalität und

Urbanität wie auch zur Verbesserung der Versorgungssituation des Stadtteiles beitragen. Eine kompetente Beratung für Gründer/innen in benachteiligten Stadtteilen ist wichtig, um die Qualität der Gründung und die Überlebensfähigkeit der Betriebe zu stärken. Entsprechende Evaluationen betonen, dass Beratungsprogramme individuell auf die Bedarfe eines Gründers/einer Gründerin zugeschnitten sein müssen. Ein solider Geschäftsplan bildet das Fundament der Gründung. Es ist aber auch wichtig, die Gründer/innen in für sie/ihn wichtige Netzwerke einzuführen

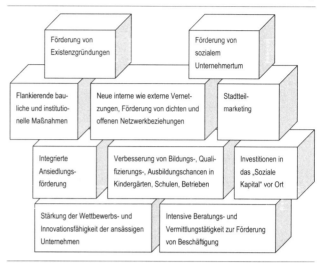

Abb. 15: Maßnahmenbündel in der ökonomischen Stadtteilerneuerung

Förderung von Existenzgründungen

Förderung von sozialem Unternehmertum

Flankierende bauliche und institutionelle Maßnahmen

Neue interne wie externe Vernetzungen, Förderung von dichten und offenen Netzwerkbeziehungen

Stadtteilmarketing

Integrierte Ansiedlungsförderung

Verbesserung von Bildungs-, Qualifizierungs-, Ausbildungschancen in Kindergärten, Schulen, Betrieben

Investitionen in das „Soziale Kapital" vor Ort

Stärkung der Wettbewerbs- und Innovationsfähigkeit der ansässigen Unternehmen

Intensive Beratungs- und Vermittlungstätigkeit zur Förderung von Beschäftigung

Eigene Darstellung

und die Kontakte zu nützlichen Institutionen herzustellen, um günstige Finanzierung, Räumlichkeiten und entsprechende unternehmensrelevante Managementfähigkeiten zu gewährleisten. Ferner sollte eine Betreuung in den ersten kritischen Jahren nach der Gründung gewährleistet sein (B&A Groep 2000).

- Die Stärkung der ansässigen Unternehmen in ihrer Wettbewerbsfähigkeit und Innovationsfähigkeit. In der Regel werden Unternehmen bis 50 Arbeitnehmer/innen[92], also kleine und mittlere Unternehmen, als Zielgruppe benannt. Nicht nur, weil von ihnen die höchsten Arbeitsmarkteffekte erwartet werden, sondern auch, weil kleine und mittlere Unternehmen in ihrem Innovationsverhalten als abhängig vom regionalen Umfeld und hohen Innovationsbarrieren ausgesetzt gelten (Kap. 4.2.2). Ziel ist es letztendlich, Wirtschaftsstruktur und Unternehmenskultur im Stadtteil qualitativ zu verbessern. Um aus der Unternehmensförderung Effekte für die Stadtteilentwicklung zu ziehen, ist die Auswahl der geförderten Unternehmen und Maßnahmen (das Targeting, im Sinne einer Konzentration auf Schlüsselunternehmen) von essentieller Bedeutung. Lokale Politiken sollten Unternehmenspolitiken zu Diversifizierung, Innovation und Wachstum ergänzen und fördern und dabei sicherstellen, dass sie die gewünschten Effekte auf den Stadtteil bzw. auf bestimmte Personengruppen haben.

- Intensive, gebietsbezogene Beratungs- und Vermittlungstätigkeit zum Nutzen der Bevölkerung vor Ort. Dieser Grundsatz muss bei der Vermittlung in Arbeitsplätze Hand in Hand gehen mit der Ansprache und Kontaktpflege zu regionalen Unternehmen/Organisationen und der Begleitung während der Einarbeitungsphase. People-to-Jobs Strategien können in kurzer Zeit gute Ergebnisse im Hinblick auf eine steigende Beschäftigungsquote bzw. sinkende Erwerbslosenquote im Quartier bringen. Nicht nur formelle Arbeitsmarktbeschäftigung, sondern auch ehrenamtliches Engagement oder (Weiter-)qualifizierung sind zu fördern (Projekt „WAVES" in Leiden/NL, wie in Kap. 2.3 dargestellt, oder auch die Unterstützung von Jugendlichen beim Übergang von der

Schule in den Beruf, wie z.B. über das Freiwillige Soziale Trainingsjahr). Zu diesem Bereich zählt auch, die Voraussetzungen für Eigenarbeit und Selbsthilfe unter städtischen Bedingungen zu verbessern, womit teils erhebliche Wohlfahrtseffekte verbunden sind und zugleich soziale Hilfsnetze aktiviert werden können (Nachbarschaftswerkstätten, Kooperationsringe, etc.) (Siebel 1996: 61), was zum – weiter unten angeführten – sozialen Kapital des Quartiers beiträgt.

- Eine integrierte Ansiedlungsförderung kann dazu beitragen, die Wirtschaftsstruktur qualitativ zu verbessern und neue Arbeitsplätze zu schaffen. Wenn Neuansiedlungen mit gezielter Beschäftigungsförderung verbunden werden, können neue Arbeitsplätze und Einkommensmöglichkeiten für die lokale Bevölkerung entstehen. Integrierte Ansiedlungsförderung beinhaltet die Unterstützung eines Unternehmens bei der Ansiedlung in Zusammenarbeit mit den behördlichen Einrichtungen, die Unterstützung bei der Anwerbung qualifizierten Personals und die Einbindung des Unternehmens in vorhandene Zuliefer-/Absatzstrukturen und Netzwerke (siehe z.B. Tolner 2001 für Groningen).
- Die Förderung von Bildung, Qualifizierung und Ausbildung auf allen Ebenen, vom Kindergarten bis hin zur Umsetzung des Konzeptes des lebenslangen Lernens. Bildung und Ausbildung von Kindern und Jugendlichen entscheiden über sichere oder unsichere berufliche Perspektiven. Fatalerweise werden gerade in den benachteiligten Stadtteilen die Schulen den besonderen Anforderungen an Förderung und Qualität oftmals nicht gerecht (Strohmeier 2002). Ansatzpunkte sind hier Qualitätsoffensiven in Kindergärten und Schulen, „Bildungspässe" für Beschäftigte und Bevölkerung, Vernetzungen von Unternehmenswelt und Schule (Projektwochen, Schülerfirmen, Unternehmenspraktika, etc.)
- Ergänzende bauliche und institutionelle Strukturen zur Förderung ökonomischer Aktivität im Stadtteil. Dazu zählt die Schaffung von qualitätsvollen, aber preisgünstigen Flächen und Räumlichkeiten für Unternehmen, wie auch die Flexibilisierung von Planungs- und Baurecht (gerade in reinen Wohngebieten); Qualifizierungs- und Beratungsinfrastruktur für die Erwerbsbevölkerung, aber auch flankierende Maßnahmen wie die Verbesserung von Qualität und Verfügbarkeit von Kinderbetreuungsmöglichkeiten vor Ort oder der Abbau von stadtteilspezifischen Mobilitätshemmnissen.
- Investitionen in das soziale Kapital eines Ortes. Eine nachhaltige ökonomische Entwicklung ist als eng angebunden an die kulturelle und soziale Entwicklung des Stadtteils zu begreifen. An verschiedenen Stellen dieser Arbeit wurde auf die Bedeutung der Arbeit von Initiativen und Organisationen, die zum sozialen Zusammenhalt und der lokalen Wertschöpfung beitragen, hingewiesen (Kap. 5.2, 2.2). Soziales Kapital, Vertrauen, soziale Werte und Normen, als Grundlage jeglicher ökonomischer Entwicklung, bilden und erneuern sich vor allem im alltäglichen Leben, von Angesicht zu Angesicht, so dass dem Quartier, als räumlichem Kontext sozialen Handelns, eine wichtige Rolle zukommt. Ansatzpunkte sind: Kommunikationsanlässe schaffen und fördern, lösungsorientierte Beteiligungsverfahren (Zukunftswerkstätten, Planungszellen, etc.), Qualität in Schulen und Kindergärten sichern, eine produktive Rolle von Wohnungsbaugesellschaften im Quartier, räumliche und soziale Hilfsnetze aktivieren, Selbsthilfe und Nachbarschaftshilfe unterstützen; Stärkung von Hausbewohnerschaften, Vernetzungen im Stadtteil und

Projekte, die die Identifikation von Bewohner/innen mit dem Wohnmilieu fördern.

- Vernetzungen fördern. Damit ist sowohl die gebietsinterne Vernetzung von Akteuren und Projekten angesprochen als auch die Einbindung von ansässigen Unternehmen in regionale Netzwerke oder die Vermittlung von Personen aus dem Ortsteil in nahe gelegene Wachstumscluster. Vernetzungen zu fördern ist eine originäre, weil an lokales Wissen gebundene Aufgabe der ökonomischen Stadtteilentwicklung. Es geht darum, neue Anbindungen von Erwerbslosen an den Arbeitsmarkt, Vernetzungen zwischen Unternehmen, zwischen Schulen und der Arbeitswelt, zwischen Bevölkerung und Unternehmen vor Ort zu fördern; die Kooperation der Gewerbetreibenden und die Bindungen von Unternehmen an den Stadtteil (über Sponsoring, Arbeitskräfte, Liefer- und Absatzbeziehungen) zu verstärken.

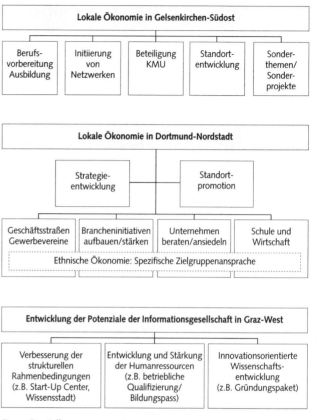

Abb. 16: Exemplarische Beispiele für Handlungsfelder der ökonomischen Stadtteilrevitalisierung

Eigene Darstellung

- Soziales Unternehmertum fördern, in all seinen Formen vom social sponsoring bis hin zur gezielten Förderung gemischtwirtschaftlicher Betriebe. Gemischtwirtschaftliche Unternehmen sollten nicht in ihrem Beschäftigungseffekt überschätzt werden. Sie erzielen aber – aufgrund ihrer lokalen Einbindung – im Bereich der sozio-ökonomischen Integration oftmals weitaus bessere Erfolge als staatliche Programme (Evers et.al. 2000). Gemischtwirtschaftliche Unternehmen können zudem prädestiniert sein, in neue Beschäftigungsbereiche vorzudringen.

- Stadtteilmarketing. Die Wahrnehmung der Stadtteile ist negativ – z.B. in Bezug auf Kriminalität, die Qualität von Nachbarschaften und Wohnräumen oder die Qualität von Arbeitskräften. Mit der Realität deckt sich dies oftmals nicht. Kampagnen wie „Inner City 100"/USA (Habiby/Porter 1999), die Auszeichnung wachstumsstarker Unternehmen in benachteiligten Stadtteilen oder auch Prestigeobjekte im Sinne von qualitativ hochwertigen Neuinvestitionen, wie in Malmö-Rosengaard/SE (siehe ILS 2000a, b), die eine positive Berichterstattung nach sich ziehen, verbessern die Außenwahrnehmung des Stadtteils. Handlungskonzepte müssen in eine kontinuierliche Kommunikationsstrategie eingebunden sein, die, nach innen und außen wirkend, das Image des Stadtteiles langfristig verändern kann.

Tabelle 11: Beispiele für Maßnahmen und Instrumente der lokalen Wirtschafts- und Beschäftigungsförderung
  - Fortsetzung der Tabelle auf den nächsten Seiten -

Beschäftigungsförderung und Arbeitsmarktpolitik	Investive Maßnahme	Beratung/ Information/ Vernetzung	Finanzielle Anreize
Passgenaue Qualifizierungsmaßnahmen für Langzeitarbeitslose, z.B. in gezielter Zusammenarbeit mit einem (größeren) Arbeitgeber, der neu in das Gebiet zieht, oder mit ansässigen Unternehmen. In der Praxis weit verbreitet, z.B. Glasgow-Gorbals/UK.	●	●	
Unterstützung von Bewohnern und Bewohnerinnen bei der Erreichung von Ausbildungs- und Qualifizierungszielen, berufliche Qualifizierung in Zusammenarbeit mit lokalen Bildungseinrichtungen, teils unmittelbar zum Nutzen des Stadtteils. *In der Praxis weit verbreitet, z.B.* Duisburg-Marxloh, Glasgow-Gorbals/UK. In Bezug auf Jugendliche: z.B. Come On Jugendberufshilfebetrieb in Dortmund-Hörde Clarenberg.	●	●	
Ladenlokal oder gut zugängliche Informationsstelle vor Ort: Beratung und Information lokaler Klienten über Qualifizierungsmöglichkeiten und berufliche Orientierung, Unterstützung bei der Arbeitsstellensuche, Beratung zur beruflichen Selbstständigkeit. Praxisbeispiele: „Computer Training Bus" in Glasgow-Govan/UK, Offenes Büro im Einkaufszentrum in Glasgow-Gorbals und Glasgow-Castlemilk/UK.	●	●	
Flexibles Lernen: Selbstlernkurse und Kursangebote im Bereich Computer, Sprachen, persönliche Entwicklung in Räumlichkeiten vor Ort. Siehe z.B. Glasgow-Govan/UK; Open-Learning-Center in Graz-West/AT.	●	●	
Verbesserung des Kinderbetreuungsangebotes vor Ort, um Eltern Berufstätigkeit und (Weiter-)Qualifizierung zu ermöglichen. Siehe z.B. Glasgow-Govan/UK oder Graz-West/AT	●	●	
Aktivierung von Klienten, von ehrenamtlicher Arbeit, bis zur Integration in den Arbeitsmarkt. Siehe als Beispiel Projekt WAVES in Leiden/NL.	●	●	
Vermittlung der lokalen Bevölkerung auf freie Stellen im Stadtteil, in der Stadt, in der Region; Datenbank mit den Profilen Arbeit suchender lokaler Personen („skill bank"), Kontaktaufnahme mit potentiellen Arbeitgebern oder auch Vernetzung von Klienten zu Qualifizierungs- oder Existenzgründungsgruppen, Bewerbungstraining, Begleitung während der Einarbeitungszeit, teils auch Subventionierung der Arbeitgeber. Siehe zum Beispiel Malmö-Rosengaard/SE oder auch Glasgow-Govan/UK (auch Subventionierung von Arbeitgebern) (ILS 2000a, b). Zum Job-Placement in nahe gelegenen, wettbewerbsfähigen Clustern, siehe HOPE in Detroit/USA, Bidwell Training Center in PittsburghUSA, One with One in Boston/USA.	●	●	●
Entwicklung von Projekten mit besonderer „Impulsfunktion" für den Stadtteil und/oder Beschäftigungswirkung, z.B. Existenzgründerzentren oder Handwerkerhöfe. Siehe Existenzgründerzentren Triple Z in Essen-Katernberg und Malmö-Rosengaard/SE, wie auch Hamburg-St.Pauli (Textbox 5).	●		
Aktive Kooperation mit lokalen Schulen: Förderung von Praktika für Jugendliche, Unterstützung der beruflichen Orientierung.		●	
Aktive Unterstützung von Betrieben in Konkursgefahr und Entwicklung von beruflichen Perspektiven für die Beschäftigten, um drohende Arbeitslosigkeit zu verhindern.		●	
Übereinkünfte mit ansässigen Unternehmen, in denen sie sich auf freiwilliger Basis verpflichten, zuerst eine bestimmte Zahl von lokalen Bewerber/innen für eine freie Stelle zu interviewen, bevor stadtweit gesucht wird.		●	
Initiativen zur Förderung des Unternehmergeistes bei Jugendlichen, z.B. Planspiele „Unternehmensgründung" an Schulen.		●	
„Lokale Partnerschaften" zwischen Unternehmen, gemeinnützigen oder sozialwirtschaftlichen Organisationen und staatlichen Akteuren zur Erschließung neuer Qualifizierungs- und Beschäftigungsmöglichkeiten im Ortsteil		●	

Quelle: Eigene Darstellung auf der Grundlage von Weck 1996; Blakely 1988; Porter 1996; ILS 2000a, b; Soziale Stadt (Projektdatenbank) 2005; eigene Recherche

Tabelle 11: Beispiele für Maßnahmen und Instrumente der lokalen Wirtschafts- und Beschäftigungsförderung
- Fortsetzung der vorherigen Seite -

Wirtschaftsentwicklung	Investive Maßnahme	Beratung/ Information/ Vernetzung	Finanzielle Anreize
Unterstützung von Unternehmen im Bereich Unternehmensführung, Buchführung und Finanzen, Verkauf und Marketing, Zulieferbeziehungen, Produktentwicklung, Personalentwicklung; Selbstlernkurse zur unternehmerischen Qualifizierung, um ansässige Unternehmen zu stärken und in ihrer Entwicklung zu unterstützen. Siehe als Praxisbeispiel Glasgow-Govan/UK, Dortmund-Nordstadt (mit Schwerpunkt auf Förderung der ethnischen Ökonomie).		●	●
Unterstützung von Existenzgründer/innen bei der Realisierung ihres Vorhabens. Intensives Coaching und Feedback, Beratung und Qualifizierung, Organisation des Austausches zwischen Existenzgründern, Einbindung in Netzwerke aus Wirtschaft und Wissenschaft. Siehe Essen-Katernberg (Triple Z), Malmö-Rosengaard/SE, SWO/NL – Existenzgründer mit besonderem Beratungsbedarf (Textbox 6), Graz-West/AT (Beratung, Coaching, finanz. Förderung)	●	●	●
Günstige und geeignete Räumlichkeiten für Existenzgründer/innen. Siehe z.B. Hamburg-St. Pauli (Etage 21/Sprungschanze) (Textbox 5), Triple Z in Essen-Katernberg, Start-Up Center in Graz-West. Als Beispiel für ein Gründerzentrum durch ein Community Business siehe Greater Ruchill Community Business in Glasgow/UK. Als Beispiel für die Ansiedlung von Existenzgründern in leer stehenden Wohnräumen in Großwohnsiedlungen siehe z.B. Wolfsburg-Westhagen oder Malmö-Rosengaard/SE.	●		
One-door-approach, d.h. kompetente und integrierte Bearbeitung einer jeden Anfrage von Unternehmen oder Investoren durch eine Ansprechperson, die gegebenenfalls andere Institutionen bei der Problemlösung hinzuzieht und den Klienten den „Gang durch die Bürokratie" erspart oder zumindest zeitlich verringert. Siehe z.B. Glasgow-Govan.		●	
Eigener Fördertopf für Zuschüsse, Subventionen oder Bürgschaften, bzw. Rückgriff auf stadtweite/regionale Finanzierungsprogramme; Bereitstellung von Kleinkrediten in strukturschwachen Gebieten nach dem Prinzip der Kreditgenossenschaft für kleine und mittlere Unternehmen. Siehe z.B. für eigenen Fördertopf für Zuschüsse/Subventionen: Entwicklungsgesellschaften in Glasgow/UK;Investitions- und Qualifikationszuschüsse zum Erhalt und der Schaffung von Arbeits/Ausbildungsplätzen: Chemnitz (IfS 2004); Bürgschaften für Existenzgründungen: SWO in Leiden und Utrecht/NL; Lancashire Mutual Guarantee Society/UK bzw. Small Business Credit Unions zur Bereitstellung von Kleinkrediten für Unternehmen nach dem Prinzip der Kreditgenossenschaft; Micro Lending nach dem Vorbild der Grameen Bank für Kleinstkreditvergabe.			●
Förderung von sozialen Unternehmen bzw. gemischtwirtschaftlichen Betrieben. Siehe dazu z.B. DZB Leiden/NL oder Community Labour Company in Leiden-Noord/NL (ILS 2000b), Modellprojekt BEST in drei Berliner Quartiersmanagement-Gebieten.		●	
Auslobung von Wettbewerben, Auszeichnung wachstumsstarker oder innovativer Unternehmen.			●
Imagekampagnen und Pressearbeit, Stadtteillogo, etc.		●	

Entsprechende Studien betonen immer wieder die Notwendigkeit einer *integrierten* und auf die individuellen Bedarfe von Personen oder Unternehmen *zugeschnittenen* Dienstleistung (Baldock 1998). Es ist offensichtlich, dass langfristig hohe Investitionen in einen Stadtteil notwendig sind, um neue Arbeitsplätze zu schaffen, sozio-ökonomische Aktivitäten zu stärken und die Unternehmensstruktur und -kultur zu verändern. Nicht einzelne Projekte oder Ansiedlungserfolge, sondern die intelligente Nutzung von Chancen und das Zusammenspiel von Politiken und Projekten entscheiden über Entwicklungsperspektiven des Quartiers. Tabelle 11 verdeutlicht exemplarisch, welche konkreten Maßnahmen für Wirtschaftsentwicklung und Beschäftigungsförderung in einem Stadtteil ergriffen werden können.

Tabelle 11: Beispiele für Maßnahmen und Instrumente der lokalen Wirtschafts- und Beschäftigungsförderung
- Fortsetzung der vorherigen Seite -

Wirtschaftsentwicklung	Investive Maßnahme	Beratung/ Information/ Vernetzung	Finanzielle Anreize
Unterstützung der Vernetzung bzw. einer Interessensorganisation der lokalen Unternehmen. Als Praxisbeispiele siehe Gelsenkirchen-Bismarck/Schalke-Nord, Duisburg-Marxloh.		●	●
Förderung von Subcontracting-Beziehungen unter den ansässigen Unternehmen, Erstellung von Einkaufsführern und Verzeichnis vorhandener Betriebe und Branchen (z.B. Karlsruhe Oststadt-West).		●	
Beratung und Unterstützung bei Maßnahmen zum betrieblichen Umweltschutz.		●	●
Beratung und Unterstützung von neugegründeten Unternehmen in den ersten drei bis fünf Jahren („After-Care").		●	●
Einbindung von neugegründeten Unternehmen in regionale Netzwerke, Vermittlung von Business-Angels. Siehe z.B. Malmö-Rosengaard; „Senioren helfen jungen Unternehmen"-Netzwerke in Hamburg, Schleswig-Holstein, Niedersachsen, Mecklenburg-Vorpommern.		●	
Beratung und Unterstützung bei Maßnahmen zur Verbesserung des Erscheinungsbildes von Betrieben und Unternehmen (Schaufenstergestaltung, Außenanlagengestaltung, Aufwertung bestehender Gewerbeflächen). Siehe z.B. Duisburg-Marxloh.		●	●
Datenregister verfügbarer gewerblicher Räumlichkeiten und Flächen. Siehe z.B. Duisburg-Marxloh.		●	
Ankauf und Bewirtschaftung von Flächen für künftige Entwicklung	●		
Integrierte Unterstützung von Investoren bei der Realisierung ihres Standortvorhabens. Siehe z.B. Integrierte Ansiedlungsförderung in Groningen/NL.		●	
Gespräche mit Investoren über hochwertige Bauprojekte, z.B. attraktive Wohnmodelle für junge Leute, qualitativ hochwertige Projekte für Wohnen und Arbeiten. Siehe z.B. Graz-West/AT.		●	
Unterstützung und Beratung von Unternehmen bei der Einführung neuer Technologien		●	●
Gespräche mit politischen Entscheidungsträgern, um bestehende Programme, Ressourcen und Dienstleistungen stärker auf die Bedarfe vor Ort auszurichten bzw. sie für Bewerber/innen vor Ort zu öffnen.		●	
Bauträgertätigkeit einer lokalen Entwicklungsgesellschaft/eines lokalen Wohnungsunternehmens zur Erstellung von geeigneten gewerblichen Räumlichkeiten/Flächen im Stadtteil für neue ökonomische Aktivitäten.	●		
Gespräche mit Banken und Finanzierungsträgern, um lokalen Bedarf nach Finanzierung besser abzudecken.			●

*Quelle: Eigene Darstellung auf der Grundlage von Weck 1996; Blakely 1988; Porter 1996; ILS 2000a, b;
Soziale Stadt (Projektdatenbank) 2005; eigene Recherche*

Beratung, Information und Vernetzung sind „weiche" Maßnahmen, um Schlüsselpersonen zu aktivieren und das Verhalten von wichtigen Akteuren (Banken, Qualifizierungsträger, Verwaltungsabteilungen, Wirtschaft(sinteressensvertretungen), Schulleiter) und Bevölkerung zu beeinflussen. Bei finanziellen Anreizen, z.B. in Form von Zuschüssen zur Netzwerkbildung, verbilligten Krediten für Unternehmensgründungen oder -investitionen, müssen Mitnahmeeffekte bedacht werden. Eine sorgfältige Abwägung ist notwendig: Sind die Anreize zu gering, sprechen sie die Zielgruppe nicht an, sind sie zu hoch, beeinträchtigen die Mitnahmeeffekte die Effektivität der Programme. Insbesondere Ansiedlungshilfen sind kritisch zu sehen (Fußnote 38). Investive Maßnahmen benötigen eine politische Lobby.

Der Ausbau von Infrastruktur vor Ort kann die Standortqualität, Attraktivität und das Image verbessern. Neben dem hohen Mitteleinsatz sind aber auch die unklaren Verteilungswirkungen solcher Projekte zu beachten (vgl. Maier/Tödtling 2001b: 182ff).

Strukturelle Änderungen sind mit vielen dieser Maßnahmen zu erreichen, wenn die Erkenntnisse z.B. in Bezug auf spezifische Profile und Qualifizierungsbedarfe der lokalen Bevölkerung über regelmäßige Feedback-Runden in den etablierten Wirtschaftsförderungsinstitutionen und Qualifizierungsträgern „ankommen" und diese ihre bestehenden Angebote umstrukturieren (Rückkoppelung und Dialogorientierung in Kap. 7.2.1).

7.3.3 Evaluierungsaspekte

Die Evaluierung von lokalökonomischen Projekten, ihrer Gesamtstrategie und ihrer Wirkung auf den Stadtteil ist aus verschiedenen Gründen notwendig. Aus den Ergebnissen können Rückschlüsse auf die Qualität des Angebotes und die Zielerreichung gezogen werden. Werden die Ergebnisse dazu genutzt, unter breiter Beteiligung von Schlüsselakteuren in einem Politikfeld regelmäßig Schlussfolgerungen in Bezug auf die Verbesserung der angebotenen Dienste und eine höhere Effektivität der Projekte zu ziehen und institutionell umzusetzen, hat Evaluierung eine strategische Bedeutung (Kap. 7.2.1). Zudem dienen die Ergebnisse auch der politischen Legitimation eingesetzter Mittel.

Durchgeführte Projekte sollten nicht nur entsprechend ihrer eigenen Zielsetzungen evaluiert werden. Es empfiehlt sich, auch bestimmte breitere Kriterien zu analysieren, wie Kosten-Effektivität, Qualitätsgesichtspunkte und Verteilungsgerechtigkeit, um den Erfolg eines Projektes zu beurteilen. Also z.B. nicht nur, wie viele Arbeitsplätze entstanden sind, sondern auch wie nachhaltig sie sind, wer davon profitiert hat und wie ihre Kosten-Effektivität (unter Ausschluss von Mitnahme- und Substitutionseffekten) zu beurteilen ist (Foley 1992; Turok 1989; Baldock 1998; ILS 2000a, b).

Projektevaluierung und Monitoring[93] stoßen in den deutschen Stadtteilerneuerungsgebieten vielfach auf das Problem, nicht auf kleinräumige Daten zurückgreifen zu können, wie die Zahl der von staatlichen Transferzahlungen lebenden Bevölkerung, der im Stadtteil lebenden aktiven Bevölkerung, das Profil der Unternehmen im Stadtteil oder auch gesundheits- oder ausbildungsbezogene Daten. Damit fehlt, auch für eine spätere Fortschreibung wichtige Analysegrundlage, ohne die Entwicklungsdynamiken nicht beurteilt werden können. In der Praxis muss sich etablieren, spezifische, auf bestimmte Zeiträume bezogene Ziele aufzustellen, anhand derer die entwickelten Projekte und Strategien in Hinblick auf ihre Effekte und Wirkungen auf den Stadtteil überprüfbar sind.[94]

Zu einem differenzierten Zielsystem zu kommen und aussagekräftige Indikatoren für die Messung der Entwicklungsdynamik zu finden, ist schon aus dem einen Grund notwendig, weil lokalökonomische Maßnahmen von der Politik nicht allein an isolierten Ergebnissen wie Arbeitsplatzeffekten oder der Zahl von Existenzgründungen gemessen werden sollen. Erfolge zeigen sich im Viereck der zuvor erwähnten Zielebenen von ökonomischer Stadtteilentwicklung (Abbildung 14). Das für den Stadtteil erarbeitete Zielsystem muss die vier Ebenen widerspiegeln und durch Indikatoren messbar sein. Somit sind Indikatoren zu suchen, die auch der sozialen und institutionellen Komponente gerecht werden; also den Wert neuer Akteursbündnisse und Netzwerke abbilden, Verbesserungen im Bereich sozialer Partizipation oder in der lokalen Problemlösungskapazität erfassen. Hierfür sind, in Kooperation mit den wichtigsten Schlüsselakteuren im Politikfeld (z.B. auch Fördermittelgeber), adäquate Zielsysteme und Indikatoren zu entwickeln, die dem Charakter der Maßnahmen und ihren multiplen Effekten gerecht werden.

Nach der Definition zu Beginn der Arbeit soll sozio-ökonomische Entwicklung eine langfristige Verbesserung der Lebens- und Existenzbedingungen für Kleinunternehmen und Stadtteilbevölkerung erbringen (Kap. 1). Eine hochdynamische wirtschaftliche Entwicklung im Stadtteil, die die Lebensbedingungen der Bewohner/innen langfristig nicht verbessert, ist demnach eine fehlgeschlagene Politik. In Abbildung 14 (Kap. 7.2.1) wurden unterschiedliche Dimensionen der ökonomischen Stadtteilentwicklung benannt, die in gegenseitiger Abhängigkeit stehen. Was eine Verbesserung ist, das kann an drei Bedingungen festgemacht werden: (a) die Beurteilung beruht auf vollständiger und akkurater Information, (b) sie basiert auf einer offenen Diskussion und einer im Zusammenwirken mit den Betroffenen entstandenen Beurteilung, und (c) sie basiert auf einem Entscheidungsprozess, der von den Involvierten und Betroffenen legitimiert wurde (Friedmann 1992: 41). Die Indikatoren, die für eine Evaluation der „Verbesserung" herangezogen werden können, müssen in diesem Prozess im Rahmen partizipativer Planungs- und Entscheidungsprozesse diskutiert werden (Kreibich 1999, 32).

Die Komponenten der Evaluierung von Strategien einer wirtschaftlichen Revitalisierungsstrategie für Stadtgebiete umfassen somit die Selbstevaluation der Projekte. Hinzu kommt die Evaluation von gebietsbezogenen Entwicklungsfortschritten, die wiederum nicht nur eng ökonomisch definierte Indikatoren umfassen sollte, sondern auch solche, die institutionelle und soziale Fortschritte dokumentieren können. Es gibt nur wenige illustrierende Beispiele dafür, wie ein solcher Evaluierungsansatz aussehen könnte. Dennoch finden sich beim Blick über die nationalen Grenzen vereinzelte Bausteine, die in der Praxis erprobt wurden.[95]

Unter Berücksichtigung der Tatsache, dass quantitative Wirkungsanalysen qualitativen Methoden zwar nicht überlegen sind, doch den Vorteil haben, durch ihre plakative Kraft auch politischen Ansprüchen zu genügen und zudem einfache Vergleiche zu ermöglichen, werden quantitative Wirkungsanalysen immer Teil der Erfolgskontrolle sein. So beschäftigt sich Baldock (1998) mit der Frage, wie kosteneffektiv die Schaffung neuer Arbeitsplätze durch stadtteilbezogene ökonomische Strategien war. Er gibt an, dass durch das britische URBAN-Programm in zwei Stadtbezirken von London in den Jahren zwischen 1981 und 1991 jeweils ca. 100 bis 150 Arbeitsplätze neu geschaffen wurden, zu Kosten zwischen 3.200 und 6.000 Pfund.[96]

Eine niederländische Evaluationsstudie zu Existenzgründungen aus der Arbeitslosigkeit hält die durchschnittlichen (staatlichen) Kosten von 13.300 Gulden (rund 6.000 Euro) pro neu geschaffenem Arbeitsplatz für gerechtfertigt, insbesondere im Vergleich zu den Kosten von staatlich subventionierten Arbeitsplätzen (B&A Groep 2000).[97]

Govan Initiative/UK, die seit 1986 im Glasgower Stadtteil Govan im Bereich der ökonomischen Stadtteilentwicklung arbeitet, kann für ihr Aktionsgebiet auf erheblich reduzierte Arbeitslosenquoten verweisen. So weisen Raco et. al. (2000) für den Zeitraum von 1988 bis 1998 nach, dass die Arbeitslosenquote von Govan schneller fiel als die von Glasgow City. Die Arbeitslosenquote von Govan fiel von 26,2 Prozent auf 13,3 Prozent; die Quote von Glasgow City im selben Zeitraum von 19,8 Prozent auf 10,4 Prozent. Der Abstand zwischen der Quote von Govan zur Quote der gesamtstädtischen Arbeitslosigkeit betrug 1988 noch 6,4 Prozentpunkte, 1998 nur noch 2,9 Prozentpunkte. Die Tatsache, dass die Arbeitslosenquote in Govan schneller als im gesamtstädtischen Vergleich fiel, lässt den Schluss auf die erfolgreiche Arbeit von Govan Initiative zu.[98]

Govan Initiative verzeichnet jährlich rund 1.400 Anfragen von potentiellen Gründern (Govan Initiative 2003, 7). Dies führt, nach Angaben von Govan Initiative, letztendlich zur Gründung von 120 Unternehmen, mit einer durchschnittlichen Investition von rund 15.000 Pfund und einem durchschnittlichen Jahresumsatz von 50.000 Pfund. Die Glasgower Stadtteilentwicklungsgesellschaften sind hochprofessionelle Organisationen, zu denen sich in Deutschland kein Äquivalent bezüglich ihrer langjährigen Strategieentwicklung, Mitarbeiterzahl und Unterstützungsstruktur findet. Die Ergebnisse der Govan Initiative beruhen auf ihrer langjährigen Arbeitserfahrung; aber selbst in kürzeren Zeiträumen lassen sich Effekte und Wirkungen der Arbeit von lokalökonomischen Entwicklungsgesellschaften feststellen (siehe für Duisburg-Marxloh insbesondere den Bereich der Kooperationsförderung in Weck/Zimmer-Hegmann 1999).

In den zitierten Evaluationsbeispielen kommen vielfach der institutionelle und der soziale Aspekt von ökonomischer Stadtteilerneuerung zu kurz. Dies hängt mit Sicherheit auch damit zusammen, dass politisch-institutionelle Innovationen und soziokulturelle Verbesserungen sich nicht so leicht in griffige Parameter und quantitative Ergebnisse fassen lassen.[99]

Die Effektivität eines lokalen Ansatzes lässt sich aus institutioneller Sicht aber qualitativ an Hand von drei Kernfragen beurteilen:

- Umfasst die lokale Strategie die wesentlichen Dimensionen der lokalen Probleme? Sind die lokalen Probleme adäquat durch Ziele erfasst? Ist die lokale Strategie ausreichend multidimensional und ‚holistisch'? Können mit den angestrebten Projekten die strukturell wichtigen Stellschrauben für die Entwicklung des Stadtteiles beeinflusst werden? Welche bedeutsamen Bereiche werden (warum) nicht bearbeitet?
- Ist die Strategie so konzipiert, dass lokale Potentiale optimal mit städtischen und regionalen Ressourcen und Politiken verknüpft werden?
- Wird die lokale Strategie ausreichend durch gesamtstädtische oder regionale Politiken unterstützt? In dem Maße, in dem es gelingt, über die begrenzten Ressourcen lokalen Handelns auch Einfluss auf Akteure, Programme und Politiken außerhalb des Gebietes zu erschließen, sind nachhaltigere Erfolge zu erwarten als bei bottom-up Ansätzen, die aufgrund ihrer Isoliertheit in ihrer Wirkung oft marginal bleiben.

Aus diesen Überlegungen ergibt sich folgende Übersicht über geeignete Evaluationsindikatoren ökonomischer Stadtteilerneuerung, die ohne Anspruch auf Vollständigkeit oder Ausschließlichkeit Hinweise auf mögliche Aspekte der Erfolgskontrolle geben. Die Indikatoren dienen an dieser Stelle zur Orientierung. Vielfach müssen sie noch weiter differenziert werden, um wirklich messbare Ergebnisse zu liefern, was in den jeweiligen

Tabelle 12: Beispiele für Evaluationsindikatoren

Lebensqualität im Stadtteil

- Entwicklung des Haushalts-/Pro-Kopf-Einkommens
- Erscheinungsbild des Wohnumfeldes (erfassbar z.B. über Besichtigungen, Anzahl von Beschwerden im Stadtteilbüro, Zeitungsberichterstattung)
- Entwicklung von Privatinvestitionen (Modernisierungsvolumen, Sanierungen, Erweiterungen)
- Ästhetische Qualitäten und Attraktivität des Stadtteils (Einschätzungen von Experten, qualitative Interviews, Befragungen, Besichtigungen)
- Qualität soziokultureller Infrastruktur und Versorgungssituation (erfassbar über Besuchsraten, stichprobenartige Befragungen, Einschätzungen von Experten)
- Zeitungsberichterstattung über den Stadtteil

Arbeit und Beschäftigung

- Erfolge von Projekten der Vermittlung in den Arbeitsmarkt
  Personenzahl in Beschäftigungsverhältnissen/ Anteil Arbeitsloser an erwerbsfähiger Bevölkerung (spezifiziert nach Zielgruppen)
  Erfolge von Qualifizierungs-/Fortbildungsprojekten bei der Vermittlung von lokaler Bevölkerung in (lokale/regionale) Unternehmen
- Anzahl von Personen, die sich z.B. (freiwillig) bei einer lokalen Kontaktstelle nach beruflichen Beschäftigungsperspektiven erkunden
- Qualitative Einschätzung von Ausprägungen und Relationen informeller Tätigkeiten (Expertenpanel)
- Von lokalen Unternehmen bekannter Stellenbedarf (Arbeits-/Ausbildungsplätze)
- Versorgungsgrad bei Tageseinrichtungen für Kinder

Soziale Kohärenz

- Zahl und Aktivitäten von Bewohner/innen, die sich in Gesprächsrunden, Vereinen, Gruppen engagieren
- Zahl von Unternehmen, die sich in lokalen Projekten engagieren
- Entwicklung von Gesundheitsindikatoren
- Entwicklung von Schulbesuchsraten und Schulleistungen (Übergänge auf weiterführende Schulen)
- Entwicklung von Beschäftigungsquoten, Einkommensquoten, Versorgungssituation, Schulleistungen, Mietbelastungen etc. im städtischen Vergleich
- Entwicklung von Quote von Kindern, die unter die Sozialhilfe fallen
- Tendenzen des Zu- und Wegzugs

Struktur der Unternehmensbasis

- Zahl der Unternehmen und Bewertung des sektoralen Mix
- Zahl neuer Unternehmen
- Umsatzentwicklung in ausgewählten Unternehmen
- Einschätzung der Unternehmensstrategien (Expertenpanel)
- Zahl von Unternehmen, die sich an Fortbildungsprogrammen oder Kooperationsprojekten beteiligen
- Aktivierung Flächenpotentiale

Institutionelles soziokulturelles Umfeld

- Zahl kooperativ entwickelter Projekte
- Einbeziehung neuer Akteure in das Projekt „Stadtteilökonomie"
- Teilnahme von Bewohner/innen und Unternehmer/innen an Programmen und Projekten
- Zugänge und Integration mit kommunalen/regionalen Politiken und Ressourcen
- Qualitative Einschätzungen von Bewohnern/Unternehmern zur Entwicklungsfreundlichkeit der Umgebung für persönliche/berufliche Ziele

---

Eigene Darstellung

Anmerkungen zum Indikator in Klammern angedeutet wird. Einen stadtteilbezogenen Evaluationsprozess darf man sich nicht als ein separates und kostenaufwändiges technisches Projekt vorstellen. Sehr viel sinnvoller sind Evaluationsprozesse, die auf vorhandenes Wissen zurückgreifen und mit Hilfe von quantitativen wie qualitativen Methoden die

Erfahrungen und Erkenntnisse von Akteuren im Politikfeld sammeln und daraus haltbare Einschätzungen entwickeln.[100]

Um gebietsbezogene Entwicklungsfortschritte, bei begrenzten personellen und finanziellen Ressourcen, zu dokumentieren, kann es sich z.B. auch anbieten, nicht ganze Stadtteile in ein Monitoring einzubeziehen, sondern mit ausgewählten Indikatorgebieten zu arbeiten.[101] Evaluations- und Monitoringprozesse sollten sinnvollerweise so konzipiert werden, dass sie bei den beteiligten Akteuren Lernprozesse zur Folge haben und der Politik(re)orientierung dienen – ein wichtigeres Produkt als umfangreiche und etwa nur einmalig gesammelte Datenbestände.

Evaluationen dienen heute immer mehr der Vorbereitung und der kontinuierlichen Information von Politik. Die Ergebnisse müssen handlungsrelevant sein. In dem Maße, in dem die beteiligten Akteure eingebunden sind, wachsen auch die Chancen auf Veränderungen und Politikumorientierungen aufgrund der gewonnenen Einsichten. Hier kann wieder auf die eingangs angeführte strategische Funktion von Evaluation verwiesen werden. Es liegt somit im Interesse derjenigen, die vor der Aufgabe stehen, lokalökonomische Entwicklung in einem Stadtteil zu initiieren, die Schlüsselakteure frühzeitig und regelmäßig in die Erarbeitung und die laufende Auswertung der Evaluationsergebnisse mit einzubeziehen. Der direkte Dialog zwischen Schlüsselakteuren in einem Politikfeld führt oftmals zu kontinuierlichen Korrekturen der vorherigen Annahmen, Sichtweisen, Konzepte und Hypothesen bei den Beteiligten. Wissenschaftliche Evaluationen, die fernab des Kontextes entstehen, in dem die evaluierten Maßnahmen durchgeführt werden, haben mit Legitimationsproblemen zu kämpfen und berauben sich der Möglichkeit, Evaluation als Instrument für eine effektive Politikentwicklung zu nutzen.

8 Resümee

Bis zu einem theoretisch und empirisch ausreichend fundierten Konzept zur Entwicklung von Stadtteilökonomie wird es zweifelsohne noch ein weiter Weg sein. In den vorangegangenen Kapiteln wurden traditionelle und neuere Erklärungsansätze systematisch mit Blick auf ihre Bedeutung für die ökonomische Stadtteilrevitalisierung analysiert.

Aus der Praxis der Arbeit im Stadtteil leitet sich immer wieder die Fragestellung ab, wie leistungsfähig stadtteilbezogene Ansätze sein können. Welchen *realen* Beitrag können solche Strategien in Bezug auf die Arbeitsmarkt- und Beschäftigungsentwicklung, wirtschaftliche Entwicklung und soziale Stabilisierung im Stadtteil und darüber hinaus für Stadt und Region leisten? Es bleibt die Frage offen, ob Stadtteilpolitiken dieser Art lediglich die schlimmsten Auswirkungen gesellschaftlicher Restrukturierung abmildern (Ronneberger/ Lanz/Jahn 1999: 212) oder die Stadtteilebene vielleicht sogar zu einem Experimentierraum für neue institutionelle Strukturen und zu einem Lernraum für Innovationen werden kann. Diese Fragen werden im abschließenden Kapitel im Vordergrund stehen.

8.1 Wirksamkeit und Reichweite von Strategien zur ökonomischen Stadtteilentwicklung

Seit dem „Krieg gegen die Armut" der US-amerikanischen Johnson-Regierung in den 1960er Jahren ist die Armutsbekämpfung – und mit ihr Arbeitsplatz- und Qualifizierungsprogramme, wohlfahrtstaatliche Programme wie später auch privatwirtschaftliche Initiativen – Politikfeld des lokalen und nationalen Staates. „Die Lektion der 60er Jahre ist" so Friedmann (1977), „dass wir sehr wenig über Armut und Gesellschaft wissen." Und er fügt angesichts der Bilanz des „War on Poverty" hinzu: „Die Lektion war teuer."

Das Wissen über Armut und Gesellschaft hat sich Jahrzehnte später erweitert und dennoch scheint sich nicht viel verändert zu haben, wenn Alisch/Dangschat (1998, 179) angesichts der Wirkungen des Hamburger Armutsbekämpfungsprogramms „die ernüchternde Erfahrung" konstatieren, dass „auch mit erheblichem Mitteleinsatz für benachteiligte Quartiere bisher relativ wenig an der Armut verändert werden konnte."

Zur Begründung können eine Reihe von Faktoren angeführt werden. So stehen lokale sozialintegrative Strategien oft im ungleichen Wettbewerb mit gesamtstädtischen Modernisierungsstrategien. An sozialintegrative lokale Strategien wird oftmals die (unrealistische) Anforderung gestellt, in wenigen Jahren sichtbar und spürbar zu „richten", was über eine Generation an Ressourcen und Eigenkräften verloren ging. Die Erfolge lokaler

Strategien können durch Politikänderungen bzw. Deregulierungen auf nationaler Ebene im Bereich der Wohnungs-, Sozial- und Arbeitsmarktpolitik zudem leicht wieder zunichte gemacht werden. Oftmals setzen die Programme in den Stadtteilen auf „Anreize", ändern aber wenig an den Wurzeln der Probleme. Und ebenso fanden lange Zeit die Faktoren Arbeit und Einkommen als zentrale gesellschaftliche Integrationsmodi keinen Eingang in stadtteilbezogene Konzepte, die sich auf bauliche und soziale Strukturen konzentrierten, aber nicht explizit ökonomische Aspekte berücksichtigten.

Aber es lassen sich durchaus auch Argumente finden, die deutlich machen, was den Erfolg stadtteilbezogener Programme und die kleinräumige Wirtschafts- und Beschäftigungsentwicklung positiv beeinflusst.

Stadtteilentwicklung ist eine langfristige Zukunftsaufgabe. Ungleichheiten in der wirtschaftlichen Entwicklung gleichen sich nicht über den Markt aus, sondern verstärken sich vielmehr und können zur systematischen Abkoppelung bestimmter Stadträume führen. Ein Stadtteil, der über den Zeitraum einer Generation Unternehmen und mittelschichtsorientierte Familien verlor, dessen Infrastruktur sich in all diesen Jahren schleichend verschlechterte – von den Standards der Schulen über die Qualität der angebotenen wirtschaftlichen Flächen und Räumlichkeiten bis hin zur Instandsetzung der Wohnungen – kann nicht in fünf Jahren „aufgebaut" werden. Es braucht Jahre oder Jahrzehnte der konzentrierten Investitionen; länger als die in kurzzeitigen Wahlperioden denkende Politik oftmals zugesteht, um spürbare Wirkungen von Existenzgründungsförderung oder der Stärkung der Innovationsfähigkeit ansässiger Unternehmen feststellen zu können. Die Herausforderung besteht darin, die strategischen lokalen Bereiche staatlicher Intervention und Subvention klar zu definieren und langfristige Ziele aufzustellen, wenn auch die Mittelvergaben jährlich bewilligt werden. Das schließt nicht aus, dass der Mitteleinsatz sich über die Jahre hinweg verringert, weil (a) einige Aufgaben nicht mehr erfüllt werden müssen, (b) der Mitteleinsatz strategischer wird oder (c) einige Aufgaben in die etablierte Beschäftigungs- oder Wirtschaftsförderung integriert und/oder von anderen Akteuren übernommen werden. Um die langfristige Wirksamkeit lokaler stadtteilbezogener Beschäftigungs- und Wirtschaftsförderung zu sichern, ist es notwendig, einen stärker sozialräumlich orientierten Ansatz in städtischer und regionaler Wirtschaftsförderung und Strukturpolitik und der Arbeit relevanter Organisationen (Qualifizierungs- und Fortbildungsträger, IHK, Handwerkskammer, Arbeitsamt) zu erreichen und zivilgesellschaftliche wie privatwirtschaftliche Akteure in das Projekt der ökonomischen Stadtteilentwicklung einzubinden.

Wirtschaftsförderer und Stadtpolitiker scheinen auch heute noch vor allem auf die sogenannten Wachstumsindustrien wie High-Tech-Unternehmen, die Informations- und Kommunikationsbranche; auf Forschung und Entwicklung, spezialisierte unternehmensbezogene Dienstleistungen und auf die globalen Wirtschaftsunternehmen zu setzen. Die „Weltmarktorientierung" in der städtischen Entwicklungspolitik (vgl. Läpple 1999: 31) oder, wie Rosenfeld (2003: 368) wenig schmeichelhaft formuliert, „this lemming-like path to the ‚New Economy'" wird für wenige Metropolräume tatsächlich zu bemerkenswertem städtischen oder regionalem Wirtschaftswachstum führen. Wenn diese Orientierung allerdings die alleinige Aufmerksamkeit von städtischer Politik und Wirtschaftsförderung beansprucht, können tragfähige und stabile andere Entwicklungssegmente der städtischen Ökonomie ungerechtfertigt aus dem Blickfeld geraten. Die Potentiale in der „Old Economy" und die der regional und lokal eingebundenen Ökonomie konsequent zu nutzen und ihr Profil zu schärfen, mag der vielversprechendere und realistische Entwicklungsweg sein. Erneuerungsbedürftige Stadtteile entscheiden in beträchtlicher Weise über die Integrationskraft, die Vitalität und die wirtschaftliche Leistungsfähigkeit der Gesamtstadt. Es gilt, eine Kohärenz von kleinräumigen Politiken der sozialen Stabilisierung und ökonomischen Entwicklung mit gesamtstädtischen und regionalen Modernisierungs- und Wettbewerbsstrategien zu erreichen, weil die Entwicklungen sich auf diesen unterschiedlichen geographischen Ebenen wechselseitig beeinflussen.

Die Diskussion, wie der Teufelskreis einer negativen Entwicklungsdynamik auf Stadtteilebene durchbrochen werden muss, ist alt. Die einen werden argumentieren, dass Programme, die nicht an den Wurzeln ansetzen (rechtliche Situation von Migranten, Bildungs- und Qualifizierungsniveau, Wohnverhältnisse, abgesicherte Arbeitsverhältnisse, etc.) bloße Makulator sind. Die anderen werden stärker auf selektive Anreizprogramme und die Förderung von Selbsthilfe setzen. In der Tat scheint es gegenwärtig einen Enthusiasmus für eine lokale Produktion in den Stadtteilen zu geben, gegenüber konsumptiven Programmen wie Wohnungsbauförderung oder sozialen Programmen. Vertrauensbildende und Sozialkapital fördernde Maßnahmen geraten in Gefahr, gegenüber den kurzfristig realisierbaren und vorzeigbaren Erfolgen in den Hintergrund zu geraten. Aber auch angebotsorientierte Programme im Sinne der qualitativen Verbesserung der Arbeitskraft stoßen an Grenzen, wenn aufgrund der makroökonomischen Rahmenbedingungen eine hohe Arbeitslosigkeit besteht. An verschiedenen Stellen der Arbeit ist deutlich geworden, dass ökonomische Entwicklungspfade durch sozio-institutionelle Rahmenbedingungen geprägt werden. Konventionelle Paradigma (wie das neoklassische Paradigma) verstellen oftmals den Blick auf die Realität, in der ökonomisches Handeln nicht losgelöst von seinen sozialen, kulturellen und institutionellen Wurzeln und Verknüpfungen betrachtet werden kann. Eine Schlussfolgerung der Arbeit lautet, die in politischem wie ökonomischem Denken oft unsichtbare soziale Einbettung ökonomischen Handelns sichtbarer zu machen und ihr in Wirtschafts- und Strukturförderung gerade in benachteiligten Stadtteilen mehr Bedeutung beizumessen. Die strategische Weiterentwicklung der lokal spezifischen Wettbewerbsvorteile und der förderlichen „Umgebung" von Unternehmen erfordert ein weitreichenderes Konzept als eng wirtschaftlich auf Unternehmens- und Industriepolitik fokussierende Politiken. Es geht um Strategien, die die Lebensqualität an einem Ort verbessern und ihn zum Wohnen und Arbeiten attraktiv machen. Notwendig ist es, in die Qualität betriebsnaher Bildung und Ausbildung, individuell zugeschnittener Beratungs- und Infrastrukturangebote, Schulen und Kinderbetreuung, innovationsfördernde und entwicklungsfreundliche Strukturen und das soziokulturelle Umfeld gerade dieser Stadtteile langfristig zu investieren.

Die Handlungsmöglichkeiten einer stadtteilbezogenen Wirtschafts-, Arbeitsmarkt- und Beschäftigungsförderung unterliegen natürlich Beschränkungen. Der lokalen Politikgestaltung entziehen sich wichtige strukturelle Stellschrauben wie makroökonomische Politiksteuerung oder weit reichende Entscheidungen in Wohnungs- oder Sozialpolitik. Lokale

Politiken sind kein Ersatz für präventive und auf sozialen Ausgleich ausgerichtete regionale wie nationale Politiken, die einen vielleicht größeren Einfluss auf die Lebensqualität von Bewohner/innen in Stadtteilen mit besonderem Erneuerungsbedarf haben als Stadtteilpolitiken. Gleichwohl manche Dynamiken und Prozesse weder auf der städtischen noch auf der Stadtteilebene zu beeinflussen sind, haben die Entwicklungs- und Integrationschancen (gerade sozial ausgegrenzter Menschen) ihren Ausgangspunkt in einem begrenzten Sozialraum, woraus Stadtteilpolitiken ihre Berechtigung beziehen. Nur durch die Weiterentwicklung und Festigung der gesellschaftlichen Subsysteme, nämlich der Quartiere, der Kommunen, der Regionen, wird es gelingen, unter den Bedingungen der Globalisierung Teilnahmemöglichkeiten zu erhalten und zu schaffen sowie soziale Kohäsion zu fördern. Das ist Feststellung und politischer Anspruch zugleich.

Ob die Lektion teuer war oder nicht, lässt sich für die ökonomische Stadtteilentwicklung nicht beantworten, ohne auf den politischen Kontext einzugehen, in dem die Frage gestellt wird. Die Diskussion um die Ansätze, in eine Quartiersökonomie zu intervenieren, befindet sich im Kreuzfeuer unterschiedlicher Ideologien. Die gesellschaftlichen Positionen verlaufen zwischen der Akzeptanz von Fragmentierung und Nicht-Steuerbarkeit von Entwicklungen und dem Beharren auf der Notwendigkeit, die verschiedenen gesellschaftlichen Subsysteme (Wirtschaft, Politik) zu integrieren und der Idee von einem „vernünftigen Ganzen" unterzuordnen. Was gilt als Entwicklung? Auch dieser Begriff ist nicht wissenschaftlich objektiv bestimmbar oder wertneutral. Entwicklung kann sich auf höheres Wachstum, auf mehr Arbeitsplätze, auf höhere soziale Gleichheit oder Gerechtigkeit, auf Partizipationschancen oder höhere Eigenständigkeit beziehen. Und was wird als Erfolg gewertet? Ist es nicht auch ein Erfolg, in Stadtteilen mit besonderem Entwicklungsbedarf x Personen von einer Gründung abgehalten zu haben, denen die nötige unternehmerische Kompetenz fehlte? Und ist die Vermittlung von 50 qualifizierten Personen höher einzuschätzen als die Stabilisierung von fünf Personen mit schweren Vermittlungshemmnissen? Auf diese Fragen gibt es keine absolute Antwort; die Ergebnisse müssen von den beteiligten Akteuren, Fördermittelgebern und der Politik diskutiert und eingeordnet werden.

Die Frage nach der Wirksamkeit und der Reichweite der stadtteilbezogenen Wirtschafts- und Beschäftigungsentwicklung lässt sich nur mit einigen „in Abhängigkeit von" beantworten. In Abhängigkeit von institutionellen (nationalen wie regionalen Weichenstellungen, Integriertheit des Ansatzes) wie auch politischen Rahmenbedingungen (vorherrschende politische Doktrinen, Mehrheitsverhältnisse) und in Abhängigkeit von konkreten Beschränkungen oder Potentialen des Stadtteiles. Aber die Frage lautet auch, ob es sich lokale und kommunale Politik erlauben kann, die kleinräumigen Wirtschafts- und Beschäftigungsentwicklungspotentiale nicht zu nutzen und auszuschöpfen. Auf Stadtteilebene den wirtschaftlichen Entwicklungsprozess nachhaltig zu fördern und konsequenter die Eingriffsmöglichkeiten zu nutzen, ist zum einen Reaktion auf überregional verursachte Entwicklungen. Sie verdankt sich aber auch der Einsicht, dass angesichts der Verletzbarkeit von einfachen – im Sinne von lokal unspezifischen Strategien, die von anderen Kommunen leicht imitiert und kopiert werden können – die lokalen spezifischen Potentiale, und dazu gehören auch die auf kleinräumiger Ebene, stärker genutzt werden müssen.

Einer Gesellschaft stellen sich immer Alternativen im Umgang mit den Stadtteilen: Vom „Weiter so wie bisher", über ein „Make-up" im Sinne einer Milderung der sichtbaren negativen Effekte (aus ästhetischen, humanitären oder ökonomischen Gründen), bis hin zum radikalen Umbau der institutionellen Strukturen. Die Wirtschaftswissenschaften kennen den Begriff der Alternativkosten. Damit ist gemeint, dass jede Handlung A nicht nur an den unmittelbar durch sie entstehenden Kosten bemessen wird, sondern auch an den Kosten der Handlung B oder C, die dadurch nicht durchgeführt werden. Bezieht man die Kategorie der Alternativkosten auf politische Entscheidungen, so wird deutlich, dass jede Handlung nicht nur an den unmittelbaren, durch sie entstehenden Kosten bewertet werden muss; sondern dass auch die Kosten offen gelegt und zurechnet werden müssen, die dadurch entstanden sind, dass die anderen Alternativen ausgeschlossen wurden. Eine solche Rechnung wird zwar dadurch erschwert, dass viele Kategorien sich nicht einfach monetär bemessen lassen, doch dient sie als Gedankenübung, an der politische Entscheidungen gemessen werden können. Nicht in kleinräumige ökonomische Prozesse zu intervenieren kann teurer kommen als vermeintlich teure langfristige Investitionen in die Strukturen spezifischer Räume. Auf ökonomische Anreizprogramme zu setzen, ohne den sozio-institutionellen Kontext zu verändern, wird kostspielig sein, weil solche Programme uneffektiv sind.

Der Weg, Disparitäten in Einkommen und Beschäftigung zu beseitigen, ist lang und ressourcenaufwändig. Lokale Strategien zur wirtschaftlichen Entwicklung und sozialen Stabilisierung von Stadtteilen können keinen Ausgleich für den massenhaften Verlust von Arbeitsplätzen in einer Region leisten. Sie sind nur langfristig wirksam und entfalten keine Masseneffekte, aber auf lokal verortete und entwickelte Konzepte kann auch nicht verzichtet werden.

Das heißt nicht, dass es immer gelingen wird, eine Quartiersökonomie zu stärken. Prozesse wie die Banalisierung des nicht-filialisierten Versorgungsangebotes und der Schwund an industriellen Arbeitsplätzen in den Quartieren sind nicht unmittelbar aufzuhalten oder umzukehren. In Großwohnsiedlungen sind vielfach bauliche Maßnahmen zur Diversifizierung der räumlichen Struktur notwendig. Dort müssen die materiellen Strukturen und Räume erst geschaffen werden, in denen sich ökonomische Aktivitäten entwickeln können. In einigen Stadtteilen mögen schlichtweg die belastungsfähigen und risikofreudigen Träger (im Sinne von sozialen Unternehmern wie auch innovativer Marktakteure) neuer ökonomischer Aktivitäten fehlen. Es gibt weder einen einfachen Weg noch einen Standardweg zur Förderung einer lokalen Ökonomie, wenn sich Planungspolitik im Allgemeinen und ökonomische Stadtteilerneuerung im Besonderen den Herausforderungen einer sich pluralisierenden und polarisierenden Gesellschaft zu stellen haben.

8.2 Innovationen oder additive Lösungen?

Erneuerungsbedürftige Stadtteile sind Zukunftsstandorte. Wir neigen dazu, sie als vom staatlichen Tropf abhängige oder als von der gesellschaftlichen Entwicklung „abgehängte" Stadtteile zu betrachten. Eigentlich aber sollten wir sie als Zukunftsstandorte betrachten. Denn hier entscheidet sich die Zukunft der Stadt, hier wird entschieden über die städtische Integrationskraft, ihre Aufnahmefähigkeit für Migranten, über den Umgang mit Konflikten und Strukturumbrüchen, die Wirtschaftskraft, Lebensqualität und die Attraktivität der Gesamtstadt.

Es geht um weit mehr als um sozialpolitische Fragen in den Stadtteilen. Statt die entwicklungsbedürftigen Stadtteile als die schwächsten Glieder in einer Kette zu belassen, die zeitweise in den Nutzen finanziell marginal ausgestatteter Sonderprogramme kommen, sollten sie ganz nach vorne in die Aufmerksamkeit und die Priorität städtischer Entwicklung rücken. Wenn die Entwicklung der strukturschwachen Stadtteile als Chance für gesellschaftliche Innovation genutzt wird, sind Stadtteilpolitiken zur Förderung von Beschäftigung und Wirtschaft nicht nur zusätzliche Ausgaben. Innovation in diesem Sinne bezieht sich ganz offensichtlich auf politisch-organisatorische und sozial-kulturelle Aspekte und kann nicht nur technisch verstanden werden.

Soziale Polarisierung vermindert sozialen Zusammenhalt, aber auch Innovations- und Wettbewerbsfähigkeit der Gesamtstadt. Es ist offensichtlich, dass weder zentrale Planung noch Globalsteuerungsansprüche die Realität in benachteiligten Stadtteilen verändern werden können. Auf Steuerung zu verzichten und sich mit den Ergebnissen aus der Selbststeuerung, z.B. des Marktes, zu begnügen, wäre die andere (unakzeptable) Alternative. Ökonomische Stadtteilentwicklung ist weder ein Expertenprojekt noch geht es darum, ein überlegenes Entwicklungsmodell (im Sinne einer normativ orientierten Kritik an der Gesellschaft) zu konstruieren. Die Innovation lokalökonomischer Entwicklung liegt mitnichten in diesen beiden Extremen. Sie entsteht vielmehr daraus, Strukturen und Handeln vor Ort mit den lokalen Akteuren und Experten gemeinsam zu analysieren, zu reflektieren und im offenen Diskurs die Entwicklungsmöglichkeiten für den Stadtteil zu eruieren. Angesichts der Ausdifferenzierung von Strukturen (im Sinne von Bildern, soziokulturellen Mustern der Interaktion und des Handelns) bis hinunter auf die kleinräumige Stadtteilebene, ist die Herausbildung spezifisch lokaler Interaktionssysteme auf Stadtteilebene ebenso sinnvoll wie zwingend.

Dabei gilt allerdings zu beachten, dass Stadtteile keine Gemeinschaften im traditionellen Sinne, verwurzelt in gemeinsam geteilten Kulturen, Normen oder Bedeutungen, sind. Es sind vielmehr sehr heterogene Orte, an denen kollektive Interessen und Akteursbündnisse erst prozesshaft analysiert und offen gelegt werden müssen. In diesem Prozess liegt die kritische Perspektive des lokalökonomischen Entwicklungsprozesses. Ökonomische Stadtteilpolitik muss sich den Herausforderungen stellen, mit denen Planungspolitik sich heute generell auseinandersetzen muss: mit der Infragestellung von Expertenwissen, der Notwendigkeit einer dezentraleren Politik, mit der Bedeutung schwer fassbarer Innovationsfaktoren, mit der Durchdringung des Lokalen durch das Globale und mit der Bedeutung von Image und Bildern. Ein Stadtteil ist nicht nur in Bezug auf die soziale Interaktion von Bedeutung für das Leben von Menschen, er trägt auch Symbolik und Identifikationsmöglichkeiten in sich. Gerade auf der symbolischen Ebene – im negativen Image, den fehlenden Identifikationsmöglichkeiten – liegen oftmals die größten Entwicklungshindernisse. Änderungen auf dieser symbolischen Ebene zu erreichen, ist nur langfristig möglich.

Ökonomische Stadtteilentwicklung bedeutet gerade auch, Perspektiven für diejenigen zu eröffnen, die unter erschwerten Bedingungen einen Ausweg aus Arbeitslosigkeit und einen Integrationsweg in die Gesellschaft suchen. Der Leidensdruck, dem sich deutsche

Politik und Gesellschaft momentan gegenübersehen, kann (Politik-)Innovationen unterschiedlichster Art beflügeln. Unterschiedliche Entwicklungsszenarien lassen sich für die Zukunft vorstellen. Die Eigenverantwortung des Einzelnen für sein Schicksal wird steigen – wobei Staat und Gesellschaft dem Einzelnen dabei Hilfestellung geben oder ihn bzw. sie damit alleine lassen können. Integration und Verbleib im Arbeitsmarkt werden unsicherer, Brüche im Karriereweg und Wechsel der beruflichen Tätigkeiten werden zunehmen – was als Stärkung der individuellen Autonomie und Gestaltung des eigenen Lebens begrüßt oder als unerträgliche individuelle Belastung aufgefasst werden kann. Die soziale Differenzierung innerhalb der Gesellschaft wird zunehmen – was dazu führen kann, dass Herkunft und Geld wieder über Lebenswege entscheiden oder die individuelle soziale Mobilität erhöht wird. Wenn beispielsweise Erwerbsbiographien immer brüchiger werden, müssen die Übergänge zwischen unterschiedlichen Beschäftigungsformen und die Formulierung neuer beruflicher Perspektiven, die mit Zeitaufwand und Einkommenseinbußen verbunden sind, institutionell geregelt werden, gerade für solche Personen, die dauerhaft vom Ausschluss aus dem formellen Arbeitsmarkt bedroht sind. Von der gesamtgesellschaftlichen Beantwortung der Frage, wie zukünftig wieder mehr Menschen in das Wirtschafts- und Beschäftigungssystem eingebunden werden können – über eine Neuformulierung und Neuregulierung dessen, was als Arbeit gilt oder über neue Formen der Integration in das formelle Marktsystem –, hängt die Zukunft der benachteiligten Stadtteile bedeutend ab. Entscheidend für ihre Zukunft wird auch sein, ob aktiv oder passiv akzeptiert wird, dass ein wachsender Anteil von Menschen keine Aufnahme im formellen Arbeitsmarkt findet.

Globale gesellschaftliche Prozesse sind nicht aufzuhalten, aber die lokale Politik kann einen Referenzrahmen schaffen, um die Kraft und Geschwindigkeit, mit der diese lokale Strukturen verändern, zu beeinflussen. Dieser Referenzrahmen dient gleichfalls dazu, den am Entwicklungsprozess beteiligten Akteuren wie der Bevölkerung Sicherheit zu vermitteln, Transaktionskosten zu verringern und Vertrauen zu stärken. Stadtteilpolitiken können über zeitliche, räumliche oder über institutionell-soziale Elemente „Sicherheit" in unsicheren Zeiten erhöhen. Zeitlich, indem gerade Personen und Unternehmen in strukturschwachen Stadtteilen von einer Politik der zweiten und dritten Chance zur Neuorientierung und Neupositionierung profitieren. Daraus folgt nicht, alle Unternehmen vor Ort zu subventionieren. Es geht um die gezielte Förderung der wachstumsstarken und beschäftigungsintensiven Unternehmen; derjenigen Unternehmen, die neue wirtschaftliche Nischen erforschen und derjenigen, die eine bedeutende Stellung im sozialen Gefüge des Stadtteiles aufweisen. Letztere können z.B. als Treffpunkt und Kommunikationsort eine bedeutsame Stellung haben und ein Referenzpunkt des alltäglichen Lebens sein. Räumlich, indem der Strukturwandel des Gebietes entschleunigt und gerade in solchen Gebieten planerisch-politisch begleitet wird, in denen die Bewohner/innen im alltäglichen Leben auf sozialregulative Instanzen und die Bedingungen und Strukturen im näheren Wohnumfeld angewiesen sind. Strukturell benachteiligende Wohn- und Wohnumfeldbedingungen müssen erkannt und aufgebrochen werden. Sozial-institutionell, indem Politiken einen Rahmen für das Entstehen neuer Netzwerke und Institutionen, sozialer Interaktionen, Beziehungen und Kommunikationsstrukturen fördern. In vielen ökonomisch strukturschwachen Stadtteilen finden sich ausgedünnte Akteursstrukturen und sozialregulative Instanzen. Ein Milieu, in dem Personen und Unternehmen in der Formulierung neuer Perspektiven gestärkt werden, die ihre Lebens- und Arbeitsumstände verbessern, bildet einen wichtigen Grundstein für die Entwicklung eines Stadtteiles. Ökonomische Stadtteilpolitik kann ihren Teil dazu leisten, indem sie gezielt nach Möglichkeiten sucht, die vorhandenen lokalen Ressourcen besser zu nutzen und lokale Märkte weiterzuentwickeln.

Neben den Projekten, die aus den unmittelbaren Lebensumständen, den offensichtlichen Problemen und brennendsten Bedarfen erwachsen und damit unmittelbare Erfolge suchen, müssen strategisch ausgerichtete Projekte in den Stadtteilen institutionelle Innovationen voranbringen. Aus den Erfahrungen vor Ort kann gelernt werden, welche institutionellen Änderungen in den gesamtstädtischen und regionalen Politiken den Stadtteilen strukturelle Verbesserungen erbringen. Ohne strukturelle Politikreformen (z.B. eine stärker auf Kleinst- und Kleinbetriebe zugeschnittene Förderkulisse, Förderung einer „unkonventionellen" Existenzgründerklientel, Lockerungen in bestehenden planungsrechtlichen Bestimmungen, etc.) werden sich allzu häufig keine Verbesserungen der Entwicklungschancen von Stadtteilen mit besonderem Entwicklungsbedarf ergeben. Parallel dazu muss nach notwendigen Ergänzungen nicht nur auf Länderebene, sondern auch in nationalen Gesetzgebungen und auf makropolitischer Ebene gesucht werden. Kreditvergabe, Sozialhilfeprogramme, Arbeitsgesetzgebung, Steuer- und Abschreibemöglichkeiten, Tarifpolitiken – das alles hat Auswirkungen auf das Leben in Stadtteilen mit besonderem Entwicklungsbedarf. Eine nachhaltige Entwicklung in den Stadtteilen wird nicht erreicht werden ohne Politikreformen in einer Reihe von (staatlichen) Politikfeldern.

Diese Arbeit argumentiert dafür, dass kommunale und regionale Politik die kleinräumige Wirtschafts- und Beschäftigungsentwicklung stärker beobachten und in ihren Potentialen beachten sollte. Die kleinräumigen Ressourcen werden momentan nicht systematisch genug für eine Förderung von wirtschaftlicher Entwicklung und Beschäftigungswachstum mobilisiert. Die Aufmerksamkeit für kleinräumige Prozesse kann kommunaler und regionaler Politik dazu verhelfen, innovativ auf von außen herangetragene wirtschaftliche Umbrüche und Prozesse zu reagieren und den Wandel effektiver und sozialverträglicher zu bewältigen. Eine räumlich spezifische Wirtschafts- und Beschäftigungspolitik ist nicht trotz, sondern wegen der Globalisierung der Wirtschaft notwendig. Stadtteilökonomien erfüllen eine Funktion in der gesamtstädtischen und regionalen Wirtschaft. Es stellt sich nicht die Frage, entweder Stadtteilökonomien oder die globalisierten Teilökonomien zu fördern, sondern deren wechselseitige Verknüpfungen zu erkennen und Synergien zwischen ihnen zu fördern. Eine (Teil-)Ökonomie zu unterstützen, die sich mit ihren Absatz- und Produktionsbeziehungen überwiegend in einem lokalen oder regionalen Raum verortet, heißt nicht von den Globalisierungsbeziehungen abzusehen. Es heißt aber, unter den Bedingungen der Globalisierung den Stadtteil als Ort der Existenzsicherung und der gesellschaftlichen Teilhabe, der sozialen Interaktion, als Ort der wirtschaftlichen Aktivitäten ernst zu nehmen und durch staatliche und kommunale Politik die lokalen und regionalen Bezüge zu stärken.

Anmerkungen

1 Wie zum Beispiel bei Blakely 1989: 17. Siehe zum kollektiven Trauma auch die nach wie vor beein-druckende Studie von Jahoda/Lazarsfeld/Zeisel 1975, oder auch aktueller z.B. Bourdieu et.al. 1997: 21ff; Stadtteilbüro Malstatt 1993: 100ff.

2 Im offiziellen Sprachgebrauch: Bund-Länder-Programm für „Stadtteile mit besonderem Entwicklungs-bedarf – Die Soziale Stadt". Im Folgenden wird jedoch der Kurztitel „Soziale Stadt" verwendet. In der Zweiten Fassung der Ausgestaltung der Gemeinschaftsinitiative „Soziale Stadt" findet sich unter den Aufgabenfeldern der Bereich „Lokale Wirtschaft, Arbeit und Beschäftigung". Siehe zum Schwerpunkt Lokale Ökonomie auch DIFU 2001. Zum Programm Soziale Stadt siehe die umfangreiche Dokumen-tation zur Umsetzung des Programmes auf der website http://www.sozialstadt.de. Zum Schwerpunkt Lokale Ökonomie im Programm Soziale Stadt siehe Löhr 2004. Zur Lücke zwischen Anspruch und Wirk-lichkeit im Schwerpunkt Lokale Ökonomie im Rahmen des Bund-Länder-Programms „Soziale Stadt" siehe Hanesch/Krüger-Conrad 2004: 22ff.

3 Mit Ausnahme der sozialökologischen Ansätze (sog. Chicago-School) bzw. der Sozialraumanalysen und allgemeinen Phasenmodellen der Stadtentwicklung (vgl. Maier/Tödtling 2001a: 167ff), die sich auf die stadträumliche Gliederung unterhalb der Stadtebene beziehen.

4 Siehe dazu ILS 1995; Weck 1996; Weck 1997; ILS 1997; Weck/Wewer 1997 a/b; Weck/Zimmer-Hegmann 1999; Weck 2000a/b; Russ/Schröder/Wewer 1999; Austermann/Zimmer-Hegmann 2000; DIFU 2002; Austermann/Ruiz/Sauter 2002. Siehe dazu im Internet auch die Selbstdarstellung von vier Ansätzen zur Förderung der lokalen Ökonomie in Nordrhein-Westfalen unter http://www.lokaleoekonomie.de (Stand 2000); Soziale Stadt NRW 2005; Dortmund-Nordstadt 2004; Duisburg EGDU 2005.

5 Siehe dazu auch http://www.ils.nrw.de/netz/elses/index.htm. Die Studie wurde von der Generaldirek-tion Forschung der Europäischen Kommission im Rahmen des TSER-Programmes 1998 – 1999 gefördert und vom ILS NRW, unter Leitung von Sabine Weck und Ralf Zimmer-Hegmann, koordiniert.

6 Siehe dazu auch die „grounded theory" mit ihrer induktiven Herangehensweise an Theoriebildung (Strauss/Corbin 1990) oder die Methode des „pattern building" (Biesecker et. al. 2000: 74).

7 So verdeutlichte eine Begleitforschung des DIFU zum Programm „Soziale Stadt", dass die „Stärkung der lokalen Ökonomie" zwar von den befragten Akteuren als wichtiges Handlungsfeld an dritter Stelle be-nannt wurde; gleichzeitig gab es aber gerade in diesem Handlungsfeld eine große Diskrepanz zwischen Einschätzung der Bedeutung und umgesetzten Maßnahmen, so dass „Unsicherheiten über erfolgver-sprechende Handlungsstrategien zu bestehen" scheinen (DIFU 2003).

8 Vgl. zu einem branchenspezifischen Ansatz z.B. die Studie zu Gelsenkirchen-Bismarck (Weck/Wewer 1997) oder Wuppertal-Ostersbaum (Ruß/Schröder/Wewer 1999); zu einem Clusteransatz Dortmund-Nordstadt (Dortmund-Nordstadt 2005)

9 Der Beschäftigtenanteil von „Stadtteil- und Quartiersbezogenen Betriebe" an den sozialversicherungs-pflichtig Beschäftigten in Hamburg lag im Jahre 1997 bei 16,4% und hatte sich damit in den letzten 17 Jahren um 7% gesteigert (Läpple 1999; Läpple/Deecke/Krüger 1994).

10 Das Projekt WAVES wurde früher „The Route" genannt.

11 Differenzierter zur Typologie und der Entstehung von benachteiligten Stadtteilen siehe Alisch/Dang-schat 1993; Zimmer-Hegmann/Kürpick 1997; Franke/Löhr/Sander 2000; Walter 2002.

12 Zur ausführlichen Diskussion um die Potentiale und Gefahren der Globalisierung siehe Harvey 1990; Sassen 1991; Altvater/Mahnkopf 1996; Martin/Schumann 1996; Sassen 1997; Giddens 1997; Scott 1998.

13 So sieht Läpple (1999: 20f.) einen eher langsamen und kontinuierlichen, aber keinen sprunghaften Prozess der Globalisierung; für Deutschland zeichne sich zudem eher eine Europäisierung bei den Inves-titionen und den Warenexporten und -importen ab. Als neuer Aspekt sei allerdings die Globalisierung der Finanzmärkte und der neue Handlungsraum für globale Unternehmensstrategien auf der Basis neuer Technologien seit den 1980er Jahren zu bezeichnen.

14 Zu den räumlichen Polarisationsmustern siehe vor allem: Häußermann/Siebel 1987; Alisch/Dang-schat 1993; 1998; Friedmann 1995; Häußermann 1997; Dangschat 1997; Kuhm 2000.

15 Die Ausnahmen von dieser Regel bilden die USA und Großbritannien (Faux/Mishel 2001: 121), wo die Armut um 5.4 bzw. 2.4 Prozentpunkte zwischen 1979 und 1991 zunahm. Der erste Armuts- und Reich-tumsbericht der Bundesregierung (BAS 2001, Zusammenfassung S. XVI) weist für Deutschland eine im früheren Bundesgebiet zwischen 1983 bis 1998 leichte, aber kontinuierlich zunehmende Einkommens-ungleichheit, orientiert am Konzept der relativen Einkommensarmut, aus. Für die neuen Länder wurde eine vergleichbare Entwicklung konstatiert. Siehe allerdings zur Kritik an der These von relativ modera-ten Einkommensungleichheiten in Deutschland Bergmann (2004: 188), der die verwendeten Daten des Sozio-ökonomischen Panels oder der Einkommens- und Verbrauchsstatistik für wenig aussagekräftig für den oberen Rand der Einkommens- und Vermögensverteilung hält. Der 2. Armuts- und Reichtumsbe-richt der Bundesregierung (BMGS 2005, Kurzfassung, o.S.) stellt eine zunehmende Ungleichheit fest, die über staatliche Transferleistungen und Steuern erheblich verringert wird.

16 Zu Einkommenspolarisierung und sozialräumlicher Ungleichheit am Beispiel Hamburgs siehe Alisch/Dangschat 1998. Zum Ausmaß kleinräumiger sozialer Segregation in NRW siehe Landtag Nordrhein-Westfalen 2004: 162ff.

17 Zu den städtischen sozialräumlichen Spaltungen siehe vor allem Alisch/Dangschat 1993; 1998; Dang-
    schat 1997b; Herlyn/Lakemann/Lettko 1992; Stadtteilbüro Malstatt 1993; Bourdieu et.al. 1997.
18 So sank nach Angaben der OECD die Anzahl der traditionellen Industriearbeitsplätze im Zeitraum von
    1995 - 1999 in Deutschland um knapp fünf Prozent (während in Ländern wie Finnland, den Niederlan-
    den, Irland oder den USA ein Zuwachs zu verzeichnen war). Der Dienstleistungssektor zeigt ebenfalls
    eine im Vergleich zu anderen Ländern sehr geringe Dynamik.
19 Zu einer kritischen Einschätzung der Erfolge der niederländischen Beschäftigungs- und Arbeitsmarktpo-
    litik siehe Becker 1998 und van Oorschot 2000.
20 Auf die Dynamiken der unterschiedlichen Dienstleistungsbereiche kann hier nur ansatzweise eingegan-
    gen werden. So ist bekannt, dass unternehmensbezogene Dienstleistungen mit der Entwicklungsdyna-
    mik im industriellen Bereich korrelieren. Für die personenbezogenen Dienstleistungen weisen Studien
    einen Zusammenhang zwischen der Frauenerwerbsquote und dem Ausbau von Dienstleistungen nach
    (Bosch 1999).
21 Nur 43% der älteren Arbeitnehmer/innen (55 bis 64 Jahre) und nur 60% der Geringqualifizierten sind
    in Deutschland berufstätig. Damit sind ältere Arbeitnehmer/innen und Geringqualifizierte im interna-
    tionalen Vergleich auf dem deutschen Arbeitsmarkt überdurchschnittlich benachteiligt (Bertelsmann
    Stiftung 2004).
22 Jeremy Rifkin sieht eine neue Ära eines Kulturkapitalismus in dem die Kulturproduktion zum Haupt-
    bereich ökonomischer Produktion (2000: 223) wird. Bereits jetzt, so Rifkin, wachsen die Branchen der
    Kulturproduktion – wozu z.B. Kino, Radio, Fernsehen, Tourismus, Einkaufszentren, Themenparks, Trai-
    nings- und Fitnesscenter, Mode, Kochen, Sport, Wellnessindustrie, simulierte Welten und Spielhallen
    gehören – weltweit am stärksten und wie kein anderer ökonomischer Sektor (a.a.O.: 190).
23 Siehe dazu für das Beispiel altindustrieller Regionen die Argumentation im Rahmen der Regulations-
    theorie, die darauf hinweist, dass ein auf fordistische Produktionsweisen abgestimmtes Arbeits- und
    Produktionssystem eine flexible Anpassung an neue Wirtschaftsstrukturen, auch aufgrund der Persistenz
    von Kulturen und Raumstrukturen, verhindert (vgl. Danielzyk 1998: 132ff)
24 Das Ausmaß der tatsächlichen Verlagerung von Arbeitsplätzen ins Ausland ist nicht so hoch wie die
    Diskussionen vermuten lassen. Die Deutsche Industrie- und Handelskammer geht für 2003 bis 2005 von
    jährlich 50.000 verlagerten Arbeitsplätzen aus (im Vergleich dazu gingen im Inland 2003 etwa 500.000
    Arbeitsplätze überwiegend aufgrund von Rationalisierungen, Konjunkturkrisen und Firmenpleiten ver-
    loren) (Nelles/Reiermann 2004: 27).
25 Neoklassische und keynesianische Schule haben die wissenschaftliche Theoriebildung am stärksten
    beeinflusst; Monetarismus und Neoliberalismus prägen derzeit am stärksten die Wirtschaftspolitik. An-
    dere Doktrinen wie etwa die neomarxistische Ideologie führen demgegenüber ein Schattendasein und
    werden hier auch nicht weiter betrachtet.
26 Die Kritik hält dagegen, dass Löhne nicht nur ein Kostenfaktor, sondern auch nachfragerelevant sind und
    Lohnsenkungen damit zu Nachfrageschwächen auf dem heimischen Markt führen. Hohe Arbeitskosten in
    den Industrieländern sind zudem ein Zeichen für eine hohe Produktivität pro Arbeitsplatz. Damit stellt sich
    die Frage, ob Industrieländer sich auf einen Wettbewerb um die niedrigsten Kosten von Produktionsfakto-
    ren einlassen sollten. Eine Zunahme der Beschäftigung durch Lohnsenkungen wird gerne ins Feld geführt,
    allerdings kommt sogar die OECD zu dem Schluss, dass es nur wenige „schlüssige Belege (gebe), die
    zeigen, dass Länder mit einem geringen Anteil an Niedrigbezahlten dies auf Kosten höherer Arbeitslosen-
    zahlen oder einem geringeren Beschäftigungsniveau für besonders gefährdete Gruppen wie Jugendliche
    oder Frauen erreicht haben." (OECD 1996: 76; Einfüg. d. Aut.). Zu Ungleichheit auf dem Arbeitsmarkt und
    Anstieg der working poor in den USA siehe auch Bosch 1999: 862. Zu den Forderungen nach Lohnkosten-
    senkung und -spreizung und der Kritik daran siehe auch WSI Mitteilungen 6/1998: 359ff.
27 Die internationale Welthandelsorganisation (WHO) steht für eine (neo)liberale Argumentation. Der
    internationale Währungsfond ist oft auf derselben Seite der Argumentation zu finden. Bei Weltbank
    und OECD finden bereits Konzepte von nachhaltiger Entwicklung oder Positionierungen für ein Drittes
    System Eingang in die offizielle Philosophie und Arbeit der Organisationen.
28 Siehe dazu etwa die jährlichen Gutachten der sogenannten Memorandum-Gruppe, die als Gegen-
    gutachten zum Gutachten des Sachverständigenrates der „Fünf Weisen" gelten können, und in
    denen beschäftigungs- und versorgungsorientierte Wirtschaftspolitikpositionen vertreten werden
    (www.memo.uni-bremen.de).
29 Vergleiche zur Literatur zum aktivierenden Staat für den Kontext der Stadtteilerneuerung Selle 1996;
    Franke/Löhr/Sander 2000; und allgemeiner zum wandelnden Staatsverständnis Evers/Olk 1996;
    Scharpf 1991; Hesse 1987; Kaufmann 1997; Behrens 1995.
30 Die Philosophie der lokalen Partnerschaften zwischen örtlichem Gemeinwesen, Markt und Staat ist in
    der europäischen Struktur- und Beschäftigungspolitik mittlerweile fest verankert und auch darüber in
    deutsche Politik und Praxis transportiert worden (vgl. dazu auch Schwarz 1999).
31 Die Entwicklung der letzten Jahre spielt dabei eine Rolle. So werden höhere Ausgaben für wohlfahrts-
    staatliche Leistungen in Großbritannien oder Schweden nach vorherigen rigiden Einschnitten in das
    System von der Bevölkerung langsam wieder stärker akzeptiert und gefordert. In Deutschland dagegen,
    wo es in den letzten Jahren kaum Reformen gab, werden die Grenzen der Leistungserbringung deutli-

cher betont, weitere Ausgabensteigerungen stoßen auf geringe Akzeptanz. Zwischen ostdeutscher und westdeutscher Bevölkerung sind zwar große Unterschiede feststellbar, doch werden Mitteleinsatz und Ausmaß egalisierender Maßnahmen und negative Nebenfolgen in Form von Finanzierungsproblemen, Leistungsmissbrauch oder fehlendem Anreiz zur Eigenaktivität zunehmend kritisiert.

32 *Zum Beck'schen Begriff der Bürgerarbeit siehe Beck 1999 oder Kommission für Zukunftsfragen der Freistaaten Bayern und Sachsen 1997. Zur Kritik daran z.B. Klammer/Bäcker 1998.*

33 *Wobei in einige städtische Quartiere interessanterweise über Migranten wieder „vor-moderne" Elemente in die Quartiersökonomie eingeführt wurden, wie z.B. die Bearbeitung von Grabeland zur Selbstversorgung. In einigen Quartieren, in denen sich die Moderne weniger umfassend durchsetzen konnte, hielten bzw. entwickelten sich auch „alternative" Milieus.*

34 *Dabei scheint auch die Politik zunehmend der Kompetenz der Wirtschaftsvertreter zu vertrauen: Siehe etwa die Arbeiten der sogenannten Hartz-Kommission zur Restrukturierung der Arbeitsmarktpolitik oder die rapide Zunahme von Beraufträgen staatlicher und kommunaler Organe an etablierte Wirtschaftsberatungsunternehmen in den letzten Jahren.*

35 *Siehe zu den Theorien sozialräumlicher Organisation Friedrichs 1980; oder zusammenfassend Walther (FES 2001: 13ff) sowie Bathelt/Glückler 2002: 107-109.*

36 *Sie berücksichtigen nicht die Individualität von Räumen mit jeweils spezifischen Produktions- und Erlösbedingungen, externe ökonomische Schwankungen und Effekte oder unterschiedlichen technologischen Fortschritt.*

37 *Wenngleich sie aus einer anderen Tradition stammen, d.h. im Rahmen der lateinamerikanischen Dependenztheorien entwickelt wurden (vgl. Maier/Tödtling 2001b: 98) und über einen ökonomischen Erklärungsansatz hinausweisen, indem sie soziale und institutionelle Faktoren miteinbeziehen.*

38 *Vgl. zur Kritik an den amerikanischen Empowerment Zones Porter (1996: 320), Gittell (1998), zur Bilanzierung der Effekte von britischen Enterprise Zones Armstrong/Taylor (1985: 220ff). In der Tat können finanzielle Hilfen für Unternehmen erhebliche Mitnahmeeffekte produzieren. Entsprechende Bilanzierungen über die Effektivität von Fördermitteln in deutschen strukturschwachen Gebieten verweisen darauf, dass die Hälfte der Betriebsansiedlungen auch ohne staatliche Hilfe durchgeführt worden wäre (Tengler 1989: 95). Für britische Enterprise Zones der 80er Jahre weisen Armstrong/Taylor (1985: 222f.) darauf hin, dass dies auf drei Viertel der angesiedelten Unternehmen zutraf. Für die Einrichtung von „zones franches urbaines" in französischen Erneuerungsgebieten zog das zuständige Ministerium im Jahr 2001 eine positive Bilanz, die allerdings durch unabhängige Evaluationen zu bestätigen bleibt. Unabdinglich scheint ein integrierter Gesamtansatz, um Investitionen anzustoßen, die in der Tat auch der lokalen Bevölkerung und den lokalen Unternehmen nutzen.*

39 *Als Charakteristika für die ökonomische Struktur z.B. Variablen für urbanization economies (Vorteile aus der Konzentration verschiedener Branchen), localization economies (Vorteile aus der Konzentration branchengleicher Betriebe), Arbeitskraftqualität und Infrastruktur.*

40 *So sehen Modellrechnungen von Rainey/McNamara (o.J.) das Beschäftigungswachstum in den lokalen (nonbasic) Servicebereichen vor allem mit neu angesiedelten Unternehmen in metropolitanen Bereichen steigen, und zwar im Verhältnis 1 : 1,57. In nichtmetropolitanen Bereichen entstanden durch neue Arbeitsplätze in bestehenden Betrieben genauso viele Arbeitsplätze im nonbasic-Bereich wie durch neu angesiedelte Unternehmen geschaffen wurden. Für neu entstandene Arbeitsplätze im Grosshandelsbereich wiesen sie Kontraktionen im nonbasic-Bereich nach.*

41 *Vgl. dazu auch die Strategie einer Reihe von lokalökonomischen Entwicklungsgesellschaften wie z.B. in Glasgow-Govan, die lokalen Einzelhandel als Begünstigte von Förderprogrammen ausschließt. Vgl. zur Argumentation der Förderung von exportorientierten Betrieben gegenüber lokal orientierten Betrieben z.B. BÜSTRO 1998.*

42 *Siehe für einen Überblick über die Standortbestimmungslehre Schätzl (2001: 37ff) bzw. Maier/Tödtling (2001a: 27); Maier/Tödtling (a.a.O.) unterscheiden zwischen neoklassischen bzw. normativen Ansätzen, behaviouristischen und stukturellen Ansätzen.*

43 *Vgl. Bade (1980: 83-91), der im Zeitraum von 1964 bis 1970 eine Umverteilung von Arbeitsplätzen im industriellen Bereich selbst in Spitzenjahren von unter einem halben Prozent pro Jahr, gemessen an allen bestehenden Arbeitsplätzen, errechnete. Gleichwohl die Zahlen nicht aktuell sind und sich auf den industriellen Sektor beziehen, sind die diesem Verhalten zugrundeliegenden Entscheidungslogiken nichtsdestotrotz auch heute noch gültig. Die Aussagen treffen gleichwohl eher für Betriebe im Einzeleigentum und weniger für Filialen großer Unternehmen zu und gelten stärker für den industriellen Bereich, mit den damit verbundenen Investitionen in Sachkapital.*

44 *Die über den Absatz wirkenden Faktoren werden im nächsten Unterkapitel 4.3 erläutert.*

45 *Siehe dazu die Studie zur Lokalen Ökonomie Wuppertal-Ostersbaum (Russ/Schröder/Wewer 1999: 43), in der kreative Unternehmen, die sich in brachgefallenen Gewerbeimmobilien angesiedelt hatten, als Gründe für die Standortwahl niedrige Mieten, Möglichkeiten zur eigenständigen Modernisierung der Räumlichkeiten auf Grundlage langfristiger Mietverträge, flexible Erweiterungs- und Nutzungsmöglichkeiten und die inspirierende Architektur angaben.*

46 *Die Standortfaktoren, die die Standortwahl und das Wachstum von Betrieben beeinflussen, sind nicht nur branchenspezifisch – sie unterscheiden sich auch nach der funktionalen Tätigkeit innerhalb einer*

Branche. Ergebnisse der empirischen Standortforschung, die nur nach produzierendem Gewerbe und tertiärem Sektor unterscheiden, sind angesichts der Breite der funktionalen Tätigkeiten, die darunter subsumiert werden, somit wenig aussagekräftig.

47 *Sie spielen nur dann eine Rolle, wenn es sich um nicht oder nur zu erhöhten Kosten transportable oder leicht verderbliche Güter handelt. Oder wenn kurze Lieferfristen und ein spezifischer, ortsgebundener Abnehmerkreis entscheidend für den Absatz sind. Die Standortentscheidung fällt dann im regionalen Maßstab (im Vergleich zum länderübergreifenden oder globalen Maßstab), in Abhängigkeit von den Transportverhältnissen, das heißt, die städtische oder gar die Stadtteilebene spielen aus Absatzgesichtspunkten keine Rolle in diesen Überlegungen.*

48 *In der Tat spricht Rifkin von einem Sektor, dem erst an zweiter Stelle ein Sektor der Dienstleistungen und Informationen, an dritter Stelle Industrie und an vierter Stelle Landwirtschaft folgt.*

49 *In Glasgow-Govan, aber auch in anderen Stadtteilen von Glasgow, findet sich der Ansatz, Unternehmensprofile der im Stadtteil ansässigen Unternehmen über Adressbücher oder lokale Netzwerke stärker unter den Firmen bekannt zu machen. Auch in Duisburg-Marxloh wurde versucht, die Nachfrage des benachbarten Thyssen-Werkes stärker für die ortsteilansässigen Unternehmen zu nutzen.*

50 *Allerdings bleiben in den polarisationstheoretischen Arbeiten die Rolle von sozialen Strukturen und institutionellem Umfeld weitgehend unbeachtet.*

51 *Mit Institutionen sind dabei nicht (nur) Körperschaften, Behörden oder soziokulturelle Einrichtungen gemeint, sondern auch Expertensysteme, Wirtschaftsunternehmen, Erziehungswesen, Rechtssysteme oder Medien. Ebenso die besondere Produktionsweise, der Umgang mit der Natur oder soziale Verpflichtungen und Normen an einem Ort.*

52 *Siehe z.B. Audretsch 2003 über die Fortschritte, die räumlichen Aspekte von Wissen und Innovationsaktivitäten in die Produktionsfunktionen zu integrieren.*

53 *Porter bezieht dies allerdings nur auf Unternehmenscluster bei denen viele der Beteiligten international tätig sind. Sonst können sich mit dem Cluster auch nachteilige Risiken verbinden (Porter 1990, 157). Ebenso sprechen Bathelt/Glückler (2002: 213) von der Bedeutung externer Beziehungen für die langfristige Überlebensdimension eines Clusters.*

54 *Vgl. dazu auch die Argumentation von Storper 1986 bzw. den strukturellen Ansatz in der Standortbestimmungslehre Storper/Walker 1989, wie in Kap. 4.2 erläutert.*

55 *Zum Konzept der Nähe siehe: Barthelt/Glückler 2002: 49.*

56 *Zur Kritik siehe detaillierter: Maier/Tödtling 2001b: 172.*

57 *Maier/Tödtling (2001a: 99) und Bathelt/Glückler (2002: 193) weisen auf die begriffliche Unschärfe des Milieu-Begriffes hin.*

58 *Die zweite Form institutionellen Handelns, die sog. property rights-Lösung, reduziert den Transaktionsaufwand über Anweisungen und Verfügungen (Held 1997a: 24f.), beispielsweise innerhalb von Unternehmen. Sie umfasst aber auch Regelungen über Rechte an öffentlichem oder gemeinsamen Eigentum (Almende). Da uns hier die Vertragslösungen interessieren, gehen wir der property rights-Lösung nicht weiter nach.*

59 *Drei zentrale Elemente, nämlich soziales Vertrauen, Netzwerke und Normen, identifiziert Putnam (1995b: 67) immer wieder als Kernelemente sozialen Kapitals: „,Social capital' refers to features of social organization such as networks, norms and social trust that facilitate coordination and cooperation for mutual benefit". Sozialer Interaktion und Netzwerken ehrenamtlichen bzw. bürgerschaftlichen Engagements kommt dabei die Schlüsselrolle zu. „(...) networks of civic engagement foster sturdy norms of generalized reciprocity and encourage the emergence of social trust."*

60 *Auch die Arbeiten von Burt (1997) stehen in dieser Tradition und sehen soziales Kapital als individuelle Ressource (siehe Bathelt/Glückler 2002: 169). In der vorliegenden Arbeit interessiert uns jedoch stärker die Rezeption von sozialem Kapital als kollektive Ressource.*

61 *„(...) social trust and civic engagement are strongly correlated" (Putnam 1995: 665). So basieren Putnams Schlussfolgerungen zum schwindenden Sozialen Kapital in Amerika auf Auswertungen zu den Antworten auf zwei Fragen repräsentativer Umfragen: „Generally speaking, would you say that most people can be trusted, or that you can't be too careful in dealing with people" sowie der Frage nach der Beteiligung der Befragten an einer Reihe von Assoziationen.*

62 *Wegen der stadträumlich unterschiedlichen Spezifika der amerikanischen Kernstädte und Vorstädte lassen sich diese Ergebnisse nicht auf die deutschen Verhältnisse übertragen.*

63 *Siehe zur Indikatorenbildung insbesondere die Ansätze der Weltbank, dokumentiert auf der website http://www1.worldbank.org/prem/poverty/scapital/home.htm (05.10.05).*

64 *Diese „Umgebung" definiert Porter (1990: 29) wie folgt: „Part of a company's environment is its geographical location, with all that implies in terms of history, costs and demand. However a company's environment includes more than just this; also important are such things as where managers and workers were trained, and the nature of the company's early or most important customers."*

65 *Porter (1996) zitiert hier eine Reihe von Beispielen, in denen Stadtteilorganisationen wirtschaftliche Investitionen verhinderten, indem sie hohe Anforderungen an interessierte Investoren stellten (etwa nach einer Miteigentümerschaft, einer bestimmten Quote der Beschäftigung von lokalen Arbeitskräften, oder einer bestimmten Spendensumme für lokale Organisationen).*

66 So folgert Porter (1990: 2) „(…) a nation's standard of living in the long term depends on its ability to attain a high and rising level of productivity in the industries in which its firms compete. This rests on the capacity of its firms to achieve improving quality or greater efficiency."

67 Gute Beispiele für die Erfolge einer langfristigen Strategie sind die Politiken in Glasgow-Govan und Malmö-Rosengaard (siehe ILS 2000a, b).

68 Vgl. dazu zum Beispiel die Initiative in Glasgow-Govan, dokumentiert in ILS 2000a, b. Sie wählte unter den vor Ort ansässigen Unternehmen die zehn Prozent der wettbewerbsfähigsten und innovativsten Unternehmen aus und förderte diese gezielt, während anderen Unternehmen weniger Zeit und Aufmerksamkeit zuteil wurde.

69 Das Modell wurde im Rahmen der Entwicklungszusammenarbeit entwickelt und bislang in Regionen Brasiliens oder Südafrikas eingesetzt. Zweifellos lässt es sich aber auch auf einen städtischen Teilraum anwenden.

70 In diesem Rahmen kann auch nicht ansatzweise auf entsprechende Praxiserfahrungen eingegangen werden. Siehe zu den Projekten und Initiativen einer anderen Entwicklung z.B. Ekins 1986; Biesecker et.al. 2000; oder die Datenbank zur Gemeinwesenarbeit http://www.db.quarternet.de.

71 In Ekins (1986: 34) wird die im informellen Bereich geschaffene Wertschöpfung als schätzungsweise 60% des GNP (gross national product/BIP) entsprechend angegeben. Nach Friedmann (1992: 43), der Peattie and Rein (1983: 38) zitiert, müssten zwischen 33 und 46 Prozent zum amerikanischen Bruttolandprodukt addiert werden, wenn die in amerikanischen Haushalten, überwiegend durch Frauen und Kinder erbrachten Leistungen, monetär bewertet würden. In wenig industrialisierten Ländern ist diese Relation noch akzentuierter (Kap. 6.2).

72 In den Definitionen der informellen Ökonomie wird meist ein monetär abgewickelter Bereich der Schwarzarbeit von anderen nicht-monetären Bereichen der informellen Wirtschaft – Eigenarbeit, Tauschhandel, Hausarbeit – getrennt betrachtet.

73 Für eine andere Messung von „ökonomischem Fortschritt" als inklusiverem Konzept siehe Ekins zu „Indicators of Economic Progress" (1986: 128-166); oder auch Weltbank 2005. Zu Indikatorenkonzepten im Rahmen der Agenda 21-Prozesse siehe Kreibich 1999. Zur Relevanz der „unbezahlten Arbeit": Repräsentative Zeitbudgeterhebungen des Statistischen Bundesamtes gehen davon aus, dass die unbezahlte Arbeit das etwa 1,7fache der Erwerbsarbeit beträgt; d.h. zwei Drittel der gesamtgesellschaftlichen Arbeit verbleiben eher im statistischen Dunkel.

74 Sichtbar z.B. in der Durchführung der Pilotaktion „Drittes System und Beschäftigung" (Amtsblatt der Europäischen Gemeinschaften 97/C 196/08), in Publikationen der Europäischen Kommission (Europäische Kommission 1995; 1998), wie auch in der institutionellen Verankerung einer Dienststelle für Sozialwirtschaft bzw. „Economie Sociale".

75 Zur Kritik am Begriff der geographischen Gemeinschaften siehe z.B. Giddens 1996.

76 Demgegenüber belief sich der Anteil der in modernen Privatunternehmen Beschäftigten für Lateinamerika auf 39% (BMZ 2000: o.S.).

77 Siehe Friedmann (1992: 48ff), der seinerseits ein Modell von Ignacy Sachs „Real Economy" (1988) weiterentwickelt.

78 Schätzungen gehen davon aus, dass im Jahre 1998 die Schattenwirtschaft in Europa zwischen 8 Prozent (Schweiz) und 29 Prozent (Griechenland) des offiziellen Bruttoinlandprodukes betrug. Für Deutschland wird von 14,7% ausgegangen (Anheier/Schneider 2000: 41f.), was einem Äquivalent von geschätzten 5 Mio. Tätigen entspricht.

79 Zur genaueren Bestimmung der Diskussion um eine regionale und lokale Ökonomie siehe Körber/Peters/Weck 2001.

80 Vgl. dazu das Konzept der „Ausgewogenen Doppelnutzung" wie es für die Alpenregion entwickelt wurde (Körber/Peters/Weck 2001: 14)

81 Lokale Spar- und Kreditvereine sind in Deutschland gesetzlich nicht erlaubt; siehe aber die Erfahrungen mit credit unions andernorts, z.B. UK.

82 Vgl. Porter (1996: 330) zur Geldzirkulation in untersuchten amerikanischen Innenstädten „the leakage of grocery dollars ranges from 65% to 79%" – aufgrund der höheren Preise und schlechteren Qualität der innerstädtischen Produktpalette nehmen die Konsumenten weite Wege in Kauf um andernorts einzukaufen.

83 Eine länderübergreifende strukturell-operationale Klassifizierung, die im Rahmen einer Studie an der Johns-Hopkins-Universität gefunden wurde, weist Organisationen im Dritten Sektor fünf Merkmale zu (Salamon/Anheier 1997): (1) Eine formale, auf eine gewisse Dauer ausgerichtete institutionelle Struktur; (2) eine private Struktur, d.h. die Einrichtungen und Initiativen sind nicht Teil des Staatsapparates; (3) die Selbstverwaltung, d.h. die Kontrolle über die eigenen Geschäfte; (4) keine Gewinne anstrebend und eventuelle Überschüsse nicht an die Inhaber oder Anteilseigner verteilend; (5) an den Einrichtungen und Initiativen beteiligen sich zumindest teilweise Personen freiwillig und ehrenamtlich und es besteht keine Zwangsmitgliedschaft. Zugleich darf die Organisation nicht religiöser und nicht politischer Art sein.

84 Vergleiche zu Letzterem die Sackgasse, in der sich die Diskussion um eine Soziale Ökonomie oder einen Dritten Sektor in Deutschland befindet (Kap. 7.2.4).

85 Strukturen und Handeln stehen in dialektischem Verhältnis: Soziale Strukturen ermöglichen und begrenzen das soziale Handeln an einem gegebenen Ort, wie das soziale Handeln an einem Ort diese Strukturen konstituiert und erneuert (Giddens 1988). Zur Notwendigkeit, die alltäglichen Routinen, Nutzungsmuster und Wahrnehmungen zur Grundlage von Planung zu machen, siehe auch Friedmann 1999.

86 Mit der Einschränkung, wie in Kap. 2.3 erläutert, dass sich dies für unterschiedliche Bevölkerungsgruppen unterschiedlich darstellt.

87 Systematischer formuliert, sieht Läpple (1991: 196f.) vier Komponenten gesellschaftlichen Raumes: das materiell-physische Substrat, die gesellschaftlichen Interaktions- und Handlungsstrukturen, das institutionalisierte Regulationssystem und das räumliche Zeichen-, Symbol und Repräsentationssystem.

88 Siehe beispielsweise die Arbeiten des Volkswirtschaftlers Axel Ockenfels zur eingeschränkten Rationalität und der Bedeutung sozialer Präferenzen.

89 Auf einer Tagung der Friedrich-Ebert-Stiftung am 19. und 20. Juni 2001 in Bonn formulierte der Vertreter einer Immobiliengesellschaft, dass für die umhegten Unternehmen der Softwarebranche, der Finanz- und Unternehmensdienstleistungen und der neuen Technologien immer stärker die weichen Faktoren Schulsystem, Sicherheit, sowie soziale Infrastruktur und Klima in der Standortwahl wichtig würden.

90 Integrierte Projekte und sozialwirtschaftliche Unternehmen kollidieren oftmals mit den finanziellen und (ordnungs-)politischen Vorstellungen und Fördersystemen. Es gibt zudem generelle Übereinstimmung, dass die Reform der Arbeitsmarktpolitik im Zuge der Hartz-Reformen die gemeinwesenbezogene Ausrichtung von Qualifizierungs- und Beschäftigungsmaßnahmen in Zukunft auf örtlicher Ebene eher erschwert (Hanesch/Jung-Kroh 2004; Boestrich/Wohlfahrt 2004). Zur Bedeutung von sozialen Unternehmen für Beschäftigungsförderung und Integration siehe Bode/Evers/Schulz 2004.

91 Kleinunternehmen, und insbesondere neugegründete Kleinunternehmen, als Zielgruppe politischer Intervention sind eine besonders „anfällige" Gruppe. Entsprechende Studien zu britischen Programmen zeigen, dass nach fünf Jahren 35-50% der in Erneuerungsgebieten geförderten Kleinunternehmen wieder geschlossen hatten (Baldock 1998: 2072). Entsprechende niederländische Studien zur Förderung von Existenzgründungen aus der Arbeitslosigkeit kommen allerdings zu anderen Ergebnissen (B&A Groep 2000). Die institutionelle Umgebung und eine maßgeschneiderte Betreuung spielt bei der Förderung von Klein- und Kleinstunternehmen in Gründung und Entwicklung eine große Rolle. Generell gilt allerdings, dass durch die Förderung von Existenzgründungen in den ersten Jahren keine nennenswerten Beschäftigungseffekte zu erwarten sind, sondern diese sich erst langfristig zeigen (Armstrong/Taylor 1985: 215f.).

92 Je nach Definition zählen als kleine und mittlere Unternehmen solche mit bis zu 50 oder bis zu 200 Mitarbeiter/innen.

93 Zur Notwendigkeit kontinuierlichen Monitorings siehe Handlungsprinzip 7: Rückkoppelung und Dialogorientierung in Kap. 7.2.1.

94 Siehe zu guten Beispielen hinsichtlich der Zielentwicklung und Evaluation von Quartiersentwicklungsprogrammen ILS NRW 2004.

95 Siehe zum Beispiel ausdifferenzierter Zielsysteme und fortgeschrittener Monitoringsysteme insbesondere die niederländische Praxis der „Stedelijk Beheer", dokumentiert in ILS o.J., und das Beispiel der Govan Initiative, dokumentiert in ILS 2000b, mit der Einschränkung dass bei letztgenannter Initiative soziale und institutionelle Aspekte etwas kurz kommen. Siehe zu guten Beispielen im Rahmen der nordrhein-westfälischen Stadterneuerungspraxis ILS NRW 2004.

96 Rein auf das URBAN-Programm zurückzuführende Arbeitsplätze, Mitnahmeeffekte bereits herausgerechnet. Zum Vergleich: Die arbeitsplatzschaffende Wirkung von 1 Mio DM (511.292 Euro) Fördermittel der Regionalförderung in Deutschland (Ost wie West) wird mit durchschnittlich 20 Beschäftigten (ohne Berücksichtigung der Substitutionswirkung: 32 Arbeitsplätze) angenommen (ifo-Schnelldienst 10-11/1999), also rund 25.000 Euro (bzw. 16.000 Euro) pro Arbeitsplatz.

97 Die Studie bezieht sich nicht auf einzelne Stadtteile, ist aber hier dennoch aussagekräftig, weil sie sich mit der Förderung von Existenzgründungen aus der Arbeitslosigkeit beschäftigt. Zum Vergleich mit deutschen Kostenrechnungen pro durch die Regionalförderung geschaffenem Arbeitsplatz siehe Endnote 96.

98 Zu einem vergleichbaren Ergebnis kommen Turok/Healy (1994: 15) auch für den Glasgower Stadtteil Drumchapel. Die Ergebnisse sind mit der offensichtlichen Einschränkung verbunden, dass, für sich genommen, eine sinkende Arbeitslosenquote allein noch kein aufschlusreicher Indikator dafür ist, wie sich bzw. ob sich die Situation von erwerbsloser Bevölkerung im Stadtteil verbessert hat.

99 Siehe zu den Bemühungen um eine stärkere Fassung von „sozialem Kapital" insbesondere die Arbeiten, die auf der Internetseite der Weltbank dokumentiert sind: http://www1.worldbank.org/prem/poverty/scapital/home.htm (05.10.05).

100 Siehe dazu als Beispiel das System der Wohnungsmarktbeobachtung Dortmund bzw. den Modellversuch Kommunale Wohnungsmarktbeobachtung Nordrhein-Westfalen (Heitkamp 1999; 2002).

101 Siehe für das Beispiel der kleinräumigen Wohnungsmarktbeobachtung Kreibich 2003.

Literaturverzeichnis

Alisch, Monika/Dangschat, Jens (1993): Die solidarische Stadt. Ursachen von Armut und Strategien für einen sozialen Ausgleich. Darmstadt.

Alisch, Monika/Dangschat, Jens (1998): Armut und soziale Integration. Strategien sozialer Stadtentwicklung und lokaler Nachhaltigkeit. Opladen.

Alonso, William (1964): Location and Land Use. Cambridge.

Alonso, William (1975): Standorttheorie. In: J. Barnbrock (Hg.): Materialien zur Ökonomie der Stadtplanung. Braunschweig, S. 15-44.

Altenburg, Tilman/Meyer-Stamer, Jörg (1999): How to Promote Clusters: Policy Experiences from Latin America. In: World Development, Vol. 27, Nr. 9, S. 1693-1713.

Altvater, Elmar/Mahnkopf, Birgit (1996): Grenzen der Globalisierung. Ökonomie, Ökologie und Politik in der Weltgesellschaft. Münster.

Anheier, Helmut K./Schneider, Friedrich (2000): Sozialwirtschaft, Dritter Sektor, Schattenwirtschaft und die Informelle Ökonomie. In: Bundesministerium für Bildung und Forschung (Hg.): Informelle Ökonomie, Schattenwirtschaft und Zivilgesellschaft als Herausforderung für die Europäische Sozialforschung. Bonn, S. 9-67.

Arbeitsgruppe Alternative Wirtschaftspolitik (2004): Memorandum 2004: Beschäftigung, Solidarität und Gerechtigkeit – Reform statt Gegenreform. Kurzfassung im Internet: http://www.memo.uni-bremen.de [4. April 2005]

Audretsch, David (2003): Specialisation or Diversification of Regional Economic Structure – Empirical Findings and Strategic Orientation. Vortrag im Rahmen des Kongresses „Clustermanagement in der Strukturpolitik – Internationale Erfahrungen und Konsequenzen für NRW am 05.12.2003 in Duisburg. Volltext im Internet. http://www.ruhrpakt.de/der_pakt/veranstaltungen/veranstaltungsdokumentation/ [12. August 2004].

Austermann, Klaus/Ruiz, Marcelo/Sauter, Matthias (2002): Integrierte Stadtteilentwicklung auf dem Weg zur Verstetigung. Gelsenkirchen-Bismarck/Schalke-Nord. ILS/AGB (Institut für Landes-und Stadtentwicklungsforschung des Landes Nordrhein-Westfalen/Arbeitsgruppe Bestandsverbesserung an der Universität Dortmund), ILS Schriften Band 186. Dortmund.

Austermann, Klaus/Zimmer-Hegmann, Ralf (2000): Analyse der Umsetzung des integrierten Handlungsprogramms für Stadtteile mit besonderem Erneuerungsbedarf. Evaluationsbericht zum nordrheinwestfälischen Landesprogramm. ILS (Institut für Landes- und Stadtentwicklungsforschung des Landes Nordrhein-Westfalen) Schriften Band 166. Dortmund.

B&A Groep (2000): Enterprise Creation by the Unemployed: The Role of Microfinance. The Netherlands. Den Haag, 26.03.2000. Volltext im Internet. http://www.ilo.org/public/english/employment/finance/reports.htm#annex5. [6. September 2004]

Bade, Franz-Josef (1980): Sektorale und regionale Unterschiede in der räumlichen Mobilität industrieller Betriebe. In: Zeitschrift für Wirtschafts- und Sozialwissenschaften, Jg. 100, Heft 1, S. 83-91.

Bade, Franz-Josef (1989): Allgemeine wirtschaftliche Grundlagen. Spezielle wirtschaftliche Grundlagen. PlanerReader Fachbereich Raumplanung, Universität Dortmund.

Baldock, Robert O. (1998): Ten Years of the Urban Programme 1981-1991. The Impact and Implications of its Assistance to Small Businesses. In: Urban Studies, Vol. 35, Heft 11, S. 2063-2083.

Barro, Robert J./McCleary, Rachel M. (2003): Religion and Economic Growth. Thesenpapier vom 08. April 2003. Volltext im Internet. http://post.economics.harvard.edu/faculty/barro/papers/religion_and_economic_growth.pdf [18. Oktober 2004]

Bartling, Hartwig/Luzius, Franz (1988): Grundzüge der Volkswirtschaftslehre. München.

Bathelt, Harald/Glückler, Johannes (2002): Wirtschaftsgeographie. Ökonomische Beziehungen in räumlicher Perspektive. Stuttgart.

Bätzing, Werner (1998): Regionale Wirtschaftsverflechtungen im Alpenraum. Balance zwischen Autarkie und Globalisierung. In: Politische Ökologie, Nr. 55, S. 26-32.

Bauer, Rudolph (2000): Chancen ökonomischer Selbstorganisation? „Economie Sociale" in der Europäischen Diskussion. In: S. Elsen/D. Lange/I. Wallimann (Hg.): Soziale Arbeit und Ökonomie. Neuwied, S. 158-178.

Bauhaus Dessau/Europäisches Netzwerk für ökonomische Selbsthilfe und lokale Entwicklung (Hg.) (1997): Wirtschaft von unten. People's Economy. Beiträge für eine soziale Ökonomie in Europa. Dessau.

Baur, Nina (2001): Soziologische und ökonomische Theorien der Erwerbsarbeit. Eine Einführung. Frankfurt/New York.

Beck, Ulrich (1996a): Das Zeitalter der Nebenfolgen und die Politisierung der Moderne. In: U. Beck/A. Giddens/S. Lash: Reflexive Modernisierung. Eine Kontroverse. Frankfurt am Main, S. 19-112.

Beck, Ulrich (1996b): Wissen oder Nicht-Wissen? Zwei Perspektiven ,reflexiver Modernisierung'. In: U. Beck/ A. Giddens/S. Lash: Reflexive Modernisierung. Eine Kontroverse. Frankfurt am Main, S. 289-315.

Beck, Ulrich (1999a): Wir sind alle potentielle Arbeitslose. Der Soziologe Ulrich Beck über die Zukunft der Arbeitsgesellschaft und das Modell bezahlter Bürgerarbeit. In: Süddeutsche Zeitung (20./21.03.1999), Nr. 66, S. V1/1.

Beck, Ulrich (1999b): Schöne neue Arbeitswelt – Vision „Weltbürgergesellschaft". Frankfurt am Main.

Beck, Ulrich (2001): Eigenes Leben in einer entfesselten Welt: Individualisierung, Globalisierung und Politik. In: W. Hutton/A. Giddens (Hg.): Die Zukunft des globalen Kapitalismus. Frankfurt, New York, S. 197-212.

Beck, Ulrich/Giddens, Anthony/Lash, Scott (1996): Reflexive Modernisierung. Eine Kontroverse. Frankfurt am Main.

Becker, Uwe (1998): Beschäftigungswunderland Niederlande? In: Aus Politik und Zeitgeschichte, Beilage zur Wochenzeitung Das Parlament, B11/98. S. 12-21.

Behrens, Christian Karl (1971): Allgemeine Standortbestimmungslehre. Opladen.

Behrens, Fritz/Heinze, Rolf G./Hilbert, Josef/Stöbe, Sybille/Walsken, Ernst M. (Hg.) (1995): Den Staat neu denken. Berlin.

Beobachtungsnetz der europäischen KMU (2002): Regionale Cluster in Europa. Veröffentlichung der GD Unternehmen, Europäische Kommission. Nummer 3. Brüssel.

Bergmann, Joachim (2004): Die Reichen werden reicher – auch in Deutschland. In: Leviathan, Zeitschrift für Sozialwissenschaft, 32. Jg., Heft 2, S. 185-202.

Berry, Wendell (2001): Conserving Communities. In E. Goldsmith/J. Mander (Hg.): The Case Against the Global Economy & For a Turn Towards Localization. London, S. 254-263.

Bertelsmann Stiftung (2004): Benchmarking Deutschland: Arbeitsmarkt und Beschäftigung 2004. Gütersloh. Im Internet erhältlich unter http://www.bertelsmann-stiftung.de/medien/pdf/Benchmarking-deutschland-2004-zusf.pdf [20. Juli 2004]

Biesecker, Adelheid/Mathes, Maite/Schön, Susanne/Scurell, Babette (Hg.) (2000): Vorsorgendes Wirtschaften. Auf dem Weg zu einer Ökonomie des Guten Lebens. Bielefeld .

Birkhölzer, Karl (1994): Lokale Ökonomie zwischen Marginalisierung und zukunftsweisender Wirtschaftsweise. In: IFP (Interdisziplinäres Forschungsprojekt) Lokale Ökonomie: Lokale Ökonomie. Beschäftigungs- und Strukturpolitik in Krisenregionen. Berlin.

Blakely, Edward J. (1989): Planning Local Economic Development. Theory and Practice. Newbury Park/London/New Delhi.

BAS (Bundesministerium für Arbeit und Sozialordnung) (Hg.) (2001): Lebenslagen in Deutschland. Der erste Armuts- und Reichtumsbericht der Bundesregierung. Teil I: Bericht. Teil II: Daten und Fakten. Berlin.

BMFSFJ (Bundesministerium für Familie, Senioren, Frauen und Jugend) (1997): Neue Wege der Arbeitsplatzschaffung. Praxisbericht über eine andere Form der Wirtschaftsförderung. Berlin.

BMGS (Bundesministerium für Gesundheit und Soziale Sicherung) (2005): Lebenslagen in Deutschland – Der 2. Armuts- und Reichtumsbericht der Bundesregierung. Berlin.

BMZ (Bundesministerium für wirtschaftliche Zusammenarbeit und Entwicklung) (2000): Lateinamerika-Konzept, Heft Nr. 109, BMZ Bonn/Berlin.

Bode, Ingo/Evers, Adalbert/Schulz, Andreas (2004): Beschäftigungsgesellschaften als Soziale Unternehmen – die Gemeinwirtschaft neu erfinden? In: W. Hanesch/K. Krüger-Conrad (Hg.) (2004): Lokale Beschäftigung und Ökonomie. Herausforderung für die „Soziale Stadt". Wiesbaden. S. 263-285.

Bosch, Gerhard (1998): Brauchen wir mehr Ungleichheit auf dem Arbeitsmarkt? In: WSI Mitteilungen, Nr. 1/1998, S. 15-25.

Bosch, Gerhard (1999): Niedriglöhne oder Innovation. Überlegungen zur Zukunft der Erwerbsarbeit. In: WSI Mitteilungen, Nr. 12/1999, S. 861-869.

Bourdieu, Pierre (1983): Ökonomisches Kapital, kulturelles Kapital, soziales Kapital. In: R. Kreckel (Hg.): Soziale Ungleichheiten. Göttingen, S. 183-198.

Bourdieu, Pierre et.al. (1999): Das Elend der Welt. Zeugnisse und Diagnosen alltäglichen Leidens an der Gesellschaft. Konstanz.

Braun, Sebastian (2001a): Putnam und Bourdieu und das soziale Kapital in Deutschland. Der rhetorische Kurswert einer sozialwissenschaftlichen Kategorie. In: Leviathan, Zeitschrift für Sozialwissenschaft, Jg. 29, Heft 3. S. 337-354.

Braun, Sebastian (2001b): Bürgerschaftliches Engagement im politischen Diskurs. Essay. In: Das Parlament. Beilage zur Wochenzeitung. Heft Nr. B25-26/2001 vom 15.06.2001, S. 3-5.

Brentel, Helmut (2000): Umweltschutz in lernenden Organisationen. Zukunftsfähige Unternehmen (6). Unter Mitarbeit von Herbert Klemisch, Christa Liedtke und Holger Rohn. Wuppertal Papers, Wuppertal Institut für Klima, Umwelt, Energie. Wuppertal.

Burt, Ronald S. (1997): The Contingent Value of Social Capital. In: Administrative Science Quarterly, Vol. 42, S. 339-365.

Buestrich, Michael/Wohlfahrt, Norbert (2004): Hartz und die Folgen für die kommunale Beschäftigungsförderung. In: W. Hanesch/K. Krüger-Conrad (Hg.) (2004): Lokale Beschäftigung und Ökonomie. Herausforderung für die „Soziale Stadt". Wiesbaden. S. 187-211.

BÜSTRO (Büro für Strukturforschung GmbH) (1998): Wirtschaftsentwicklungskonzept für das Rostocker UR-BAN-Rahmenplangebiet Kröpeliner-Tor-Vorstadt. Auftraggeber: Stadt Rostock. Bearbeiter: B. Warich. Volltext im Internet. http://www.piw.de/buestro/projekte/projek7.htm [18. Oktober 2004]

Christaller, Walter (1933): Die zentralen Orte in Süddeutschland. Jena.

Coase, Ronald H. (1937): The Nature of the Firm. In: Economica N.S., S. 386-405.

Coleman, James (1988): Social Capital in the Creation of Human Capital. In: American Journal of Sociology, Vol. 94, S. 95-120.

Coleman, James (1990): Foundations of Social Theory. Harvard.

Commission of the European Communities (1993): Social Europe. Towards a Europe of Solidarity: Combating Social Exclusion. Supplement 4/93, Brussels/Luxembourg.

Dag Hammarskjöld Foundation (1975): What Now: Another Development. Dag Hammarskjöld Foundation, Uppsala.

Dag Hammarskjöld Foundation (1977): Another Development: Approaches and Strategies. Dag Hammarskjöld Foundation, Uppsala.

Dangschat, Jens (1997a): Sag' mir, wo Du wohnst, und ich sag' Dir, wer Du bist! Zum aktuellen Stand der deutschen Segregationsforschung. In: Prokla, Zeitschrift für kritische Sozialwissenschaft, 27. Jhg., Heft 109, Nr. 4, S. 619-647.

Dangschat, Jens (1997b): Armut und sozialräumliche Ausgrenzung in den Städten der Bundesrepublik Deutschland. In: J. Friedrichs (Hg.) (1997): Die Städte in den 90er Jahren: Demographische, ökonomische und soziale Entwicklungen. Opladen/Wiesbaden, S. 167-212.

Dangschat, Jens S. (2004): Eingrenzungen und Ausgrenzungen durch „Soziale Stadt"-Programme. In: W. Hanesch/K. Krüger-Conrad (Hg.) (2004): Lokale Beschäftigung und Ökonomie. Herausforderung für die „Soziale Stadt". Wiesbaden. S. 327-342.

Danielzyk, Rainer (1998): Zur Neuorientierung der Regionalforschung. Wahrnehmungsgeographische Studien zur Regionalentwicklung 17. Universität Oldenburg.

Danielzyk, Rainer/Ossenbrügge, J. (1996): Lokale Handlungsspielräume zur Gestaltung internationalisierter Wirtschaftsräume. Raumentwicklung zwischen Globalisierung und Regionalisierung. In: Zeitschrift für Wirtschaftsgeographie, Jg. 40, S. 101-112.

Dauncey, Guy (1986): A New Local Economic Order. In: P. Ekins (Hg.): The Living Economy. A New Economics in the Making. New York, S. 264-270.

Davis, Mike (2000): Magical Urbanism. Latinos Reinvent the US City. London, New York.

DIFU (Deutsches Institut für Urbanistik) (2001): Soziale Stadt info 5. Der Newsletter zum Bund-Länder-Programm Soziale Stadt. Schwerpunkt Lokale Ökonomie. Juli 2001, Berlin.

DIFU (2003): Strategien und Erfahrungen für die Soziale Stadt. Erfahrungen und Perspektiven – Umsetzung des Bund-Länder-Programms „Stadtteile mit besonderem Entwicklungsbedarf – Die Soziale Stadt". Berlin. Volltext (Handlungsfeld Lokale Ökonomie) im Internet erhältlich unter: http://www.sozialestadt.de/veroeffentlichungen/endbericht/5.2.phtml [23. August 05]

Dombois, Rainer (1999): Der schwierige Abschied vom Normalarbeitsverhältnis. In: Aus Politik und Zeitgeschichte, Beilage zur Wochenzeitung Das Parlament, B37/1999, S. 13-20.

Dortmund-Nordstadt (2005): http://www.urban.dortmund.de/project/home/

Douthwaite, Richard/Diefenbacher, Hans (1998): Jenseits der Globalisierung. Handbuch für lokales Wirtschaften, Mainz.

Eckart, Christel (2004): Zeit für Privatheit. Bedingungen einer demokratischen Zeitpolitik. In: Aus Politik und Zeitgeschichte, Beilage zur Wochenzeitung Das Parlament. B31-32/2004, S. 13-18.

EG DU (Entwicklungsgesellschaft Duisburg) (2005): http://www.eg-du.de

Ekins, Paul (1986) (eds): The Living Economy: A New Economics in the Making. New York

Elsen, Susanne/Lange, Dietrich/Wallimann, Isidor (Hg.) (2001): Soziale Arbeit und Ökonomie. Neuwied.

Esping-Andersen, Gøsta (1990): The Three Worlds of Welfare Capitalism. Cambridge, Oxford.

Etzioni, Amitai (1988): The Moral Dimension: Toward a New Economics. New York.

Europäische Kommission (Hg.) (1995): Eine europäische Strategie zur Förderung lokaler Entwicklungs- und Beschäftigungsinitiativen. KOM(95) 273, Brüssel.

Europäische Kommission (Hg.) (1996): Social and Economic Inclusion Through Regional Development. Directorate General Regional Policy and Cohesion. Verfasser: P. Lloyd, R. Meegan, G. Haughton, S. Krajewska und I. Turok, Brüssel.

Europäische Kommission (Hg.) (1998): Zweiter Bericht über Lokale Entwicklungs- und Beschäftigungsinitiativen. Das Zeitalter der Arbeitsplätze nach Maß. KOM(98)25, Brüssel.

Evers, Adalbert (1996a): Arbeit in den Städten gibt es genug – Wer bezahlt sie? Vorschläge zur Entwicklung einer lokalen Dienstleistungspolitik. In: Kommune, Heft 11, S. 55-60.

Evers, Adalbert (1996b): Gemeinden müssen beim Service für Bürger neue Wege gehen. In: Frankfurter Rundschau (28.10.1996), S.9.

Evers, Adalbert/Olk, Thomas (1996): Wohlfahrtspluralismus. Vom Wohlfahrtsstaat zur Wohlfahrtsgesellschaft. Opladen.

Evers, Adalbert/Schulze-Böing, Matthias/Weck, Sabine/Zühlke, Werner (2000): Soziales Kapital mobilisieren. Gemeinwesenorientierung als Defizit und Chance lokaler Beschäftigungspolitik. Gutachten für die Enquete-Kommission „Zukunft der Erwerbsarbeit" des Landtags von Nordrhein-Westfalen. ILS Schriften Band 164. Dortmund.

Faux, Jeff /Mishel, Larry (2001): Ungleichheit und die globale Wirtschaft. In: W. Hutton/A. Giddens (Hg.): Die Zukunft des globalen Kapitalismus. Frankfurt/New York.

FES (Friedrich-Ebert-Stiftung) (Hg.) (2001): Theoretische Grundlagen der Städtebau- und Stadtentwicklungspolitik. Eine Veranstaltung der Friedrich-Ebert-Stiftung am 23. November 2000 in Bonn. Reihe „Wirtschaftspolitische Diskurse" Nr. 141, Bonn.

Finn, Dan (1996): Making Benefits Work. Employment Programmes and Job Creation Measures. CLES (Centre for Local Economic Strategies) Manchester.

Fischer, Michael (2004): Erfolg zwischen Zufall und Leistung: Der Aktienmarkt. In: Leviathan, Zeitschrift für Sozialwissenschaft. 32. Jg. Heft 2. S. 203-224.

Flyvbjerg, Bent (1998): Rationality and Power. Democracy In Practice. Chicago.

Flyvbjerg, Bent (2001): Making Social Science Matter. Cambridge.

Foley, Paul (1992): Local Economic Policy and Job Creation. A Review of Evaluation Studies. In: Urban Studies, Vol. 29, Nr. 3/4, S. 557-598.

Fox Gotham, Kevin (2003): Toward an Understanding of the Spatiality of Urban Poverty: The Urban Poor as Spatial Actors. In: International Journal of Urban and Regional Research. Vol. 27, Nr. 3, September 2003, S. 723-737.

Franke, Thomas/Löhr, Rolf-Peter/Sander, Robert (2000): Soziale Stadt – Stadterneuerungspolitik als Stadtpolitikerneuerung. In: Archiv für Kommunalwissenschaften (AfK) II/2000, S. 243-268.

Friedmann, John (1973): A Theory of Polarized Development. In: Ders. (Hg.): Urbanization, Planning and National Development. Beverly Hills/London, S. 41-64.

Friedmann, John (1999): The City of Everyday Life. Knowledge/Power and the Problem of Representation. In: DISP, Dokumente und Informationen zur Schweizerischen Orts-, Regional- und Landesplanung, Nr. 136/137, S. 4-11.

Friedmann, Lawrence M. (1977): The Social and Political Context of the War on Poverty. An Overview. In: R.H. Haveman (Hg.): A Decade of Federal Antipoverty Programs, New York.

Friedmann, John (1992): Empowerment. The Politics of Alternative Development. Cambridge/Oxford.

Friedmann, John (1995): Ein Jahrzehnt der World City-Forschung. In: H. Hitz/R. Keil/U. Lehrer/K. Ronneberger/Chr. Schmid/R. Wolff (Hg.): Capitales Fatales. Urbanisierung und Politik in den Finanzmetropolen Frankfurt und Zürich. Zürich, S. 22-44.

Friedrich, Norbert (2001): Förderung der wirtschaftlichen Entwicklung von Großsiedlungsgebieten. Erfahrungen und Schlussfolgerungen aus dem EU-Pilotprojekt Bremerhaven-Grünhöfe. In: ILS (Hg.): Nachhaltige Erneuerung von Großwohnsiedlungen, ILS Schriften Band 177, Dortmund.

Friedrichs, Jürgen (1980): Stadtanalyse. Soziale und räumliche Organisation der Gesellschaft. Opladen.

Fukuyama, Francis (1995): Trust. The Social Virtues and the Creation of Prosperity. New York.

Fürst, Dietrich/Klemmer, Paul/Zimmermann, Klaus (1976): Regionale Wirtschaftspolitik. Tübingen/Düsseldorf.

Geddes, Michael (1998): Local Partnerships: A Successful Strategy for Social Inclusion. Herausgegeben von der European Foundation for Improvement of Living and Working Conditions. Luxembourg/Dublin.

Giddens, Anthony (1988): Die Konstitution der Gesellschaft. Grundzüge einer Theorie der Strukturierung. Frankfurt/New York.

Giddens, Anthony (1996a): Leben in einer posttraditionalen Gesellschaft. In: U. Beck/A. Giddens/S. Lash: Reflexive Modernisierung. Eine Kontroverse. Frankfurt am Main, S. 113-194.

Giddens, Anthony (1996b): Risiko, Vertrauen und Reflexivität. In: U. Beck/A. Giddens/S. Lash: Reflexive Modernisierung. Eine Kontroverse. Frankfurt am Main. S. 316-337.

Giddens, Anthony (1996c): Konsequenzen der Moderne. Frankfurt am Main.

Gittell, Marilyn/Newman, Kathe/Bockmeyer, Janice/Lindsay, Robert (1998): Expanding Civic Opportunity. Urban Empowerment Zones. In: Urban Affairs Review 33/4, S. 530-558.

Glasgow Alliance (2005): http://www.glasgow-alliance.co.uk/sip/default.asp [23. September 2005]

Glasgow Works (2005): http://www.scottish-enterprise.com/sedotcom_home/stp/extra-support/skillsandinclusion/glasgow-works.htm

González, Toralf (2001): Arbeitsplätze für Hamburg-Lurup? Erfahrungsbericht der Programmbegleitung im Rahmen der „Sozialen Stadt". In: ILS (Hg.): Nachhaltige Erneuerung von Großwohnsiedlungen. ILS Schriften Band 177, Dortmund.

Govan Initiative (o.J.) (2003): Strategic Plan 2002-2005. Volltext im Internet. http://www.govanonline.com/publications.aspx [23. September 2005]

Govan Initiative (2005): http://www.govanonline.com [23. September 2005]

Grabher, Gernot (1989): Regionalpolitik gegen De-Industrialisierung? Der Umbau des Montankomplexes im Ruhrgebiet. In: Jahrbuch für Regionalwissenschaft, S. 94-110.

Grabher, Gernot (1993): The Embedded Firm. On the Socioeconomics of Industrial Networks. London/New York, S. 1-31 und S. 255-277.

Grabow, Busso/Henkel, Dietrich/Hollbach-Grömig, Beate: Weiche Standortfaktoren. Stuttgart 1995 (Schriftenreihe des Deutschen Instituts für Urbanistik, Bd. 89).

Granovetter, M. (1985): Economic Action and Economic Structure. The Problem of Embeddedness. In: American Journal of Sociology, Vol. 91, S. 481-510.

Graz-West (2005): http://www.urban-link.at [23. September 2005]

Gründer-Info (2005): http://www.gruender-info.de [23. September 2005]

Hagetoft, Jonas/Cars, Göran (2000): Case Study Malmö-Rosengård. Länderbericht im Rahmen des EI-SES-Projektes (Evaluation of Local Socio-Economic Strategies in Disadvantaged Urban Areas). Herausgegeben vom ILS Dortmund. Volltext im Internet. http://www.ils.nrw.de/netz/elses/index.htm [08.September 2004]

Hanesch, Walter/Jung-Kroh, Imke (2004): Anspruch und Wirklichkeit der ‚Aktivierung' im Kontext der ‚Sozialen Stadt'. In: W. Hanesch/K. Krüger-Conrad (Hg.) (2004): Lokale Beschäftigung und Ökonomie. Herausforderung für die „Soziale Stadt". Wiesbaden. S. 212-229.

Hanesch, Walter/Krüger-Conrad, Kirsten (2004): Lokale Beschäftigung und Ökonomie als Herausforderung für die „Soziale Stadt". In: In: W. Hanesch/K. Krüger-Conrad (Hg.) (2004): Lokale Beschäftigung und Ökonomie. Herausforderung für die „Soziale Stadt". Wiesbaden. S. 7-33.

Harvey, David (1990): The Condition of Postmodernity. An Enquiry into the Origins of Cultural Change. Cambridge/Oxford.

Hatzfeld, Ulrich (2000): Zur Situation und zu den Perspektiven der Nahversorgung mit Lebensmitteln in Nordrhein-Westfalen – Handlungsmöglichkeiten des MSWKS. Unveröffentlichtes Konzeptpapier. MSWKS NRW (Ministerium für Stadtentwicklung, Wohnen, Kultur und Sport Nordrhein-Westfalen). Düsseldorf.

Häußermann, Hartmut (1997): Armut in den Großstädten – eine neue städtische Unterschicht? In: Leviathan, Zeitschrift für Sozialwissenschaft, 1/1997, S. 12-27.

Häußermann, Hartmut (2000): Die Krise der „sozialen Stadt". In: Aus Politik und Zeitgeschichte, Beilage zur Wochenzeitung Das Parlament. B 10-11/2000.

Häußermann, Hartmut (2001): Die europäische Stadt. In: Leviathan, Zeitschrift für Sozialwissenschaft, 29. Jg. Heft 2, S. 237-255.

Häußermann, Hartmut/Siebel, Walter (1987): Neue Urbanität. Frankfurt am Main.

Häußermann, Hartmut/Siebel, Walter (1994): Wie organisiert man Innovation in nichtinnovativen Milieus? In: R. Kreibich u.a. (Hg.): Bauplatz Zukunft. Dispute über die Entwicklung von Industrieregionen. Essen. S. 52-64.

Häußermann, Hartmut/Kronauer, Martin/Siebel, Walter (2004): An den Rändern der Städte. Frankfurt am Main.

Heinze, R.G./Keupp, H. (1997): Gesellschaftliche Bedeutung von Tätigkeiten außerhalb der Erwerbsarbeit. Gutachten für die „Kommission für Zukunftsfragen der Freistaaten Bayern und Sachsen", Bochum/München.

Heitkamp, Thorsten (1997): Die Peripherie von Madrid: Raumplanung zwischen staatlicher Intervention und privater Investition. Dortmunder Beiträge zur Raumplanung 79. Universität Dortmund.

Heitkamp, Thorsten (1999): Kommunale Wohnungsmarktbeobachtung als Instrument der bedarfsgerechten Steuerung. Der Modellversuch Kommunale Wohnungsmarktbeobachtung Nordrhein-Westfalen. In: Informationen zur Raumentwicklung, Heft 2.

Held, Gerd (1996): Transaktionskosten und Raumentwicklung. Arbeitspapier 143. Institut für Raumplanung, Universität Dortmund.

Held, Gerd (1997a): Einführung in die Neue Institutionenökonomik. Arbeitspapier 149. Institut für Raumplanung, Universität Dortmund.

Held, Gerd (1997b): Transaktionskosten und städtischer Raum. Arbeitspapier 150. Institut für Raumplanung, Universität Dortmund.

Herlyn, Ulfert/Lakemann, Ulrich/Lettko, Barbara (1991): Armut und Milieu. Benachteiligte Bewohner in großstädtischen Quartieren. Basel/Boston/Berlin.

Hepp, Andreas (2000): Transkulturalität, Synkretismus und Lokalität. Auf dem Weg zu einer kritischen Betrachtung von Medien im globalen Kontext. In: Th. Düllo/A. Meteling/A. Suhr/C. Winter (Hg.): Kursbuch Kulturwissenschaft. Münster, S. 187-209.

Hermanns, Klaus (2000): Die Lokale Agenda 21. Herausforderung für die Kommunalpolitik. In: Aus Politik und Zeitgeschichte. Beilage zur Wochenzeitung Das Parlament. B 10-11/2000. S. 3-12.

Hesse, Joachim J. (1987): Staatliches Handeln in der Umorientierung. Eine Einführung. In: J.J. Hesse/Chr. Zöpel (Hg.): Zukunft und staatliche Verantwortung. Baden-Baden.

Heuer, Hans (1977): Sozioökonomische Bestimmungsfaktoren der Stadtentwicklung. Stuttgart.

Huster, Ernst-Ulrich (1994): Räumliche Ursachen sozialer Ausgrenzung. Vertiefungsstudie EC Observatory on National Policies to Combat Social Exclusion. Unter Mitarbeit von Martin Bellermann, Michael Krummacher, Roderich Kulbach und Norbert Wohlfahrt. Projektabschlussbericht, Evangelische Fachhochschule Bochum.

Huster, Ernst-Ulrich (2001): Die soziale Stadt zwischen Zentralisierung der Politik und Globalisierung der Ökonomie. In: ILS (Hg.) (2001): Stadt macht Zukunft. Neue Impulse für eine nachhaltige Infrastrukturpolitik. ILS Schriften Band 170. Dortmund, S. 19-30.

Hutton, Will/Giddens, Anthony (2001): Anthony Giddens und Will Hutton im Gespräch. In: W. Hutton/A. Giddens (Hg.): Die Zukunft des globalen Kapitalismus. Frankfurt/New York, S. 12-67.

Idik, Ercan/Schnetger Meike (2004): Barrieren einer Migrantenökonomie und Bedingungen einer geeigneten Förderstruktur. In: W. Hanesch/K. Krüger-Conrad (Hg.) (2004): Lokale Beschäftigung und Ökonomie. Herausforderung für die „Soziale Stadt". Wiesbaden. S. 163-183.

IFP (Interdisziplinäres Forschungsprojekt) Lokale Ökonomie (Hrsg) (1994): Lokale Ökonomie. Beschäftigungs- und Strukturpolitik in Krisenregionen. Ein internationales Symposium. Berliner Debatte. GSFP Berlin.

IfS (Institut für Stadtforschung und Strukturpolitik) (2004): Die Soziale Stadt – Ergebnisse der Zwischenevaluierung – Bewertung des Bund-Länder-Programms „Stadtteile mit besonderem Entwicklungsbedarf – die soziale Stadt" nach vier Jahren Programmlaufzeit. Berlin. Volltext (Handlungsfeld Lokale Ökonomie und Beschäftigung) im Internet erhältlich unter: http://www.sozialestadt.de/veroeffentlichungen/ evaluationsberichte/zwischenevaluierung [23. August 2005]

ILS (Institut für Landes- und Stadtentwicklungsforschung des Landes Nordrhein-Westfalen) (Hg.) (1995): Handlungskonzept Duisburg-Marxloh. Materialien für die weitere Diskussion, ILS Dortmund.

ILS (Hg.) (1997): Lokale Ökonomie und Wirtschaftsförderung in Stadtteilen mit besonderem Erneuerungsbedarf. ILS Schrift 130. ILS Dortmund.

ILS (Hg.) (1999): Integrierte Stadtteilerneuerung und Bewohneraktivierung in den USA. ILS Schrift 142. ILS Dortmund.

ILS (Hg.) (2000a): Final Report ELSES (Evaluation of Local Socio-Economic Strategies in Disadvantaged Urban Areas). Ein Europäisches Projekt im Rahmen des Vierten Forschungsrahmenprogramms der Europäischen Union. ILS Dortmund. Volltext im Internet. http://www.ils.nrw.de/netz/elses/index.htm [8. September 04]

ILS (Hg.) (2000b): Good Practice Guide ELSES (Evaluation of Local Socio-Economic Strategies in Disadvantaged Urban Areas). Ein Europäisches Projekt im Rahmen des Vierten Forschungsrahmenprogramms der Europäischen Union. Bearbeitet von S. Weck. ILS Dortmund. Volltext im Internet. http://www.ils.nrw.de/ netz/elses/index.htm [08. September 2004]

ILS (Hg.) (2000c): Lokale sozio-ökonomische Strategien in Stadtteilen mit besonderem Erneuerungsbedarf. Local Socio-Economic Strategies in Disadvantaged Urban Areas. Report on the European Conference. ILS Schriften 168. Dortmund

ILS (Hg.) (2001): Materialien zum Workshop Monitoring and Controlling in Stadtteilen mit besonderem Erneuerungsbedarf. ILS Dortmund. Volltext im Internet. http://www.ils.nrw.de/publik/sonder/ monitoring.htm [18. Oktober 2004]

ILS NRW (Institut für Landes- und Stadtentwicklungsforschung und Bauwesen des Landes Nordrhein-Westfalen) (Hg.) (2004): Handbuch Zielentwicklung und Selbstevaluation in der Sozialen Stadt NRW. ILS NRW Schrift 194. Dortmund.

Jahoda, Marie/Lazarsfeld, Paul F./Zeisel, Hans (1975): Die Arbeitslosen von Marienthal. Ein soziographischer Versuch über die Wirkungen langandauernder Arbeitslosigkeit. Frankfurt am Main.

Jung, Rüdiger/Schäfer, Helmut M./Seibel, Friedrich W. (Hg.) (1997): Economie Sociale. Fakten und Standpunkte zu einem solidarwirtschaftlichen Konzept. Frankfurt.

KAB Trier/Taurus (Hg.) (1996): Regionen im Aufbruch. Beiträge und Beispiele zur eigenständigen und nachhaltigen Regionalentwicklung. Bornheim.

Kaufmann, Franz-Xaver (1997): Herausforderungen des Sozialstaates. Frankfurt.

Keim, Rolf (1999): Wohnungsmarkt und soziale Ungleichheit. Über die Entwicklung städtischer Polarisierungsprozesse. Basel, Boston, Berlin.

Kempf, Birgit/Läpple, Dieter (2001): Die Hamburger Arbeitslandschaft. Struktur und Entwicklung von Tätigkeitsfeldern im regionalen Vergleich. Ausgewählte Ergebnisse einer ESF-Arbeitsmarktstudie der TU Hamburg-Harburg. Arbeitsbereich Stadt-/Regionalökonomie. Zusammenfassung der Ergebnisse im Internet. http://www.tu-harburg.de/forschung/fobe/2000-2001/a1998.1-06/ w.17.962711071295.html [18. Oktober 2004]

Keynes, John M. (2002): Allgemeine Theorie der Beschäftigung, des Zinses und des Geldes. Englische Erstausgabe 1936, London.

Kistler, Ernst/Schäfer-Walkmann, Susanne (1999): Garant für Gemeinsinn oder gar Soziales Kapital? Ehrenamtliches Engagement zwischen Über- und Unterforderung. In: Sozialmagazin, 24. Jg., H. 3, S. 48-56.

Klammer, Ute/Bäcker, Gerhard (1998): Niedriglöhne und Bürgerarbeit als Strategieempfehlungen der Bayerisch-Sächsischen Zukunftskommission. In: WSI-Mitteilungen 6/1998, S. 359-370.

Klöck, Thilo (Hg.) (1998): Solidarische Ökonomie und Empowerment. Jahrbuch Gemeinwesenarbeit 6. München.

Knuth, Matthias (1996): Wege aus der Nische. Organisationsformen sinnvoller Arbeit in Beschäftigungsprojekten. Schriftenreihe der Senatsverwaltung für Arbeit, Berufliche Bildung und Frauen. Nr. 27. Berlin.

Kommission für Zukunftsfragen der Freistaaten Bayern und Sachsen (1997): Erwerbstätigkeit und Arbeitslosigkeit in Deutschland. Entwicklung, Ursachen und Maßnahmen. Bonn.

Körber, Manfred/Peters, Ulla/Weck, Sabine (2001): Wirtschaften im Kontext. Neue Räume für eine solidarische und nachhaltige Ökonomie? Arbeitspapier. Dortmund/Dessau. Volltext im Internet. http: //www.ils.nrw.de/index1.html. [18. Oktober 2004]

Krätke, Stefan (1995): Stadt – Raum – Ökonomie. Einführung in aktuelle Problemfelder der Stadtökonomie und Wirtschaftsgeographie. Stadtforschung aktuell. Band 53. Basel, Boston, Berlin.

Kreibich, Volker (2003): Indikatorgebiete für die kleinräumige Wohnungsmarktbeobachtung in Dortmund – ein Werkstattbericht. Überarbeitete Fassung eines Vortrags vor dem Initiativkreis Kommunale Wohnungsmarktbeobachtung NRW in Düsseldorf am 8. 4. 2003 und vor dem Bundesarbeitskreis Wohnungsmarktbeobachtung in Hannover am 15. 5. 2003. Volltext im Internet. http: //www.raumplanung.uni-dortmund.de/geo/index_1.htm. (21. Juli 2004)

Kreibich, Volker (1999): Operationalisierung einer zukunftsfähigen Stadtentwicklung. In: Hallesches Jahrbuch für Geowissenschaften. Bd. 21, S. 27-41.

Kreibich, Volker (1998): Informelle Planung? In: K. M. Schmals (Hg.): Was ist Raumplanung? Dortmunder Beiträge zur Raumplanung 89, Dortmund.

Kronauer, Martin (1997): 'Soziale Ausgrenzung' und 'Underclass': Über neue Formen der gesellschaftlichen Spaltung. In: Leviathan, Zeitschrift für Sozialwissenschaft, Heft 1/1997, Jg. 25, S. 28-49.

Kuhm, Klaus (2000): Exklusion und räumliche Differenzierung. In: Zeitschrift für Soziologie, Jg. 29, Heft 1, S. 60-77.

Kunst, Mascha/van der Pennen, Ton (1999): The Case of Leiden-Noord. In: ILS (Hg.): Summaries from the Research Partners, Arbeitspapier zur ELSES Konferenz in Neapel 12.-14. März 1999. ILS Dortmund.

Kunst, Mascha/van der Pennen, Ton/Adriaanse, Carlinde (2000): Case Study Report Leiden-Noord. Länderbericht im Rahmen des ELSES-Projektes (Evaluation of Local Socio-Economic Strategies in Disadvantaged Urban Areas). Herausgegeben vom ILS Dortmund. Volltext im Internet. http://www.ils.nrw.de/netz/elses/index.htm [8. September 2004]

Kuttner, Robert (2001): Die Rolle der Regierungen in der globalen Wirtschaft. In: W. Hutton/A. Giddens (Hg.): Die Zukunft des globalen Kapitalismus. Frankfurt/New York. S. 177-196.

Landaboso, Mikel (2003): Clusters and Less Favoured Regions: Policy Options in Planning and Implementation. Vortrag im Rahmen des Kongresses „Clustermanagement in der Strukturpolitik – Internationale Erfahrungen und Konsequenzen für NRW am 05.12.2003 in Duisburg. Volltext im Internet: http://www.ruhrpakt.de/der_pakt/veranstaltungen/veranstaltungsdokumentation/ [9. September 2004]

Landtag Nordrhein-Westfalen (2004) (Hg.): Zukunft der Städte. Bericht der Enquetekommission des Landtags von Nordrhein-Westfalen. Düsseldorf.

Läpple, Dieter (1991): Essay über den Raum. Für ein gesellschaftswissenschaftliches Raumkonzept. In: H. Häußermann et.al. (Hg.): Stadt und Raum. Soziologische Analysen. Pfaffenweiler. S. 157-207.

Läpple, Dieter (1999): Die Ökonomie einer Metropolregion im Spannungsfeld von Globalisierung und Regionalisierung. Das Beispiel Hamburg. In: G. Fuchs/G. Krauss/H.-G. Wolf (Hg.): Die Bindungen der Globalisierung. Interorganisationsbeziehungen im regionalen und globalen Wirtschaftsraum. Marburg. S. 11-47.

Läpple, Dieter (2000): Städte im Spannungsfeld zwischen globaler und lokaler Entwicklungsdynamik. In: ILS (Hg.): Lokale sozio-ökonomische Strategien in Stadtteilen mit besonderem Erneuerungsbedarf. Dokumentation der ELSES Konferenz. ILS Schriften Band 168. Dortmund.

Läpple, Dieter (2004): Entwicklungsperspektiven von Stadtregionen und ihren lokalen Ökonomien. In: W. Hanesch/K. Krüger-Conrad (Hg.) (2004): Lokale Beschäftigung und Ökonomie. Herausforderung für die „Soziale Stadt". Wiesbaden. S. 95-117.

Läpple, Dieter/Deecke, Hartmut/Krüger, Thomas (1994): Strukturentwicklung und Zukunftsperspektiven der Hamburger Wirtschaft unter räumlichen Gesichtspunkten. Clusterstruktur und Szenarien. Gutachten für die Stadtentwicklungsbehörde der Freien und Hansestadt Hamburg / Forschungsbericht der Technischen Universität Hamburg-Harburg. Hamburg.

Lash, Scott (1996): „Reflexivität und ihre Doppelungen: Struktur, Ästhetik und Gemeinschaft" sowie „Expertenwissen oder Situationsdeutung? Kultur und Institutionen im desorganisierten Kapitalismus". In: U. Beck/A. Giddens/S. Lash: Reflexive Modernisierung. Eine Kontroverse. Frankfurt am Main. S. 195-288 und S. 338-364.

Lasuén, José Ramón (1973): Urbanisation and Development. The Temporal Interaction between Geographical and Sectoral Clusters. In: Urban Studies, Jg. 10, S. 163-188.

Leitfaden "Soziale Stadt" (2000): Leitfaden zur Ausgestaltung der Gemeinschaftsinitiative „Soziale Stadt" (Zweite Fassung vom 01.03.2000). Volltext im Internet: http://www.sozialestadt.de/veroeffentlichungen/arbeitspapiere/band3/3_argebau.shtml#2 [15. April 2004]

Lester, Richard K. (2003): Universities and Local Systems of Innovation: A Strategic Perspective. Vortragsmanuskript eines MIT/Tampere Innvoation Workshop in Tampere, Finland, 9. September 2003. Volltext im Internet: http://www.sjoki.uta.fi/sente/english/verkkokirjasto/Tampere-SebastianPDF.pdf [18. Oktober 2004]

Lipietz, Alain (1985): Akkumulation, Krisen und Auswege aus der Krise. Einige methodische Überlegungen zum Begriff „Regulation". In: Prokla. Zeitschrift für kritische Sozialwissenschaft. Nr. 58, S. 109-137.

Lipietz, Alain (1991): Zur Zukunft der städtischen Ökologie. In: M. Wentz (Hg.): Stadt-Räume. Die Zukunft des Städtischen. Band 2. Frankfurt am Main/New York. S. 129-136.

Löhr, Rolf-Peter (2004): Lokale Ökonomie in der Sozialen Stadt – Chancen und Ansätze. Volltext: http://www.stadtteilarbeit.de/seiten/theorie/loehr/lok_oekonomie_soziale_stadt.htm [19. April 2004]

Lösch, August (1910): Die räumliche Ordnung der Wirtschaft. Jena.

Madanipour, Ali/Cars, Göran/Allen, Judith (1998): Social Exclusion in European Cities. Processes, Experiences, and Responses. London and Philadelphia

Madanipour, Ali (2000): Eine Typisierung sozial ausgegrenzter Stadtteile in europäischen Städten. In: ILS (2000a), S. 148-156.

Maier, Gunther/Tödtling Franz (2001a): Regional- und Stadtökonomik. Standorttheorie und Raumstruktur. Band 1, 3. Auflage, Wien/New York.

Maier, Gunther/Tödtling Franz (2001b): Regional- und Stadtökonomik. Regionalentwicklung und Regionalpolitik. Band 2, 3. Auflage, Wien/New York.

Maillat, Dennis (1991): The Innovation Process and the Role of the Milieu. In: E. Bergman/G. Maier/ F. Tödtling (Hg.): Regions Reconsidered. Economic Networks, Innovation and Local Development in Industrialized Countries. London.

Maillat, Dennis (1998): Vom „Industrial District" zum innovativen Milieu: Ein Beitrag zur Analyse der lokalen Produktionssysteme. In: Geographische Zeitschrift, Jg. 86, S. 1-15.

Maillat, Dennis/Lecoq, Bruno (1992): New Technologies and Transformation of Regional Structures in Europe. The Role of the Milieu. In: Entrepreneurship and Regional Development 1, S. 1-20.

Marshall, Alfred (1890): Principles of Economics. An Introductory Volume. London.

Martin, Hans-Peter/Schumann, Harald (1996): Die Globalisierungsfalle. Der Angriff auf Demokratie und Wohlstand. Reinbek bei Hamburg.

Mau, Steffen (1998): Zwischen Moralität und Eigeninteresse. Einstellungen zum Wohlfahrtsstaat in internationaler Perspektive. In: Aus Politik und Zeitgeschichte. Beilage zur Wochenzeitung Das Parlament, B 34-35, S. 27-37.

Mau, Steffen/Stolle, Dietlind (1998): Attentat auf Soziales Kapital. Tagung in Tutzing. Wer ist in der Lage, die Kraft freiwilliger Assoziationen zu mobilisieren? In: Frankfurter Rundschau (06.02.1998). S. 7.

Mayer, Margit (1990): Lokale Politik in der unternehmerischen Stadt. In: R. Borst u.a. (Hg.): Das neue Gesicht der Städte. Theoretische Ansätze und empirische Befunde aus der internationalen Debatte. Stadtforschung aktuell Band 29. Basel. S. 190-208.

Mayer, Margit (1991): „Postfordismus" und „Lokaler Staat". In: H. Heinelt/H. Wollmann (Hg.): Brennpunkt Stadt. Stadtpolitik und lokale Politikforschung in den 80er und 90er Jahren. Stadtforschung aktuell Band 31. Basel. S. 31-51.

Mayring, Philipp (1990): Einführung in die qualitative Sozialforschung. München.

Meyer-Stamer, Jörg (2003): Participatory Appraisal of Competitive Advantage (PACA). Launching Local Economic Development Initiatives. Volltext im Internet. http://www.mesopartner.com/ [3. November 2004]

Meyer-Stamer, Jörg (2001): Strategien und Instrumente lokaler Wirtschafts- und Beschäftigungsförderung zur Schaffung von Einkommen und Beschäftigung für arme Bevölkerungsgruppen: Land und Stadt, Cluster und Sozialkapital. GTZ Eschborn. Volltext im Internet. http://www.meyer-stamer.de/ local.html. [9. September 2004]

MSKS (Ministerium für Stadtentwicklung, Kultur und Sport) NRW (1996): Integriertes Handlungsprogramm der Landesregierung "Politik für Stadtteile mit besonderem Erneuerungsbedarf". Konzeptpapier. MSKS Düsseldorf.

Mölders, Ursula/Gringel, Bettina (2004): Der Bergische Regionalladen. Auf der Suche nach Konzepten zur Sicherung der Nahversorgung. In: europlan Informationen zur Stadt- und Regionalentwicklung. Nr. 2+3/2004. S. 6f.

Morin, Richard/Hanley, Jill (2004): Community Economic Development in a Context of Globalization and Metropolization: A Comparison of Four North American Cities. In: International Journal of Urban and Regional Research. Vol. 28, Nr. 2. S. 369-383.

Myrdal, Gunnar (1957): Economic Theory and Underdeveloped Regions. London.

Nelles, Roland/Reiermann, Christian: Protest in Schwarzrotgold. In: Der Spiegel 14/2004 vom 29.03.2004, S. 27.

North, Douglas C. (1990): Institutions, Institutional Change and Economic Performance. Cambridge.

OECD (1996): Employment Outlook. Paris.

Oßenbrügge, Jürgen (1992): Der Regulationsansatz in der deutschsprachigen Stadtforschung. Anmerkungen zu Neuerscheinungen. In: Geographische Zeitschrift (GZ) 80 (2) S. 121-127.

Oorschot, Wim van: Soziale Sicherheit, Arbeitsmarkt und Flexibilität in den Niederlanden 1980-2000. In: WSI-Mitteilungen 5/2000. S. 330-334.

Pennen, Ton van der (1999): Sozialwirtschaftliche politische Strategie und Praxis: Das Beispiel Niederlande. In: Friedrich-Ebert-Stiftung (Hg.): Modernisierung ohne auszuschliessen. Quartiersentwicklung zur Verhinderung einer städtischen Unterschicht. Bearbeitet von R. Brandherm. Friedrich-Ebert-Stiftung, Bonn.

Philips, Michael (1986): What Small Business Experience Teaches about Economic Theory. In: P. Ekins (Hg.): The Living Economy. A New Economics in the Making. New York, S. 272-280.

Pioch, Roswitha/Vobruba, Georg (1995): Gerechtigkeitsvorstellungen im Wohlfahrtsstaat. Sekundäranalyse empirischer Untersuchungen zur Akzeptanz wohlfahrtsstaatlicher Maßnahmen. In: D. Döring u.a. (Hg.): Gerechtigkeit im Wohlfahrtsstaat. Marburg.

Porter, Michael E. (1990): The Competitive Advantage of Nations. New York.

Porter, Michael E. (1995): The Competitive Advantage of the Inner City. In: Harvard Business Review, Vol. 73, No. 3, S. 55-71.

Porter, Michael E. (1996): An Economic Strategy for America's Inner Cities. Addressing the Controversy. In: The Review of Black Political Economy, Vol. 24, No. 2-3, S. 303-336.

Porter, Michael E. (1998a): The Adam Smith Address: Location, Clusters and the "New" Microeconomics of Competition. In: Business Economics, Vol. 33, No. 1, S. 7-13.

Porter, Michael E. (1998b): Clusters and the New Economics of Competition. Harvard Businesss Review. Heft November/Dezember , S. 77-90.

Porter, Michael E. (1999): Unternehmen können von regionaler Vernetzung profitieren. In: Harvard Business-manager, Heft 3/99, S. 51-63.

Porter, Michael E./Habiby, Anne (1999): A Window on the New Economy. Understanding the Economic Potential of the Inner Cities. In: Inc., May, S. 49-50.

Putnam, Robert D. (1993): Making Democracy Work: Civic Traditions in Modern Italy. Princeton.

Putnam, Robert D. (1995a): Tuning In, Tuning Out: The Strange Disappearance of Social Capital in America. In: Political Science & Politics, Vol. 28, Nr. 4, S. 664-683.

Putnam, Robert D. (1995b): Bowling Alone: America's Declining Social Capital. In: Journal of Democracy, Vol. 6, Nr. 1, S. 65-78.

Rabe, Birgitta/Schmid, Günther (1999): Eine Frage der Balance: Reform der Arbeitsmarktpolitik. In: Aus Politik und Zeitgeschichte, Beilage zur Wochenzeitung Das Parlament, B 37/99, S. 21-30.

Raco, Mike/Turok, Ivan/Kintrea, Keith (2000): Case Study Report Glasgow-Govan. Länderbericht im Rah-men des ELSES-Projektes (Evaluation of Local Socio-Economic Strategies in Disadvantaged Urban Areas). Herausgegeben vom ILS Dortmund. Volltext im Internet. http://www.ils.nrw.de/netz/elses/index.htm [08.September 2004]

Rainey, Daniel V./McNamara, Kevin T. (o.J.): Industry Linkages and the Structures of the Local Economy. Volltext im Internet. http://www.agecon.purdue.edu/crd/econdev.htm [20. Februar 2004].

Rehfeld, Dieter (1999): Produktionscluster. Konzeption, Analysen und Strategien für eine Neuorientierung der regionalen Strukturpolitik. München/Mering.

Rehfeld, Dieter (2003): Von Innovationsnetzwerken zu innovativen Räumen. In: IAT Jahrbuch 2002/2003. S. 47-53. Gelsenkirchen. Volltext im Internet. http://www.iatge.de [5. August 2004].

Reichart, Thomas (1999): Bausteine einer Wirtschaftsgeographie. Eine Einführung. Bonn/Stuttgart/Wien.

Reinken, Kurt (2001): Thesen zur lokalen Wirtschaftsförderung und Existenzgründungsförderung in St. Pauli. Vortrag auf dem STEG-Forum Stadterneuerung am 8.11.2001, Vortragsmanuskript. Hamburg.

Ricardo, David (1846/1959): Über die Grundsätze der politischen Ökonomie und der Besteuerung. Berlin.

Richter, R. (1994): Institutionen ökonomisch analysiert. Tübingen.

Rifkin, Jeremy (1997): Das Ende der Arbeit und ihre Zukunft. Frankfurt am Main/New York.

Rifkin, Jeremy (2000): La era del accesso. La revolución de la nueva economía. Barcelona. (=Access. Das Verschwinden des Eigentums. Warum wir weniger besitzen und mehr ausgeben werden. Frankfurt am Main 2000)

Ronneberger, Klaus/Keil, Roger (1991): Macht und Räumlichkeit. Die Weltstadt geht aufs Dorf. In: F.-O. Brauerhoch (Hg.): Frankfurt am Main. Stadt, Soziologie und Kultur. Frankfurt am Main, S. 125-147.

Rosenfeld, Stuart A. (2002): Creating Smart Systems: A Guide to Cluster Strategies in Less Favoured Regions. European Union, Regional Innovation Strategies. April 2002. Volltext im Internet. http://europa.eu.int/comm/regional_policy/innovation/pdf/guide_rosenfeld_final.pdf [16. September 2004]

Rosenfeld, Stuart A. (2003): Expanding Opportunities: Cluster Strategies That Reach More People and More Places. In: European Planning Studies, Vol. 11, Nr. 4. S. 359-377.

Russ, Dirk/Schröder, Karsten/Wewer, Susanne (1999): Studie zur Lokalen Ökonomie in Wuppertal-Osters-baum. Im Auftrag der Stadt Wuppertal vorgelegt von der Planungsgruppe Stadtbüro. Dortmund/Wup-pertal.

Sachs, Ignacy (1988): Market, Non-Market, and the „Real" Economy. In: K. Arrow (Hg.): The Balance be-tween Industry and Agriculture in Economic Development. Basic Issues, Vol. 1. London, S. 218-231.

Salamon, Lester M./Anheier, Helmut, K. (1997): Defining the Nonprofit Sector. A Cross-National Analysis. Manchester.

Sassen, Saskia (1991): The Global City. New York.

Sassen, Saskia (1997): Metropolen des Weltmarktes. Die neue Rolle der Global Cities. Frankfurt am Main, New York.

Scharpf, Fritz W. (1991): Die Handlungsfähigkeit des Staates am Ende des 20. Jahrhunderts. In: Politische Vierteljahresschrift (PVS) 32, Vol. 32, Nr. 4, S. 621-634.

Schätzl, Ludwig (2001): Wirtschaftsgeographie I. Theorie. 8. Auflage, Paderborn.

Schmals, Klaus (2001): Souveräne KonsumentInnen in einer zivilen Stadtgesellschaft. In: Vhw Forum Wohneigentum, Zeitschrift für Wohneigentum in der Stadtentwicklung und Immobilienwirtschaft. Heft 4, Aug./Sept. 2001, S. 173-179.

Schnur, Olaf (2001): Lokales Sozialkapital. Eine unterschätzte Ressource im Kiez. Empirische Befunde aus Berlin-Moabit. In: Vhw Forum Wohneigentum, Zeitschrift für Wohneigentum in der Stadtentwicklung und Immobilienwirtschaft. Heft 4, Aug./Sept. 2001, S. 187-190.

Schuleri-Hartje, Ulla-Kristina/Floeting, Holger/Reimann, Bettina (2005): Ethnische Ökonomie. Integrations-faktor und Integrationsmaßstab. Schader-Stiftung/Deutsches Institut für Urbanistik, Darmstadt/Berlin.

Scott, Allen J. (1988): Regions and the World Economy. The Coming Shape of Global Production, Com-petition, and Political Order. Oxford/New York.

Scott, Allen J./Storper, Michael (Hg.) (1988): Production, Work, Territory. The Geographical Anatomy of Industrial Capitalism. Boston/London/Sydney.

Scottish Enterprise (Hg.) (2003): Tackling Disadvantage. Volltext im Internet. http://www.scottish-enterprise.com [18. Oktober 2004]

Scottish Enterprise (2005): http://www.scottish-enterprise.com [23. September 2005]

Selle, Klaus (Hg.) (1996): Planung und Kommunikation. Gestaltung von Planungsprozessen in Quartier, Stadt und Landschaft. Grundlagen, Methoden, Praxiserfahrungen. Wiesbaden/Berlin.

Sen, Amartya (1987): On Ethics and Economics, Oxford.

Siebel, Walter (1995): Stadt und Arbeit. Versuch zu einer Provokation. In: ILS (Hg.): Stadt und Arbeit. ILS Dortmund, S. 81-85.

Siebel, Walter (1996): Armut und soziale Integration. In: PlanerIn, SRL-Mitteilungen für Stadt- Regional- und Landesplanung 2/96, Berlin, S. 59-62.

Siebel, Walter (1997): Armut oder Ausgrenzung? In: Leviathan, Zeitschrift für Sozialwissenschaft 1/97, Jg. 25, S. 67-75.

Simon, Gabriela (1999): Für eine soziale und innovative Gestaltung der Dienstleistungsgeellschaft. Beschäftigungspolitische Perspektiven im Bereich der personennahen Dienstleistungen. Unveröff. Papier der Grundsatzabteilung DGB (Deutscher Gewerkschaftsbund) Düsseldorf.

Soehlke, Cord (2001): Die Tübinger Südstadt. Städtische Strukturen und private Bauherren – kein Gegensatz. Vortrag bei der IfR (Informationskreis für Raumplanung) Jahrestagung 2001 in Braunschweig. Vortragsmanuskript.

Soto, Hernando de (1986): El Otro Sendero. México. (entspricht Soto, Hernando de (1992): Marktwirtschaft von unten. Zürich, Köln.)

Soziale Stadt (2005): http://www.sozialestadt.de [23. September 2005]

Soziale Stadt NRW (2005): http://www.soziale-stadt.nrw.de [23. September 2005]

Sprungschanze (2005): http://www.sprungschanze.net [23. September 2005]

Stadtteilbüro Malstatt (Hg.) (1993): Von der Not im Wohlstand arm zu sein. Eine Armutserkundung in Saarbrücken-Malstatt. Saarbrücken.

STEG (2000): Endlich Sexy. Der Weg der Steg. 1990-2000 Steg Hamburg. Broschüre zum zehnjährigen Bestehen der Steg. Stadterneuerungs- und Stadtentwicklungsgesellschaft Hamburg mbH, Hamburg.

Steingart, Gabor (2004): Sozialstaat. Die Wohlstands-Illusion. In: Der Spiegel 11/2004 vom 08.03.20004. S. 52-80.

Sternberg, Rolf (1998): Technologiepolitik und High-Tech Regionen. Ein internationaler Vergleich. Münster/Hamburg.

Storper, Michael (1986): Technology and New Regional Growth Complexes. The Economics of Discontinuous Spatial Development. In: P. Nijkamp (Hg.): Technological Change, Employment and Spatial Dynamics. Berlin. S. 46-75.

Storper, Michael/Walker, Richard (1989): The Capitalist Imperative. Territory, Technology and Industrial Growth. Blackwell.

Strachwitz, Rupert Graf (Hg.) (1998): Dritter Sektor – Dritte Kraft. Versuch einer Standortbestimmung. Düsseldorf.

Strauss, Anselm L./Corbin, Juliet M. (1990): Basics of Qualitative Research. Grounded Theory Procedures and Techniques. Newsbury Park.

Strohmeier, Klaus Peter (2002): Bevölkerungsentwicklung und Sozialraumstruktur im Ruhrgebiet. Reihe Demographischer Wandel der Projekt Ruhr GmbH. Essen.

Swyngedouw, Eric (1992): The Mammon Quests. "Glocalisation", Interspatial Competition and the Monetary Order. In: M. Dunford/G. Kafkalas (Hg.): Cities and Regions in the New Europe. London, S. 39-67.

SZ (Süddeutsche Zeitung) vom 20./21.03.1999: Wir sind alle potentielle Arbeitslose. Der Soziologe Ulrich Beck über die Zukunft der Arbeitsgesellschaft und das Modell bezahlter Bürgerarbeit. Seite VI/1.

Tengler, Hermann (1989): Die Shiftanalyse als Instrument der Regionalforschung. Stuttgart.

Thünen, Johann Heinrich von (1875): Der isolierte Staat in Beziehung auf Landwirtschaft und Nationalökonomie. Berlin.

Tolner, Gerard (2001): Beschäftigungspolitik und Quartiersökonomie. Das Beispiel Groningen. In: ILS (Hg.): Nachhaltige Erneuerung von Großwohnsiedlungen, ILS Schrift 177, Dortmund.

Toolkit (2005): http://www.wiram.de/Toolkit/index.html [23. September 2005]

Trube, Achim (1997): Zur Theorie und Empirie des zweiten Arbeitsmarktes. Exemplarische Erörterungen und praktische Versuche zur sozioökonomischen Bewertung lokaler Beschäftigungsförderung. Münster 1997.

Turok, Ivan (1989): Evaluation and Understanding in Local Economic Policy. In: Urban Studies, Vol 26, S. 587-606.

Turok, Ivan/Healy, Adrian (1994): The Effectiveness of Local Labour Market Action: Issues of Quantity and Quality. In: Local Economy Nr. 6, S. 4-18.

Turok, Ivan (1998): Inclusive Cities: Building Local Capacity for Development. Summary Report and Policy Guidelines for the European Commission, DG XVI and Glasgow Development Agency. Glasgow.

Uzzi, Brian (1996): The Sources and Consequences of Embeddedness for the Economic Performance of Organizations. The Network Effect. In: American Sociological Review, Vol. 61, S. 674-698.

Uzzi, Brian (1997): Social Structure and Competition in Interfirm Networks. The Paradox of Embeddedness. In: Administrative Science Quarterly, Vol. 42, S. 35-67.

Voß, Brigitte (1997): Gemeinwesenökonomie als Strategien gegen Arbeitslosigkeit, Armut, Ausgrenzung. In: Widersprüche, Heft 65, 17. Jg., S. 93-105.

Walter, Gerd (1998): Arbeit aus dem Stadtteil für den Stadtteil? Lokale Beschäftigungswirkungen von Stadtteil- und Quartiersbetrieben. In: Arbeitskreis Stadterneuerung an deutschsprachigen Hochschulen (Hg.): Jahrbuch Stadterneuerung 1998. S. 109-124.

Walter, Gerd/Läpple, Dieter (1998): Beschäftigungswirkungen wohnungsnaher Betriebe. Studie im Auftrag der Stadtentwicklungsbehörde, Amt für Stadterneuerung und Bodenordnung, Technische Universität Hamburg-Harburg, Arbeitsbereich Stadtökonomie, Dezember 1998.

Walter, Gerd (2002): Förderung der Beschäftigung im Stadtteil. In: DIFU (Deutsches Institut für Urbanistik) (Hg.): Dokumentation des Fachgesprächs „Wirtschaften im Quartier – zur Rolle der Wohnungsunternehmen im Rahmen der integrierten Stadtteilerneuerung", 2.-3.07.2001 in Bochum. Arbeitspapiere Soziale Stadt Band 6. Volltext im Internet. http://www.sozialestadt.de/veroeffentlichungen/arbeitspapiere/band6. S. 119-125. [24. September 2004]

Watson, Tony J. (1995): Trabajo y Sociedad. Barcelona. (Originalausgabe: Sociology, Work and Industry. 2. Auflage. London/New York, 1987)

Weber, Alfred (1914): Industrielle Standortlehre. Allgemeine und kapitalistische Theorie des Standortes. Tübingen.

Weck, Sabine (1995): Neue Kooperationsformen in Stadtregionen – Eine regulationstheoretische Einordnung. Das Beispiel München. Dortmunder Beiträge zur Raumplanung 74. Dortmund.

Weck, Sabine (1996): Entwicklungsformen lokaler Ökonomie. Arbeitspapier im Rahmen des Forums für Stadtteile mit besonderem Erneuerungsbedarf. ILS Dortmund.

Weck, Sabine (1997): Entwicklungsträger und Entwicklungsformen lokaler Ökonomien – Erfahrungen aus Großbritannien. In: Lokale Ökonomie und Wirtschaftsförderung in Stadtteilen mit besonderem Erneuerungsbedarf. ILS Schrift 130. ILS Dortmund, S. 25-48.

Weck, Sabine (2000a): The ELSES Project: Scope and Relevance of Local Socio-Economic Development Strategies/Das ELSES Projekt: Die Reichweite und Relevanz stadtteilbezogener sozio-ökonomischer Entwicklungsstrategien. In: ILS (Hg.): Local Socio-Economic Strategies in Disadvantaged Urban Areas/Lokale sozio-ökonomische Strategien in Stadtteilen mit besonderem Erneuerungsbedarf. Report on the European Conference. ILS Schrift 168, ILS Dortmund, S. 42-54.

Weck, Sabine (2000b): Beschäftigungs- und Wirtschaftsförderung in der integrierten Stadtteilerneuerung. In: Arbeitskreis Stadterneuerung an deutschsprachigen Hochschulen (Hg.): Jahrbuch Stadterneuerung 2000. Berlin, S. 175-188.

Weck, Sabine (2002): Wirtschaften im Stadtteil – Förderung der quartiersbezogenen Ökonomie. In: DIFU (Hg.): Dokumentation des Fachgesprächs „Wirtschaften im Quartier – zur Rolle der Wohnungsunternehmen im Rahmen der integrierten Stadtteilerneuerung", 2.-3.07.2001 in Bochum. Arbeitspapiere Soziale Stadt Band 6. Volltext im Internet. http://www.sozialestadt.de/veroeffentlichungen/arbeitspapiere/band6. S. 27-39. [24. September 2004]

Weck, Sabine/Wewer, Susanne (1997a): Analyse der lokalen Ökonomie in Gelsenkirchen-Bismarck/Schalke-Nord. Studie im Auftrag der Stadt Gelsenkirchen.

Weck, Sabine/Wewer, Susanne (1997b): Strategien zur Förderung der lokalen Ökonomie in Gelsenkirchen-Bismarck/Schalke-Nord. Studie im Auftrag der Stadt Gelsenkirchen.

Weck, Sabine/Zimmer-Hegmann, Ralf (1999): Evaluation of Local Socio-Economic Development in Disadvantaged Urban Areas. Zusammenfassung der Ergebnisse Studie Duisburg-Marxloh. Arbeitspapier, ILS Dortmund.

Weltbank (2005): Where is the Wealth of Nations? Measuring Capital for the XXI Century. Volltext im Internet erhältlich unter: http://siteresources.worldbank.org/ESSDNETWORK/1105722-1115888526384/20645252/WhereIstheWealthofNations.pdf.

Werlen, Benno (1995): Sozialgeographie alltäglicher Regionalisierungen. Zur Ontologie von Gesellschaft und Raum (Band 1). Erdkundliches Wissen, Heft 116. Stuttgart.

Williamson, Oliver E. (1985): The Economic Institutions of Capitalism. Firms, Markets and Relational Contracting. New York, London.

Williamson, Oliver E. (1990): Die ökonomischen Institutionen des Kapitalismus. Tübingen.

Willke, Helmut (1997): Wissensarbeit. In: Organisationsentwicklung. Heft Nr. 3. Zürich

Wilson, William J. (1993): The Underclass: Issues, Perspectives, and Public Policy. In: Ders. (Hg.): The Ghetto Underclass. Social Science Perspectives. Newbury/London/New Delhi.

Wohlfahrt, Norbert (2000): Kommunale Förderung, Marktorientierung und Bürgerengagement – zum neuen Selbstverständnis und Ressourcenmix lokaler Dienste. Manuskript im Rahmen der Forschungsbereichstagung des Forschungsbereiches IV des ILS.

Woll, Artur (1981): Allgemeine Volkswirtschaftslehre. 7. Auflage. München.

Wong, Cecilia (1998): Determining Factors for Local Economic Development. The Perception of Practicioners in the NorthWest and Eastern Regions of the UK. In: Regional Studies, Vol. 32, Nr. 8, S. 707-720.

Woolcock, Michael (1998): Social Capital and Economic Development: Toward a Theoretical Synthesis and Policy Framework. In: Theory and Society, Nr. 27, S. 151-208.

Woolcock, Michael/Narayan, Deepa (2000): Social Capital. Implications for Development Theory, Research and Policy. In: The World Bank Observer 15, S. 225-249.

Yildiz, Erol (2003): Die kosmopolitane Stadtgesellschaft Ruhr. Reflexive Interkulturalität. Vortrag auf der Leitbildmesse „Unendliche Weite" Stadtregion Ruhr 2030 am 05.02.2003 in Essen. Vortragsmanuskript.

Yin, Robert K. (1994): Case Study Research. Design and Methods. Thousand Oaks, CA.

Zimmer-Hegmann, Ralf/Kürpick, Susanne (1997): Stadtteile mit besonderem Erneuerungsbedarf. Integriertes Handlungskonzept des Landes Nordrhein-Westfalen und Ansätze vor Ort. In: Informationen zur Raumentwicklung. Heft 8/9, S. 607-620.

Zukunftskommission der Friedrich-Ebert-Stiftung (Hg.) (1998): Wirtschaftliche Leistungsfähigkeit, sozialer Zusammenhalt, ökologische Nachhaltigkeit. Drei Ziele – ein Weg. Bonn.

Dortmunder Beiträge zur Raumplanung

BLAUE REIHE

Herausgeber: *Institut für Raumplanung,*
Fakultät Raumplanung, Universität Dortmund,
August-Schmidt-Str. 6, 44227 Dortmund
Tel.: 0231/755-2443, Fax: 0231/755-4788
e-mail: doku.rp@uni-dortmund.de

Vertrieb: *(i.A.v. Informationskreis für Raumplanung e.V.)*
Dortmunder Vertrieb für Bau- und Planungsliteratur
Gutenbergstraße 59, 44139 Dortmund

Bestellungen *an den Vertrieb per Post oder*
Tel.: 0231/146 565, Fax: 0231/147 465
e-mail: info@dortmunder-vertrieb.de

Weitere Informationen im Internet *:*
www.raumplanung.uni-dortmund.de/irpud/pub1.htm